생명자유공동체 총서 6

비인간, 우리 시대의 상상력

생명자유공동체 총서 6
비인간, 우리 시대의 상상력

최명애·구도완·김수진·김지혜·박순열·서지현·안새롬·장우주·홍덕화

발행일: 2025년 11월 1일
발행처: 도서출판 풀씨
등록일: 2019년 11월 20일
등록번호: 제2019-000262호
발행인: 장재연
주소: 서울특별시 서초구 남부순환로 2606 금정빌딩 6층
전화: 02-6318-9000 팩스: 02-6318-9100
이메일: koreashe@koreashe.org
홈페이지: https://koreashe.org
블로그: blog.naver.com/korea_she
페이스북: fb.com/koreashe
인스타그램: @korea.she

기획: 재단법인 숲과나눔
제작: 지식플랫폼

값 18,000원
ISBN 979-11-984808-7-3 (93300)

이 책은 저작권법에 따라 보호를 받는 저작물이므로 무단 전재와 복제를 금하며,
이 책의 일부 또는 전부를 이용하려면 반드시 저작권자의 동의를 받아야 합니다.

생명자유공동체 총서

6 비인간, 우리 시대의 상상력

최명애·구도완·김수진·김지혜
박순열·서지현·안새롬·장우주·홍덕화 지음
재단법인 숲과나눔 기획

도서출판 풀씨

일러두기

아래의 장은 학술지에 게재된 논문을 기반으로 수정·보완되어 작성되었다.

- 김지혜. 2024. "버려진 사물과 함께 이동하는 생명들: 해양쓰레기와 그의 목격자, 혹은 거주자들." 『과학기술연구』 24(1): 61-78.
- 서지현. 2024. "플루리버스 관점에서 본 칠레 아타카마 소금 사막의 기후 위기 대응의 한계." 『오토피아』 39(2): 159-189.
- 최명애. 2025. "'얽힘'을 넘어: 인간 너머 사회과학의 현황과 과제." 『공간과 사회』 35(3): 246-290.
- 홍덕화. 2025. "생태적 한계와 자본의 한계 사이에서: 기후-보전-금융 연계에 대한 비판적 검토." 『ECO』 29(1): 7-50.

| 발간사 |

비인간, 전환의 상상력을 향하여

장재연(재단법인 숲과나눔 이사장)

포럼 생명자유공동체가 여섯 번째 총서 『비인간, 우리 시대의 상상력』을 통해 독자 여러분과 만나게 되었습니다. 2019년 창립 이후 포럼은 매년 하나의 주제를 정해 깊이 있는 탐구와 토론을 이어왔으며, 그 성과를 총서로 엮어왔습니다. '모든 생명이 자유로운 공동체'를 향한 염원으로 시작된 이 대화는 해마다 폭넓고도 치밀해졌고, 이번에는 그 시선이 '비인간'으로 향했습니다.

우리는 지금 '인류세'로 표현되는 기후 위기와 생태 재난의 시대에 살고 있습니다. 기록적인 폭염과 홍수가 번갈아 발생하고, 끝을 모르는 생태계 훼손은 사람만이 아니라 다른 생명, 더 나아가 모든 비인간 세계에 심각한 위협이 되고 있습니다. 포럼 생명자유공동체는 그 근본 원인을 인간 중심의 활동에서 찾고, 비인간 세계를 인간에게 주어진 것으로 여기고 착취해온 인간-비인간 관계를 근본적으로 바꿔야 한다고 주장합니다.

2024년 한 해 동안 포럼 구성원들은 매월 모여 '비인간은 무엇이며 왜 연구해야 하는가'라는 질문을 붙들고 다양한 시각에서 논의를 이어갔습니다. 연구자들은 자신이 속한 학문 분야와 현장 경험을 바탕으로 동물과 식물, 미생물과 물질, 생태계와 연결망에 이르기까지 폭넓은 비인간 세계를 탐구했습니다. 반딧불이와 두루미, 너구리와 같이 생생한 존재와의 만남부터 물질과 에너지, 비인간을 잇는 관계망의 분석에 이르기까지, 각자의 연구는 서로 다른 경로로 연결되며 한 권의 책으로 모였습니다.

이번 총서는 세 부분으로 나누어, 비인간을 바라보는 다양한 관점과 접근을 담았습니다. 서로 다른 학문적 배경과 연구 경험을 지닌 저자들이 동물·식물·미생물뿐 아니라 물질과 생태계, 그리고 그들을 잇는 관계망을 다루며, 인간과 비인간의 얽힘 속에서 드러나는 공존과 긴장, 정치적 가능성을 탐색합니다. 각 글은 개별 주제를 깊이 파고들면서도 서로를 비추며, 독자에게 새로운 상상과 실천의 단서를 제공합니다.

이러한 작업은 단순한 학문적 논의를 넘어, 우리와 함께 살아가는 여러 존재들이 연루된 문제에 대한 실천적 응답입니다. 비인간 존재를 우리와 함께 세계를 형성하는 동등한 행위자로 바라보는 관점은 우리의 삶의 태도를 성찰하게 할 뿐 아니라, 새로운 윤리와 감수성을 제안하고 대안적 관계 맺기를 상상하게 합니다. 이번 총서는 이러한 상상력을 독자와 나누며, 기후 위기와 생태 위기 시대에 필요한 전환의 길을 모색합니다.

이번 단행본이 새롭고 의미 있는 삶과 실천을 모색하는 독자들에게 깊은 통찰과 영감을 선사하길 바랍니다. 이 책이 나오기까지 아낌없는 열정과 노력을 기울인 포럼의 연구자들에게 깊이 감사드립니다. 더불어 이 책을 읽는 모든 분들이 새로운 시선과 용기 있는 상상력을 품고, 인간과 비인간이 함께하는 더 넓은 공동체를 만들어가는 길에 동참해 주시기를 바랍니다.

감사합니다.

| 머리말 |

다종의 세계를 여행하는 지구거주자를 위한 안내서

최명애

 이 글을 쓰고 있는 2025년 7월 초는 이른 폭염의 시기로 기록될 것이다. 이날 서울의 수은주는 36도를 기록했고, 밀양은 39도를 넘어섰다. 평년보다 7도가 높다. 예년 같으면 아직 장마가 이어졌을 텐데, 장마는 오는가 싶더니 사라져 버렸다. 오늘 아침 신문에는 서울 남산에서 열화상 모듈로 촬영한 서울 도심의 모습이 실렸다. 열로 달궈진 도심은 빨갛게만 보인다. 우리는 어쩌면 이미 1.5도 상승된 세상에 살고 있는지도 모른다.

 경북 구미의 아파트 공사장에서는 베트남에서 온 23세의 이주노동자가 사망했다. 더위에 실신해 의자에 앉은 채로 사망한 그의 체온은 40.2도였다. 폭염에 취약한 것은 사람만이 아니다. 중앙재난안전상황실은 지난 5월 20일부터 8일까지 폭염 등으로 13만 7,382마리의 가축이 폐사했다고 발표했다. 90% 이상이 오리와 닭이다. 모든 가축이 폭염에 취약하지만, 털로 덮인 가금류는 유난히 힘들다. 양계장 위로 물을 뿌리고, 대형 선풍기로 바람을 불어 넣어도 닭들이 빽빽이 들어찬 사육장의 온도를 낮추기는 힘들다. 환경 재난은 더 이상 모든 존재에게 공평하지 않다. 경제적으로, 사회적으로 취약한 이들과, 취약한 동물들에게 더욱 가혹하다.

 포럼 생명자유공동체의 2025년 총서는 '비인간'을 다룬다. 매년 기록을 경신하는 폭염과 혹한, 폭우와 폭설은 우리가 살고 있는 시대가 '인류세'로 표현되는 재난의 시대임을 새삼 실감케 한다. 인류세라는 진단은 우리가 겪고 있는 생태사회적 위기의 근본 원인이 인간의 (경제적) 활동에 있으며, 비인간 세계를 인간에게 주어진 것으로 여기고 착취해 온 인간-비인간 관계를 근본적으로 바꿀 것을 요청한다. 따라서 기후 위기(총서 4)·커먼즈(총서 5)에 이어, 비인간 세계(총서 6)를 다루는 것은 자연스러워 보인다.

2024년 한 해 동안 포럼 구성원들은 매월 만나 '비인간'에 대해 이야기했다. 한 해 동안의 토론을 이끌고 간 큰 질문은 '비인간은 무엇인가'와 '비인간을 왜 연구할 것인가'였다. 구성원들은 각자의 연구 주제를 바탕으로 질문에 대한 답을 찾으려 했던 것 같다. 그리고 총서의 다른 책들이 그렇듯, 이 질문에 대해 우리는 완전히 합의한 답을 갖고 있지는 않다. 다만, 2024년 1월 우리가 가졌던 답에 비해 조금 더 구체화되고, 입체적인 답을 제시할 수는 있을 것 같다. 이 머리말에서는 그 질문들에 대해 간략히 답해보려고 한다.

먼저, 비인간은 무엇인가. '비인간'은 인간이 아닌 모든 존재를 가리킨다. 포럼 구성원들은 각자의 위치와 연구에서 특정한 방식으로 비인간을 규정하고 있다. 안새롬, 최명애, 장우주의 연구에서 비인간은 비인간 생명, 특히 반딧불이, 두루미, 너구리와 같이 카리스마를 가진 동물을 가리킨다. 한편, 홍덕화와 김수진에게 비인간은 생명을 넘어, 사물과 물질과 같은 비생명(nonliving) 존재들을 포함한다. 홍덕화의 연구에서 비인간은 자연 생태계를 가리키며, 김수진에게 비인간은 물질과 에너지를 의미한다. 김지혜와 박순열은 비인간 생명과 비생명을 모두 포함하되, 특정한 개체보다는 비인간의 '연결망'을 중시한다. 이들의 연구에서 비인간은 연결망으로 존재하며, 고정된 정체성을 가진 존재가 아니다. 한편, 서지현과 구도완에게 비인간 연구와 실천은 탈인간중심주의와 보다 긴밀히 연결된다. 이들은 '비인간'을 내세운 현실의 환경 실천과 운동이 주류적인 인간중심주의적 실천과 어떻게 구분되는지에 보다 관심을 보인다.

우리 중 상당수는 '비인간'이라는 표현 자체에 대해 고심했다. 세계를 인간과 비인간으로 나누는 것은, 인간을 준거로 삼는다는 점에서 부적절하며 정치하지 못하다. 때문에 인류학에서는 비인간 대신 '다종'이라는 표현을, 지리학에서는 '인간 너머'를, 과학기술학 등에서는 '포스트휴먼'이라는 표현을 사용한다. 그럼에도 '비인간'은 여전히 한국 사회에서 인간중심주의를 반성적으로 돌아보고 넘어서기 위한 많은 대중적 실천에서 사용되는 표현이다. 이 단행본에서 우리는 '비인간'이란 표현을 사용하되, 다종, 인간 너머, 포스트휴먼과 같은 다양한 표현들을 경우에 따라 함께 사용하기로 했다. 나아가, 조금씩 다르게 번역되는 정동/감응(affect), 복수종/다종(multispecies), 행위성/행위자성/행위주체성(agency) 등의 개념어에 대해서는 각 필자의 번역을 존중하기로 했다. 외국어 문헌과 한국의 사례를 교차시키며 연구하는 한국의 사회과학도에게 개념어를 번역한다는 것은 미세한 차이들을 정교화함으로써 그 자체로 개념과 이론을 발전시키는 행위일 것이다.

둘째, 비인간을 왜 연구해야 하는가. 생명, 평화, 자유로의 전환 정치를 지향하는 이 연구 포럼에서 이 질문은 비인간 연구가 전환 정치에 어떤 함의를 갖느냐는 질문이 된다. 비인간을 포함해 세계를 사유하고 분석하는 것은 인간에게 예외적 지위를 부여하고 당연시해온 기존의 인간중심주의적 접근에서 한 걸음 물러나 보다 총체적으로 세계를 이해하고 이 세계에 개입하게 한다. 특히 인간중심주의적 분석에서 소홀히 다뤄져 온 동물, 식물, 미생물, 사물과 같은 비인간 존재들을 드러내고, 이들이 신체와 물질을 가진 존재로서 인간과 다양한 방식으로 상호작용하고 있음을 보여준다. 다시 말해 비인간 연구는 연구자로 하여금 비인간을 인간과 같은 세계의 공동행위자로 여기고, 인간-비인간 연결망에서 전개되는 우연성과 창발성을 포함해 세계를 이해하고 분석하게 한다.

그러나 비판적 연구자들은, 그리고 이 책에서 안새롬과 홍덕화가 지적하는 것처럼, 비인간에 대한 가시화와 적극적인 개입이 신자유주의 정치경제와 결합하고 있음을 지적한다. 비인간과 관련된 담론과 실천이 자본주의 체제 내로 다시금 포섭되는 경향을 보인다는 것이다. 안새롬은 반딧불이라는 카리스마

넘치는 비인간 존재와의 정동적인 마주침이 새로운 자연 상품으로 만들어지고 있음을 보여주고, 홍덕화는 자연보전 노력이 금융자본주의와 만나면서 보전을 통해 축적을 도모하게 하고 있음을 우려한다.

그럼에도, 전환 정치와 관련해 비인간 연구의 가장 큰 가능성은 새롭고 대안적인 상상을 가능케 하는 데 있는 듯하다. 장우주와 최명애는 서울의 너구리와 철원의 두루미를 사례로, 인간과 비인간 사이에 어떠한 형태의 협력과 공존이 가능함을 보여주고자 한다. 이를 통해 '도시에서 야생동물과의 공존' 혹은 '생존의 위기에 처한 두루미와 농민의 종간 연대'와 같이 기존에 상상하지 못했던 인간과 비인간의 관계가 가능할 수 있음을 넌지시 제안한다. 비슷한 맥락에서 구도완과 서지현 또한 인간을 중심에 둔 기존의 환경 실천 및 운동과, 인간과 비인간의 연결성을 강조하는 새로운 관점의 환경 실천을 대비한다. 이처럼 비인간을 중심에 두고 연구하는 것은, 기존에 좀처럼 드러나지 않던 새로운 상상과 관계들을 포착하게 하는 듯하다. 어쩌면 비인간 연구가 전환 정치에 대해 갖는 가장 큰 가능성은, 인간 중심적으로 구성된 현실에 대한 비판을 넘어, 새롭고 대안적인 상상력을 제공하는 것이 아닐까 싶다.

이 책은 크게 3부로 구성되어 있다. 먼저 서장에서 최명애는 국내외 비인간 연구의 현황과 주요 연구 쟁점을 전한다. 기존의 비인간 연구가 '얽힘' 그 자체에 주목했다면, 향후 비인간 연구는 얽힘의 방식과 효과, 얽힘의 윤리적, 정치적 측면을 보다 적극적으로 탐색할 필요가 있다고 지적한다. 이어 1부에서 박순열과 김지혜는 '얽힘'을 보다 섬세하게 파고든다. 두 글은 비인간을 고정된 존재가 아니라 관계적, 맥락적 얽힘 속에서 이해하며 연결망으로서의 존재를 강조한다. 박순열은 사회생태적 위기 속에서 인간-비인간 관계에 대한 최근의 이론적 논의가 실천적 해답을 제시할 수 있는지를 물은 뒤, 관찰자에 따라 달라지는 세계 속에서 어떠한 단일한 해답은 위험하다고 지적한다. 김지혜는 비인간을 생명과 무생물을 아우르는 존재로 바라보고, 그들이 해양쓰레기와 관련된 과학과 환경 실천 속에서 다양한 방식으로 위치지어짐을 보여준다.

2부의 세 편의 글은 특정 비인간 존재, 특히 카리스마 있는 동물에 주목한다. 안새롬은 반딧불이를 사례로 동물과 인간과의 신체적, 정동적 조우를 세심하게 분석하는 한편, 이 같은 카리스마 넘치는 조우가 사회경제적 조건에 따라 섬세하게 기획된 상품임을 드러낸다. 안새롬의 연구가 자본주의 체제와 인간-동물 조우의 긴장을 살펴본다면, 장우주와 최명애는 인간-동물의 조우에서 새로운 공존의 가능성을 찾는다. 이들은 각각 너구리와 두루미를 사례로 비인간을 '거주자' 혹은 '협력자'로 인정하는 새로운 관계가 어떻게 가능한지를 탐색한다.

3부에 실린 네 편의 글은 비인간과 인간의 얽힘을 통한 생태적 전환의 정치성과 실천 가능성을 모색한다. 홍덕화와 김수진의 글은 비인간 존재를 자본과 정책의 물질적 구성 요소로 바라보며, 금융화된 생태계와 에너지전환의 모순을 각각 분석한다. 홍덕화는 생물다양성 위기가 자연기반해법과 자연금융이라는 새로운 시장을 만들어내며, 비인간 생태계가 자본축적의 매개이자 교란 요소로 작동함을 지적한다. 김수진은 에너지전환 과정에서 물질의 자율성과 기술적 제약이 인간의 정책 결정과 복잡하게 얽혀있다는 점을 강조하며, 신유물론을 비판적으로 수용하면서도 제도적 분석의 중요성을 부각한다. 한편, 구도완과 서지현은 기후 위기와 생태전환 논의에서 인간중심주의를 넘어서는 새로운 상상력과 윤리의 필요성을 강조한다. 구도완은 국내 생태 담론의 변화를 일별하면서, 비인간을 중심에 둔 최근의 담론에서 비인간 돌봄과 문명 전환의 지향이 나타나고 있음을 지적한다. 마지막으로 서지현은 플루리버스 관점에서 추출주의적 기후 대응의 한계를 비판하며, 원주민의 물 의례와 같은 대안적 실천을 통해 탈인간적 전환의 비전을 제시한다.

이 책에 실린 열 편의 글은 이처럼 인간과 비인간의 얽힘, 공존과 긴장, 정치적 가능성을 두루 다루고 있다. 매 장의 첫 페이지에는 간단한 요약을 실었고, 장과 장 사이에는 저자들이 자신과 다른 저자의 글을 어떻게 바라보고 있는지 간략하게 제시했다. 비인간을 포함해 전환의 정치를 새롭게 사유하고, 개입하고자 하는 지구거주자 독자들에게 좋은 리딩 가이드가 되면 좋겠다.

어느새 포럼 생명자유공동체의 여섯 번째 책이다. 매번 그랬듯, 이번에도 우리가 이 책에까지 이를 수 있었던 것은 '숲과나눔'의 꾸준한 뒷받침 덕분이다. 장재연 이사장님, 이지현 사무처장님, 풀씨행동연구소의 최준호 전 소장님과 신재은 현 소장님, 최영주 연구원님을 비롯한 재단의 여러분께 깊은 고마움을 전한다. 2024년 한 해 동안 공개 포럼에서 토론자로 생각을 나눠준 김준수, 백승한, 차은정, 박소영, 오인혜, 유예지, 노건우 선생님께 감사의 마음을 전한다. 편집위원으로 수고해 준 구도완, 박순열, 정영신 편집위원 그리고 편집위원 겸 포럼 간사와 편집 간사로 묵묵히 수고해 준 김지혜, 안새롬 박사에게 진심 어린 고마움을 전한다. 이분들 덕분에 책이 나올 수 있었다. 매년 함께 책을 내고, 비인간 논의도 처음부터 함께 해 온 정영신 교수는 아쉽게도 여러 가지 사정으로 글을 싣지 못했다. 판다의 전시산업에 대한 그의 글이 조만간 다른 곳에서 빛을 보길 기원한다. 아울러, 우리 연구의 동반자였던 '해양쓰레기', '반딧불이', '서울의 너구리', '철원의 두루미', '에너지', '생태계', '생태 담론들', '물 의례'에도 깊은 감사의 마음을 전한다. 그들이 있어 우리의 논의는 더욱 풍성해질 수 있었다.

목차

발간사　비인간, 전환의 상상력을 향하여　**장재연**　5
머리말　다종의 세계를 여행하는 지구거주자를 위한 안내서　**최명애**　7

들어가며

서장　비인간 연구의 지도 그리기: 현황과 과제　**최명애**　17

제1부 얽힘을 묻다

1장　비인간과 얽힌 세계, 무엇과 어떻게 살아갈 것인가?　**박순열**　65
2장　누가 해양쓰레기를 증언하는가?　**김지혜**　94
　　　1장과 2장의 대화　128

제2부 인간-비인간 공존과 긴장

3장　한국에서 반딧불이와의 공존 실천은 어떻게 형성되었는가?　**안새롬**　133
4장　철원의 농민과 두루미는 어떻게 생존을 도모하는가?　**최명애**　160
5장　도시에서 인간과 야생 너구리가 공존할 수 있는 조건은?　**장우주**　191
　　　3장과 4장, 5장의 대화　221

제3부 생태적 전환의 한계와 가능성

6장 자연기반해법과 자연금융은 기후생물다양성 위기 해결의 열쇠가 될 수 있을까?
　　　홍덕화　227

7장 에너지전환 과정은 왜 딜레마에 빠지게 되었는가? **김수진**　266
　　　6장과 7장의 대화　301

8장 인간중심주의를 넘어서는 생태전환은 어떻게 이루어질까? **구도완**　303

9장 플루리버스 관점은 칠레 아마카마 소금 사막의 주류적 기후 위기 대응의 대안이 될 수 있을까? **서지현**　340
　　　8장과 9장의 대화　364

부록

포럼 프로그램　368
저자 소개　377

들어가며

들어가며

서장 비인간 연구의 지도 그리기: 현황과 과제 최명애

비인간 연구의 지도 그리기: 현황과 과제

최명애

이 글은 최근 국내외 사회과학에서 빠르게 확산되고 있는 비인간 연구의 현황과 쟁점을 검토하고, 향후 연구의 방향을 모색한다. 인간 너머 지리학, 다종 인류학, 신유물론, 확장된 동물권 연구 등 다양한 학제에서 전개된 비인간 연구는 인간중심주의를 비판하며, 인간과 비인간이 얽혀 세계를 구성하는 방식에 주목해 왔다. 이 글은 이러한 연구들을 존재론, 인식론, 정치-윤리의 측면에서 분석하고, 비인간 연구의 탈정치화 경향에 대한 비판을 검토한다. 아울러 얽힘의 다양성과 효과, 다종의 세계짓기, 방법론적 실험, 종간 교차성과 정의, 공생공락을 위한 연합 가능성 등 비인간 연구가 직면한 새로운 질문과 과제 들을 제시한다. 이를 통해 비인간 연구가 인류세의 위기 속에서 인간과 비인간이 공존할 수 있는 세계를 상상하고 실천하는 데 기여할 수 있는 이론적·실천적 토대를 마련하고자 한다.

1. '인간 너머의 조건'과 사회과학

'비인간'은 한국 사회과학에 새롭게 등장한 키워드다. 지난 10여 년간 '인간 너머 지리학(more than human geography)' '다종 인류학(multispecies anthropology)' '포스트휴머니즘(posthumanism)' '신유물론(new materialism)' 등 다양한 이름 아래, 인간-비인간 관계에 대한 연구[1]가 빠르게 확산돼 왔다. 비인간 존재-동물, 식물, 균, 사물과 기술-와 인간과 비인간의 공동의 세계짓기(worlding)에 대한 관심은 해외에서도 2000년을 전후해 빠른 속도로 성장해 왔다.

비인간 연구의 성장은 '인간 너머의 조건(more than human condition)'의 도래와 무관치 않아 보인다(Asdal et al., 2016; Lorimer and Hodgetts, 2024).[2] 기후 위기로 대표되는 환경 파괴의 가속화, 인간의 활동을 지구 환경 파괴의 근본 원인으로 보는 인류세(Anthropocene) 진단은 자연과 사회를 분리된 것으로 상정해 온 근대적 이분법에 도전을 가하고 있다(Chakrabarty, 2009). 코로나19 바이러스의 세계적 확산은 바이러스와 같은 비인간이 인간 사회를 일시에 마비시킬 수 있음을 효과적으로 보여줬고, 2019~2020년 호주 산불은 인간의 통제를 벗어나고 있는 환경 위기를 경고함과 동시에 인간과 동물이 종의 경계를 넘어 신체와 감정을 통해 상호작용할 수 있음을 시사했다(Gibbs, 2021). 특히 국내에서는 지난 10여 년 새 반려동물 숫자가 크게 증가하고 동물복지와 동물권에

---

[1] 인간이 아닌 존재를 포함해 세계를 분석하고 대안을 모색하려는 연구는 학제와 주 관심사에 따라 인간-비인간 연구, 인간-자연 관계 연구, 자연-사회 연구, '인간 너머' 연구, 비인간 연구, 신유물론 연구, 다종 연구, 포스트휴먼 연구 등의 다양한 이름으로 불린다. 다양한 학제를 넘나들며 최근의 연구 경향을 소개하는 이 글에서는 '비인간 연구'라는 명칭을 주로 사용하되, '인간 너머' 연구, 다종 연구, 인간-비인간 연구 등을 혼용해 사용하기로 한다.

[2] 제이미 로리머와 티모시 호젯(Lorimer and Hodgetts, 2024)은 인간 너머 지리학 개론서인 『More than human』에서 '인간 너머의 조건'의 도래를 다음의 다섯 장면으로 제시한다. ① 뉴질랜드 의회의 황거누이강 법 인격 부여(2017년 3월 20일) ② 인간이 미생물 군집으로 되어있음을 보여주는 『이코노미스트』의 "미생물이 인간을 만든다" 표지(2012년 8월 18일) ③ 무리를 이끌던 암컷 코끼리의 죽음을 슬퍼하는 코끼리들에 대한 『내셔널 지오그래픽』 보도(2016년 8월 31일) ④ 기후 과학자, 미디어, 정치의 영합을 다룬 영화 『돈 룩 업』의 넷플릭스 공개(2021년 12월 10일) ⑤ 지구 생물학자들과 층서학자들의 인류세 진단.

대한 관심과 실천이 빠르게 확산되면서, 기존의 인간-동물 관계를 반성적으로 돌아보고 재구성하려는 움직임이 활발해지고 있다. 요컨대 비인간을 포함해 세계의 구성과 작동을 새롭게 이해하고 실천해야 할 필요성이 높아진 것이다.

이 같은 현실 조건의 변화는 인간 사회를 중심으로 세계를 분석해 온 사회과학에도 변화를 가져오고 있다. 근대 사회과학은 인간-동물, 사회-자연, 정신-신체, 과학-미신을 분리하고 왼쪽 항에 우월적 지위를 부여해 왔다. 그러나 변화하는 상황은 인간 사회에 자연 세계를 이용하고 통제하는 예외적 지위를 부여해 온 인간중심주의, 인간예외주의(human exceptionalism)를 뒤흔들고 있다. 또 최근의 과학적 발견은 인간 또한 비인간 존재와 마찬가지로 생물학적·환경적 제약을 받고 있으며, 자연과의 상호의존을 통해 비로소 삶을 꾸려갈 수 있음을 보여준다. 이때 비인간은 다양한 방식으로 인간과 상호작용하며 함께 세계를 만들어간다. 비인간이 단순히 인간의 이용 '대상'이나 인간 활동이 이뤄지는 '배경'이 아니라 세계의 공동구성자(co-constitutive), 혹은 공동생산자(coproducer)로 재구성되는 것이다(Whatmore, 2002; Latour, 2007; Ingold, 2013; 해러웨이, 2021(2016); 칭, 2023(2015)). 그렇다면 사회과학은 인간뿐 아니라 비인간을 포함해 세계를 연구할 필요가 있다.[3] 인간과 비인간은 어떻게 관계를 맺고, 어떻게 세계를 만들어가며, 또는 어떻게 만들어가야 하는가? 지리학, 인류학, 과학기술학 등에서 발전시켜 온 다양한 연구들은 비인간을 인간과 함께 중요한 세계의 행위자로 보고, 인간과 비인간이 만들어가는 세계를 탐색하는 데 주력하고 있다.

국내 비인간 연구는 2016년을 전후해 지리학 분야에서 '인간 너머 지리학'이 소개되고, 신진 지리학자들이 특히 동물을 사례로 인간-비인간 관계의 다양한 양상을 탐색하면서 본격화되기 시작했다(Choi, 2016; 황진태, 2018; 김준

---

3 한편, 인류학자 팀 잉골드(Ingold, 2013) 등은 (라투르 등으로 대표되는 사회학과 달리) 자연지리학과 생물인류학에서 오랫동안 비인간을 주요 대상으로 다뤄왔으며, 인문지리학과 문화인류학에서도 인간-자연 관계의 다양한 방식들을 탐색해 왔음을 지적한다.

수, 2019b; 황진태, 2019; 황진태 et al., 2019a; 김준수, 2021; 최명애, 2023). 비슷한 시기 국내 인류학에서도 길고양이, 닭, 지진, 한의학 등을 사례로 다종의 연결망에 대한 연구가 이뤄져 왔으며, 인류학 분야의 비인간 연구인 '다종민족지'에 대한 소개도 이뤄졌다(전의령, 2017; Noh, 2019; 김태우, 2021; 황희선, 2021; 이선화, 2023; 전의령, 2023). 과학사회학에서는 브뤼노 라투르(Latour) 등의 혼종적 인간-자연 관계에 대한 이론적 연구가 소개됐고, 페미니스트 과학사회학자들을 중심으로 도나 해러웨이(Haraway) 등 주요 이론가들에 대한 연구가 지속적으로 소개되어 왔다(하대청, 2009; 김환석, 2017; 김환석, 2018; 임소연, 2021; 하대청, 2024). 특히 최근에는 국내 연구자들을 중심으로 비인간 연구의 탈비판적, 낙관적 경향에 대한 비판이 활발히 전개되면서, 비인간 연구의 다양화와 정치화를 촉구하고 있다(조문영, 2021; 홍덕화, 2022; 전의령, 2024; 전의령, 2025).

이 글은 국내 비인간 연구가 해외 이론 소개 단계를 벗어나 다양한 현장의 인간-비인간 관계를 입체적, 비판적으로 분석할 시점에 도래했다는 문제의식에서 출발한다. 이를 위해 최근 국내외 비인간 연구를 일별하고, 주요 경향과 새로운 과제를 소개하는 것을 목적으로 한다. 이 글은 크게 두 부분으로 구성돼 있다. 먼저, 국내외 관련 학제에서 비인간 연구가 이뤄지는 방식을 소개하고, 비인간 연구를 관통하는 존재론적, 인식론적, 정치-윤리적 특성 경향을 짚어본 뒤 비인간 연구에 대한 최근의 비판들을 살펴본다. 이어, 해외 연구를 중심으로 최근의 비인간 연구에서 주목받는 연구 주제들과 대표 연구들을 검토한다. 이 주제들은 다종의 얽힘의 방식과 효과, 연구 방법의 다양화, 종간 교차성과 다종 정의, 공생공락의 미래와 관련돼 있다. 결론으로는 비인간 연구가 인류세 위기에서 갖는 함의를 간략히 살펴본다.

2. 비인간/인간 너머 사회과학의 현황

인간-비인간 관계는 사회과학의 많은 분야에서 다양하고 때로는 상충하는 접근법을 통해 다뤄진다. 때문에 사회과학의 비인간 연구 전체를 망라하는 리뷰는 사실상 불가능하다. 이 중에서도 지리학, 인류학, 과학기술학, 그리고 최근의 동물권 연구는 비인간의 행위성, 다종적 관계와 과정에 대한 관심, 질적 연구와 복수의 인식론을 강조한다는 점에서 공통점을 지닌다. 과학철학자 라투르, 해러웨이, 캐런 버라드(Barad), 인류학자 애나 칭(Tsing) 등이 이 같은 연구에 주요 이론을 제공하고 있다. 따라서 학제를 넘어서는 교류와 협력이 활발히 이뤄지고 있기도 하다. 이 절과 다음 절에서는 이들 학문 분야에서 비인간 연구가 등장, 전개되어 온 방식을 간략히 일별하고, 이 연구들을 묶어내는 공통의 이론적 기반을 살펴본 뒤, 이들 연구에 대한 최근의 비판을 검토한다.

이에 앞서 '비인간' 용어를 정리하고 넘어갈 필요가 있다. '비인간'은 인간이 아닌 모든 존재를 가리키는 용어로, 동식물과 같은 생물(living), 사물이나 기술과 같은 비생물(nonliving), 화산이나 쓰나미와 같은 자연현상을 모두 가리킨다. 이 용어는 인간 이외의 모든 존재를 한 범주에 포함시킨다는 점에서 정치하지 못하며, 인간 여부를 기준으로 존재를 구분한다는 점에서 근대적 이분법의 자장을 벗어나지 못했다는 비판을 받아왔다(Kirksey and Helmreich, 2010). '인간 너머(more than human)'는 인간이 아닌 존재와 인간을 포함하는 포괄적 용어이며, 주로 지리학에서 사용해 왔다. 최근 인간 너머 지리학에서는 비인간을 구별해 '인간 이외(other-than-human)' 존재로 부르기도 한다. 지리학자 나이젤 클락(Clark, 2010)과 캐서린 유소프(Yusoff, 2024)는 광물이나 지질학적 현상을 동식물이나 사물과 구분해 '인휴먼(inhuman)'으로 부른다. '다종(multispecies)'은 인간과 비인간이 생물문화적 존재, 즉 종(species)으로서 다른 종과의 얽힘을 통해 살아갈 수 있음을 강조한다. 주로 인류학에서 사용한다. 아울러 북미에서 인간-비인간 연구를 주로 '다종'으로 호칭한다면, 유럽에서는 '인간 너머' 연구로 부르는 경향이 있다. '포스트휴먼(posthuman)'은 문학, 철학, 미래학 등에서 인간과 인간 이외의 주체가 공존하는 세계를 지칭할 때 쓰는 용어인데, 넓게는 앞서 이야기한 인간-비인간 연구 전반, 좁게는 기술혁신을 통한 인간 증강을 가리키는 '트랜스휴머니즘(transhumanism)'을 가리킨다. 이 글에서는 '비인간' 용어가 갖는 한계를 인정하면서도, 다양한 학제를 가로지르는 글의 특성을 감안해, 좀 더 일반적인 용어인 '비인간'을 사용하기로 한다.

2.1. 인간 너머의 지리학

지리학자 제이미 로리머(Lorimer)는 '인간 너머 지리학'을 "비인간의 행위성과 인간-비인간의 물질적이고 정동적인(material and affective) 연결을 주목하는 지리학과 사회과학의 접근법"으로 정의한다(Lorimer, 2009: 344). 지리학에서 '인간 너머'의 접근은 영미권의 인문지리학에서 빠르게 발전해 온 동물지리학과의 밀접한 관련 속에서 전개돼 왔다(최명애, 2018). 동물은 오랫동안 종의 지리적 분포 등을 추적하는 자연지리학의 연구 대상이었다. 그러나 1990년대 중반 이후 인문지리학에서 인간-동물 관계의 사회적·정치적·문화적 측면에 대한 연구가 확산되면서, 동물을 행위성(agency), 즉 자신과 다른 존재에게 영향을 끼치는 능력이 있는 존재로 보고, 동물의 행위성을 포함해 세계의 구성과 작동을 분석하는 연구들이 등장했다(Wolch and Emel, 1998; Urbanik, 2012). 크리스 파일로(Philo)와 크리스 윌버트(Wilbert)는 인간-동물 관계를 지리학의 고유한 주제인 공간과 연결하여 '동물 공간'과 '야수 장소'라는 영향력 있는 개념을 만들어냈다(Philo and Wilbert, 2000). '동물 공간(animal space)'이 인간이 동물의 공간으로 규정한 공간(실험실, 동물원, 농장 등)이라면, '야수 장소(beastly place)'는 인간의 공간 질서화를 교란하는 형태로 동물의 행위성이 드러나는 공간(동물이 탈출한 동물원 등)이다. 동물의 행위성에 주목하는 이들의 연구는 비인간 연구에 큰 영향을 끼쳤다.

파일로와 윌버트의 자장 속에서 인간 너머 지리학의 초기 작업들은 코끼리와 같은 대형 야생동물과 인간과의 상호작용과 정치적·경제적 효과, 윤리적 가능성 등을 주로 다뤄왔다(Whatmore, 2002; Lorimer, 2015).[4] 또, 비인간의 행위성이 공간을 어떻게 재구성하는지에 대한 논의도 활발히 전개돼 왔다. 이들 연구는 특정한 공간에서 삶을 꾸려가는 동식물과 같은 비인간 행위자를 드러내고, 이들이 인간과 상호작용하는 방식과 효과를 분석한다. 이를 통해 항용 인간의 공간으로 여겨온 공간을 인간과 비인간이 공유하는 혼종적 공간으로 새롭게 개념화한다. 특히 도시 연구자들은 비둘기, 쥐, 해충 등과 같은 도시 동물과 가로수와 같은 식물, 버려진 공터 등이 도시를 '생동화(animating)'하고 있으며, 도시를 '인간 너머'의 공간으로 새롭게 만들어내고 있다고 지적한다(Wolch, 2002; Hinchliffe et al., 2005; Gandy, 2013; Barua, 2023a). 국내 인간 너머 지리학에서도 이 같은 경향을 따라 멧돼지, 돌고래와 같은 동물의 행위성에 대한 연구가 활발히 이뤄지고 있다(김준수, 2019a; 최영래, 2019; 황진태 외, 2019b; 최명애, 2020). 나아가 비인간 존재의 활동이 인간 중심적으로 사유해 온 지리학의 핵심 개념(국가, 영토 등)을 교란하고 있다며, 이들 개념을 '인간 너머'의 것으로 재개념화할 것을 요청하는 연구들도 이뤄져 왔다(Hwang, 2021).

2.2. 다종 인류학

인류학에서 비인간에 대한 관심은 2000년대를 전후한 '존재론적 전회(ontological turn)'와 궤를 같이한다. 기존 인류학이 인간이 만들어낸 문화의 분석에 집중했다면, 존재론적 전회는 "인간 활동에 의해서만 구축된다고 볼 수 없는 실재(reality)"(황희선, 2021: 365)를 인류학의 핵심 연구 대상으로 삼는다. 이

---

4 인간 너머 지리학의 대표적인 작업으로 꼽히는 사라 와트모어(Whatmore, 2002)의 『하이브리드 지리학(hybrid geographies)』은 코끼리와 악어 보전을 사례로 다룬다.

때 인간(Anthropos)은 하나의 생물학적이면서도 문화적인 종으로 구성된다. 종으로서의 인간은 자연과 사회로부터 독립적으로 존재할 수 없으며 다양한 비인간 존재들과의 '얽힘(entanglement)'을 통해 생성되는(emergent) 존재로 이해된다(Kirksey and Helmreich, 2010; Van Dooren et al., 2016). 즉, 인간과 비인간은 다종의 '얽힘'을 통해 만들어지는 결과물인 것이다. 곧잘 인용되는 칭의 표현처럼, 여기서 "인간의 본성은 종간 관계"(Kirksey and Helmreich, 2010: 551 재인용)의 효과다.

인류학의 존재론적 전회는 북남미 대륙 원주민의 자연관으로부터 영향을 받았다. 에두아르두 비베이루스 지 카스트루(Eduardo Viveiros de Castro) 등은 서구가 전제하는 하나의 자연과 다양한 문화적 해석과 달리, 북미 원주민들이 자연을 특정한 실천을 통해 구성되는 복수의 존재로 인식하는 '다자연주의(multinaturalism)'를 갖고 있음을 지적한다(Viveiros de Castro, 1998; 비베이루스 지 카스트루, 2018; 콘, 2018(2013); 데스콜라, 2022(2011)). 이때 비인간은 인간과 마찬가지로 고유한 삶과 관점을 가진 '자기(self)'로 간주된다. 이러한 '자기들'의 얽힘은 생태적으로, 문화적으로 복잡한 '자기들'을 만들어내며, 새로운 가능성의 공간(niche)을 형성한다. 톰 반 두런(van Dooren) 등은 이 같은 '자기들의 생태학(ecologies of selves)이 "의미, 관심과 정동뿐 아니라 살, 광물, 액체, 유전물질과 그 이상을 공유함으로써 만들어내는 역동적인 환경(milieus)"이라고 지적한다(van Dooren et al, 2016: 3-4). 여기서 자기들은 동물, 식물, 균류, 미생물과 같이 기존 주류 인류학에서 상대적으로 소홀하게 다뤄왔던 존재들을 포괄한다(Ogden et al., 2013).

에번 컬크시(Kirksey)와 스테판 헬름리히(Helmreich)는 2010년 "다종 민족지(multispecies ethnography)"라는 논문에서 처음으로 '다종(multispecies)'을 언급하며 인간과 비인간을 아우르는 복수의 종들이 만들어가는 세계에 대한 민족지적 기술을 인류학의 새로운 장르로 제안했다. 그러나 최근의 다종 인류학은 다종 민족지의 기술적 관심을 넘어 실제 현장에서 다종이 구체적으로 어떻게 상호작용하며, 이 같은 얽힘이 존재와 세계를 어떻게 재구성하는지에 주력하는 듯하다(Van Dooren, 2019; Keck, 2020; Chao, 2022; Van Dooren, 2022). 예컨대, 칭(2023)은 『세계 끝의 버섯』에서 송이버섯, 로지폴소나무, 몽족 난민, 일본의 송이버섯 중개인의 얽힘을 추적하며 자본주의와 인류세의 폐허 속에서 생존은 오직 다종의 '협력'을 통해서만 가능하다고 지적한다.[5] 지리학자들이 특정한 동물과 인간 사이의 상호작용에 초점을 맞췄다면, 인류학자들은 이처럼 보다 다층적인 '얽힘'의 방식과 효과에 주목한다. 이 같은 측면에서 '다종'의 '다(multi)'가 단순히 '종의 수'가 많음을 의미하는 것이 아니라, 관점과 영향의 풍성함, 즉 관계의 다층성을 가리킨다는 반 두런 등(Van Dooren et al., 2016)의 지적은 참고할 만하다.

2.3. 신유물론

2000년을 전후한 사회과학 전반의 '물질적 전회(the material turn)'는 특히 사회학에서 물질의 행위성을 규명하기 위한 이론적 노력인 '신유물론(new materialism)'으로 전개됐다(김환석, 2017; 쿨·프로스트, 2023(2010)). 이때 '물질(matter)'은 비인간 동식물과 유기체뿐 아니라 사물, 기술, 나아가 담론과 사회현상을 포함하는 광범위한 개념이다(김환석, 2020). 물질의 행위성을 강조하는 신유물론은 비슷한 시기 과학기술학의 '존재론적 전회'와 밀접하게 공명한다(Mol, 2002; Latimer and Miele, 2013; Woolgar and Lezaun, 2013). 스티브 울거(Woolgar)와 하비에 르존(Lezaun) 등의 과학기술학자들은 기술과학적 실행(practice)을 '관계에의 참여'로 보고, 맥락화된 실행 속에서 존재(혹은 실재)가 어떻게 실연(enactment)되는지에 관심을 기울인다. 존재는 따라서 관계적이며,

---

5 국내 연구로는 콜센터 상담사들의 다종적 얽힘을 다룬 김관욱(2020)의 연구가 있으며, 전의령(2018, 2023), 노고운(2019) 등도 동물을 중심으로 인간과 비인간의 협력과 상충을 살펴본다.

다중적인 모습을 갖는다. 또한 인간과 비인간 행위자들의 불균등한 상호작용 속에서 물질세계는 유동적(fluid)으로 존재하며, 우연적이며 예측하지 못한 방식으로 전개됨을 강조한다.

과학사회학자 김환석(2020)은 신유물론 패러다임의 배경이 되는 이론으로 라투르의 행위자-연결망 이론, 들뢰즈와 가타리의 생성의 미시물리학, 버라드의 존재-인식론, 로지 브라이도티(Bridotti)의 포스트휴먼인문학을 꼽는다. 큰 틀의 신유물론에서 발전시켜 온 다양한 이론들은 지리학, 인류학, 동물 연구 등으로 소개되며 각 분야에서 인간-비인간 연구의 존재론과 인식론을 만들어나가는 데 큰 영향을 끼쳤다. 국내에도 관련 논의 상당수가 지난 4~5년 사이에 번역되거나 소개된 상태다(브라이도티, 2015(2013)). 한편, 최근의 뱅시안 데스프레(Despret)와 마리아 푸위그 드 라 벨라카사(Puig de la Bellacasa) 등은 신유물론과 과학기술학에서 발전시켜 온 관계적 존재론에 정치-윤리적 차원을 더한다(Despret, 2004; Puig de la Bellacasa, 2011; Martin et al., 2015; Puig de la Bellacasa, 2017). 푸위그 드 라 벨라카사는 "사실(matter of fact)"을 여러 인간과 비인간 이해당사자들의 상호작용을 통해 만들어지는 "우려물(matter of concern)"로 재개념화한 라투르의 논의를 비판적으로 계승해, 존재를 인간과 비인간의 번성을 지향하는 방식의 개입을 통해 만들어가는 "돌봄물(matter of care)"로 볼 것을 요청하면서 존재론과 윤리를 결합한다.

국내 연구자들은 주요 이론가들의 연구를 소개하는 한편, 현장의 인간-동물 관계를 중심으로 정치-윤리에 대한 논의를 전개해 왔다(주윤정, 2020; 김기흥, 2022; 이지선, 2022). 하대청(2019; 2024)은 푸위그 드 라 벨라카사의 논의를 동물행동학과 첨단 기술 분야로 가져와 보다 '우호적인' 인간-기술, 인간-동물 관계를 만들어갈 것을 제안한다. 한편 성한아(2022; 2024)는 현장 생물학에서 인간-동물 관계가 비인간의 행위성과 종간의 정동적 상호작용을 통해 특정한 방식으로 생성되어 감을 강조한다.

2.4. 확장된 동물권 연구

전통적인 동물 연구는 칸트-벤담-싱어로 이어지는 '동물복지(animal welfare)' 논의나 동물도 인간과 같은 도덕적 권리가 있음을 강조하는 '동물권(animal right)' 논의를 중심으로 법학, 철학 등의 영역에서 다뤄져 왔다. 영미권에서는 1990년대 중반 이후 동물복지 운동의 확산과 같은 사회적 변화 속에서 인간의 동물에 대한 처우를 새롭게 살펴보는 학술적인 흐름들이 출현한다. 조르조 아감벤(Agamben), 자크 데리다(Derrida) 등은 인간과 동물을 구분해 온 전통적 범주와 효과에 의문을 제기한다(Derrida and Wills, 2002; Agamben, 2004). 한편, 비슷한 시기 현실의 동물운동에 기반한 '비판적 동물 연구(Critical Animal Studies)'가 제안된다(Best, 2009; Matsuoka and Sorenson, 2018). 이들은 주류 인문 및 사회과학의 인간-동물 연구가 이론에 치중하는 엘리트주의 경향을 갖고 있으며, 현실에서 동물의 고통을 줄이는 데 기여하지 못하고, 오히려 동물실험 및 동물산업에 영합한다고 지적한다.

최근 인류학과 지리학의 동물 연구는 기존의 인간-비인간 관계에 대한 이론적 탐색과 비판적 동물연구(CAS)의 비판적 경향을 결합해 보다 확장된 방식으로 동물복지 및 동물권 논의를 전개하는 듯하다(Gillespie and Collard, 2015; Srinivasan, 2015). 이들은 축산, 농업, 과학, 보전 등에 동물이 이미 주요 행위자로 연루돼 있으며 다양한 방식으로 행위성을 표현해 왔다는 점을 주목한다. 이때 동물은 수동적 대상이 아니라, 인간과 함께 세계를 구성하는 공동행위자가 된다. 정치학자 알래스데어 코크런(Cochrane) 등은 기존의 동물권 논의가 동물의 도덕적 권리라는 소극적 권리에만 주목해 왔다고 지적하며, 동물에게도 정치적 기본권이 있음을 강조한다(Cochrane, 2010; Donaldson and Kymlicka, 2011). 따라서 동물을 인간의 정치적 논의 과정에 포함될 수 있도록 인간 사회의 법과 제도를 개선할 것을 요구한다. 동물 및 숲, 강 등의 자연물을 법 인격을 가진 존재로 보고 이들에게 원고 적격을 부여할 것을 제안하는 최근의 '자연의 권리(Nature's right)' 논의가 한 예다(보이드, 2020(2017); 카프라·마테이, 2019(2015)). 한편, 최근 에코 페미니즘에서도 육식의 젠더적 측면을 넘어 다양한 방식의 동물권 운동과 결합, 공감과 돌봄에 기반한 새로운 인간-동물 관계를 탐색하고 있다(아담스·그루언, 2024).

3. 비인간 연구의 주요 경향

인간 너머의 지리학, 다종 인류학, 신유물론과 일부 동물권 연구는[6] 각 학문 분야의 차이에도 불구하고 근대적 이분법과 인간예외주의를 벗어나 세계를 해석하고자 한다는 점에서 공통점을 갖는다. 비인간을 인간과 함께 세계를 구성하고 작동시키는 공동행위자로 보는 것은 기존의 인간 중심 사회과학과 구분되는 존재론적, 인식론적, 정치-윤리적 분석과 개입을 만들어낸다.

3.1. 관계적 존재론

이들 연구는 존재론(존재는 무엇인가)에 대해 '관계적 존재론(relational ontology)'이라는 방식으로 응답한다.[7] 인간, 자연, 사물과 같은 존재는 고유하고 본질적인 특성을 지닌 실체가 아니라, 존재가 연루되어 있는 맥락, 즉 다양한 행위자들과의 관계 속에서 특정한 방식으로 구성된다는 것이다. 다시 말해,

---

[6] 비판적 동물 연구(CAS)로 대표되는 기존의 주류 동물권 연구와 '인간 너머'의 연구는 존재론 면에서 큰 차이를 갖는다. 동물권 연구가 동물이 본질적으로 인간과 차이가 없다는 입장(본질주의적 존재론)에서 기존의 동물 처우에 대한 비판을 전개한다면, '인간 너머'의 연구는 동물의 정체성은 맥락을 통해 구성된다고(관계주의적 존재론) 본다. 동물권 연구 관점에서 '인간 너머'의 연구는 동물의 긴급한 고통을 막는 데 무력하고, '인간 너머' 입장에서 동물권 연구는 동물을 수동적인 존재로 환원한다는 지적을 받는다(van Patter et al., 2022).

[7] 관계적 존재론에 대한 요약으로는 김환석(2020), 김지혜(2024)를 참고할 것.

존재란 관계 그 자체다. 존재는 행위자-연결망(Actor-Network), 혹은 어셈블리지(assemblage), 다종적 얽힘(entanglement), 메시워크(meshwork) 등으로 형성되며, 그 관계적 구성에 따라 끊임없이 변화한다(Ingold, 2007; Latour, 2007; 김환석, 2020; 김지혜, 2024). 이때 관계적 존재론은 기존의 본질주의적 존재론(essentialist ontology)과는 구별되는 다음과 같은 특징들을 갖는다.

첫째, 관계망에 참여하는 행위자들은 인간과 비인간, 자연과 문화, 생명과 비생명, 물질과 비물질 등 이질적인 존재 전반을 포괄한다. 해러웨이는 이 같은 맥락에서 존재를 일컫는 기표로 '자연문화들(naturecultures)'이라는 개념을 제안한다(Haraway, 2003). 자연은 문화는 상호 구성적이며, 분리될 수 없는 공동생산의 관계 속에 있다는 것이다.

둘째, 행위자-연결망은 "언제나 분열되고 재조합되는 유한한 존재"(김지혜, 2024: 136)다. 따라서 존재는 고정되거나 선험적으로 주어지는 것이 아니다. 대신 항상 분절되고 재구성되는 행위자-연결망의 작동을 통해 생성되는 과정적(processual) 특성을 갖는다.

셋째, 그렇다면 행위자-연결망은 어떻게 구성되고 작동하는가? 지리학자들은 행위자-연결망이 지닌 물질적 속성을 강조한다(Whatmore, 2002). 복수의 이질적 행위자들은 특정한 맥락 속에서 행위자-연결망에 기입되면서 행위성을 부여받는데, 이는 선험적인 생물학적 역량이나 비서구 자연관의 '영혼'과 같은 개념과는 구분된다. 로리머와 호젯(Lorimer and Hodgetts, 2024)은 행위성이 맥락화된 관계 속에서 부여되는 상대적인 역량(capacity)이라고 지적하며, 이러한 역량이 특히 인간과 비인간 행위자 사이에 불균등하게 분배됨을 강조한다. 한편, 과학철학자들은 행위자-연결망의 작동이 '유동적'임을 강조한다. 사회의 거시적 구조나 체계보다는, 세계는 '사건(event)'들을 통해 구성되며, 이 사건을 통해 행위자-연결망과 존재가 변화한다고 본다. 이러한 관점은 '필연성'보다는 '우연성'을, '법칙'보다는 '창발'을 강조하게 된다.

넷째, 관계적 존재론은 존재들 간의 위계를 부정하고, 모든 존재들이 '평평한

(flat)' 존재론적 평면 위에 있다고 본다(Marston et al., 2005). 이는 인간과 비인간 사이에 존재론적 위계가 존재하지 않는다는 입장이며, 인간중심주의에 대한 급진적인 비판이기도 하다. 다만 이 평평함이 반드시 인간과 비인간이 세계에 대해 동등한 영향력을 행사한다는 의미는 아니다. 존재론적 지위는 평등하더라도, 각 존재가 발휘하는 행위성이나 정동은 각기 다르며, 이들은 구체적인 맥락 속에서 특정한 방식으로 작동한다. 다시 말해, 평평한 존재론은 존재들의 지위나 가치에 위계가 없다는 점을 강조하지만, 현실에서 나타나는 영향력이 균등함을 전제하지는 않는다. 종합하자면, 혼종적, 과정적, 생성적, 유동적, 우연적, 평평한 등의 수식어가 관계적 존재론이 지닌 특징들을 함축적으로 보여준다고 하겠다.

3.2. 복수의 인식론

비인간 존재를 세계의 공동행위자로 바라보는 연구는 인식론(세계를 어떻게 아는가)에서도 이성과 과학을 중시하는 근대적 접근과 차이를 보인다. 이들의 인식론에서 가장 두드러지는 지점은 인식론적 복수성(epistemological pluralism)에 있다. 인간 및 비인간 세계를 관찰하고 지식을 생산하는 것은 비단 서구 과학만이 아니며, 선주민의 우주관, 비전문가의 지식(lay expertise), 일상의 경험, 나아가 비인간 존재 역시 나름의 방식으로 지식을 생산하고 있다는 것이다.

이 같은 복수의 인식론은 1990년대 과학기술학에서 전개된 사회구성주의 논쟁과 무관치 않다. 라투르, 해러웨이 등은 과학 지식이 객관적이고 보편적으로 존재한다고 상정하고, 훈련된 과학자들이 이를 발견할 수 있다고 여겨온 전통적 과학 지식 생산 방식에 의문을 제기했다(Haraway, 1988; Latour, 2004). 이들은 과학 지식을 지식이 생산되는 사회적 맥락과 연결 짓고, 지식이 '발견'되는 것이 아니라 관계 속에서 '구성되며' '안정화'되는 것이라고 주장했다. 이 같은 관점에서 과학 지식은 불변의 진리가 아니라 과정적 결과물이며, 하나가 아니라 복수가 될 수 있다. 나아가 과학자뿐 아니라 비전문가 집단과 비인간 존재 또한 나름의 방식으로 세계와 상호작용하며 세계에 대한 지식을 생산하는 존재로 새롭게 규정되며, 인간의 이성과 논리만이 아니라 신체와 정동, 혹은 감응(affect) 또한 세계를 인식하는 도구로 새롭게 주목받게 된다(Thrift, 2007). 이때 인간과 비인간은 '감응하고 감응될 수 있는(to affect and to be affected)' 존재가 되며, 세계와의 정동적 상호작용을 통해 생산되는 신체적 변화, 감정 또한 중요한 지식의 한 형태가 된다(바니니, 2023(2015)).

복수의 인식론이라는 우산 아래에서 비인간 연구들은 지식 생산 방법과 도구를 다양화해 왔다. 전문가가 아닌 일반인을 지식 생산 과정에 참여시키는 시민 과학이나 다양한 형태의 참여적(participatory) 연구가 활발히 이뤄지고 있다(Buller, 2015; Lorimer and Hodgetts, 2024). 나아가, 최근에는 동물이나 식물이 세계를 인식하는 독특한 방법에 주목하고, 이를 세계를 이해하고 분석하는 데 활용하는 '인간 너머의 참여(more than human participatory)' 연구 또한 확산되고 있다(Bastian et al., 2016). 개가 동물을 추적하는 데 있어 인간보다 월등히 우월함을 인지하고, 자신의 반려견을 회색다람쥐 연구의 동반자로 활용한 호젯(Hodgetts, 2016)의 연구 등이 그 예다. 또한 동물과 식물 또한 나름의 방식으로 세계를 만들고 있다는 비서구 우주관을 가져와 식물의 행위성이 인간-식물 관계에 미치는 영향을 분석한 로빈 월 키머러(Kimmerer, 2021(2013))의 연구 또한 주목된다.

3.3. 관계적 윤리

인간과 비인간의 관계를 다루는 연구들은 인간-비인간의 얽힘이 갖는 정치적, 윤리적 효과를 보다 적극적으로 탐색한다. 이들은 과학철학자 수잔 리 스타(Star)의 "누구를 위해서(cui bono)?"라는 화두를 인간-비인간 관계로 가져와 "종과 종이 만날 때 누가 이익을 얻고 누가 피해를 입는가?"라는 질문을 던진다

(Giraud, 2019; Chao et al., 2022). 종과 종의 얽힘이 가치중립적인 사건이 아니며 과거와 현재의 식민주의, 전지구적으로 확산된 자본주의, 뿌리 깊은 인간중심주의라는 맥락 속에서 이뤄지는 사건임을 드러내는 것이다. 따라서 얽힘을 단순히 '찬양'할 것이 아니라, 얽힘에 대한 분석과 실천이 "인류세, 동물, 포스트휴먼이라는 상황을 탈식민화, 선주민화(indigenising), 퀴어화, 불구화(crippling)"하는 방향으로 전개되어야 함을 강조한다(van Patter et al 2022: 93).

이들의 연구가 차별화되는 지점은 첫째, 정치와 윤리의 결합, 둘째, 관계적 윤리에 있다. 기존의 연구에서 정치는 흔히 인간의 영역으로, 윤리는 비인간과의 관계 속에서 다뤄져 왔다. 그러나 이들은 인간-비인간 관계에서 정치와 윤리를 하이픈으로 연결함으로써(정치-윤리) 정치와 윤리가 분리되지 않음을 강조한다(Puig de la Bellacasa, 2017; Lorimer and Hodgetts, 2024). 이때 '정치'는 권력을 획득하고 유지하는 행위라는 좁은 의미에서가 아니라, 현대사회에서 (인간과 비인간의) 삶을 영위하기 위해 수반되는 다양한 조정과 협상을 가리킨다. 다시 말해, 인간-자연 관계를 어떻게 조정할 것인가가 정치적 질문이 되며, 이는 비인간을 윤리적 존재로 보고 어떻게 대우할 것인가를 고심해 온 윤리적 논의와 만난다. 결국 인간-비인간 연구에서 정치-윤리는 인간과 비인간의 '관계'를 어떻게 조정할 것인가의 문제가 된다. 즉, 인간과 비인간이 어떻게 얽히거나, 분리되거나, 배치되고 있으며, 이들의 '얽힘'이 다종적으로 보다 '정의로운(just)' 결과로 이어지기 위해 무엇이 필요한지를 탐색하게 된다.

나아가, 서구 근대 자유주의 인간 주체를 대상으로 발전시켜 온 정치와 윤리 논의(정의 등)를 비인간 존재와 어떻게 결합할 것인가도 중요한 쟁점 중 하나다. 해러웨이(Haraway, 2008)와 세라 와트모어(Whatmore, 2002) 등은 인간-비인간 관계의 다양성과 복잡성을 감안할 때, 보편 타당한 원칙과 의무를 소환하기보다는, 개별 관계의 필요에 응답하는 것을 윤리적 실천으로 본다. 이들의 '관계적 윤리(relational ethics)'는 따라서 미리 규정한 옳고 그름이 아니라, 관계의 고유한 맥락에 따르는 실천이 된다. 어떤 상황에서 옳은 것이, 다른 상황에서 반드시 옳은 것은 아니다. 사회적 정의, 동물 윤리, 환경 윤리는 때로 경합하고 상충하며, 때로는 최선이 아닐 수밖에 없는 선택을 수반한다. 때문에 반 두런 등은 관계적 윤리를 "우리가 그 일부가 되는 역동적인 '되기'의 관계성에 대한 책임과 의무"로 보고, "옳고 그름의 판단은 그것을 포함한 더 큰 논쟁 속에서 다시 또다시 내려져야 한다."고 지적한다(van Dooren et al 2016: 18).

이러한 관계적 윤리는 인간-비인간 관계에 대한 특정한 방식의 개입을 요청한다. '돌봄(care)'이 대표적이다(Puig de la Bellacasa, 2011; Buller, 2016). 돌봄은 인간과 비인간, 자신과 타자가 역사적, 신체적, 정서적으로 얽혀있다는 자각에서 출발해, 다른 존재의 변화와 고통, 필요를 '알아차리고' 이에 '응답'함으로써 실천된다. 이때 다른 존재를 세심하게 살피는 '알아차리기의 기술(art of noticing)'과, 다른 존재가 자신을 응시할 때 외면하지 않고 응답하는 '응답-능력(response-ability)'이 돌봄을 가능케 한다(Haraway, 2008; Van Dooren et al., 2016; 칭, 2023). 때문에 돌봄은 특정한 맥락 속에서 인간과 비인간의 공번성(coflourishing)을 추구하는 윤리적 실천이 된다(해러웨이, 2021). 한편 이들 연구자들은 다종적 세계에서 돌봄이 반드시 무구할 수 없음을 지적한다. 한 종에 대한 돌봄이 다른 종에 대한 착취를 수반하거나, 집단(collective)을 향한 돌봄이 개체를 희생시키기도 한다. 이처럼 관계적 윤리는 단일한 원칙이 아니라, 인간과 비인간이 이루는 구체적인 관계와 맥락에서 끊임없이 다시 만들어지는 실천이다. 김지혜(2024)의 지적처럼, 복수의 얽힘으로 구성된 세계에서 윤리는 언제나 위치지어진(situated) 선택이자 잠정적 판단인 것이다.

3.4. 비판과 응답

국내외 비판적 연구자들은 지난 20여 년간 전개되어 온 비인간 연구가 비인간의 행위성과 탈인간중심주의를 강조하면서 세계에 대한 분석과 실천 양 측면 모두에서 탈정치적 경향을 띠고 있다고 지적한다(Hornborg, 2017; Malm,

2018; 홍덕화, 2022; 전의령, 2025). 이러한 비판은 주로 평평한 존재론, 정치-윤리 문제를 중심으로 제기된다.[8]

먼저, 이들 연구자들은 인간과 비인간이 존재론적으로 동등한 지위를 갖는다는 평평한 존재론이 현실에 존재하는 인간과 비인간, 인간 내부, 생물과 비생물 간의 차별과 불평등을 소홀히 다루는 결과를 초래할 수 있다고 지적한다. 관계적 존재론은 자율적이고 독립적인 존재로 여겨온 인간이 실제로는 다른 종들과의 얽힘을 통해 구성되는 존재임을 드러냈으며(전의령, 2024), 이러한 얽힘의 인식은 최근의 환경 훼손에 대한 인간의 책임을 강조하고, 근대적 인간-비인간 관계의 재구성을 요청하게 한다(Giraud, 2019). 그러나 전의령(2025)은 이러한 '얽힘'에의 강조가 '단절'을 필요로 하는 모순, 분열, 불평등의 문제를 논의하기 어렵게 만들 수 있다고 지적한다. 나아가, 인간과 비인간의 공동 행위자성을 강조하는 '인간 너머' 연구의 분석적 평등주의는 현실에 존재하는 존재들의 비대칭적 영향력을 간과하게 할 수 있다. 알프 호른베리(Hornborg, 2017)는 인간과 비인간, 생명의 행위성과 비생물의 물리적 효과 사이에는 질적 차이가 있음을 강조하며, 존재 간의 차이를 구분하지 않으려는 경향이 오히려 권력의 작용과 통제, 착취를 '자연화'할 수 있다고 경고한다. 비슷한 맥락에서, 홍덕화(2022)는 인간-비인간의 결합체가 실제로 매끄럽지 않으며 오랜 쟁투의 역사를 지닌 관계임에도 불구하고, 평평한 존재론의 세계에서는 적대적 관계를 우연적 충돌이나 마찰로 "뭉툭하게" 하는 경향이 있다고 지적한다. 세계의 유동성과 비결정성을 강조하는 과정에서 구조의 문제가 후경화되고, 그럼으로써 권력, 통치, 차별, 지배 등을 분석할 수 있는 여지가 약화된다는 것이다.

둘째, 전환을 위한 정치적 실천과 관련해, '인간 너머'의 연구는 근대적 인간

---

[8] 이밖에, 로리머와 호젯(2024)은 비인간 연구의 한계로 '과학 지식과의 모호한 관계'를 지적한다. '인간 너머'의 연구는 한편으로는 행위성 논의 등과 관련해 환경 및 생태 분야의 과학적 지식을 있는 그대로의 사실로 수용하는 경향이 있으며, 다른 한편으로는 사회구성주의 논쟁에 입각해 근대 과학 지식을 구성된 것으로 간주하고 인식론적 복수성을 지향한다는 점에서, 해소되지 않는 긴장을 내포하고 있다는 것이다.

중심주의를 문제의 근원으로 지적하고, 인간-비인간 관계의 재구성을 통해 이를 극복할 것을 제안한다. 그러나 비판적 연구자들은 인간 너머 연구의 이러한 실천이 탈인간중심주의로 귀결되면서, 정치의 문제를 축소하거나 인간-비인간 관계의 재구성이라는 윤리적 개인주의로 환원한다고 지적한다(조문영, 2021; 홍덕화, 2022; 전의령, 2025). 안드레아스 말름(Malm, 2018) 등은 '인간 너머' 연구의 정치적 실천이 모호하거나 개인화된 방식으로 제시되어, 현실에서 요청되는 긴급한 정치적 개입을 '무력화(paralyzing)'할 수 있다고 경고한다. 비슷한 맥락에서 에바 지로드(Giraud, 2019) 역시 세계의 '복잡성'에 대한 강조가 정치적 개입을 어렵게 만들며, 정치적 개입을 복잡성을 인지하지 못하는 행위로 평가절하할 수 있음을 지적한다. 한편, 전의령(2025)은 칭의 연구로 대표되는 다종 연구가 종종 막연한 낙관과 긍정의 정동에 기대고 있다고 본다. 다종 연구는 인간과 비인간의 상호의존을 '알아차리고', 이를 기반으로 공동의 생존을 모색할 것을 제안하지만, 전의령은 멸종의 위기 속에서 막연하게 인간-비인간 관계의 조정에 호소하는 것은 어쩌면 '잔인한 낙관'이 아닐지 되묻는다.

나는 다종 연구의 탈정치화 비판에 일정 부분 공감하면서도, 기존 동물 연구 및 최근의 일부 다종 연구가 자본주의와 식민주의가 인간-비인간 관계를 어떻게 재편해 왔는지에 천착해 왔음을 지적하고자 한다. 예컨대 인문지리학자 만 바루아(Barua) 등은 인간 너머의 지리학을 정치생태학의 비판적 프레임워크와 결합해, 자연과의 직접적 대면이 '대면 가치(encounter value)'로 전환되고 자본축적에 이용되는 과정을 분석한다(Collard and Dempsey, 2013; Barua, 2016). 이때 자연은 보전 자본주의라는 맥락 속에서 '살아있는 상품(lively commodity)'으로 만들어지는 것이다.[9] 나아가 주노 살라자르 파레냐스

---

9 이 책에서 안새롬(3장)의 글 역시 반딧불이를 사례로 이들이 환기하는 특정한 정동이 축적을 위한 기획임을 지적하고, 이들 동물이 '살아있는 자본'으로 기능하고 있음을 보여준다. 홍덕화(6장)는 환경 위기 자체가 새로운 축적의 기회로 활용됨을 지적한다. 가속화되는 기후 변화와 생물다양성 위기가 역설적으로 자연 자산에 대한 투자와 같은 금융 기반 해법으로 이어지면서, 생태 위기가 자본주의 체제로 다시금 포섭된다는 것이다.

(Parreñas, 2018)는 보르네오섬의 오랑우탄 복원 재활 센터에서 일하는 원주민 노동자와 영국인 자원봉사자들이 매우 다른 차원의 위험에 노출되고 상이한 의무를 갖고 있음을 지적하며, 같은 비인간과 얽히는 인간 집단 사이에도 차이와 불평등이 있음을 지적한다. 비슷한 맥락에서 Jun(2024)은 한국의 유기견 보호 센터의 스태프와 자원봉사자들 역시 매우 다른 수준의 돌봄을 수행하고 있음을 보여준다.

인류학자 소피 차오(Chao), 켈리 볼렌더(Bolender)와 에번 커크시(Kirksey)는 『다종 정의의 약속』의 서문에서 세계를 풍성하게 기술하고자 제안된 다종 민족지가 차이를 소홀히 다루면서 세계를 되레 '납작하게' 기술해 왔다고 지적한다(Chao et al., 2022). 이들은 다종 민족지, 나아가 다종 연구가 식민주의, 자본주의, 국가주의, 인간중심주의와 같은 구조적 맥락 속에서 다종의 삶이 어떻게 얽히고 변화해 나가는지를 탐색해야 한다고 강조한다. 요컨대 "납작하지 않게 하기(unflattening)"가 필요하다는 것이다(p.11). 한편, 기존의 '인간 너머'의 연구가 비인간의 행위성, 인간-비인간의 얽힘 탈인간중심주의의 필요성을 강조해 왔다면, 최근의 인간-비인간 연구는 얽힘의 범위와 과정을 심화시키고, 실험적이고 비판적인 개입들을 시도하는 듯하다. 다음 절에서는 이 같은 시도의 몇 가지 지점들을 짚어보고자 한다.

4. 얽힘을 넘어: 비인간 연구의 새로운 과제들

문화이론 연구자 지로드(Giraud, 2019)는 인간중심주의를 넘어서고자 하는 비인간 연구의 지향과 현장의 환경운동을 겹쳐서 살펴보면서 "얽힘 다음엔 무엇이 오는가?(What comes after the entanglement?)"라고 묻는다.[10] 그의 책 제목으

---

10 한편, 지로드(Giraud, 2019)는 현재의 비인간 연구가 정치적 개입의 가능성을 무력화할 수 있

로도 쓰인 이 질문은 비인간 연구가 한 발짝 더 나아가기 위해 무엇이 필요한지를 효과적으로 보여주는 듯하다. 지금까지의 비인간 연구는 비가시화되어 온 비인간 존재를 드러내고, 그들과 인간들의 다양한 얽힘을 보이는 데 주력해 왔다. 그렇다면 앞으로의 연구는 비단 얽힘을 환영하는 것을 넘어, 얽힘의 다양한 방식과 효과, 자본주의, 식민주의, 인간중심주의와 같이 얽힘이 이뤄지는 구조적 맥락, 얽힘이 가져오는 정치적 가능성과 한계 등을 두루 짚어야 한다는 것이다. 이 절에서는 해외 연구를 중심으로 최근의 비인간 연구에서 주목되는 몇 가지 연구 질문들과 관련 사례들을 소개한다. 이 연구 주제들은 비인간 연구의 존재론적 측면, 방법론적 측면, 정치-윤리적 측면과 관련돼 있다. 이 주제들은 향후 국내 비인간 연구가 개입할 수 있는 지점으로도 활용될 수 있을 것이다. 나는 이 절에서 논의되는 주제들이 비인간 연구 전반을 다루기보다는 선별적이며, 다양한 다른 질문들과 주제들이 포함될 수 있음을 일러두고자 한다.

4.1. '다종'의 공동 세계는 어떻게 구성되는가?

초기의 인간-비인간 연구들은 '비인간' 중에서도 인간과 유사하거나 인간 사회 가까이에 있는 존재들을 다뤄왔다. 인간 너머 지리학은 포유류와 대형 동물들을 주로 다뤘으며, 인류학에서도 원주민 및 정착자 들과 밀접한 관계를 맺어 온 자연물(딩고, 열대우림 등)에 관심을 보여왔다(Braun, 2002; Raffles, 2002; Rose, 2011; Parreñas, 2018). 한편, 최근의 인간-비인간 연구의 대상은 인간과 특정 동물의 관계를 넘어 인간이 포함된 다종의 연결망 자체로 확장되는 듯하다(Gibbs, 2020).

먼저, 연구 대상이 되는 비인간의 범주가 크게 늘어났다. 최근에는 동물을 넘

다고 지적하면서도, 얽힘 속에 접혀있는 배제를 인지하고 펼쳐 보이려는 '배제의 윤리(ethics of exclusion)'에서 새로운 정치적 개입의 가능성을 탐색한다. 그는 특히 기존의 사회적 규범에 도전해 온 환경운동의 실천에서, 배제된 존재와 실천, 삶의 양식을 펼쳐 보일 수 있는 가능성을 찾는다.

어 식물, 어류, 버섯, 이끼, 미생물, 토양 등과 같이 기존 연구에서 집중적으로 다뤄지지 못했던 존재들로 연구의 관심이 확장됐다(Paxson, 2012; Puig de la Bellacasa, 2015; Gabrys, 2018; 김지혜, 2018; Atchison, 2019; Porter, 2019; Krzywoszynska, 2020; Barua, 2023b). 또, 이들 비인간을 개별적인 존재로 다루기보다, 이들이 참여하는 특정한 실천에 주목하고(발효, 분해, 면역, 질병, 작물 재배 등), 이 실천의 다종 연결망과 그 효과를 탐색하는 방향으로 연구가 확장되고 있다. 예컨대, 인류학자 프레데릭 켁(Keck, 2020)은 홍콩과 중국의 조류, 바이러스, 바이러스 헌터들을 추적하면서 조류독감이라는 인수공통감염병의 다종적 세계를 탐색한다. 비슷한 맥락에서 로리머(Lorimer, 2020)는 면역이 십이지장충이나 유산균과 같은 미생물을 적극적으로 신체에 재도입하려는 친생물적(probiotic) 실천을 통해 이뤄지고 있음을 지적한다. 차오(Chao, 2022)의 열대 야자 플랜테이션 연구는 파푸아뉴기니의 팜유 단일 재배에 연루된 다종의 세계—열대 야자라는 식물, 마린드족 원주민, 곤충, 쥐, 곰팡이—를 그려낸다. 이를 통해서 단일작물재배 양식인 플랜테이션이 실제로는 재배 대상 작물 외에도 다양한 존재들과의 협상과 협력, 마찰의 결과임을 드러낸다.[11]

그렇다면, 실천에 연루된 다양한 종들은 어떻게 공동의 세계를 만들어가는가? 최근의 국내외 연구들은 다종의 세계짓기를 설명하기 위해 페미니스트 과학철학자 버라드의 행위적 실재론과 '내부-작용(intra-action)' 개념을 끌어온다(Van Dooren and Rose, 2012; Smith et al., 2021; 이지선, 2022; 김지혜, 2024). 버라드에 따르면, 물질에는 고정되고 본질적인 실재가 존재하지 않는다. 존재하는 것은 행위이며, 이 행위는 항상 특정한 맥락 속에서 발생하고, 이

---

11 이 책에서 김수진(8장)은 비인간 생명을 넘어 '물질' '에너지'라는 비인간 존재를 다룬다. 그는 원자력, 재생에너지, 디지털 기술, 송전망 등 서로 다른 물질들이 맺는 복잡한 관계성에 주목하면서, 이들이 단순한 기술적 조합이 아니라 제도와 정책적 선택에 따른 역동적 구성물임을 강조한다. 홍덕화(7장) 또한 비인간을 '생태계'로 보고 생태계의 활성화를 통한 자본축적의 전략을 탐색한다.

를 통해 '현상'이 생성된다. 우리가 '사물'이라고 여기는 것은 실은 관찰할 수 있는 '현상'일 뿐이며, 이는 언제나 맥락 특수적이고 일시적으로만 안정화된 것이다. 이런 면에서 물질은 고정된 존재가 아니라 유동적인 과정이자 상태로 이해된다. 버라드는 양자 역학을 신유물론과 접목해 물질 내부의 작용성을 설명한다. 물질 내부에서는 '관찰자'와 '관찰 대상' 사이의 경계가 사라지고, 이들이 구별 불가능하게 얽혀 행위를 함께 구성한다. 존재의 정체성은 오직 다른 존재와의 관계적 행위 교환 속에서 상호적으로 구성된다. "꿀벌이 있어야 꽃이 있고, 꽃이 있어야 꿀벌이 있을 수 있다."는 말처럼(김지혜 2024: 152), 존재들은 이러한 상호 구성적 관계 속에서 세계의 새로운 배치를 '함께' 만들어가는 것이다. 버라드는 이러한 과정을 '내부-작용'이라 부른다. '상호작용(interaction)'이 서로 독립된 개별자들이 정체성을 유지한 채 행위 교환에 참여하는 것이라면, 내부-작용은 존재들이 경계를 잃고 상호적인 관계 속에서 세계 만들기에 참여한다는 점에서 구분된다.[12]

환경철학자 반 두런(Van Dooren, 2019)의 '다종의 공동체(multispecies community)' 개념은 내부-작용을 통해 만들어지는 다종 세계를 상상하는 데 유용하다. 공동체는 일반적으로 특정한 정체성이나 소속을 공유한 이들의 집합체로 여겨진다. 그러나 반 두런은 공동체가 "원자화되고 (공동체) 이전부터 존재해 온 개인들의 집합"이라기보다는 "우리 모두가 위태해지는(at stake) 지속적인 과정"(2019: 54)으로 볼 것을 주문한다. 그에게 공동체는 미리부터 존재하는 것이 아니며, 활동을 통해 만들어지는 과정적 결과물이다. 구성원들은 공동체 활동에 참여하고, 이를 통해 이전부터 보전해 온 정체성이 취약하고 불안정해지는 경험을 하게 된다. 활동은 구성원들이 기존의 경계를 허물게 하고, 집합적으

---

[12] 이 책에서 비인간과의 세계짓기를 해양쓰레기의 사례로 가져와 김지혜(2장)는 해양쓰레기에 연루된 비인간 존재의 정체성이 맥락에 따라 순수한 희생양에서부터 침입자, 매개자, 거주자로 상이하게 구성될 수 있음을 보여준다. 마찬가지로 박순열(1장)도 인간, 비인간, 관계가 어떤 본질적 속성을 갖는 것으로 보지 않는다. 그는 존재의 관계론적 구성에서 관찰자에 주목하고, 관찰자에 따라서 존재가 사회학적, 생물학적, 물질적 관계의 얽힘으로 특정하게 포착된다고 지적한다.

로 공동의 정체성을 만들어가게 한다. 이처럼 공동체는 "결코 완결되는 프로젝트가 될 수 없으며, 상황적인 복수성 속에서 공동의 삶을 만들어가는 계속되는 작업"(2019: 55)이라는 것이다. 반 두런은 특히 인간과 까마귀의 관계를 중심으로, 인간 활동의 변화에 따른 까마귀의 반응을 주의 깊게 관찰하고, 이에 맞춰 인간 행동을 바꿔내는 것을 까마귀와 다종의 공동체를 만들어가는 방법이라고 본다. 변화하는 상황에 놓인 인간과 까마귀가 상호 행위를 통해 스스로를 바꿈으로써 함께 공동체—세계—를 만들어나갈 수 있다는 것이다.

4.2. 인간과 비인간을 어떻게 동등하게 연구할 것인가?

복수의 인식론 아래에서 최근의 비인간 연구는 다양한 방법을 모색하고 있다. 현장 참여 관찰이 가장 대표적인 자료수집과 분석 방법이며, 여러 학제를 넘나드는 다학제적(multidisciplinary) 접근, 전문가뿐 아니라 선주민 및 지역주민, 농민, 노동자 등을 통해 다양한 관점을 확보하고자 하는 노력들이 이뤄지고 있다(Gibbs, 2020). 최근에는 예술 분야와의 연구 협력, 반려동물과의 개인적인 경험과 기록 등도 유의미한 자료로 다뤄진다. 특히 인간-비인간 연구의 방법론과 관련된 가장 큰 쟁점은 자료수집과 분석에서 인간과 비인간을 동등하게 —대칭적으로— 다루는 문제다. 이를 위한 최근의 노력에는 자연과학 활용, 다종 스토리텔링, 시각 자료 활용 등이 눈에 띈다.

먼저, 동물과 자연을 연구해 온 인간 너머 지리학과 다종 인류학 연구자들은 오랫동안 자연과학 문헌을 활용해 왔다. 생태학, 동물학, 동물행동학 등의 과학 문헌은 이들이 관찰하는 인간-비인간 상호작용을 해석하는 데 크게 기여해 왔다. 동물이나 식물의 생태와 습성, 행동 패턴을 파악하게 하는 한편, 얼핏 불가해하게 보이는 행동의 의미를 읽어낼 수 있도록 해왔다(Bekoff, 2002; Despret, 2004; Waal, 2007). 그렇다면 다종 연구자는 자연과학 문헌을 과학자와 어떻게 다른 방식으로 읽어내는가? 반 두런 등(Van Dooren et al., 2016)

은 "열정적 몰입(passionate immersion)"을 강조한다(pp. 6-9). 이들은 열정적 몰입을 '호기심 가득한 채 연루되는 것'이며 '(비인간 존재에) 감응되는 방법을 배우는 것'이라고 설명한다. 똑같은 동물행동학 문헌을 읽더라도 지식만 습득할 것이 아니라, 인간과 구별되는 동물의 생태나 습성에 대해 호기심을 갖고 경이롭게 여기라는 것이다. 동물의 '마음'에 귀를 기울이는 것은 동물의 행동을 인간의 관점으로 해석하는 과정을 동반한다. 미셸 바스티안 등은 이 같은 방식이 인간과 동물 사이에 공통의 언어가 없기 때문에 인간으로서는 불가피한 방식이며, 인간을 준거로 다른 존재들을 열등한 것으로 보는 "의인화(anthropomorphism)"와는 구분된다고 지적한다(Bastian et al., 2016). 반 두런과 데보라 버드 로즈(Van Dooren and Rose, 2012) 또한 의인화에 대한 지나친 경계가 오히려 비인간을 생태 시스템에 복속된 수동적 존재로 다루는 "기계화(mechanomorphism)"로 귀결될 수 있다며, 보다 창의적이고 적극적으로 자연과학 문헌을 독해할 것을 요청한다.

둘째, 비인간을 중심에 둔 새로운 스토리텔링의 가능성이다.[13] 비인간의 행위성에 대한 강조는 비인간을 중심으로 한 서사의 가능성으로 이어진다(Greenhough and Roe, 2019; 최명애 외, 2023). 반 두런과 로즈(Van Dooren and Rose, 2012)는 비인간이 남긴 흔적(sign)과 경이(wonder)를 좇음으로써 비인간을 주체(narrative subject)로 서사를 새롭게 쓸 수 있다고 주장한다. 이들은 호주 시드니의 사례로 쇠푸른펭귄과 날여우박쥐가 도시를 어떻게 이해하고 의미 있게 만드는가를 기술한다. 빠르게 변화하는 도시환경에도 불구하고 쇠푸른펭귄은 매년 알을 낳으러 돌아오며, 날여우박쥐도 출산과 번식을 위해 찾아온다. 도시화로 인해 펭귄이 알을 낳아왔던 바위 틈새는 사라졌지만, 펭귄은 창

13　한편, 전의령(2023)은 인간과 비인간 존재를 대칭적으로 다루고자 하는 다종 인류학의 '분석적 평등주의'와 현실 세계에서 존재하는 '실제적 불평등'과의 간극을 지적한다. 그는 다종의 에스노그라피가 현실에 존재하는 불평등과 불연속성을 상대적으로 배제 혹은 삭제할 수 있다고 우려하면서, 에스노그라피의 대상이 되는 인간-비인간 관계가 일어나는 역사적, 윤리적, 정치적, 사회적 구조를 두텁게 기술할 필요가 있다고 지적한다.

고, 보트, 집의 어둡고 건조한 곳에 둥지를 트는 방식으로 변화에 적응했다. 소음과 먹이 활동 때문에 박쥐는 서식지인 로열 보타닉 가든 캠프에서 쫓겨났지만, 계속되는 박쥐의 귀환은 지역주민들로 하여금 이들에 대한 퇴치 시도를 막아서게 했다. 반 두런과 로즈는 펭귄과 박쥐의 귀환을 생태학 개념인 '서식지 충실도(site fidelity)'와 연결하면서도 이들 동물을 둘러싼 사회적, 문화적 맥락을 충분히 읽어내 이들의 행동을 다종의 스토리로 번역해 낸다. 여기서 도시라는 장소는 단순한 서식지를 넘어 이들 동물의 역사와 이야기를 함께 담고 있는 곳이 된다. 이처럼 동물의 이야기는 인간중심주의적 서사를 넘어 장소를 다종의 성취물로 볼 수 있게 한다.

셋째, 최근의 인간 너머 지리학에서는 인간과 비인간에 대한 대칭적 접근을 위해 시각매체를 이용하는 시도들이 등장하고 있다. 현장에서 사진이나 비디오를 촬영하고, 이를 비인간의 행위성과 인간-비인간의 섬세한 상호작용을 살펴보는 자료로 활용하는 것이다. 이때 시각 자료는 단순한 현장의 재현이 아니라, 인간과 비인간의 얽힘과 행위성의 기록으로 이해된다. 예컨대 해리엇 스미스 등(Smith et al., 2021)은 경찰과 경찰견의 훈련 과정을 연구하기 위해 1분 가량의 짧은 동영상 3,000여 점을 촬영해 분석했다. 이들은 시각 자료가 비인간 대상에 대한 "덜 인간 중심적이고 보다 대칭적인 접근"(p.478)을 가능하게 하며, 아울러 "경찰견 훈련 과정의 물질적이고 체현적인 측면에 기울일 수 있게"(p.478) 하는 다종 문화기술지의 방법이라고 지적한다. 즉, 영상 자료를 반복적으로 돌려보고 분석함으로써, 현장 관찰에서는 미처 포착하지 못했던 개의 행위성을 알아차리고, 개와 인간 사이에서 일어나는 머뭇거림, 긴장, 기대와 기쁨의 순간들을 포착할 수 있었다는 것이다. 비슷한 맥락에서 크리스 베어 등은(Bear et al., 2017)은 영국의 로봇 착유 농장 사례에서 정지 사진(still image)과 비디오 자료를 생산, 활용하고 이 같은 영상매체가 소, 로봇, 인간 사이의 상호작용을 보다 효과적으로 포착하고 있다고 지적한다.

4.3. 불평등과 정의의 문제를 어떻게 다룰 것인가?

최근 비인간 연구는 종의 경계를 넘어 공유되는 취약성과 이에 기반한 연대의 가능성을 모색함으로써 종간, 종내 불평등과 구조의 문제를 소홀히 다뤄왔다는 지적에 응답한다. 해러웨이(Haraway, 2018)는 인간과 다른 존재들의 얽힘과 이 과정에서 교차적으로 생성될 수 있는 문제를 포착하기 위해 '다종 정의(multispecies justice)' 개념을 제안했다. 이후 다종 정의는 비근대적 자연 철학, 동물권 운동, 포스트휴머니즘과 신유물론, 환경정의, 생태인문학 등 다양한 학술적 논의와 결합하면서 다종적 상호작용에서 작동하는 권력과 불평등, 법과 제도적 장치의 문제로 확장돼 왔다(Celermajer et al., 2021).

초기 다종 정의 논의는 인간 중심으로 형성되어 온 정의 개념을 비인간을 포함하는 방향으로 어떻게 새롭게 사유할 것인가라는 문제에 초점을 맞췄다. 법과 정책 연구자들은 인간과 사회의 고유한 영역으로 여겨온 법과 제도적 지위를 비인간 존재에게로 확장할 필요가 있다며, 자연물에게 인간과 유사한 법적 지위를 부여하고자 하는 '자연의 권리'나 '지구법학' 운동에 주목해 왔다(보이드, 2018).[14] 한편, 페트라 췌이컬트(Tschakert et al, 2021) 등은 정의가 법이나 제도를 통해 달성해야 할 상태가 아니라, 다종적 관계망의 작동에 따라 생성되는 관계적 성취물로 볼 것을 주문한다(Verlie, 2022; 최명애, 2023). 이들은 다종 정의를 다른 종과의 상호의존성, 돌봄의 감각과 지향을 통해 설명한다. 이러한 다종 정의는 인간과 비인간이 공유하는 취약성, 신체를 매개로 한 경험과 공감, 다른 존재에게 관심을 기울이고 응답할 수 있는 능력을 통해 형성되며 작동하는 것으로 이해된다.

한편, 최근의 다종 정의 논의는 정의의 대상을 비인간으로 확장하는 대신,

---

14 이 책에서 구도완(8장) 또한 국내에서 전개되는 자연의 권리와 지구법학 논의를 인간 너머의 생태정치의 중요한 한 현상으로 지적한다.

특정 인간과 비인간 집단이 같은 구조적 불평등과 폭력을 겪고 있음을 드러내고, 종을 넘어선 정치적 실천의 가능성을 모색하는 데 더욱 주력하는 듯하다. 차오 등은 교차성(intersectionality) 개념을 인간-비인간 관계로 확대 적용한다(Giraud, 2019; Chao et al., 2022; 테일러, 2020(2017)). 기존의 교차성 개념이 인종, 젠더, 계급 등 복합적 사회적 정체성이 차별의 중첩을 가져온다는 데 주목했다면, 차오 등(Chao et al., 2022)의 '종간 교차성(interspecies intersectionality)'은 다양한 종들이 자본주의, 식민주의, 제국주의 등의 구조적 폭력 앞에서 함께 취약해짐을 가리킨다. 인간에 대한 폭력과 자연에 대한 폭력이 서로 다른 문제가 아니며 같은 구조의 소산이라는 것이다. 이들은 따라서 종의 경계를 따르는 대신, 같은 구조적 폭력에 노출된 집단들 사이에서 종의 경계를 넘어서는 연합(alliance)을 만들 필요를 강조한다. 인간과 비인간이 공통의 고통, 억압, 파괴 속에서 서로를 인식하고, 정치적 주체로 함께 연대해 행동할 수 있다는 것이다.

플랜테이션에 대한 최근의 인류학 연구들은 비인간 자연에 대한 식민화와 원주민에 대한 식민화가 교차하는 방식에 주목하며, 인간과 비인간의 종을 넘어선 연합의 가능성을 탐색한다(Barua, 2023b; Chao et al., 2024; Li, 2024). 차오(Chao, 2022)는 파푸아뉴기니 팜유 플랜테이션에서 일하는 마린드족 원주민 노동자들이 식민주의 정치경제의 산물인 플랜테이션에서 일하는 자신들과 야자나무 틈새에서 번성하는 기생생물을 동일시함을 지적한다. 이들 원주민 노동자들은 기생식물이 결국 야자나무를 파괴하는 것을, 플랜테이션에 대한 저항이자 '재분배적 정의'의 실현으로 읽어낸다. 플랜테이션이라는 시스템은 파푸아뉴기니의 열대우림을 팜유 재배지로, 생물다양성을 단일 작물로, 원주민을 노동력으로 단순화했다. 식민주의적 자본주의 구조가 인간과 자연에 가한 폭력은 플랜테이션에 연루된 원주민과 다양한 식물의 신체를 통해 경험되었고, 플랜테이션의 성장을 교란하는 기생식물의 등장과 번성은 체제에 대한 일종의 '저항'으로 독해된 것이다. 여기서 플랜테이션 연구는 기존의 비인간 연구가 구조의 문제를 소홀히 다뤄왔다는 지적에 응답하는 한편, 같은 구조의 폭력에도 특정 인간과 비인간 집단이 보다 취약할 수 있음을 보여준다.

이 같은 특정 인간 집단과 비인간 집단의 동일시, 혹은 '인간 너머의 연합(more than human alliance)'은 주변부로 내몰린 인간과 비인간에서 보다 선명하게 드러난다. 인류학자 제이콥 도허티(Doherty, 2019)는 우간다의 쓰레기 매립장에서 일하는 쓰레기수집인과 아프리카대머리황새가 비슷한 위치성을 갖게 됨을 지적한다. 쓰레기 더미에서 생계를 해결하는 쓰레기수집인과 아프리카대머리황새(Marabou stork)는 도시의 '더러움(filth)'에 기대어 삶을 꾸리는 존재로, 청결하고 질서 있는 도시를 바라는 행정가들에게는 눈엣가시다. 이 혼종적 듀오는 언제 철거될지 모르는 불안정 속에 놓인 존재이자, 쓰레기에서 나오는 독성물질을 몸으로 흡수하고 있는 동지이기도 하다. 캐서린 길레스피와 빅토리아 로슨(Gillespie and Lawson, 2017)의 연구에서 샌프란시스코의 노숙인과 그들의 반려견은 언제 쫓겨날지 모르는 불안을 공유하며 도시에서 함께 삶을 꾸려가는 존재다. 마찬가지로, 국내 축산업을 다룬 르포 『고기로 태어나서』에서 저자 한승태(2018)는 도축장이라는 열악하고 폭력적인 공간에서 살아가는 축산 '고기'와 노동력을 제공하는 사람 '고기'를 함께 다룬다.

그렇다면 불안정하고 취약한 삶으로 내몰린 인간과 비인간은 무엇을 할 수 있는가. 칭(2023)은 『세계 끝의 버섯』에서 이에 대한 응답으로 '협력적 생존(collaborative survival)'을 제안한다. 다양한 존재들이 얽힌 세계 속에서 우리는 서로 협력해야만 비로소 생존할 수 있다는 것이다. 이때 협력적 생존은 단순한 생존 양식을 설명하는 개념을 넘어, 다른 존재를 인식하고 그와 협력하려는 윤리적 요청을 포함하는 규범적 개념이기도 하다.

인류학자 옌-링 차이(Tsai, 2019)는 타이완의 '친절한 농부들(friendly farmers)'이 실천하는 유기농업을 사례로 "인간 너머의 얽힘을 통한 생존"(p. S344)의 모습을 제시한다. 1960년대 녹색혁명은 마을 공동체를 해체하고, 자연에 기대어왔던 농업을 화학비료와 종자 개량에 의존하는 산업적 농업으로 전환시켰다. 일군의 도시농부들은 국가와 산업이 농민, 농토, 작물에 가한 폭력을 인식하고, 유기농업을 통해 땅과의 관계를 회복하려는 실천을 전개한다. 시간이 흐르면서 이들의 농업 실천은 도시농부에서 지역 농부들 그리고 새로 유입된 LGBT 공동체로 확장됐고, 나아가 왕우렁이, 토종 우렁이, 물새, 양서류, 어류로 이르기까지 "뜻밖의 친족들(odd kins)"로 연결됐다. 이들 사이에는 생물학적 혈연이나 제도적 규범이 아닌 돌봄과 책임, 우연한 만남에 기반한 새로운 관계망이 형성됐다. 이러한 얽힘이 '인간 너머의 연합'을 이루게 된 것이다. 차이는 이들의 실천을 "산업적 폐허에서 살아남기 위한 다종의 공존 실험"으로 본다. 이 같은 실험이 인간 중심적 가족농업 체제의 위기 속에서 새로운 농업적 생존 방식과 공동체성을 가능하게 하는 대안적 상상력으로 기능할 수 있다는 것이다.[15]

4.4. 종을 넘어선 공번성은 어떻게 가능한가?

종간 교차성과 다종 정의가 비인간 연구와 식민주의, 자본주의 비판과의 결합을 보여준다면, 인간-비인간 관계의 재구성은 비인간 연구가 오랫동안 옹호하고 천착해 온 부분이다. 기존 연구들이 얽힘에 연루된 비인간의 행위성을 조명하는 데 주력했다면, 최근의 논의는 비인간이 단순한 '참여자'를 넘어 '협력자(collaborator)'로서 인간과 함께 세계를 구성해 갈 수 있음을 강조한다. 이때 비인간—특히 동물—은 노동을 통해 "인간 너머의 협력(more than human collaboration)"에 참여하는 존재로 이해된다(Van Patter et al., 2022; Wilson, 2022; Welden, 2023). 이러한 연구들은 동물 노동의 착취적 성격을 간과하지 않으면서도, 노동에 참여하는 인간과 동물 사이에 착취로만 환원될 수 없는 연

---

15   이 책에서 서지현(9장)은 칠레 아타카마사막 지역에서 벌어지는 브린 추출과 물 의례를 대비시키고, 원주민의 세계관에 입각한 대안적인 인간-자연 관계를 살펴본다.

대와 상호협력이 가능함을 탐색한다. 예컨대, 켄드라 콜터(Coulter, 2016)는 경찰견이나 맹도견 등의 노동 동물을 사례로, 인간과 동물이 공동의 목표를 향해 협력하는 가운데 종을 가로지르는 연대의 감각(interspecies solidarity)이 형성된다고 지적한다.

북미와 유럽에서 전개되는 재야생화(rewilding) 프로젝트들은 이러한 '인간 너머의 협력'을 효과적으로 보여주는 듯하다. 재야생화는 자연의 생태적 역량을 활용해 훼손된 생태계를 복원하려는 시도다. 이때 비인간 존재—초식동물, 늑대, 비버 등—의 생태 활동은 생태복원의 핵심 요소로 기능하며 이들은 '생태 기술자(ecological engineer)'로 간주된다. 지리학자 애니 웰든(Welden, 2023)은 영국 남부의 하천 재야생화 사례를 통해 비버와 인간이 다양한 형태로 협력할 수 있음을 보여준다. 하천에 댐을 짓는 비버의 생태를 하천 복원의 수단으로만 이용할 때 비버는 인간을 위해 복무하는 '노동 동물(labour)'이 된다. 그러나 비버가 하천 생태계에 미치는 영향을 세심하게 관찰하고, 이에 맞춰 과학과 정책 개입의 방식을 조율할 때 비버는 인간과 '함께' 지식을 생산하고 재야생화를 이끌어내는 '동료(coworker)'가 된다. 즉, 인간과 동물의 협력은 설계하기에 따라 착취가 될 수도, 다른 종의 생존과 번영이 가능하도록 하는 적극적인 행위가 될 수도 있다는 것이다.

동물 노동이 인간이 주도하는 방식의 종간 협력이라면, 인간의 의도와 무관하게 전개되는 뜻밖의 협력도 가능하다. 앞서 언급한 도허티(2019)의 우간다 사례는 쓰레기수집인과 아프리카대머리황새 사이에서 발생하는 의도치 않은 협력관계를 보여준다. 아프리카대머리황새가 날카로운 부리로 쓰레기 봉지들을 찢어놓은 덕분에, 쓰레기수집인들은 수월하게 쓰레기를 분류하고 수거하게 된다. 이 새의 섬뜩한 생김새와 기묘한 행동은 도시민들에게 혐오의 대상이지만, 쓰레기수집인들은 이들을 반기지도 쫓아내지도 않는다. 쓰레기수집인들과 아프리카대머리황새 사이에 무심한 종간 협력이 전개되면서 공존에 대한 암묵적인 동의가 이뤄지는 것이다.

이처럼 인간 너머의 협력은 인간-비인간 관계에 대한 인간 행위자의 개입이 수반된다. 개입은 재야생화의 경우처럼 비인간을 재도입하는 적극적인 방식일 수도, 우간다의 사례처럼 새를 쫓아내지 않는 방식의 소극적인 개입일 수도 있다. 이 같은 개입은 인간-비인간 연결망을 조정하고 재구성하는 정치적, 윤리적 행위다. '인간 너머' 연구자들은 이때 개입이 가치중립적이지 않으며, 인간과 비인간의 공번성을 지향하는 방식으로 이뤄져야 한다고 강조한다. '공생공락'으로 번역되는 'conviviality'는 이 같은 상호작용을 위한 윤리적, 정치적 감각을 가리킨다(Hinchliffe and Whatmore, 2006; Van Dooren and Rose, 2012). 인간과 비인간이 얽힌 세계 속에서 서로를 인정하며 감각하고, 반응하고, 함께 살아가야 한다는 것이다. 이 같은 공생공락의 윤리와 정치는 비인간 존재에 대한 포용적이고 실험적인 접근을 요구한다. "우리가 공유하는 장소에서 가능한 한 다른 존재를 위한 공간을 마련하려는 노력을 필요"로 하는 것이다(van Dooren and Rose, 2012: 17). 로렌 반 패터(Van Patter, 2022) 등은 인간 너머의 협력 연구가 "공생공락의 다종적 미래(convivial multispecies futures)"를 의도적으로 추구해야 하며(p.86), 이를 위해 실제 현장에서 전개되는 다종의 협력적 상호작용을 가시화하고, 견인해야 한다고 지적한다. 다시 말해 인간-비인간 관계의 재구성을 도모하는 실험적 실천들을 적극적으로 포착하고 분석하는 작업이 요구된다는 것이다.

이러한 관점에서 앞서 언급한 재야생화나 동물 생추어리 운동 등은 공생공락을 지향하며 인간-비인간의 연결망을 바꿔내고자 하는 새로운 시도로 보인다(Abrell, 2021; 최명애, 2021). 재야생화는 인간과 비인간의 협력을 통해 생태를 복원하고자 하며, 그 핵심 역량을 비인간 존재의 활동에서 찾는다. 동물 생추어리 운동은 인간이 '동물 공간'으로 지정한 농장이나 야생이 아니라 '피난처'에 동물을 배치하고, 이 같은 연결망의 변화가 인간과 동물, 인간-동물 관계를 어떻게 변화시킬지를 탐색한다.[16] 이들의 실천이 경제적으로, 생태적으로 무구하다는 것이 아니다. 그럼에도 불구하고, 한계를 노정한 채 시도되는 연결망의 변화가 어떤 새로운 가능성을 열 수 있을지 주목해 보자는 것이다.[17] 어쩌면 비인간 연구의 가장 큰 잠재력은 이처럼 기존의 범주화된 이해로는 포착되지 않는 예외적이거나 잔여적인 사건들을 주목하고, 이 사건들을 의미화하는 데 있는 듯하다. 인간과 비인간의 연결망을 중심에 두고, 연결망의 변화가 가져올 수 있는 새로운 가능성들에 대해 호기심을 갖고 바라봄으로써 다른 미래를 상상해 볼 수 있는 것이다. 비인간 연구가 보여주는 "긍정과 낙관의 정동"(전의령, 2025)은 바로 이러한 다른 미래를 향한 탐색에서 비롯하는 것이 아닐까 싶다.

요컨대 비인간 연구는 초기 인간과 비인간의 얽힘을 강조하는 데서 한 걸음 더 나아가 얽힘의 과정과 효과에 대한 비판적이고 입체적인 분석을 시도한다. 얽힘의 대상은 특정 비인간에서 다종의 연결망으로 확장됐고, 얽힘 과정에 식민주의, 자본주의, 인간중심주의와 같은 구조적 맥락이 작동하고 있음을 드러내는 한편, 종을 넘어선 정의를 어떻게 실현할 것인가를 모색하고 있다. 비인간을 어떻게 연구하며, 비인간의 행위성을 인간과 대칭적으로 분석할 수 있는 다양한 방법론적 실험들이 전개되고 있다. 나아가, 비인간을 포함해 세계를 새롭게 사유하고, 분석하고, 실천을 모색하는 것은 기존의 비판적 연구가 미처 포착하지 못한 새로운 가능성과 대안 들을 상상할 수 있게 해준다는 점에서 유용하다고 하겠다.

---

16 이 책에서 최명애(4장)와 장우주(5장)는 각각 철원의 두루미와 도시 너구리를 사례로, 연결망에 기입된 이들 동물이 철원의 농민-두루미 관계와 도시의 인간-동물 관계를 어떻게 변화시키는지를 살펴본다.
17 예컨대, 최명애의 글(4장)에서 농민의 두루미에 대한 정동적 애착과 경제적 이익 추구는 완전히 분리되지 않으며, 장우주의 글(5장)에서 너구리는 도시에서 전염병을 매개하는 존재이다.

5. 결론: 인류세를 해킹하기

이 글은 최근 사회과학에서 주목받고 있는 비인간 연구의 국내외 동향을 검토하고, 이를 구성하는 이론적 기반과 주요 논의, 향후 쟁점과 연구 주제를 정리하는 것을 목적으로 했다. 먼저 인간-비인간의 얽힘과 공동 세계짓기에 대한 관심이 유관 분야인 인간 너머 지리학, 다종 인류학, 과학기술학, 확장된 동물권 연구에서 어떻게 전개돼 왔는지를 살폈다. 이를 통해 비인간 연구의 주요 특징을 관계적 존재론, 복수의 인식론, 관계적 윤리로 파악하고, 최근 비인간 연구에 쏟아지는 탈정치적 비판에 대해 검토했다. 이어 최근 비인간 연구에서 논의되는 새로운 연구 주제들을 존재론, 방법론, 정치-윤리 등으로 나눠 정리하고, 내부-작용, 종간 교차성, 다종 정의, 협력적 생존, 공생공락 등의 개념과 관련 사례 연구를 소개했다. 특히 '얽힘 이후'를 탐색하기 위한 비인간 연구의 주요 과제로 ① 다종 세계가 실천 속에서 구체적으로 어떻게 형성되는지를 주목하고, ② 인간과 비인간을 대칭적으로 연구하기 위한 방법들을 개발하고, ③ 얽힘이 언제나 평등하거나 정의롭지 않은 상황에서, 구조적 불평등과 권력 문제를 비판적으로 분석하고, ④ 인간 너머의 연합을 통한 대안적 실천을 탐색할 필요성에 대해 살펴봤다. 이 글은 이처럼 확장되고 있는 비인간 연구의 흐름을 조망하면서, 비인간 연구를 통해 세계를 새롭게 해석하고 개입할 수 있는 여지들을 탐색했다.

결론으로 나는 비인간 연구가 인류세의 생태사회적 위기에 갖는 의미를 간단히 짚어보고자 한다. 정치학자 데이비드 챈들러(Chandler, 2018)는 인류세 거버넌스를 매핑(Mapping), 센싱(Sensing), 해킹(Hacking)의 세 가지 방식으로 구분한다. 매핑이 인류세 위기를 인식하고 이에 효과적으로 적응하는 것이라면, 센싱은 위기를 감각하고 인지하는 다양한 방식을 찾아나가는 작업이다. 반면, 해킹은 이러한 위기를 초래한 인간-자연 관계 자체를 새롭고 창의적으로 재구성하려는 시도다. 여기서 '해킹'은 인류세의 도래를 부정하지 않으면서도, 이에 과도하게 비관하거나 무력해지지 않는 태도, 곧 다른 가능성의 모색을 의미한다.

비인간 연구는 인류세 위기의 핵심 원인을 인간중심주의에서 찾고, 이를 극복하기 위한 정치적 실천으로 인간-자연 관계의 전환을 요구해 왔다. 그런 점에서 챈들러의 '해킹'이 제안하는 인간-자연 관계의 재구성은 비인간 연구의 문제의식과 궤를 같이하는 듯하다. 이와 유사하게 반 패터 등(2021)은 '인간 너머의 협력'을 인류세적 해킹의 전략 중 하나로 제안한다. 인류세 위기가 인간의 자연 착취에서 비롯되었다면, 이에 응답하는 방식은 인간과 비인간의 관계를 주체와 대상에서 다양한 인간 및 비인간 협력자 들로 재구성하고, "공생공락할 수 있는 다종적 미래"를 실험하는 것이어야 한다는 것이다.

이 글의 후반부에서 나는 이러한 문제의식과 접속되는 탐색적 실천들을 소개했다. 다종 정의, 재야생화, 종간 교차성, 인간 너머의 연대, 공생공락의 윤리와 정치 등은 기존의 인간-자연 관계를 비틀고 다시 구성해 보려는 다양한 시도들이다. 이들 실험이 당장의 폭력을 멈추게 하거나 구조적 문제를 근본적으로 전환시키지는 못할 수도 있다. 그러나 이들은 새로운 상상과 가능성의 공간들을 열어젖힌다. 이러한 시도들을 발굴하고, 그 의미를 묻는 작업이야말로 비인간 연구가 인류세를 '해킹'하는 하나의 방법이 아닐까 생각한다.

참고문헌

김관욱. 2020. "과일 바구니, 식혜, 붉은진드기 그리고 벽: 코로나 19 사태 속 콜센터 상담사의 정동과 건강-어셈블리지."『한국문화인류학』53(3): 37-83.
김기흥. 2022. "취약존재의 생산: 포스트-코로나시대의 인간-동물-질병관계."『횡단인문학』12: 111-133.
김준수. 2019a. "돼지 전쟁-아프리카돼지열병을 통해 바라본 인간 너머의 영토성."『문화역사지리』31(3): 41-60.
_____. 2019b. "한강의 생산: 한국의 발전주의 도시화와 인간 너머의 물 경관."『공간과 사회』67: 93-155.
_____. 2021. "한국의 외래생명정치와 인간 너머의 생명안보: 붉은가재를 통해 바라본 생태계 교란종의 존재론적 정치."『경제와사회』132: 208-249.
김지혜. 2018. "한국의 양식 산업 속 적조와 인간의 관계: 작은 것들의 카리스마, 적조."『공간과 사회』63: 101-149.
_____. 2024. "자연과 사회의 관찰자와 세계: 반-총체론적 세계짓기를 위한 이론."『사회와이론』49: 127-170.
김태우. 2021.『한의원의 인류학』돌베개.
김환석. 2017. "사회과학의 물질적 전환을 위하여."『경제와사회』112: 208-231.
_____. 2018. "사회과학의 새로운 패러다임, 신유물론."『지식의 지평』25: 1-10.
_____. 2020. "사회과학과 신유물론 패러다임: 사회학 분야를 중심으로."『안과밖』48: 121-142.
데스콜라, 필리프(P. Descola). 2022.『타자들의 생태학: 자연과 문화의 이원론을 넘어서는 인류학』차은정 역. 포도밭출판사.
바니니, 필립(P. Vanini). 2023.『비재현적 방법론: 연구를 재상상하기』김진영 외 역. 전남대학교출판부.
보이드, 데이비드(D. Boyd). 2020.『자연의 권리: 세계의 운명이 걸린 법률 혁명』이승아 역. 교유서가.

브라이도티, 로지(R. Bridotti). 2015. 『포스트휴먼』 이현재 역. 아카넷.

비베이루스 지 카스트루, 에두아르두(E. Viveiros de Castro). 2018. 『식인의 형이상학: 탈구조적 인류학의 흐름들』 박이대승·박수경 역. 후마니타스.

노고운. 2019. "Ecological nationalism and the demonization of 'invasive' animal species in contemporary South Korea." 『비교문화연구』 25(1): 137-174.

성한아. 2022. "종이 종을 셀 수 있을 때: 겨울철 조류 동시 센서스의 신체, 경계거리, 현장문해력." 『과학기술학연구』 22(3): 69-106.

_____. 2024. "다종 감지 공동체: 조류 모니터링의 시간성과 인간 너머의 윤리-정치." 『과학기술학연구』 24(2): 113-148.

아담스, 캐럴(C. Adams)·그루언, 로리(L. Gruen). 2024. 『에코페미니즘: 인간, 동물, 지구와 교차하는 페미니즘적 시선』 김보경·백종륜 역. 에디투스.

이선화. 2023. 『초원을 나는 닭』 서울대학교출판문화원.

이지선. 2022. "캐런 버라드의 행위적 실재주의에서 물질과 실재." 『한국여성철학』 38: 117-152.

임소연. 2021. "신유물론과 페미니즘, 그리고 과학기술학: 접점과 접점의 접점에서." 『문화과학』 107: 126-145.

전의령. 2017. "'길냥이를 부탁해': 포스트휴먼 공동체의 생정치." 『한국문화인류학』 50(3): 3-40.

_____. 2023. "유기견 쉼터에서의 불연속적이고 파편적인 마주침들." 『한국문화인류학』 56(3): 3-40.

_____. 2024. "탈-정치의 세계로 우리를 이끄는 '푸바오', 북극곰 그리고 비인간 담론." 『문화과학』 119: 173-184.

_____. 2025. "인간중심주의 비판을 넘어서: 포스트휴먼·다종 인류학에 대한 비판적 검토." 『경제와사회』 145: 240-283.

조문영. 2021. "행위자-네트워크 이론과 비판인류학의 대화: '사회'에 관한 논의를 중심으로." 『비교문화연구』 27(1): 393-445.

주윤정. 2020. "상품에서 생명으로: 가축 살처분 어셈블리지와 인간-동물 관계." 『농촌사회』 30(2): 273-307.

최명애. 2018. "한국 인문지리학의 '동물 전환'을 위하여." 『공간과 사회』 28(1): 16-54.

_____. 2020. "비인간 행위성과 제주 돌고래 생태관광의 정치경제." 『문화역사지리』 32: 126-145.

_____. 2021. "재야생화: 인류세의 자연보전을 위한 실험." 『환경사회학연구 ECO』 25(1): 213-255.

_____. 2023. "인간 너머의 기후정의." 『대한지리학회지』 23(4): 452-468.

최명애·조엘 샴팔레·박현빈·성한아. 2023. "도시의 비인간 이웃: 대전시 주민-백로 갈등을 중심으로." 『한국도시지리학회지』 26(1): 17-36.

최영래. 2019. "녹색성장-갯벌어업-해삼양식 어셈블리지로 읽는 발전주의와 자연의 신자유주의화." 『공간과 사회』 65: 158-191.

칭, 애나(A. L. Tsing). 2023(2015). 『세계 끝의 버섯』 노고운 역. 현실문화.

테일러, 슈나우라(S. Taylor). 2020. 『짐을 끄는 짐승들: 동물 해방과 장애 해방』 이마즈 유리·장한길 역. 오월의 봄.

콘, 에두아르도(E. Kohn). 2018. 『숲은 생각한다』 차은정 역. 사월의책.

쿨, 다이애나(D. Coole)·프로스트, 사만타(S. Frost). 2023. 『신유물론 패러다임: 존재론, 행위자 그리고 정치학』 박준영·김종갑 역. 그린비.

키머러, 로빈 월(R. Kimmerer). 2021. 『향모를 땋으며』 노승영 역. 에이도스.

프리초프, 카프라(C. Fritjof)·마테이, 우고(U. Mattei). 2019. 『최후의 전환: 지속가능한 미래를 위한 커먼즈와 생태법』 박태현·김영준 역. 경희대학교출판문화원.

한승태. 2018. 『고기로 태어나서: 닭, 돼지, 개와 인간의 경계에서 기록하다』 시대의창.

해러웨이, 도나(D. Haraway). 2021. 『트러블과 함께하기』 최유미 역. 마농지.

홍덕화. 2022. "기후위기와 '한계' 너머의 사회학: 탈성장과 탈인간중심주의의 쟁점들." 『경제와사회』 133: 12-46.

황진태. 2018. "'인간 너머의 지리학'의 탐색과 전망." 『공간과 사회』 63: 5-15.

_____. 2019. "기획의 글: 한국 '인문'지리학의 한계와 인간 너머의 지리학의 가능성." 『문화역사지리』 31(3): 1-4.

황진태·김민영·배예진·윤찬희·장아련. 2019a. "리슈만편모충은 어떻게 '하나의 유럽'에 균열을 가했는가?: '인간 너머의 위험경관'의 시각에서 바라본 코스모폴리타니즘의 한계." 『대한지리학회지』 54(3): 321-341.

황진태·전민성·서성훈·유동현·최다훈. 2019b. "발전주의적 코스모폴리틱스로서 동물카

페." 『문화역사지리』 31(3): 61-78.

황희선. 2021. "다종민족지: 환경 파국 시대의 생물문화적 희망한 민족지적 연구." 『한국문화인류학』 54(1): 359-402.

Abrell, E. 2021. Saving Animals: Multispecies Ecologies of Rescue and Care. University of Minnesota Press.

Agamben, G. 2004. The Open: Man and Animal. Stanford University Press.

Asdal, K., Druglitrø, T. and Hinchliffe, S. 2016. Humans, Animals and Biopolitics: The More-Than-Human Condition. Routledge.

Atchison, J. 2019. "Between disgust and indifference: Affective and emotional relations with carp (Cyprinus carpio) in Australia." *Transactions of the Institute of British Geographers* 44(4): 735-748.

Barua, M. 2016. "Lively commodities and encounter value." *Environment and Planning D: Society and Space* 34(4): 725-744.

_____. 2023a. Lively Cities: Reconfiguring Urban Ecology. University of Minnesota Press.

_____. 2023b. "Plantationocene: A vegetal geography." *Annals of the American Association of Geographers* 113(1): 13-29.

Bastian, M., Jones, O., Moore, N. and others. 2016. Participatory Research in More-Than-Human Worlds. Routledge.

Bear, C., Wilkinson, K. and Holloway, L. 2017. "Visualizing human-animal-technology relations: Field notes, still photography and digital video on the robotic dairy farm." *Society & Animals* 25(3): 225-256.

Bekoff, M. 2002. Minding Animals: Awareness, Emotions and Heart. Oxford University Press.

Best, S. 2009. "The rise of critical animal studies: Putting theory into action and animal liberation into higher education." *Journal for Critical Animal Studies* 7(1): 9-52.

Braun, B. 2002. Intemperate Rainforest: Nature, Culture and Power on Canada's West Coast. University of Minnesota Press.

Buller, H. 2015. "Animal geographies II: Methods." *Progress in Human Geography* 39(3): 374–384.

_____. 2016. "Animal geographies III: Ethics." *Progress in Human Geography* 40(3): 422–430.

Celermajer, D., Schlosberg, D., Rickards, L. and others. 2021. "Multispecies justice: Theories, challenges and a research agenda for environmental politics." *Environmental Politics* 30(1–2): 119–140.

Chakrabarty, D. 2009. "The climate of history: Four theses." *Critical Inquiry* 35(2): 197–222.

Chandler, D. 2018. Onto politics in the Anthropocene: An Introduction to Mapping, Sensing and Hacking. Routledge.

Chao, S. 2022. In the Shadow of the Palms: More-Than-Human Becomings in West Papua. Duke University Press.

Chao, S., Bolender, K. and Kirksey, E. 2022. The Promise of Multispecies Justice. Duke University Press.

Chao, S., Wolford, W., Ofstehage, A. and others. 2024. "The plantationocene as analytical concept: A forum for dialogue and reflection." *The Journal of Peasant Studies* 51(3): 541–563.

Clark, N. 2010. Inhuman Nature: Sociable Life on a Dynamic Planet. Sage Publications.

Cochrane, A. 2010. "Introduction: Animals and political theory." In An Introduction to Animals and Political Theory. Springer 1–9.

Collard, R. C. and Dempsey, J. 2013. "Life for sale? The politics of lively commodities." *Environment and Planning A* 45(11): 2682–2699.

Coulter, K. 2016. "Animals, Work and the Promise of Interspecies Solidarity." Springer.

Derrida, J. and Wills, D. 2002. "The animal that therefore I am (More to follow)." *Critical Inquiry* 28(2): 369–418.

Despret, V. 2004. "The body we care for: Figures of anthropo-zoo-genesis." *Body*

& Society 10(2-3): 111-134.

Doherty, J. 2019. "Filthy flourishing: Para-sites, animal infrastructure and the waste frontier in Kampala." *Current Anthropology* 60(20): 321-332.

Donaldson, S. and Kymlicka, W. 2011. Zoopolis: A Political Theory of Animal Rights. Oxford University Press.

Gabrys, J. 2018. "Sensing lichens: From ecological microcosms to environmental subjects." *Third Text* 32(2-3): 350-367.

Gandy, M. 2013. "Marginalia: Aesthetics, ecology and urban wastelands." *Annals of the Association of American Geographers* 103(6): 1301-1316.

Gibbs, L. 2021. "Animal geographies II: Killing and caring (in times of crisis)." *Progress in Human Geography* 45(2): 371-381.

_____. 2020. "Animal geographies I: Hearing the cry and extending beyond." *Progress in Human Geography* 44(4): 769-777.

Gillespie, K. and Collard, R. C. 2015. Critical Animal Geographies: Politics, Intersections and Hierarchies in a Multispecies World. Taylor & Francis.

Gillespie, K. and Lawson, V. 2017. "'My dog is my home': Multispecies care and poverty politics in Los Angeles, California and Austin, Texas." *Gender, Place & Culture* 24(6): 774-793.

Giraud, E. H. 2019. What Comes After Entanglement?: Activism, Anthropocentrism and an Ethics of Exclusion. Duke University Press.

Greenhough, B. and Roe, E. 2019. "Attuning to laboratory animals and telling stories: Learning animal geography research skills from animal technologists." *Environment and Planning D: Society and Space* 37(2): 367-384.

Haraway, D. 1988. "Situated knowledges: The science question in feminism and the privilege of partial perspective." *Feminist Studies* 14(3): 575-599.

_____. 2003. The Companion Species Manifesto: Dogs, People and Significant Otherness. Prickly Paradigm Press.

_____. 2008. When Species Meet. University of Minnesota Press.

_____. 2018. "Staying with the trouble for multispecies environmental justice." *Dialogues in Human Geography* 8(1): 102-105.

Hinchliffe, S., Kearnes, M. B., Degen, M. and others. 2005. "Urban wild things: A cosmopolitical experiment." *Environment and Planning D: Society and Space* 23(5): 643-658.

Hinchliffe, S. and Whatmore, S. 2006. "Living cities: Towards a politics of conviviality." *Science as Culture* 15(2): 123-138.

Hodgetts, T. 2016. "How we nose." In Participatory Research in More-Than-Human Worlds. Routledge 93-105.

Hornborg, A. 2017. "Dithering while the planet burns: Anthropologists' approaches to the Anthropocene." *Reviews in Anthropology* 46(2-3): 61-77.

Hwang, J.T. 2021. "Theorizing the more-than-human state." *The Professional Geographer* 73(4): 641-649.

Ingold, T. 2007. Lines: A Brief History. Routledge.

_____. 2013. "Anthropology beyond humanity." *Suomen Anthropologi* 38(3): 5-23.

Jun, E. 2024. "Grinding the souls: Politics of interspecies pity and the labor of care in a South Korean animal shelter." *Cultural Anthropology* 39(2): 298-321.

Keck, F. 2020. Avian Reservoirs: Virus Hunters and Birdwatchers in Chinese Sentinel Posts. Duke University Press.

Kirksey, S. and Helmreich, S. 2010. "The emergence of multispecies ethnography." *Cultural Anthropology* 25(4): 545-576.

Krzywoszynska, A. 2020. "Nonhuman labor and the making of resources: Making soils resource through microbial labor." *Environmental Humanities* 12(1): 227-249.

Latimer, J. and Miele, M. 2013. "Nature cultures? Science, affect and the non-human." *Theory, Culture & Society* 30(7-8): 5-31.

Latour, B. 2004. Politics of Nature. Harvard University Press.

_____. 2007. Reassembling the Social: An Introduction to Actor-Network-

Theory. Oxford University Press.

Li, T. M. 2024. "Indonesia's plantationocene." *Annals of the American Association of Geographers* 114(10): 2194-2198.

Lorimer, J. 2009. "Posthumanism/posthumanistic geographies." In Kitchin. R. and Thrift, N. (eds.), *International Encyclopedia of Human Geography*. Elsevier 344-354.

_____. 2015. Wildlife in the Anthropocean: Conservation After Nature. University of Minnesota Press.

_____. 2020. The Probiotic Planet: Using Life to Manage Life. University of Minnesota Press.

Lorimer, J. and Hodgetts, T. 2024. More-Than-Human. Taylor & Francis.

Malm, A. 2018. The Progress of This Storm: Nature and Society in a Warming World. Verso Books.

Marston, S. A., Jones, J. P. and Woodward, K. 2005. "Human geography without scale." *Transactions of the Institute of British Geographers* 30(4): 416-432.

Martin, A., Myers, N. and Viseu, A. 2015. "The Politics of Care in Technoscience." *Social Studies of Science* 45(5): 625-641.

Matsuoka, A. and Sorenson, J. 2018. Critical animal studies: Towards trans-species social justice. Rowman & Littlefield.

Mol, A. 2002. The Body Multiple: Ontology in Medical Practice. Duke University Press.

Ogden, L. A., Hall, B. and Tanita, K. 2013. "Animals, plants, people and things: A review of multispecies ethnography." *Environment and Society* 4(1): 5-24.

Parreñas, J. S. 2018. Decolonizing Extinction: The Work of Care in Orangutan Rehabilitation. Duke University Press.

Paxson, H. 2012. The Life of Cheese: Crafting Food and Value in America. University of California Press.

Philo, C. and Wilbert, C. 2000. Animal Spaces, Beastly Places: New Geographies of Human-Animal Relations. Routledge.

Porter, N. 2019. Viral Economies: Bird Flu Experiments in Vietnam. University of Chicago Press.

Puig de la Bellacasa, M. 2011. "Matters of care in technoscience: Assembling neglected things." *Social Studies of Science* 41(1): 85-106.

_____. 2015. "Making time for soil: Technoscientific futurity and the pace of care." *Social Studies of Science* 45(5): 691-716.

_____. 2017. Matters of Care: Speculative Ethics in More-Than-Human Worlds. University of Minnesota Press.

Raffles, H. 2002. In Amazonia: A Natural History. Princeton University Press.

Rose, D. B. 2011. Wild Dog Dreaming: Love and Extinction. University of Virginia Press.

Smith, H., Miele, M., Charles, N. and others. 2021. "Becoming with a police dog: Training technologies for bonding." *Transactions of the Institute of British Geographers* 46(2): 478-494.

Srinivasan, K. 2015. "Towards a political animal geography?" *Dialogues in Human Geography* 5(1): 79-84.

Thrift, N. 2007. Non-Representational Theory: Space, Politics, Affect. Routledge.

Tsai, Y. L. 2019. "Farming odd kin in patchy Anthropocenes." *Current Anthropology* 60(S20): S342-S353.

Tschakert, P., Schlosberg, D., Celermajer, D. and others. 2021. "Multispecies justice: Climate-just futures with, for and beyond humans." *Wiley Interdisciplinary Reviews: Climate Change* 12(2): 699.

Urbanik, J. 2012. Placing Animals: An Introduction to the Geography of Human-Animal Relations. Rowman & Littlefield.

Van Dooren, T. 2019. The Wake of Crows: Living and Dying in Shared Worlds. Columbia University Press.

_____. 2022. A World in a Shell: Snail Stories for a Time of Extinctions. MIT Press.

Van Dooren, T., Kirksey, E. and Münster, U. 2016. "Multispecies studies:

Cultivating arts of attentiveness." *Environmental Humanities* 8(1): 1-23.

Van Dooren, T. and Rose, D. B. 2012. "Storied-places in a multispecies city." *Humanimalia* 3(2): 1-27.

Van Patter, L., Turnbull, J. and Dodsworth, J. 2022. "'More-than-human collaborations' for hacking the Anthropocene." Feral Feminisms 10.

Verlie, B. 2022. "Climate justice in more-than-human worlds." *Environmental Politics* 31(2): 297-319.

Waal, F. B. 2007. Chimpanzee Politics: Power and Sex Among Apes. Johns Hopkins University Press.

Welden, E. 2023. "Conceptualising multispecies collaboration: Work, animal Labour and nature-based Solutions." *Transactions of the Institute of British Geographers* 48(3): 541-555.

Whatmore, S. 2002. Hybrid Geographies: Natures, Cultures, Spaces. SAGE.

Wilson, H. F. 2022. "Seabirds in the city: Urban futures and fraught coexistence." *Transactions of the Institute of British Geographers* 47(4): 1137-1151.

Wolch, J. 2002. "Anima urbis." *Progress in Human Geography* 26(6): 721-742.

Wolch, J. R. and Emel, J. 1998. Animal Geographies: Place, Politics and Identity in the Nature-Culture Borderlands. Verso.

Woolgar, S. and Lezaun, J. 2013. "The wrong bin bag: A turn to ontology in science and technology studies?" *Social Studies of Science* 43(3): 321-340.

Yusoff, K. 2024. Geologic Life: Inhuman Intimacies and the Geophysics of Race. Duke University Press.

제1부

얽힘을 묻다

제1부 얽힘을 묻다

1장 비인간과 얽힌 세계, 무엇과 어떻게 살아갈 것인가? 박순열
2장 누가 해양쓰레기를 증언하는가? 김지혜
   1장과 2장의 대화

1장

비인간과 얽힌 세계, 무엇과 어떻게 살아갈 것인가?

박순열

이 글은 인간, 비인간 그리고 그들의 관계가 어떤 고유한 실체이거나 본질적인 속성을 갖는다고 보지 않는다. 비인간은 '인간이 아닌 모든 것'이기에, 인간을 어떻게 규정하느냐에 따라 달라진다. 인간은 관찰하는 방식에 따라 심리체계·생명체계와 같은 자기준거적 체계들의 복합물이거나, 사회적·유기체적·물질적 관계의 얽힘으로 이해될 수 있다. 따라서 비인간이 무엇인지는 인간이 어떤 의미의 복합물이나 얽힘에서 관찰되느냐에 따라 달라진다. 우리가 직면한 사회생태적 위기의 대응은 인간, 비인간, 그리고 그 관계에서 어떤 본질적이거나 규범적인 속성을 찾아 회복하는 방식일 수 없다. 그러한 본질은 존재하지도, 가능하지도 않기 때문이다. 오히려 중요한 것은 복합물이며 얽힘인 우리가 매 순간 어떤 관계와 얽힘에 연결되어 있는지, 인간과 비인간을 어떤 기준에서 구별하고 관찰하는지, 그래서 다음 순간 어떤 세계가 만들어지는지를 관찰하는 것이다. 이러한 관찰은 생태·환경주의가 오랫동안 강조했던 영성(spirituality)을 비판적으로 재구성하는 것이다. 초월적이거나 본질적인 세계가 아니라, 우리가 매 순간 다른 인간·비인간과 함께 새로운 세계를 만들어가고 있음을 관찰하고, 그 세계에 어떤 새로운 의미를 부여하는가를 묻고, 그 의미를 실현하는 것이다.

1. 들어가며

최근의 사회생태적 위기는 인간뿐만 아니라 수많은 비인간 생명(그리고 어쩌면 지구상의 모든 비인간 존재)마저도 위태롭게 하는 것으로 보인다. 철학, 인류학, 사회학 등에서 이 위기(극복)에 '적절한' 인간과 비인간은 무엇인지, 그들의 관계는 어떠해야 하는지를 새롭게 모색하고 있다. 위기의 중심에는 인간/이성이 의미와 가치의 중심이라는, 인간중심주의(anthropocentrism) 인식이 있다고 보기 때문이다. 따라서 인간중심주의를 벗어나 세계, 그리고 그 속에서 비인간과 얽힌 인간의 위치를 새롭게 이해할 필요가 강조된다(샤비로, 2021: 9-11). 특히, 신유물론은 인간/이성 중심의 이분법적인 인식론, 존재론, 윤리론을 비판하면서, 인간/이성의 다른 편에 존재하는 비인간, 물질, 감성 등을 강조한다. 인간/이성과 독립적으로 존재하는 물질이나 객체 등과 같은 '비인간'을 새롭게 개념화하고, 인간과 비인간의 관계를 재구성함으로써 사회생태적 위기에 대응하려 한다(이정우, 2024: 19-49; 황정아, 2022: 207-210).

그렇다면 이런 비인간과 인간의 관계에 대한 최근의 개념적, 이론적 작업은 사회생태적 위기에 직면한 인간에게 어떤 실질적인 방향을 제시해 줄 수 있는가? 바다로 흘러들어가는 방사능물질, 지구 곳곳에서 발견되는 미세플라스틱, 변이를 거듭하는 바이러스, 우리 몸속의 암과 같은 존재들과 우리는 어떻게 살아야 하는가에 대해 어떤 답을 줄 수 있을까? 특히 언제나 우리의 곁에, 우리의 내부에, 심지어 매 순간 우리를 관통하는 "생동하는 물질"(베넷, 2020: 8)과 우리가 분리되지도 않고 그것들 없이는 한순간도 살아갈 수 없는 상황이라면, 그런 물질과 어떻게 살아가야 하는가? 이 글은 이런 물음들에 직접적인 답을 제시하지 않는다. 이후의 논의에서 드러나듯이 이런 질문에 모두가 수긍할만한 답을 제시할 수 있다는 접근이 어쩌면 위기를 증폭시킬 수도 있다고 보기 때문이다. 대신에 이런 질문들이 보다 의미 있게 제기되고 답해질 수 있는 이론적, 개념적 맥락을 검토하고자 한다. 그래서 '비인간', 그런 비인간과 관련된 '인간', 그리고 비인간과 얽힌 '세계'가 과연 어떤 의미를 갖는지, 그래서 앞서 제기된 질문들에 대한 답이 어떤 의미에서 불/가능한지를 가늠해보고자 한다.

이를 위해 이 글은 먼저 비인간, 인간, 그리고 그 관계가 누구에게나 투명하게 드러나는 어떤 온전한 실체가 아니라 관찰(자)에 의존하는 사태임을 살펴본다. 그리고 이런 사태는 또 다른 사태들이나 그것을 관찰하는 체계들과 얽힌 것이기도 하다. 이런 얽힘을 첫째, 사회적, 유기체적, 물질적 관계의 앙상블(ensemble)로 나누고, 둘째, 얽힘이 인간이나 비인간 각각의 안, 밖, 그리고 관계에서도 나타나고, 셋째, 얽힘은 그것을 관찰하는 위치, 즉 얽힘 내부의 관찰인지 아니면 외부의 관찰인지에 따라서 어떻게 다르게 나타나는지 살펴본다. 이렇듯 인간, 비인간이 복잡하게 얽혀있는 상황에서 물질의 활력이나 생명체의 취약함을 어떤 것의 내재적인 속성으로 간주하는 것은, 비인간과 복잡하게 얽힌 우리가 무엇과 어떻게 살아갈 수 있는지에 대한 답을 찾기 어렵게 만든다. 오히려 그 답은 '비인간'과의 얽힘은 그 얽힘을 관찰하는 관찰자가 자신과 나머지 모든 것을 어떤 세계로 관찰하는지, 그래서 그 세계에서 관찰자가 세계와 맺는 관계를 나름의 방식으로 모색하는 영성(spirituality)에 대한 탐구에서 찾을 수 있다.

2. 체계들의 복합으로서의 인간

비인간(nonhuman)에 관한 논의는 사실상 비인간이 아닌 '인간'이라는 개념에서 출발해야 한다. 이는 비인간이라는 구별이 언제나 인간을 전제로 하며, 동시에 인간 역시 비인간을 전제로 할 때만 의미 있는 차이를 형성하기 때문이다. 물론 '인간'이라는 개념은 철학, 생물학, 물리학 등의 학문 분과뿐만 아니라 기독교, 불교 등의 종교, 그리고 각기 다른 사회체계(문화) 등에 따라서 매우 다양하게 규정된다. 그래서 이런 인간에 대한 의미 또는 이해의 차이는 필연적으로 비인간 개념의 차이를 야기한다.

인간과 비인간을 구별하는 차이는 해당 구별이 발생한 특정한 관점—예컨대 학문적, 문화적 체계—에서만 고유한 의미를 지닌다. 따라서 특정한 맥락에서 형성된 인간-비인간의 차이를 그 맥락과 무관하게 사용하거나, 다른 구별들과 혼합할 경우, 본래의 구별이 제공할 수 있었던 의미는 변형되거나 소멸된다. 이러한 점에서 사회생태적 위기의 핵심으로 간주되는 인간중심주의 및 인간-비인간 관계에 대한 재검토는, 이들 구별과 관계를 가능하게 하는 개념과 이론 자체에 대한 검토를 요구한다. 특히 최근 신유물론(new materialism)의 부상은 인간-비인간 관계와 그 구별을 더욱 복잡하게 만들고 있어, 한층 더 정교한 이론적 접근이 필요하다.

이 글에서 사용하는 '비인간'은 인간이 아닌 모든 존재를 지시하며, 여기에는 비인간 동물, 비인간 생명체, 비인간 물질 등이 포함된다. 물론 '비인간'과 '물질(성)'은 동일한 개념이 아니다. 비인간은 주로 인간과의 관계 속에서 규정되며, 물질(성)은 관념, 의식, 주체와의 관계 속에서 논의된다. 물질(성)에 대한 논의는 신유물론에서 두드러진다. 신유물론은 단일한 이론적 틀을 공유한다고 보긴 어렵지만, 전반적으로는 1970년대 이후 언어, 담론, 문화 등에 특권을 부여했던 일련의 전환들—즉, 언어적 전환, 문화적 전환—이 근대적 인식론과 존재론의 기반이 되었던 유물론적 접근을 비판하면서, 물질적 요소의 정당한 가치를 간과하였다는 문제의식에서 출발한다. 이에 따라 신유물론은 물질(적 가치)을 재개념화함으로써 유물론을 갱신하고자 하며, 물질, 자연, 삶, 생명, 생산, 재생산의 측면에서 현재의 사회생태적 위기를 유물론적 전통 속에서 새롭게 탐색한다(쿨 & 프로스트, 2023: 11-13).

비인간은 인간이 아닌 외부의 생명체나 사물뿐 아니라, 인간 내부의 요소들—예컨대 몸속의 바이러스나 폐 속의 공기—그리고 언어, 사회 등 비물질적 구성 요소들까지 포함할 수 있다. 따라서 이 글에서 '비인간'은 인간이 아닌 모든 것을 지시하는 가장 포괄적 범주의 개념이며, '비인간 생명', '비인간 동물',

'물질' 등의 용어는 특정한 맥락에서 구체적인 대상을 지시할 때 사용된다. 문제는 비인간이라는 규정이 인간의 '경계'에 따라 달라진다는 점이다. 그러나 인간의 경계는 언제나 분명한 것은 아니다. 이로 인해 인간-비인간 관계에 관한 최근의 논의에서는 이러한 '경계' 자체에 대한 새로운 또는 대안적 접근이 강조되고 있다. 인간이 무엇인가에 대한 탐구를 타자 혹은 비인간과의 관계를 통해 전개하는 브라이도티의 논의가 그 대표적인 사례다. 브라이도티는 '휴먼(human)'과 '휴머니즘(humanism)'을 근대적 주체성에 대한 사회적 구성물로 간주하며, 이 주체를 여성, 비유럽인, 식민지인, 비인간 생명체, 자연 등 다양한 타자들과의 관계 속에서 재정립하려고 한다(브라이도티, 2015: 39-45). 그는 인간이 단일하고 동일한 존재가 아니라, 물질적으로 신체화되며 뿌리내리고 있고, 관계적이고 정서적인 존재임을 강조한다(브라이도티, 2022: 28-29).

그럼에도 불구하고, 이와 같은 논의들에서 제기된 주체, 이성, 인간 개념을 통해 실제로 우리 앞에 있는 한 인간을 '그가 아닌 것'과 어떻게 구별할 수 있는지는 여전히 불명확하다. 이는 인간-비인간의 구별과 경계에 대한 논의에서 물질(성)을 강조하는 최근의 담론들에도 유사하게 적용된다. 인간은 물질(성)과 분리될 수 없으며, 그것 없이는 생존할 수 없다. 그럼에도 살아있는 인간이 어떻게 다른 존재들과 구별되면서도, 동시에 이들과 함께 살아가는가에 대한 문제는 여전히 해명되지 않은 채로 남아있다.

이 글은 이러한 문제의식에 기반하여, 인간과 비인간, 그리고 그들의 관계를 니클라스 루만(N. Luhmann)의 사회체계 이론에 기대어 분석하고자 한다.[1] 이론적 전제는 다음과 같다.

첫째, 인간(또는 사람)은 자기준거적으로 작동하는 심리체계와 생물학적 체계로 구성된 복합체이다. 인간의 육체는 유기체, 세포, 신경계, 면역체계를 포

---

[1] 특별한 언급이 없는 한, 사회체계 이론에 대한 서술은 루만의 『사회의 사회 1』과 『사회의 사회 2』를 원용한 것이다.

함하는 생물학적 체계이며, 그의 의식은 심리체계로 작동한다(베르크하우스, 2012: 43-44). 사회는 자기준거적인 커뮤니케이션 체계로, 인간은 사회에 소속되지 않으며 항상 사회의 환경으로 위치한다.

둘째, 체계들의 복합체로서의 인간, 그리고 커뮤니케이션 체계로서의 사회는 항상 외부 환경에 의존하면서도, 동시에 매 순간 스스로의 내적 결정에 따라 작동한다. 즉, 외부에 대한 개방성과 종속성, 그리고 내적 폐쇄성과 자율성을 동시에 유지한다.

셋째, 체계의 작동상 자율성은 철저히 외부 환경에 대한 내적 관찰에 기반한다. 때로 체계는 외부 환경과 부조화되는 방식으로 작동하여 스스로를 위기에 빠뜨릴 수도 있으나, 이 또한 체계 내부의 자기준거적 결정이다.

넷째, '세계'란 외부 환경과 자신을 구별하는 체계가, 자신과 환경을 동시에 지시할 수 있는 개념이다. "세계는 각각의 체계에게 체계와 환경의 총합"이다(루만, 2014a: 186). 따라서 자기준거적 체계, 체계의 관찰에 의해 구별된 환경, 그리고 그 둘을 동시에 가리키는 세계는 모두 체계의존적이며, 각 체계에게 고유하게 구성된다. 세계는 더 이상 사물, 실체, 관념들의 총합이 아니라, 관찰하는 체계에게 놀라움을 유발할 수 있는 무한한 잠재력, 곧 잠재적 정보이다(루만, 2014a: 64). 세계는 체계가 어떻게 자신과 환경을 구별하고 관찰하는가에 따라 달라지며, 이러한 관찰이 복잡할수록 세계 또한 확장된다. 어린이의 세계와 지구를 누비는 연구자의 세계가 전적으로 다른 이유가 여기에 있다.

3. 관찰(자)에 의존하는 비인간과 얽힘

신유물론은 비인간, 물질, 객체 등이 저기 어딘가에 고립되어 있는 것이 아니라, 그들 상호 간, 그리고 인간과의 관계 속에서 '얽혀'있음을 강조한다. '얽힘'은 국어사전의 용례처럼 줄 따위가 이리저리 걸리는 것, 즉 가시적이고 물리적인 사태에 대한 관찰에도 사용되며, 동시에 생각이나 사회적 문제가 이리저리 얽혀있는 상태를 지시할 때도 사용된다. 영어의 'entanglement' 역시 사전적으로는 '얽힘'과 거의 유사하게, 사물이나 사람이 어떤 다른 것과 가시적으로 얽혀있는 상태, 혹은 사람, 국가, 정서 등이 복잡한 상황에 처한 상태를 의미한다(Oxford Learner's Dictionaries). 따라서 이러한 '얽힘'은 서로 다른 물질, 바이러스, 생명체 간의 관계에서 나타나는 버섯(칭, 2023), 플라스틱과 인간·비인간 생명체 간의 복잡한 관계가 공적 사물로 드러나는 해양쓰레기(김지혜, 2024), 해상풍력발전을 둘러싼 돌고래, 괭이갈매기, 어민, 해녀 등의 다층적 관계(최명애, 2023) 등에서 관찰된다.

이 글의 관심은 '얽힘'이 인간의 의지와 무관하게 외부에 존재하는 실체인지, 아니면 어떤 관찰(자)에 의해 구별된 사태의 특정한 양상인지에 있다. 그래서 얽힘은 '관찰에 의해 포착된 사태에 대한 하나의 양상'이라 할 수 있다. 따라서 어떤 사태는 다른 방식으로 관찰되며, 다른 얽힘으로도 포착될 수 있다.[2] 예컨대 버섯의 얽힘에 대한 칭의 탁월한 기술은 유일한 진술이 아니라 가능한 설명들 중 하나이다. 그럼에도 불구하고 그 기술은 동일하거나 인접한 학문 분야의 기술과 비교할 때 더 많은 얽힘을, 더 설득력 있게 설명하고 있는 것으로 평가될 수 있다. 어떤 얽힘이 실재에 대한 유일한 관찰이 아니라는 점은 곧 인간과 비인간, 그리고 그 관계 역시 어떤 실재 그 자체이거나 유일하게 올바른 기술이 아니라는 것을 의미한다. 오히려 어떤 대상이나 사태를 얽힘으로 본다는

---

2 관찰은 국어사전에 따르면 "사물이나 현상을 주의하여 자세히 살펴봄"이다. 그래서 관찰은 일차적으로 시각(보는 것)과 관련된 것으로 받아들여진다. 또한 주의해서 자세히 살펴본다는 것은 그냥 보는 것이 아니라 언제나 어떤 사태에서 어떤 것을 그것이 아닌 것과 구별하고, 그 구별을 언어로 의미화하는 것이다. 그렇지만 인간의 관찰이 시각에만 국한된다고 할 수는 없다. 인간은 (보이지 않는 곳이나 보는 것과 별개로) 소리, 바람, 냄새, 맛 등을 통해 어떤 것을 다른 것과 구별하고, 그것들을 보는 것과 같은 유사한 방식으로 의미화할 수 있다. 더 나아가 생명체들 또한 사람보다 더 민감한 감각들, 열감, 진동, 자기장 등을 활용하여 어떤 것을 다른 것과 구별하는 고유한 작동을 이어가는데, 이런 것도 모두 관찰이라고 할 수 있다. 물론 생명체들 대부분은 그 관찰을 인간처럼 언어로 의미화하지는 않는다.

것은, 그렇게 봄으로써, 다시 말해 다른 방식으로 보는 것과 비교할 때, 더 많은 것, 더 복잡한 것이 드러날 수 있음을 의미한다.

이러한 관찰의존적 얽힘에 대한 논의는 특이한 사회(체계)이론이라고 치부할 수 없다. 양자역학에서는 어떤 사물의 속성이 다른 사물과의 관계 속에서 상호작용을 통해 드러나는 것으로, 얽힘은 실재의 구조가 드러나는 일반적인 현상이다(로벨리, 2023: 115-116). 얽힘은 특별한 상황에서만 발생하는 예외적인 현상이 아니라, (제3의) 물리계의 관점에서 관찰될 수 있는 흔한 상호작용 패턴이다. 외부의 관점에서 볼 때 한 대상이 다른 대상에 나타나는 것, 즉 어떤 속성이 드러나는 것은 바로 그 대상과 다른 대상 사이의 상관관계가 나타나는 것이다. 온도계로 케이크의 온도를 측정하거나, 우리가 나비의 날개 색을 관찰하는 것처럼, 모든 물체의 속성은 얽힘이라는 그물망 속에서 드러난 상대적인 것들이다. 그래서 얽힘은 현실을 엮는 관계 자체를 외부에서 본 모습이다. 즉, 그것은 대상의 속성을 현실화하는 상호작용 과정을 통해 한 대상이 다른 대상에게 나타난 것이다(로벨리, 2023: 125-127).

그러나 인간과 비인간의 얽힘은 그것을 관찰하는 위치에 따라, 내부에서의 관찰인지 외부에서의 관찰인지 따라 다르게 나타날 수 있다. 얽힘 내부의 관찰은 인간이나 비인간이 인식하거나 경험하는 얽힘이며, 외부의 관찰은 얽힌 인간과 비인간을 함께 관찰하는 제3의 관찰자, 즉 얽힘 바깥에서 이루어진다. 인간-비인간 관계를 재구성하려는 여러 이론들은 각기 특정한 관찰 위치에 특화되어 있다. 그러나 얽힘의 내부, 특히 비인간 물질의 인식이나 체험을 비인간 입장에서 이해하려는 시도는 인문학이나 사회 이론에서는 여전히 다루기 어렵다. 또한 비인간 생명체가 인간과 어떻게 비슷하게/다르게 인식하고 체험하는지의 여부, 그리고 그것을 인간이 어떻게 재현하거나 인식하는지의 여부도 이 글의 범위를 넘어간다.[3]

---

[3] 비인간 존재자의 세계 경험 문제에 관한 에일리언 현상학에 대한 자세한 논의는 김영진·현남숙

따라서 이 글은 얽힘에 대한 두 가지 관찰은 첫째, 인간의 시각에서 인간 외부의 비인간을 포착하려는 인문학적·철학적 접근, 둘째, 인간과 비인간 모두를 환경으로 간주하는 (커뮤니케이션으로서의) 사회의 관찰을 중심으로 논의를 전개한다. 전자는 모든 인간을 대표하는 어떤 추상적인 인간을 출발점으로 하는 관찰이며, 후자는 인간-비인간을 모두 자신의 외부 환경으로 삼는 사회체계의 관찰이다. 현재 인간-비인간 관계에 대한 논의는 대부분 인간을 중심으로 비인간과의 관계를 재구성하고자 하지만, 인간과 사회의 관계는 상대적으로 소홀히 다뤄지고 있다. 그 결과 사회는 여전히 '인간들과 그들의 관계'로만 구성된다는 상식적인 전제에 머무르며, 이는 비인간과의 관계에서 인간을 새롭게 구성하는 데 장애로 작용한다. 전의령(2025)은 포스트휴먼 다종 인류학이 인간/사물의 행위성과 상호의존성을 다루면서도 사회적·문화적·정치적·경제적 측면을 충분히 고려하지 못함으로써 차이와 권력, 불평등을 지울 수 있음을 설득력 있게 비판한다. 그러나 그가 반복적으로 사용하는 '인간 사회'라는 표현은 여전히 사회에 대한 인식론적 장벽을 넘어서지 못한 흔적을 드러낸다.

이처럼 상식적인 인간-사회 인식은 인간 중심적 이성 개념에서 벗어나지 못한 채 비인간, 물질, 자연을 탐색하고자 하며, 그 결과 인간과 사회의 경계는 불분명해지고, 사회의 대립항으로 제시되는 자연이나 환경 역시 모호해진다. 특히 사회에 대한 불명료한 이해는, 루만의 지적처럼, 현대사회를 분석하려는 학문적 시도에 방해가 되며, 결국 충족될 수 없는 기대만을 산출하는 '인식론적 장애물'이 된다. 이 장애물은 다음과 같은 상식에 기반한다. ① 사회는 구체적인 인간들과 그들 간의 관계로 구성된다. ② 사회는 인간들 사이의 합의를 통해 구성되거나 통합된다. ③ 사회는 지역적이고 영토적인 단위로 제한된다. ④ 사회는 인간 집단이나 영토처럼 외부에서 관찰될 수 있다(루만, 2014a: 38-52).

(2023)을, 인간적인 것 너머(의 세계)의 비인간, 가령 숲이나 숲의 푸마의 생각에 대한 자세한 논의는 에드아르도 콘(E. Kohn, 2023) 참조.

4. 사회적 관계들의 앙상블로서의 인간과 비인간

인간과 비인간의 얽힘에 대한 철학·인문학적 논의와 이 글의 차이는 신유물론의 주요 논의들을 검토함으로써 보다 분명히 드러난다. 신유물론은 근대적 (역사적) 유물론과 그에 대한 비판인 문화적(언어적) 전환을 모두 넘어서고자 한다. 근대적 유물론자인 칼 마르크스(K. Marx)의 「포이어바흐에 관한 테제」는 인간-비인간 얽힘을 이해하는 데 하나의 출발점이 될 수 있다. 마르크스는 당시 지배적이었던 종교적, 관념론적 이해와 달리, 인간의 본질이 종교적 속성이나 개체 내부의 추상적 본질이 아니라 "사회적 관계들의 앙상블"임을 강조했다. 마르크스가 강조한 사회적 관계의 앙상블로서의 인간은 자본가, 노동자, 성직자 등으로 구체화될 수 있다. '앙상블'은 통일성, 조화, 전체 등을 의미하는데, 마르크스에게는 역사적·사회적 총체로서의 관계망을 의미했을 가능성이 크다. 그러나 이 글은 사회적 관계들이 매 순간 상이한 방향으로 작동하고, 그것들을 모두 동시에 포착할 수 있는 초월적 사회체계나 관찰자는 존재하지 않는다고 보기에, 사회적 앙상블은 특정 맥락에서 구성되는 사회적 관계들의 불투명하고 복합적인 총체를 의미한다.

마르크스는 인간, 사회적 관계, 사회 등의 개념을 정교하게 체계화하지는 않았지만, 적어도 사회를 단순한 인간의 집합으로 보거나 사회적 관계를 인간 간의 관계로 환원하지 않았음은 분명하다. 그에게 사회적 관계는 추상적이고 본질적인 인간이 아니라, 어떤 비인간적 관계들을 통해 파악되어야 했다. 이러한 마르크스의 관점을 비인간 논의로 확장해 본다면, 비인간의 본질 역시 그것 내부에 고정된 속성이라기보다는, 그것이 위치한 사회적 관계의 앙상블에서 포착될 수 있다. 예컨대, 하나의 개별 생명체는 축산 동물, 반려동물, 동물원의 동물 등으로 규정되기도 한다. 이는 그 생명체 자체의 속성에 기초한 분류가 아니라, 해당 생명체를 둘러싼 사회적 관계의 배치 속에서 그렇게 의미화되기 때문이다. 인간과 비인간을 사회적 관계의 앙상블로 파악하는 이러한 접근은 인간이나 비인간이 고정된 속성을 갖기보다는, 그것이 속한 사회적 맥락이나 배치에 따라 달라진다는 사실을 드러낸다. 동시에, 이는 사회적 관계로 환원되지 않는 다른 관계의 앙상블로서 인간을 사유할 가능성 또한 제기한다. 즉, 사회적 관계가 아닌 다른 관계에서 파악될 수 있는 인간은 어떤 것일까에 대한 관심이다.

위의 논의를 고려한다면, 비인간과의 관계에서 변화하지 않는 인간의 본질을 가정하고 그것을 찾으려는 시도는 적절하지 않다. 오히려 인간을 사회적 관계의 앙상블로 파악함과 동시에 사회적 관계가 아닌 다른 비사회적 관계로서의 인간을 탐색하는 것이 필요하다. 물론 인간은 다양한 방식으로 규정될 수 있다. 이 글의 관점에서 보자면 인간은 심리체계와 생명체계(신경체계, 그리고 생물학적 체계)의 복합물이다. 여기에서 체계는 기계장치와 같은 어떤 (고정된) 실체가 아니라 외부 환경과 스스로를 구별하면서 끊임없이 자기준거적으로 작동한다. 그래서 인간은 스스로가 아닌 나머지를 스스로와 구별하면서 다른 모든 것을 자신의 환경으로 간주하는 여러 체계들의 동시적 작동이다. 그리고 심리체계, 생물학적 체계 가운데 어떤 체계의 작동을 중심에서 보느냐에 따라 그 체계와 환경이 달라진다. 심리체계의 작동으로서 의식에게 그 작동을 가능하게 하는 생물학적 체계는 언제나 환경일 뿐이다. 물론 그것들 없이는 의식은 단 한 순간도 작동하지 못하지만, 그래도 심리체계가 어떤 생각을 이어갈 것인지는 온전히 심리체계의 내적인 결정이다.

앞서 논의한 사회적 관계의 앙상블로서의 인간에서 사회적인 것은 마르크스에게는 주로 경제적이거나 계급적인 것이다. 그러나 이 글에서는 사회적인 것은 가장 포괄적인 형태의 커뮤니케이션을 의미한다. 그 커뮤니케이션이 무엇에 대해서 어떻게 이루어지는가에 따라 사회는 기능 분화된 사회적 체계(경제체계, 정치체계 등)와 사회조직(기업, 정당 등), 그리고 사회적 상호작용으로 구별된다.[4] 이때 커뮤니케이션은 누군가가 특정한 방식으로 나에게 무엇인가를 알렸음을 내가 알아차리는 것, 즉 통보-정보-이해의 종합이고, 그것들은 언제나 사건의 연쇄에서만 확인되는 일시적인 작동이다. 물론 커뮤니케이션은 최소 두 명 이상의 살아있는 사람을 전제로 한다. 그리고 그 살아있는 사람은 생명체로서 매 순간 살아있으면서 언어를 매개로 한 의식이 작동할 때에만 커뮤니케이션에 접속된다. 그럼에도 인간이 커뮤니케이션에 접속할 때, 또는 사회적인 것과 연관될 때 가장 결정적인 것은 의식체계이다. 사람의 의식체계는 커뮤니케이션 체계와 동일하게 언어를 매개로 작동하고, 통보-의미-이해의 종합이라는 커뮤니케이션을 가능하게 한다. 사람이 커뮤니케이션에 접속하기 위해서는 당연히 살아있어야 하지만, 즉 살아있는 인간이 사회의 작동에 근본적인 전제조건이지만, 인간이 살아있다는 것이 의식의 내용이나 커뮤니케이션 작동에서 개별적인 통보, 정보, 이해를 결정하는 것은 아니다. 의식체계와 커뮤니케이션 체계의 작동은 언제나 살아있는 인간들에 의존하지만, 그럼에도 언제나 내적인 자율성을 지니고 작동한다.

사회는 살아있는 인간들의 집합이 아니라, 통보-정보-이해의 연속인 커뮤니케이션의 연속으로서의 사회이다. 이 논의를 따른다면 사물이나 비인간 동물이 사회에 속한다는 신유물론의 주장은 사회의 작동과 그런 작동의 전제조건을 구별하지 못한 것이다.[5] 사물, 비인간 동물, 심지어 인간은 사회가 작동하기 위해서는 반드시 필요하지만, 그것들은 사회가 아니고 사회 외부에 존재한다.[6]

---

4 이어지는 체계, 사회, 커뮤니케이션에 대한 논의는 마르고토 베르크하우스(2012: 31-137) 참조.
5 존 로(J. Law)의 경우, "ANT는 (…) 물질적 형태에 관계없이 사회적 결과물들에 대해 연구해야한다."고 주장한다. 사회는 이종적인 물질들로 이루어져 있고, 계속적으로 스스로를 재생산한다. 그래서 사회학이 인간들을 포함하듯이 기계들과 건축물들을 고려하지 않는다면 재생산의 문제를 풀지 못할 것이다."(로, 2010: 54)
6 인간, 비인간, 사회, 자연(의 관계)에 대한 이해는 신유물론에서도 매우 다양하게 규정된다. "인간만으로 구성된 사회와 비인간만으로 구성된 자연은 존재하지 않는다. 과속방지턱의 사례에서 볼 수 있듯 근대인도 인간과 비인간을 결합해 삶을 영위해 왔다."(김환석, 2020: 26)가 대표적이다. 다시 살펴보겠지만 근대인이 믿은 자연/사회 이분법, 그리고 인간으로만 구성된 사회라는 것에서, 관건은 인간이다. 살아있는 생명체로서의 인간은 매 순간 그는 자신과 잘 구별되지 않는 자신이 아닌 다

그렇지만 사회는 기계, 건축물 등의 물질들'과' 커뮤니케이션하는 것이 아니라 그것들에 '대해서' 사회에 고유한 의미를 활용하여 커뮤니케이션한다. 사실 체계 복합물인 인간은 여러 방식으로 사회에 접속한다. 특히 기능체계를 중심으로 분화된 현대사회에서, 인간은 온전한 인간으로, 전인격적으로 사회적 체계에 관계하는 것이 아니라 권력, 화폐, 합법, 사랑 등과 같은 사회적 체계들의 작동 논리에 따라서 일시적이고 파편적으로만 접속한다. 서로 다른 코드로 작동하는 다양한 사회체계들, 사회조직들, 사회적 상호작용들이 동시에 작동하고, 인간은 특정 시점에 그것들 가운데 일부와만 접속한다. 그래서 어떤 인간이 사회적으로 무엇인지, 사회적으로 누구인지는 그가 접속한 다양한 사회적 관계들을 (불가능하지만) 동시에 모두 보았을 때 알 수 있을 것이다. 한 인간이 접속한 사회적 관계들을, 어떤 시점에서 동시에 모두 본다면, 즉 사회적 관계의 온전한 앙상블을 포착할 수 있을 것이다. 그러나 그것은 불가능하다. 사회적 관계의 온전한 앙상블을 포착할 수 있다는 생각은 사회의 전체, 통일성, 본질을 볼 수 있다는 것과 같다. 그러나 이것은 사회이론적으로도 정치적으로도 불가능하다. 서로 다른 다양한 지배 형태들에 대한 수많은 투쟁들, 그렇지만 특정한 투쟁에 선험적인 중심성을 부여하지 않으면서 그 투쟁들의 접합을 강조하는 샹탈 무페(C. Mouffe)가 정치의 기저에 언제나 존재하는 "사회적인 것의 부분적 불투명성"이 있다고 강조한 것도 이런 이유 때문일 것이다(무페, 2019: 11-14).

른 타자들(폐 속의 공기, 방금 마신 물, 지구, 중력…)에 의해서만 살아있다. 그렇다면 근대인이, 그리고 신유물론이 이야기하는 인간은 과연 어떤 인간일까? 만일 사회에 인간만이 아니라 인간의 삶을 영위하게 하는 방지턱을 포함한 각종 하이브리드를 포함하여 비인간이 모두 포함된다면, 그것들 가운데 무엇을 근거로 우리 주변의 몇 가지 사물이나 생명체만 사회에 포함할 수 있는가? 지구, 태양계, 은하계 등이 없다면 우리는 단 한 순간도 존재할 수 없는데도 말이다. 그렇다면 왜 지구, 태양계, 우주는 사회에 속한다고 하지 않을까? 신유물론에서의 사회는 우주 만물로 이루어져 있고, 사회는 우주 만물의 다른 이름인 것일까?

5. 비(非)사회적 관계의 앙상블로서의 인간과 비인간

마르크스가 제안한, 인간의 본질을 사회적 관계의 앙상블로서 파악하려는 시도는 인간의 순수한 이성이나 의식을 통하여 인간의 변하지 않는 본질을 찾으려는 (그때까지의, 어쩌면 지금까지의 지배적인) 철학적, 인문학적 인간관에 대한 사회이론적 비판이다. 그래서 사회적 관계의 앙상블로서의 인간을 포착하기에 적합한 인간에 대한 개념은 의식체계와 생명체계의 복합물로서의 인간이다. 물론 인간을 사회적 관계로 파악하는 것이 체계들의 복합물로서의 인간을 온전히 설명할 수 있는 것은 아니다. 사회적 관계에서의 인간, 즉, 커뮤니케이션과 연결된 인간은 의식체계와 생물학적 체계가 문제가 되는 사회적 관계에 따라 다르게 포착된다. 가령 정치체계는 명령이나 지시, 그리고 그에 대한 거부에 대한 제제로서 신체에 대한 폭력이나 강제가, 친밀성 체계인 가족에서는 사랑과 그에 대한 긍정적 보상으로서 신체에 대한 돌봄이나 애정이 관건이다. 문제는 다양한 사회적 관계에도 불구하고 사회적 관계로 설명할 수 없는 생명체로서의 인간의 유기체적 관계와 그것들을 가능하게 하는 물질적 관계가 여전히 존재한다는 것이다. 게다가 사회적 관계에 포착된 인간은 바로 그 유기체적 관계, 물질적 관계가 온전히 작동하고 있을 때에만 포착될 수 있다는 것이다.

유기체적 관계의 앙상블로서의 인간은 체계들의 복합물로서의 인간을 특히 그 생명 작동의 측면에서 접근하는 것이다. 개별 생명체로서 인간은 매 순간 스스로를 다른 모든 환경으로부터 구별한다. 그 구별의 경계는 고유한 내적 작동의 산물이다. 그래서 하나의 생명체가 스스로를 외부 환경과 구별하는 작동, 즉 생명 작동을 멈춘다면, 그것은 더 이상 생명이 아닌 것이다. 물론 이미 죽은 생명체는 다른 관찰자에 의해서 그것의 외부와 구별될 수 있지만, 스스로에 의해서는 더 이상 구별될 수 없다.[7] 생명체는 내적 작동으로 스스로를 환경과 구별

---

7 비생명체인 어떤 물질이 외부 환경과 상호작용을 하는 것과 생명체가 외부 환경과 물질대사를 하는

하면서도 환경으로부터 끊임없이 무엇인가를 가져오거나 내보내는 물질대사(metabolism)를 수행한다. 그래서 유기체적 관계의 앙상블로서의 인간은 자신의 환경으로서 그 유기체적 작동과 관련된 비인간들을 언제나 전제로 한다. 이때의 비인간들은 사회적 관계의 비인간들과는 다르게 포착되는 비인간들이다. 닭은 사회적 관계의 측면에서는 양계장의 닭이나 야생의 닭, 반려의 닭 등으로 구별될 수 있다. 유기체적 관계에서는 닭 또한 살아있는 생명체로서 스스로 작동하는가의 여부가 아니라 다른 생명체계와의 관계에서 먹이사슬이나 공생 등의 측면에서 구별될 수 있을 것이다.

물질적 관계의 앙상블로서의 인간은 양자 입자들의 우연한 결합이나 관계들로부터 수십 년 동안 안정성을 유지하는 얽힘, 즉 식별 가능한 신체의 어떤 부분이나 전체 신체의 수준까지 그 앙상블의 수준은 다양할 수 있다. 물질적 관계의 앙상블이 언제나 자기준거적으로 작동하는 체계인 것은 아니다. 오히려 특정한 물질적 관계의 앙상블만이 스스로를 자신의 환경으로부터 구분하는 생물학적 체계인 것이다. 인간을 물질 또는 물질적 관계의 앙상블로 관찰하는 경우는 인간을 의식체계나 생물학적 체계가 아닌 다른 무엇으로 보기 때문일 것이다. 따라서 물질적 관계에 의해서 파악된 인간(의 요소나 부분)은 많은 경우 작동의 자율/폐쇄가 아니라 관찰자가 설정한 그 물질적 관계의 앙상블의 외부와의 종속/개방이 더 관건일 것이다. 그래서 물질적 관계의 앙상블로서의 인간의 경계 다른 쪽에는 그에 상응하는 물질적 관계의 앙상블로서의 비인간이 포착될 수 있다. 그럼에도 물질적 관계에서 관찰되는 인간-비인간 앙상블은 그것들의 본질적인 속성이 아니라 다른 것에 비추어진 관계적 속성이라는 것은 여전히 중요하다.

이렇게 서로 다른 관계들의 앙상블로서의 인간을 구별하면, 그 관계에서 포

것은 둘 다를 관찰하는 외부 관찰자의 시선에서는 어떤 것과 그것의 외부 환경과의 상호작용으로 비슷하게 간주될 수 있다. 그러나 후자, 즉 생명체는 내적인 결정에 의해서 스스로 유지하는 작동하는 것에 비해 전자는 자기준거적인 내적 작동이 없다는 것이 결정적으로 다르다.

착된 인간, 그리고 그때 인간과 연결된 비인간은 무엇인지, 어떤 의미에서 인간이 아닌 것으로서 의미가 있는지가 보다 분명해진다. 그렇다면 근대인의 이분법적인 인간-비인간 도식이나, 사회를 구성하는 인간 또는 비인간을 논의할 때의 인간과 비인간은 어떤 관계, 즉 사회적 관계, 유기체적 관계, 그리고 물질적 관계 가운데 어떤 관계에서의 인간인지, 또는 의식체계, 생명체계 가운데 어떤 것이 더 주도적인지를 분명하게 할 수 있다. 또한 동시에 그때의 비인간이 무엇을 지시하는지, 그래서 인간과 어떤 관계인지도 보다 분명해진다. 관계가 인간의 환경에 대한 개방/종속이 더 관건인지, 또는 인간의 폐쇄/자율이 중요한지, 그래서 우리는 사회적 관계를 더 살펴야 하는지, 아니면 지구의 물리적 상태에 더 관심을 가져야 하는지를 확정할 수 있다.

위 논의는 현재까지도 지배적인 인간-비인간, 인간-환경에 대한 잘못된/불분명한 대립항이 무엇인지를 파악하는 데 도움이 될 수 있다. 첫째는 대부분의 근대적인 인간(이성)에 대한 강조가 의식체계의 작동상의 폐쇄와 자율이 복합물로서의 인간의 유일하거나 가장 중요한 것이라고 파악하면서 환경에의 개방과 종속을 간과한 이성, 의식, 주체성에 대한 부적절한 이해의 산물이라는 것이다. 둘째는, 비인간이나 환경에의 개방과 종속만이 인간을 규정하는 것이라고 파악하고, 의식체계와 생명체계로서의 인간의 내적인 폐쇄와 자율을 보지 못하는 경향이다. 그러나 인간(의 의식체계, 생물학적 체계, 신경체계)과 다른 생명체들은 그것들이 생명체계인 한에서 언제나 환경에의 개방/의존과 그에 대한 폐쇄/자율의 동시적인 작동이다. 물론 자기준거적으로 작동하는 사회(체계)도 그러하다. 따라서 인간-비인간 논의는 체계들의 복합물로서의 인간, 그래서 각 체계들의 폐쇄/자율과 개방/종속의 동시적인 작동 속에서 무엇이 어떤 경우에 문제시되는지를 보다 분명하게 해야 한다.

6. 다중 얽힘

　인간과 비인간은 고유한 본질을 갖는 것이 아니라 사회적, 유기체적, 물질적 관계에서 드러나는 어떤 것이라고 할 수 있다. 그래서 인간과 비인간의 얽힘은 어떤 사태의 본질이라기보다는 관찰된 사태의 어떤 양태인 것이다. 또한 그런 양태에 대한 사회적 커뮤니케이션이기도 하다. 물론 커뮤니케이션의 참여자들이 모두 동일한 내용을 이해한다는 것은 아니다. 그래서 얽힘에 대한 논의는 그것이 어떤 사태를 지시하는지, 어떤 사태가 얽힘의 양상으로 관찰되는지, 앞의 것들에 대한 커뮤니케이션인지를 모두 포함한다.

　또한 얽힘은 그것이 어떤 것들의 얽힘인지에 따라서 인간-인간, 인간-비인간, 비인간-비인간의 관계뿐만 아니라 인간과 비인간 그 자체에서도 구별할 수 있다. 특히, 인간이나 어떤 비인간을 특정한 얽힘의 양상으로 관찰하는 것은, 그것들이 변하지 않는 어떤 본질적인 속성이나 고유성을 갖지 않는다는 것, 그리고 그것들에 대한 그 얽힘의 양상은 얼마든지 다른 층위, 다른 관계에서도 포착될 수 있다는 것을 전제해야 한다. 그럼에도 만약 인간이나 비인간에 대해 폭넓게 받아들여지는 어떤 규정이 있다면, 그것이 어떤 사회적인 연유로(학문 분야, 지역, 문화 등에서) 폭넓게 받아들여진다는 것이지, 그것이 유일하거나 가장 올바른 규정이라는 것은 아니다. 그것은 바로 그 맥락에서만 의미 있는 규정이고, 다른 맥락에서 관찰하면 그것은 무의미하거나 문제가 있는 사태의 양상으로 간주될 수 있다. 우리가 지시하는 어떤 인간이나 어떤 비인간은 언제나 관찰 또는 배치에 의존하는 지시물이다. 인간과 비인간의 얽힘은 인간과 비인간 각각이 얽힘으로 관찰될 수 있다는 것, 그리고 인간과 비인간에 특정하게 얽힌 것으로 구분해 볼 수 있다. 그리고 이런 얽힘은 관찰자에 의존한다.

　인간이나 비인간 동물뿐 아니라 돌, 나무의 능동성, 생기, 활력 등을 강조하는 논의도 있지만, 여기에서는 얽힘에 대한 관찰은 의식체계의 작동으로서의 인간과, 인간과 비인간을 환경으로 두는 사회(이론)에 주목한다. 얽힘이 개별 인간의 관찰에 의존한다면, 관찰은 인간의 수만큼 늘어난다. 그런 경우 인간의 수만큼 늘어난 관찰들 간의 차이와 동일성을 어떻게 설명하는가, 어떤 얽힘을 누구의 관찰이나 기준에 의존하여 평가할 것인가라는 문제가 제기된다. 그렇다고 얽힘이 개별 인간의 관찰에 의존하지 않고 사태 그 자체에 귀속되거나, 얽힘이 개별 인간에 의존하지 않는 초월적인 관찰이라고 주장하는 것은 인간-비인간 관계에 대한 비근대적, 탈근대적 접근들이 비판하는 근대의 (초월적) 이분법으로 돌아간다. 전자는 인식하는 주체와 무관한 객관적 실재, 후자는 초월적 주체를 필요로 하기 때문이다.

또한 앞에서 언급하였듯이 인간은 단일한 관찰자라기보다는 자기준거적인 체계들의 복합물이다. 의식체계의 관찰, 신경체계의 관찰, 그리고 생명체계의 관찰은 각기 다른 환경에 대해서, 각기 다른 방식으로 자기준거적으로 작동한다. 그동안 사용된 인간은 사실 의식체계의 작동이 지배적이었으나 의식체계가 다른 신경체계나 생명체계, 그리고 사회체계와 어떤 관계에서 작동하는지에 대한 논의는 거의 찾아볼 수 없다. 자기준거적인 체계들의 복합물로서 인간을 보면, 인간은 그 체계 경계들의 합이나 공통이라고 분명하게 규명할 수 없고, 단지 대략적으로 그려진 복합물인 것이다.

인간의 심리체계는 의식 외부의 모든 것, 심지어 의식 작동을 직접적으로 가능하게 하는 뇌나 신체마저도 자신의 환경으로 구별한다. 물론 의식은 의식 외부로서의 환경과 생물학적 체계의 외부 환경을 구별할 수 있고, 그 차이를 의식의 내부에서 의식의 형태로 다룰 수 있다. 마찬가지로 생물학적 체계로서의 인간 역시, 스스로를 외부 환경과 구별하고, 그 외부 환경에 맞서서 스스로의 작동을 수행한다. 중요한 것은 의식체계와 생물학적 체계의 경계가 서로 다르고, 그것들이 외부 환경의 자극에 대응하는 것 역시 다르다는 것이다. 의식체계는 (언어를 중심으로 한) 의미를 통하여 외부 세계에 반응하고, 신경체계는 전기적 신호로, 그리고 유기체적 체계는 물질대사가 주를 이룬다. 따라서 인간이 외부 환경과 맺는 관계, 특히 비인간과 맺는 관계는 어떤 체계가 인간의 어떤 작동을 주도적으로 보느냐에 따라 달라질 수밖에 없다. 그렇지 않고 인간의 어떤 본질적인 관계를 새롭게 정초하거나, 어느 한 체계의 작동을 보다 근본적인 것으로 보는 것은 인간이 맺는 사회적, 유기체적, 물리적 관계를 왜곡할 수 있다.

인간과 비인간의 이런 다중 '얽힘'을 인간과 비인간을 모두 외부의 환경으로 파악하는 사회체계의 작동에서 접근하면, 가령 사회생태적 위기가 급박한 현재의 인간-비인간 관계를 개별 인간이 아니라 사회적 체계들의 작동에서 다룰 수 있다. 사회적 체계들의 작동에서 보면 개별 인간은 고유한, 어떤 본질적인 속성을 지닌 것이 아니라 언제나 해당 사회체계와 접속된 인격으로 등장한다. 인격으로서 그 사람은 해당 체계의 고유한 작동, 즉 경제체계와 관련된다면 화폐나 재산의 소유나 교환, 그에 따른 소비나 향유 등과 관련되고, 종교체계의 작동과 관련된다면 그 사람은 신성한 것의 수용이나 거부, 그리고 그에 따른 신체적, 정신적 헌신이 중요할 것이다. 마찬가지로 경제체계나 종교체계의 작동에서 포착되는 비인간은 아주 유사한 물질적 속성을 갖는다 하더라도 관련된 체계에 따라 단순한 상품이거나 아니면 성스러운 어떤 것일 수 있다. 즉, 인간-비인간의 얽힘에 대한 사회체계의 작동은 그 시점의 인간이나 비인간의 작동이나 속성을 그들에게 귀속시키는 것이 아니라, 그 관찰이 이루어지는 시점에 그것들과 접속된 사회체계의 작동으로 파악하는 것이다. 그러면 얽힘은 그것들이 본질적인 속성이 아니라 그에 대한 관찰, 이 경우에는 사회체계(들)의 관찰/작동에서 설명할 수 있다.

인간과 비인간의 작동을 사회적 체계의 작동에서 파악하게 되면, 인간이 다른 인간이나 비인간 생명, 그리고 물질과 맺는 유형을 인간이나 비인간의 어떤 본질적인 속성에서 찾는 것은 타당하지 않게 된다. 인간이 맺는 그 모든 관계를 총체적으로 파악할 수 있는 초월적 위치를 이론적으로 정초할 수 없을 뿐만 아니라 그런 시도를 하는 사람 또한 언제나 특정한 관계에서 특수한 인간의 관계만을 볼 수 있기 때문이다. 그래서 다중으로 얽힌 인간-비인간 관계의 유형은, 그 관계들에 따라서 가령 사회적 관계, 유기체적 관계, 그리고 물질적 관계이냐에 따라 나눌 수 있다. 그런 유형 가운데 어떤 지배적인 관계가 인간-비인간 존속에 과연 바람직한가는 또 다른 사회적 관계, 즉 윤리적이거나 종교적인 관계의 개입이 필요하다. 그래서 어떤 인간이 마주하게 되는 인간이나 비인간은 언제나 그가 어떤 관계에서 마주하느냐에 따라 언제나 다르게 드러날 수 있다. 그 사람은 연인으로, 시장의 상인으로, 학교의 학생으로, 재판정에서의 피고인으로도 마주할 수 있다. 비인간 생명이나 비인간 물질 또한 마찬가지이다. 그리고 인간에 대한 이 모든 논의는 그 인간이 또다시 언제나 사회적 관계의 앙상블이라는 것이다. 그래서 우리는 이중의 앙상블, 즉 사회적 관계의 앙상블로서의 어떤 인간이 사회적, 생물학적, 또는 물질적 관계의 앙상블로서의 인간이나 비인간을 마주하는 상황에 있다. 이 이중의 앙상블을 개별 인간의 의식이나 정동을 중심으로 설명할 수 있는 범위는 극히 제한적이다. 인간의 의식이나 정동은 타자의 의식이나 정동뿐 아니라 스스로에게도 온전히 다가갈 수 없기 때문이다.

유기견과 사람들의 얽힘에 대한 논의 역시, 그 얽힘의 양상을, 그리고 얽힘에서 발견되는 개나 사람들의 양태를 개나 사람 개인의 개별적인 관계에서 찾는 것이 아니라 그들이 어떤 사회적 체계들(의료체계-의사, 축산체계-농장주, 경제체계-실업자, 젠더체계-여성 등)에 접속되어 있는지를 확인함으로써 보다 풍부한 설명을 할 수 있다. 또한 그 시점의 개나 사람의 특이성 역시, 과거의 사회적, 생물학적 얽힘의 흔적들을 토대로 보완할 수 있다.[8] 마찬가지로, 바다에 방류되는 미세플라스틱의 확산은 해당 사안에 직접적으로 연루된 일반 시민으로서의 개인의 속성이나 관찰이 아니라 플라스틱의 생산, 유통, 소비와 이와 연관된 폐기물이나 해양 관리 등과 관련된 사회체계들, 그리고 그런 체계들과 연루된 사람들과 관계를 통해서 설명할 수 있을 것이다.

---

8 유기견 쉼터에서 발견된 여러 층위의 얽힘 또는 마주침에 대한 자세한 기술은 전의령(2023) 참조.

7. 활력 넘치는 비인간과 취약한 인간

지금까지의 논의에 따르면 인간, 비인간 그리고 그들의 얽힘은 그것들의 본래적인 속성이 아니라 그것과 관계된 또 다른 어떤 것들과 그것들을 얽힘으로 보는 관찰(자)에 의존한다. 그렇다면 신유물론에서 논의되는 비인간, 물질의 활력이나 행위(성)은 어떻게 되는가? 가령 "생동하는 물질(vibrant matter) 및 활기 넘치는 사물"(베넷, 2020: 8)은 관찰(자)나 관계에 의존하는 것일까? 베넷은 세계를 활력 없는 물질과 생동하는 생명으로 나누면서, 물질을 수동적이고 활기 없고 무기력한 것으로 간주해 온 (근대적인) 이론들을 넘어서는 철학적, 정치적 기획으로서 생기적 물질성(vital materiality)을 주장한다. 그에게 생기(vitality)는 인간의 의지와 무관하게 자신만의 궤적이나 경향을 지닌 유사 행위자나 힘으로 작용할 수 있는 사물들의 역량이다. 그래서 생기를 물질성에 내재적인 것(a vitality intrinsic to materiality)으로 이론화하고자 한다(베넷, 2020: 18).

베넷의 논의에서 인간의 의지와 무관하게 자신만의 궤적이나 경향을 지닌 사물들의 역량은 과연 무엇일까? 우주 만물을 낳고 기르는 어떤 초월적인 존재를 진심으로 믿거나 극단적인 관념론자가 아니라면 누군가의 의지나 소망과는 무관하게 사물/물질이 있거나 작동한다는 것을 누가 부정하겠는가? 오히려 지구의 움직임, 기후의 변화, 쉽게 변하지 않는 사회제도, 닿을 수 없는 다른 사람들의 마음, 심지어 마음대로 되지 않는 내 몸과 마음을 '생기' 넘치는 것으로 개념화하는 것, 그래서 그 생기가 각각의 것에 내재적인 것이라는 주장이 무엇을 어떻게 새롭게 드러내는지 더 정교하게 보아야 하지 않을까? 물질의 '내재성'이 있다면 그것은 무엇과의 관계에서, 누구의 어떤 관찰에서 드러나고 있는가, 물리학, 철학, 사회학은 어떻게 왜 다르게 그 내재성을 드러내는지 그 차이를 보아야 하지 않을까?

활력 넘치는 비인간의 행위(성) 또한 관찰 의존적인 얽힘에서 접근하면 상당히 문제적이다. 베넷에 따르면 행위소(actant)가 인간이거나 비인간일 수 있는 행위(action)의 원천이고, 어떠한 일을 할 수 있는 효능(efficacy)을 가지며, 차이를 만들어내고 결과를 만들어내며, 사건이 일어나는 과정을 전환시키는 충분한 응집력을 지닌다. 행위소는 시행 중에 다른 실체(entity)를 변화시키는 임의의 실체이며 그것의 역량(competence)은 행위 이전에 상정되기보다는 그것의 수행으로부터 연역된다(베넷, 2020: 10). 행위소 또는 행위와 관련된 논의에서 핵심은 효능, 차이, 결과, 전환 등과 같은 어떤 사태의 '변화'인 것으로 보인다. 문제는 베넷이 사태의 변화에서 다른 실체의 변화에 주목한다는 것이다. 이는 실체가 스스로 변화할 수 있다는 것(바로 앞에서 언급한 생기가 물질(성)에 내재적이라는 것을 고려하면 오히려 더 타당함에도)을 충분히 다루지 않는다. 다음으로는 어떤 실체가 임의의 다른 실체에 변화를 야기한다는 것은 결국 임의적인 작동이나 자극을 하는 실체(행위하는 실체)와 그것을 수용하는 실체(다시금 활력 없는 물질)로 되돌아가는 것은 아닐까? 사실 더 결정적인 문제는 행위(소)의 핵심인 물질의 '변화'라는 것을 무엇이, 어떻게 변화한 것인가이다. 수십 년을 한곳에 있는 바위, 햇빛, 비, 바람, 균사에 의해 쉴 새 없이 변화하는 바위의 표면, 바위의 분자들, 그 속의 양자 입자들을 어떤 관계 또는 배치에서 무엇과의 관계에서 보느냐에 따라 그것은 변화일 수도 변화가 아닐 수도 있다. 또한 그 변화나 변화하지 않음이 누군가에는 의미가 있거나 없을 것이다. 따라서 물질들의 활력과 행위(소)를 물질에 귀속시키고 그 물질의 변화를 강조하기보다는 그것들을 그렇게 귀속시키거나, 변화로 관찰(선택)하는 관찰(자)의 정치적, 사회적 의미에 주목해야 하지 않을까?

그래서 물질과 비인간에 대한 논의, 특히 물질의 활력을 강조하는 논의에서는 그 활력을 물질의 내재적 속성으로 보는 것이 아니라 어떤 관계에서, 무엇에 비친 결과로, 어떻게 관찰되는지를 규명하는 것이 필요하다. 그리고 이런 접근은 비인간뿐 아니라 인간과 세계에 대해서도 필요하다. 사실 비인간의 활력에 대한 강조는 인간 또는 생명체의 취약성에 대한 강조의 다른 측면일 수 있다. 가령, 돌봄 논의에서 취약함(vulnerability)을 모든 생명의 속성으로 간주하고, 모든 돌봄 행위는 돌봄 대상의 취약함에서 촉발된다는 주장이 대표적이다. 이 경우, 돌봄은 보살핌과 보호와 감독을 받을 필요, 그러면서도 보존될 필요를 함축한다. 취약함은 돌봄 대상의 속성으로서 타자에게 의존해야만 비로소 자기 보호와 존속이 가능한 상태이고, 생물, 삶, 살아있음의 기본 면모라는 것이다. 그래서 인간을 포함한 모든 생명은 다 돌봄의 대상이라는 것이다(신지혜 외, 2024: 12-15). 물론 돌봄의 정도와 강도는 상황에 따라서 달라질 수 있겠지만, 취약함이 대상의 속성이고, 돌봄 역시 또한 대상의 속성에서 촉발되는 것이라는 것은 달라지지 않는다. 그러나 취약함과 돌봄은 언제나 관계에서만 드러나는 상대적인 것이다. 모든 생명체가 다른 생명체, 수많은 비인간 타자에 의존함을 부정할 수는 없다. 그렇다고 해서 모든 생명체가 돌봄의 대상인 것은 아니다. 이런 논의는 생명체의 근본적인 작동 조건, 즉 외부 환경과 끊임없는 물질대사를 수행하면서 스스로를 환경과 구별하는 환경에 대한 개방과 폐쇄, 내적 작동에서의 종속과 자율에서 개방과 종속만을 과도하게 표상한 것이다. 사실 돌봄이 문제가 되는 것은 생명체에 파괴적인 영향을 미칠 수 있는 외부 환경(즉 개방과 종속)에 맞서 그 생명체가 외부 환경의 영향을 폐쇄/조절하면서 스스로의 자율성을 증진할 수 있도록 개입하거나 조정해야만 하는 상황이다. 개별 생명체가 거의 혼자 자라거나, 어린 새끼를 혼자서 혹은 군집 단위로 양육하는 것, 그리고 사회적 체계의 작동과 연동되어 사회적 관계의 앙상블로서의 인간을 돌보는 것은 다르다. 특히 최근 부상하는 돌봄에 관한 의제들은 돌봄과 관련된 사회적 체계들(가족, 보육, 교육, 경제 등)의 분화와 마찰 때문이다. 따라서 논의의 출발점은 생명체나 인간의 본질적인 취약성이 아니라, 각각의 사회적 체계들이 무엇을 취약함/돌봄의 대상으로 설정하고, 어떤 코드로 대응하는지(사랑, 교육, 화폐 등), 그래서 무엇을 대가로 무엇을 사회적으로 대체할 수 있는지에 있다.

8. 나가며

"비인간과 얽힌 세계, 무엇과 어떻게 살아갈 것인가?"라는 질문은 단순히 비인간 생명이나 물질에 관한 것이 아니라 결국 우리 자신에게 향하는 질문이다. 이 질문은 이미 세계에 대한 특정한 관점을 전제한다. 인간은 의식체계와 생물학적 체계가 중첩된 복합물로서 매 순간 서로 다른 체계들의 작동이다. 의식체계는 언어로 의미화되지 않는 의식 밖의 모든 것, 신경체계는 내적으로 연결된 신호가 아닌 나머지를, 유기체는 피부 밖의 모든 것을 자신의 환경으로 간주하고 끊임없이 스스로를 구별한다. 체계들은 서로 다르게 작동하고 그것들만의 고유한 환경을 만들어낸다. 뇌와 몸은 의식체계에게 언제나 환경이고, 의식은 신경체계와 유기체계가 닿을 수 없는 것이다. 그렇게 서로 다르게 구별되는 경계들의 대략적인 윤곽이 살아있는 개별 인간일 것이다. 그렇게 그어진 대략적인 개별 인간의 경계, 그리고 그 경계 밖의 비인간을 포함한 그 인간의 환경은 인간의 경계만큼 모호하고 불투명하다. 의식의 선명한 구별과 작동에 비해서, 숨을 쉬고 매 순간 움직이는 생물학적 체계인 몸의 경계는 한없이 불투명하다. 또 때로는 우리 몸과 몸이 아님을 구별하는 면역체계가 오작동하여 스스로를 스스로가 아닌 것으로 간주하기도 한다.[9]

개별 인간에게는 언제나 자신만의 환경과 세계가 있고, 모든 인간에게 공통된 환경이나 세계는 존재하지 않는다. 그래서 인간에게 공통된 비인간이나 환경은 인간이 아니라 인간과 비인간을 모두 환경으로 파악하는 사회(체계들)의 관찰이다. 인간이 특정한 사회체계의 작동에 접속될 때 그 사회체계에 적합한 인간, 비인간, 그리고 세계를 관찰할 수 있다. 그래서 인간은 다중으로 얽혀있

---

9   신체적인 '자기'를 규정하는 것이 면역계이다. 그러나 면역학적 자기는 애초에 존재하지 않는다. 반응하는 자기, 인식하는 자기, 인식되는 자기, 관용하게 된 자기 등으로 자기의 면역계의 행동양식에 의해 규정된다. 그래서 자기는 자기의 행위이지 구조적으로 고정된 것이 아니다. 따라서 행위의 집합으로서 자기, 그 행위를 규정하는 것은 내적 환경과 외적 환경뿐이다. 면역계는 이 균형 위에 있다(타다, 2010: 209-223).

고, 서로 다른 체계의 복합물이고, 사회적 관계의 앙상블이다. 인간은 언제나 자기가 아닌 것들, 그리고 또 많은 경우 비인간들의 혼합물이다. 그럼에도 인간/의식은 고유한 본질을 지닌 비인간 생명, 비인간 사물, 비인간 존재들로 가득찬 세계에서 스스로를 다른 모든 것들과 다른 존재와 가치의 중심으로 설정하고, 인간만의 인간/이성을 주장하기도 한다. 그러나 우리가 살펴본 것처럼 이런 인간중심주의는 고립된 개인의 고유한 의식 작동일 수 없다. 그런 의식의 작동은 언제나 이미 사회적, 유기체적, 물질적 비인간을 전제로 한다. 그런 개별 인간의 의식 작동 자체가 인간이 접속한 특정한 사회적 체계가 작동하고 있음을 보여준다.

그렇다면 체계들의 단순하지 않은 복합물로서의 인간, 사회적·유기체적·물질적 관계로서의 인간, 끊임없는 환경에의 개방과 종속, 동시에 외부 환경에 대한 차단과 자율이라는 동시적 작동에서 인간은 어떤 비인간과 어떻게 살아야 하는가? 우리(의식)는 스스로를 외부 환경과 구별하고, 자신-환경, 그리고 그 종합으로서 세계를 살아간다. 그리고 그 세계에서 자신과 유사한 동료 인간, 비인간 생명체, 그리고 물질들을 만난다. 우리가 만나지만 그것들은 언제나 의식과 몸의 외부 환경이기에 결코 온전히 그들에게 다다를 수 없다. 또한 의식은 언제나 특정한 관계들의 앙상블이기에, 의식 자신, 외부 환경, 그리고 세계를 투명하게 인식한다는 보장이 없다. 불투명한, 그렇지만 어떤 제한된 맥락에서는 투명한 것으로 드러나는 세계(태양의 작동을 온전히 이해할 수는 없지만, 저기 태양이 있고 낮이라는 것을 알 수 있듯이), 그런 세계에 대한 온전히 투명하지는 않지만 무엇인가 같은 것을 생각하고 느끼는 듯한 사람들과 비인간 생명들(상대방의 생각을 감정을 온전히 알 수는 없지만 무엇인가를 이해하고 공감하는)을 부정하기는 어렵다. 그래서 그 세계가 나의 세계이지만, 그 나의 세계가 다른 사람들과 비인간들의 다중 얽힘에 의해서만 드러나고, 내가 또다시 다중 얽힘이라면, 결국 질문은 나와 세계의 관계맺기일 것이다.

세계는 나(의 의식)의 작동으로 펼쳐지는 나와 내가 아닌 모든 것을 포괄하는 나의 지평이다. 그래서 나와 내가 아닌 모든 사람들과 비인간들의 얽힘은 나와 세계의 관계이다. 물론 의식/관찰 작동에서 보자면 사회(체계들) 또한 언제나 스스로와 그 사회의 지평으로서의 세계의 관계를 탐색해 왔다.[10] 그래서 '어떻게 살 것인가'라는 질문은 신, 생명 등으로 불릴 수 있는 세계 또는 전체와 나의 관계에 대한 질문이다. 나와 세계가 하나임을 믿으면서 그 하나를 새롭게 만들어가는 헌신과 관련된 영성(spirituality)의 문제이기도 하다(김상봉, 2024). 이런 영성이 종교적인 영성으로만 환원되는 것은 아니다. 사실 한국의 생태·환경주의에서는 여러 갈래의 영성에 대한 논의가 축적되어 왔다. 기독교적 영성의 재해석을 통해 서구적 근대화로 인한 문제를 극복하려는 흐름, 노장사상이나 동학사상을 재해석하여 생태주의 가치를 탐색하는 흐름, 현대물리학을 통해 영성 개념을 정교화하려는 시도, 그리고 가이아(Gaia) 이론이나 토착민의 사유를 통해 자연을 영성을 지닌 존재로 이해하려는 흐름 등이 있다. 그 가운데 〈녹색평론〉의 김종철선생이 (민족 고유의) 주체성이나 본질에 집착하는 것이 아니라 기후 위기와 같은 생태적 파국으로 "좋은 미래를 박탈당했음을 통감하는" 풀뿌리 민중들과 함께 비인간을 포함한 새로운 민주주의를 상상하고자 하면서 제시한 영성을 주목할 필요가 있다. 그는 사람들이 만물과 연결되어 있고 만물이 가이아 안에서 살아가는 존재라는 깨달음, 그리고 민주주의와 생태주의를 함께 재구성하는 생태적 영성을 강조한다.[11] 다만 이 글은 김종철의 영성을 그가 논의한 가이아의 세계가 사물들로 가득한 세계이거나 초월적인 본질이 있는 세계가 아님을 보다 분명히 하여 인간-비인간의 관계를 더 급진화하고자 한다. 이 글에서 지금까지 살펴본 비인간에 대한 논의에서 도출되는 세계는 내가 스스로를 다른 모든 것과 구별함으로써 드러나는 나와 나의 인식의 지평의 결합이다. 그래서 나의 의식의 작동과 함께 드러나는 환경, 그리고 그 환경

---

10 많은 공동체, 국가, 종교(체계) 등에서 발견되는 다양한 유형의 자신과 타자 그리고 세계 등의 관계를 참조할 수 있을 것이다.
11 한국 생태주의에서의 영성에 대한 자세한 논의는 안지영(2024) 참조.

과 나를 포함하는 세계는, 선험적 이성이나 추상적인 인간에 기반한 것이 아니다. 그것은 사회적 존재의 앙상블로서의 인간, 특정한 유기체적, 물질적 앙상블로서의 인간의 세계이다. 따라서 세계에서 마주치는, 온전히 알 수도 닿을 수도 없지만 함께하는 사람들, 유사한 의존-자율의 작동을 수행하는 유기체적 체계들로서 비인간 생명들, 그리고 비인간 존재들과 어떻게 살 것인가는 내가 지금 어떤 관계들과 얽힘 속에서 그것들을 보고 있는가, 내가 어떻게 매 순간 그 관계들과 얽힘을 반복하거나 변화시키는가에 따라 달라질 것이다.

참고문헌

김상봉. 2024. 『영성 없는 진보-한국 민주주의의 위기를 생각함』 온뜰.

김영진·현남숙. 2023. "비인간 존재자의 세계 경험 문제-보고스트와 브라이언트의 입장을 중심으로" 『시대와 철학』 34(3): 7-38.

김지혜. 2024. "버려진 사물과 함께 이동하는 생명들: 해양쓰레기와 그의 목격자, 혹은 거주자들." 『과학기술학연구』 24(1): 65-96.

김환석. 2020. "브뤼노 라트르: 인간만이 사회를 구성하는가?" 『21세기 사상의 최전선』 김환석 외 21인 지음. 이성과감성.

로, 존(J. Law). 2010. "2장. ANT에 대한 노트-질서짓기, 전략, 이질성에 대하여" 『인간·사물·동맹』 부르노 라투르 지음. 홍성욱 역. 이음.

로벨리, 카를로(C. Rovelli). 2023. 『나 없이는 존재하지 않는 세상』 김종훈 역. 쌤앤파커스.

루만, 니클라스(N. Luhmann) 2014a. 『사회의 사회 1』 장춘익 역. 새물결.

_____. 2014b. 『사회의 사회 2』 장춘익 역. 새물결.

무페, 샹탈(C. Mouffe). 2019. 『좌파 포퓰리즘을 위하여』 이승원 역. 문학세계사.

베르크하우스, 마르고트(M. Berghaus). 2012. 『쉽게 읽는 루만』 이철 역. 한울아카데미.

브라이도티, 로지(R. Braidotti). 2022. 『포스트휴먼 지식-비판적 포스트인문학을 위하여』 김재희·송은주 역. 아카넷.

_____. 2015. 『포스트휴먼』 이경란 역. 아카넷.

샤비로, 스티븐(S. Shaviro). 2021. 『사물들의 우주』 안호성 역. 갈무리.

신지혜 외. 2024. 『기후 돌봄: 거친 파도를 다 같이 넘어가는 법』 산현글방.

안지영. 2024. "김종철 비평에 나타난 생태적 영성의 문제성-〈녹색평론〉을 중심으로." 『한국문화』 106: 25-60.

이정우. 2024. 『세계철학사 4: 탈근대 사유의 지평들』 19-49. 도서출판 길.

전의령. 2023. "유기견 쉼터에서의 불연속적이고 파편적인 마주침들: '다종의 윤리'로 귀착되지 않는 비판적 에스노그라피를 위한 소고" 『한국문화인류학』 56(3): 3-40.

_____. 2025. "인간중심주의 비판을 넘어서-포스트휴먼·다종 인류학에 대한 비판적 검토." 『경제와 사회』 145: 240-283.

최명애. 2023. "6장. 인간 너머의 기후정의는 어떻게 가능한가?" 『기후위기, 전환의 길목에서』 홍덕화 외. 도서출판 풀씨.

콘, 에두아르도(E. Kohn). 2023. 『숲은 생각한다』 차은정 역. 사월의 책.

쿨, 다이애나(D. Coole)·사만타, 프로스트(S. Frost). 2023. 『신유물론 패러다임: 존재론, 행위자 그리고 정치학』 그린비.

타다, 토미오(多田富雄). 2010. 『면역의 의미론-자기란 무엇인가』 황상익 역. 한울.

황정아. 2022. "'물질적 전회'와 그에 대한 불만." 『개념과 소통』 29: 207-210.

누가 해양쓰레기를 증언하는가?

김지혜

> 이 글에서 비인간은 인간 신체의 안팎에 있는 존재를 지칭한다. 미생물을 비롯해 일반적으로 살아있다고 여겨지지 않는 사물 역시 비인간의 범주에 들어간다. 당연히 비인간은 불만스러운 단어일 수밖에 없다. 인간은 언제나 인간 아닌 존재들에 둘러싸여 있으며, 비인간을 소화하고 배출하며 삶을 영위해 나가기에 인간과 비인간의 범주는 잠정적이고 임의적이다. '인간'의 지식과 정치도 마찬가지이다. 지식과 정치의 영역은 인간 고유의 영역일까? 이 글은 해양쓰레기 문제의 지식을 생산하고, 보전 활동을 하는 정치적인 과정에서 비인간 생명의 역할을 살펴본다. 이때 비인간 생명의 위상(그리고 인간의 위상 역시)은 같지 않다. 때때로 어떤 생명들은 '보전'을 위해 죽임을 당하며, 특정한 동물만이 선택적으로 보호받고 애도의 대상이 된다. 이 글을 통해서 연구자는 생태적 전환이 모든 생명을 동등하게 여기는 불가능한 유토피아를 추구하기보다는, 어떤 상황 속에서 무엇을 위하여 누가 죽는지 살펴보고 어떤 죽음과 삶이 더 윤리적인가를 고민하는 작업임을 상기하고자 한다.

1. 해양쓰레기와의 마주침

　한국에서 해양쓰레기는 2010년대에 이르러 대중적인 관심을 얻었을 뿐만 아니라 정책가와 과학자, 환경보전 활동가들의 관심사(matter of concern)로 성장하였다. 이강원(2012)은 "관련된 모든 사람과 사물 들이 다양한 방식으로 관여할 수 있는 문제인 동시에, 이들이 모여있는 집합의 한가운데 위치하며 관심을 받(2012: 15)"는 사물을 '공적인 사물'로 간주하는데, 이에 따르면 해양쓰레기는 2010년대부터 공적인 사물이란 자리를 점유하게 되었다고 볼 수 있다. 이러한 경향은 해양쓰레기에 관한 기사와 논문 수의 기하급수적인 증가를 통해서도 확인할 수 있으며, NGO, 국제기구, 국가나 시장 행위자들의 담론에서도 확인할 수 있다(김지혜, 2022).

　그렇다면 어떻게 해양쓰레기는 공적인 사물이 된 것일까? 여기에는 무수히 많은 우연성이 작동하였겠지만, 두드러지게 나타나는 연결 지점들이 있다. 그 중 두 가지를 꼽자면 해양쓰레기의 미세화, 즉 미세플라스틱에 대한 논의가 활발해졌다는 점이고, 다른 한 가지는 해양쓰레기가 비인간 생명들의 삶에 다양한 방식으로 관여한다는 점이 여러 방식으로 대중에게 노출되었다는 점이다. 이러한 특징은 영어권의 논의는 물론 국내의 논의에서도 공통적으로 포착된다. 요컨대 비인간 생명들은 해양쓰레기의 증언자로 해양쓰레기의 특정한 모습을 보여주었고, 이러한 만남은 해양쓰레기를 현재와 같은 방식의 공적인 사물로 만드는 데 기여하였다. 특히 해양쓰레기가 해양 동물에 대한 과학 지식과 미디어 노출의 증가와 함께 문제화되었다는 점을 생각해 보면 이러한 동물의 역할은 더욱 두드러진다. 이때 과학 지식과 미디어는 긴밀하게 연결되어 있는데, 과학의 장에서 생산된 지식이 동물 이미지와 함께 미디어에 노출되면서 해양쓰레기가 대중의 관심을 끌었기 때문이다.

　따라서 우리는 해양쓰레기와 비인간 생명, 그리고 인간의 관계를 알아보기 위하여 과학 지식의 생산 현장과 생산물에 주목할 필요가 있다. 사실 해양쓰레기에 대한 과학적 연구가 본격적으로 시작되었던(주로 영미권에서) 1970년대부터 비인간 동물의 피해는 주요한 관심사 중 하나로 등장하여 초기 해양쓰레기 연구에 상당히 중요한 비중을 차지하였다(Ryan, 2015). 이때 동물의 피해는 보통 두 가지로 분류되었다. 첫 번째는 '해양쓰레기와의 얽힘(entanglement)'으로 불리는 피해였다. 동물들이 낚싯줄이나 그물 등 해양쓰레기와 얽히면서 물리적인 외상을 겪거나 숨을 쉬지 못해 먹이활동을 못하는 경우가 이에 해당한다. 두 번째는 '해양쓰레기 섭식(ingestion)'으로 소화장애나 장기에 천공이 생기는 등 여러 내부적인 피해가 일어난 사례였다. 바닷새와 거북, 해양 포유류는 이러한 피해의 증언자(혹은 목격자: witness)로 자주 등장하였다(Hong et al., 2013). 한국에서도 이러한 사례들이 심심치 않게 기사화되었고, 특히 한국 해안에서 발견된 거북 피해 사례 연구들은 미디어에 다수 노출되기도 하였다(조선일보, 2023). 물론 이러한 사례들은 과학의 언어로 번역되지 않은 경우에도 가시화되곤 하였다. 한국에서 이례적으로 전국 순회 전시를 한 크리스 조던의 사진 작품 '아름다움 너머' 시리즈와 그의 다큐멘터리 『알바트로스』는 멸종위기 취약종인 알바트로스의 몸 속에 가득 찬 해양쓰레기를 드러낸 것으로, 해양쓰레기의 심각성을 알리는 데 공헌하였다.

따라서 이 글은 해양쓰레기 문제화에 기여한 비인간 생명들과 해양쓰레기, 그리고 인간과의 관계에 대해 숙고하면서 비인간 생명의 의미를 재고하고자 한다. 특히 비인간 동물, 더 나아가서 동물의 경계 밖에 있는 생명들이 어떻게 해양쓰레기 과학 지식 속으로 들어오고, 또 윤리적 실천의 대상이 되는지 그 과정을 탐구하고자 한다. 이를 위하여 나는 환경운동 조직과 과학 생산 조직에서 참여·관찰 자료를 수집하였고, 이를 바탕으로 실천의 형태와 결과물을 분석하였다.

해양쓰레기라는 사물이 매개하는 비인간 생명과의 만남은 상당히 다양한 방식으로 이루어졌으며, 또 비인간 생명의 종류도 다양하였다. 때로는 살아있는 채로, 어떤 생명은 죽어있는 채로, 혹은 죽는 과정 중에 만났으며, 대형 해양 동물부터 홍합이나 벌레, 미생물까지도 포함되어 있다. 이들은 각기 다른 방식으로 과학의 장에 혹은 해양 보전의 장 속에 들어왔다. 그러한 의미에서 이 글은 과학과 보전 실천에서 나타나는 비인간 생명의 이질적인 '참여'에 대해 논의하고자 한다.

이 글은 그 자체로는 동물도, 생명도 아닌 비인간 존재인 해양쓰레기를 매개로 하여, 불쑥불쑥 마주하게 되는 비인간 생명에 대해 다룬다는 점에서 특징적이다. 이러한 비일관된 마주침을 살펴보면 생명에 대한 과학 지식과 윤리 실천이 언제나 상황적이라는 점을 알게 된다. 따라서 비인간에 대한 윤리는 총체론적 정언명령이 아니라 구체적인 상황 속에서 형성되는 다양한 실천임을 강조하고자 한다. 또한 한 종(류)과의 만남을 상술하는 방식이 아니라, 특정한 매개자를 중심으로 마주치는 다종들의 관계성을 분석함으로써 인간 너머의 논의를 심화시키고자 한다.

2. 비인간 생명이라는 겸손한 목격자들과 마주침을 위한 매개

비인간 생명은 적어도 수십 년 동안 과학 연구에서 해양쓰레기의 피해를 입증하는 역할을 수행해 왔다(Laist, 1997; Sheavly and Register, 2007; Hong et al., 2013). 그렇기에 이 글에서는 비인간 생명을 과학기술학의 논의에 따라 '겸손한 목격자(modest witness)'로 부르고자 한다. 여기에서 겸손한 목격자란 실험과학의 정착 과정에서 실험의 '사실'을 목격하고 증언했던 젠틀맨으로부터 시작한다. 겸손한 목격자의 역할에 대해 처음 논의한 스티브 셰이핀과 사이먼 샤퍼(Shapin and Schaffer, 1985)는 진공을 증명하는 보일의 실험이 젠틀맨의 증언에 의존하고 있었다는 점을 분석하면서 실재를 비추는 거울로서 신뢰받는 겸손한 신사의 목격이 중요한 과학적 장치로 활용되었다는 점에 주목하였다. 이들이 적극적으로 자신이 목격한 것을 증언함으로써 과학적 '사실'에 대한 신뢰가 형성되었다는 것이다. 이때 겸손한 목격자는 증언의 객관성을 보증하는 믿을만한 존재로 여겨진다. 이 논의를 비판적으로 계승한 해러웨이는 '여성'의 겸손함과 '남성'의 겸손함이 다른 의미였음을 지적하면서 겸손한 목격자를 새로운 지평 위에 올려 두었다. 그녀는 남성의 겸손함이 그 자신을 '보이게' 하는 것이지만, 여성의 겸손함은 그 자신을 '보이지 않게' 하는 것이었다는 점에 주목하면서 실험을 증언했던 겸손한 남성 곁에 있던 하인과 여성들 역시 이 실험을 인내하고 목격해 온 겸손한 목격자였다고 주장한다(해러웨이, 2007). 더 나아가 해러웨이는 실험에 '맞게' 유전적으로 변형된 최초의 특허 동물인 온코마우스가 자신을 비가시화하여 실험을 증명하는 겸손한 목격자임을 주장하면서 겸손한 목격자의 범위를 '인간'에서 '인간 너머의 존재들'로 넓혀주었다(해러웨이, 2007).

해러웨이는 초기 연구에서부터 영장류가 인간의 자연성을 은유했다는 점을 지적하면서 수사학이 과학에 있어서 부차적인 것이 아니라 핵심이라는 점을 강조해 왔고, 그 과정에서 인간이 아닌 존재와 인간의 관계성에 대해 탐색하였다 (Haraway, 1989; 해러웨이, 2007). 그녀의 관심사는 과학뿐만 아니라 과학 밖에서 이루어지는 다종적 관계로 확장해 나갔는데, 온코마우스뿐만 아니라 자신이 키우는 개와의 어질리티(agility) 게임에서 나타나는 거친 훈련, 비둘기와 함께하는 조난 활동, (인간) 여성의 건강을 위하여 복용되는 에스트로겐을 생산하기 위해 강제 임신되는 암말 등을 그 사례로 제시하고 있다(Haraway, 2007; 2012; 2016). 이 사례들은 모순적이면서도 결코 쉽게 해결될 수 없는 비인간 동물과 인간 동물 사이의 관계들로, 이때 비인간 동물은 단순한 실험 '도구'나 '애완'의 대상이 아니라 복잡하고 때론 난감한 관계의 상대방(타자)으로 등장한다. 그녀의 논의에 따르면 이 세계의 복수종(multispecies)들은 각자의 방식으로 서로에게 응답하며, 서로를 감응시키고, 감염시킨다(Haraway, 2016). 이러한 논의 속에서 해러웨이는 비인간 동물을 포함한 타자들을 영어권에서 반려자를 뜻하는 유의미한 타자(significant other)로 위치시켰는데, 비인간 타자와의 만남과 타자와 함께 만드는 세계에 대한 적극적인 논의는 '타자'의 항목에 인간 아닌 존재를 포함시키면서 타자 논의를 새롭게 변용시켰다(Haraway, 2003).

해러웨이나 사물의 행위성에 주목한 라투르 등의 학자들을 중심으로 과학기술학의 성과가 동물과 생태, 환경에 관한 논의까지 확산되면서 비인간 생명의 연구가 수적으로도, 질적으로도 증가하게 되었다. 특히 인간종 외의 존재와 인간들의 관계들을 탐구하는 민족지적 연구들은 다종 민족지(multispecies ethnography)라는 이름으로 폭발적으로 증가하고 있는 추세이다(Kirksey and Helmreich, 2010; Ogden et al., 2013). 지적해야 할 점은 비인간 존재를 전면에 등장시킨다는 것 자체는 새로운 학문 스타일이 아니라는 점이다. 새로운 존재론을 구상하는 연구자들도 비인간 존재에 대한 탐구가 근대의 학문 체계 내에서 언제나 있어왔다는 점을 인정한다(Henare et al., 2007). 하지만 인간들의 사회나 문화, 과학적 진리의 특이성을 전제로 하는 주류/전통적인 논의와 달리, 이러한 논의들은 비인간과 인간을 모두 포함하는 존재들, 즉 각기의 역능을 지닌 존재들이 함께 만드는 창발과 생산, 혹은 역사에 주목하였다. 이때 비인간 존재들은 인간 사회 형성을 보조하는 역할로 규정되는 것이 아니라 함께 무언가를 만들어가는 유사-주체로서 고려된다. 따라서 이 논의들 속에서 비인간들은 단지 우리 인간의 쓰임을 위해 기다리고 있는 도구가 아니라 인간과 함께 적극적으로 세계를 만들어간다(라투르·울거, 2019; Haraway, 1985; Henare et al., 2007; Pickering, 2017). 다종 민족지를 비롯한 여러 새로운 존재론/인식론을 요청하는 시도들은 생물다양성 감소, 기후변화, 자본주의 팽창과 같은 현실 상황의 문제의식을 반영하고 고민하는 과정 속에서 만들어지고 있다(황희선, 2021).

이 글은 다종 민족지 논의의 고민을 따라가면서도 다른 연구들과 달리 특정한 사물을 중심으로 마주하게 되는 복수의 비인간 생명을 병렬적으로 서술하는 방식을 통해, 비인간 생명의 의미를 다중화하는 방식을 취하려고 한다. 물론 다종 민족지나 인간 너머의 접근법(more than human approach)의 연구들은 생물학적 종 차원에서 단일 종을 염두에 두고 연구하지 않으며 인간 역시 복수의 존재로 상정하며 논의를 개진하곤 한다. 하지만 경험연구 차원에서는 보통 한 류

(kind)와 인간의 관계에 대한 심도 있는 분석이 중심이 된다.

애나 칭의 버섯 연구가 대표적인 예시이다(칭, 2023). 국내에서도 비슷한 경향을 보이는데 가령 붉은가재(김준수, 2021), 녹조(김지혜, 2019), 새(성한아, 2022), 돌고래(최명애, 2020) 등에 관한 연구가 이에 해당한다. 또한 이러한 연구들은 종과 종의 마주침과 얽힘, 창발성에 대해 주목한다는 점에서 공통점이 있다.

하지만 이 글은 마주침의 '매개적 요소'에 주목할 필요가 있다고 보인다. 마주침을 강조하다 보면 직접적인 만남을 '비매개적'인 무언가로 오해할 여지가 생긴다. 그러나 직접적으로 마주하고 있다고 여기는 그 순간에도, 선이해와 상황이라는 매개적 요소 없이는 서로를 포착하는 소통이 작동하지 않는다. 우리가 직접 대면하는 순간에도 공기는 우리를 매개하고, 간섭을 낳는다. 누군가의 인식체계에 들어온다는 것은 이러한 매개를 거치지 않고서는 불가능하다.

그렇다면 매개(mediation) 혹은 매개자(medium)란 무엇인가? 연구자는 매개를 ㄱ의 세계 속에 존재하는 A가 ㄴ의 세계 속에 존재하는 A′로 번역되기 위한 움직임으로 이해하며 매개자를 그 움직임의 통로로 이해한다. 이 연구를 예로 들자면 매개는 곳곳에 다른 방식으로 작동한다. 우선 연구 현장의 참여자들은 해양쓰레기로 오염된 세계를 이해하기 위한 과학 실천과 보전 실천을 수행하기 위하여 비인간 생명을 매개자로 사용한다. 겸손한 목격자들은 이러한 의미에서 모두 매개자인 것이다. 한편으로 이 글은 그 역으로 비인간 생명을 이해하기 위해서 해양쓰레기를 매개자로 사용하기 때문에, 매개와 매개된 것의 관계가 역전된다. 따라서 이 글은 비인간 생명과 인간의 관계가 다른 존재에 의해 매개될 때 포착되는 비인간 생명의 의미를 탐구하고자 한다. 이를 위하여 연구자는 2019년 4월부터 2020년 5월까지 해양쓰레기와 관련된 비정부기구인 '우리바다'와 한국의 정부출연연구소로서 해양 관련 연구를 수행하는 '해양환경과학원'에서 참여 및 관찰을 통해 자료를 수집하였다. 두 조직은 환경운동 조직과 과학 지식 생산 조직이라는 상이한 위치에 있지만 매우 비슷한 관점을 공유하고 있는

데, 무엇보다 이들은 '과학' 속에서 자신을 정체화한다는 공통점을 지녔다. 특히 우리바다는 자체 연구소를 운영하며 "논문 쓰는 시민단체"라는 점을 강조하곤 하였다. 조직명은 가명으로, 연구참여자는 모두 익명으로 처리하였다.

3. 목격자와 관계 맺으며 탄생하는 시민 과학과 윤리

우선 이 절에서는 보전 실천과 과학 지식 생산에서 비인간 생명이 인간과 마주하게 되는 산발적인 사건들을 기술하고, 관계 맺음이 어떻게 이루어지고 있는지 확인할 것이다. 이를 통해 우리는 목격이 다양한 수준에서 이루어질 수 있다는 점을 살펴본다. 특히 비인간 생명이 오늘날의 해양쓰레기 오염을 목격하고 증언한다는 점에서 비인간 생명을 '겸손한 목격자'라고 이야기할 수 있지만, 동시에 이러한 비인간 생명을 목격하는 또 다른(혹은 이중의) 겸손한 목격자들이 있다는 점 역시 살펴본다. 이들은 여기에서 '과학자'라는 이름으로 활동한다.

먼저 해양 보전 단체인 우리바다가 비인간 생명들을 목격하는 과정을 따라가다 보면, 우리바다가 목격의 '네트워크' 속에 있음을 발견하게 된다. 우리바다가 비인간 생명을 만나는 방식은 주로 제보를 통해서 이루어졌다. 우리바다는 자신들의 네이버 카페에 '야생동물 피해 사례 DB' 게시판을 만들어 누구나 해당 사례를 올릴 수 있도록 열어놨다. 이 게시판에는 지역 야생동물 치료 센터와 수의사, 관련 연구소, 탐조가가 제보해 준 100여 건의 사례들이 올라와 있다(우리바다 네이버 카페). 조류, 포유류, 갑각류로 분류될 수 있는 동물들의 피해 사진과 짤막한 설명이 주를 이루는 온라인 게시판은 그들의 기초적인 자료수집 공간이 되었다. 다양한 종류의 겸손한 목격자들은 사실상 정기적인 관찰이 불가능하고 언제나 산발적으로 나타나기 때문에, 우리바다가 현장에서 이러한 동물들을 목격하기란 대체로 불가능하다. 대신 우리바다는 관련되어 있는 여러 사람들과 네트워크를 형성하여 겸손한 목격자들의 피해를 수집하였다.

여기에서 다양한 사람들을 그 자체로 목격자로서 우리바다와 비인간 생명을 매개하였다. 목격자가 목격한 겸손한 목격자라는 목격의 이중 구조는 인간과 비인간의 경계를 더욱 흐리게 만든다. 과학적 관찰의 매개자가 주로 현미경이나 망원경 같은 비인간 사물로 은유되는 것에 비하여, 우리바다가 택하는 관찰의 매개자는 인간이기 때문이다. 따라서 우리바다의 관찰 범위는 인간을 매개로 하여 넓어진다. 이것은 미디어학자 마셜 맥루언이 말했던 것처럼 신체의 확장과도 같다(맥루언, 2002).

신체의 확장이라는 측면에서 네트워크의 확장은 동물 피해 사례를 수집하기 위해 필수적이기도 하지만, 동물 피해 사례 수집을 계기로 우리바다의 네트워크가 확장되기도 하였다. 특히 야생동물 보호에 앞장서는 이들은 우리바다의 중요한 파트너로서 우리바다와 오랜 시간 함께 협력적인 관계를 구성하였다. 탐조 단체들이 그 예시로, 우리바다의 대표인 연구참여자 A가 EAAFP(East Asian-Australasian Flyway Partnership)의 세계 철새의 날 행사에 초대되어 강연을 하게 된 계기도 그러한 인연들이 존재했기 때문이다. EAAFP는 동아시아에서 대양주까지 이동하는 철새들을 보호하는 것을 목적으로 설립된 재단법인으로 정부, 국가간기구, 비영리기구, 국제기구, 기업 등 39개의 파트너로 구성된 조직이다(EAAFP 홈페이지).

EAAFP는 2019년 설립 10주년과 세계 철새의 날을 맞아 "플라스틱 오염으로부터 철새를 지켜주세요"라는 제목으로 행사를 주최하였는데, 이름 그대로 해양 플라스틱 쓰레기가 중심이 되는 행사였다. 특별 세션의 강연자가 된 연구참여자 A는 우리바다를 소개하고, 제보를 통해 모은 자료 중 45건의 조류 피해 사례를 분석한 결과를 발표하였다. 그녀는 발표에서 조류 피해의 대부분이 낚시 관련 쓰레기였다는 조사를 근거로 하여 낚시 쓰레기를 줄이기 위해 노력해야 한다고 강조했다. 이때 새들은 "어떤 행동을 해야 할 것인가"에 대한 사고를 가능하게 해주는 매개자로서의 역할을 하였다.

이러한 네트워크의 확장을 보여주는 사례에는 우리바다와 스쿠버다이버들과의 만남도 있다. 이 스쿠버다이버들은 바닷속 풍경을 취미로 찍어오다가 폐어구에 걸려 죽거나 다친 해양생물들도 목격하여 사진에 담곤 하였다. 그런데 우연한 계기로 낚시 쓰레기 조사를 나간 우리바다 사람들과 교류하게 되면서 그러한 사진 자료가 자신들에게 있음을 공유하게 되었고, 그것을 계기로 이들은 함께 『해양쓰레기 생물 피해 사례집 2: 스쿠버다이버가 수집한 증거를 중심으로(곽태진 외, 2021)』를 발간하기도 하였다. 뿐만 아니라 지속적으로 데이터를 만들기 위하여, 즉 "바다 환경 변화를 관찰하여 과학적으로 이야기할 수 있는" 데이터를 기록하고 공유하기 위한 '해양탐사 그룹'을 만들기도 하였다. 우리바다는 스쿠버다이버들의 관찰과 기록을 과학적 데이터로 번역하면서 '시민 과학'의 임파워먼트(empowerment)를 고양해왔다.

다음은 사례집에 서문에 해당하는 글로 우리바다의 연구참여자 A가 작성하였다.

"시민 과학의 힘 (…) 드넓고 방대한 바닷속 공간에서 어떤 이들이 벌어지는지 우리는 알지 못한다. 바닷속을 직접 들어가 보고, 피해를 목격하고, 그 순간을 기록으로 남기는 일이 여간 어려운 일이 아니기 때문이다. 바다를 사랑하고 바닷속에서 일어나는 암울한 변화와 피해에 대해 안타까운 심정으로 기록해 온 다이버들의 기록 중 극히 일부만 모았을 뿐인데 이것으로 막연히 상상하거나 예측했던 것보다 더욱 바닷속 환경이 처참함을 알 수 있다. (…) 전문 다이버들도 바닷속의 해양쓰레기로 인한 피해를 생생한 증거로 기록하고 과학적으로 해석하여 피해를 줄이는 데 기여할 수 있다. 바닷속 해양쓰레기 피해 연구야말로 시민 과학이 꼭 필요한 공간이다." (곽태진 외, 2021)

여기에서 바다를 좋아하고 바닷속 사진을 찍은 스쿠버다이버들은 단순한 취미활동가가 아니라 '시민과학자'로 다시 자리매김한다. 여기에서 과학은 단순히 무언가가 있다를 인지하게끔 만드는 방식이 아니라 자료를 축적하고 세계를 새로운 방식으로 보고 행동하게끔 만드는 방식이었다. 일관되지 않은 해양생물과의 만남들을 모아서 사례 번호를 붙이고, 그 사례들의 정보를 표, 그래프, 수치로 보여준다. 그렇게 보여준 자료들은 "왜 폐어구 정책을 근본적으로 개선하지 않으면 안 되(곽태진 외, 2021)"는지 답해준다. 여기에서 해양쓰레기를 마주하고, 그를 감내하는 겸손한 목격자인 해양생물은 이 세계를 적나라하게 보여주는 '증거'로서 나타난다. 어망에 걸린 물고기는 비록 죽었지만, 자료 속에서 기록되기에 계속해서 의미를 생산한다. 여기에서 보전 실천은 과학 지식 생산과 멀지 않다. 더 적극적으로 말하면 이들은 과학 지식 생산을 통해서 보전 실천의 정당성을 마련하고 또 한편으로는 보전 실천 그 자체로서 과학 지식을 생산한다. 그리고 그 과학에 '시민 과학'이라는 이름을 부여한다. 이들의 마주침은 비인간 생명의 죽음이라는 간헐적인 사건을 기록함으로써 정규화된다. 관찰하는 신체의 확장으로서 목격의 네트워크는 시민 과학이라는 이름으로 오늘날의 '해양쓰레기' 문제의 고통스러운 부분을 감내하는 '겸손한 목격자'를 목격하고 기록한다.

4. 전문 과학이라는 영역과 겸손한 목격자

해양생물의 죽음과 피해의 목격자로서 시민 과학자가 등장한다면, 해양오염학을 전공한 사람들을 중심으로 모여있는 유해물질연구센터의 해양환경연구원 들이 해양생물과 맺는 관계는 조금 더 다양하다. 그 안에는 물론 우리바다의 경우와 같이 간헐적인 사례들을 수집하는 경우도 있다. 그 사례 중 하나는 바다거북인데, 이 사례에서도 다른 기관과의 네트워크는 목격의 중요한 장치 중 하나였다. 2017년부터 국립생태원은 국내 연안에서 죽은 바다거북을 부검하기 시작하였는데, 검체에서 플라스틱 쓰레기가 많이 나오자 2018년도부터는 해양쓰레기를 연구하는 유해물질연구센터와 협업하게 되었다. 바다거북의 부검 결과는 "바다거북의 다잉메시지 "한국 앞바다는 쓰레기 지옥""(경향신문, 2019) 이라고 소개되기도 하였다.

유해물질연구센터에서 인턴을 하고 과학기술연합대학원대학교에 들어가 유해물질연구센터에서 학위 과정을 밟고 있던 연구참여자 B는 그러한 바다거북 연구를 도맡아온 인물이었다. 연구참여자 B와 그녀의 연구를 지도하는 C는 종종 국립생태원에 직접 가서 죽은 바다거북의 부검에 참관하곤 하였다. 바다거북의 사인을 확인하기 위해서는 한 분야의 과학자가 아니라 여러 분야의 과학자들의 협업이 필요했는데, 그중에는 기생충학자도 있었다. 유해물질연구센터는 오로지 거북이 신체 내 해양쓰레기의 유무만을 검사하였고, 종합적인 판단은 국립생태원이 맡았다.

연구자가 참여 관찰한 시기에도 바다거북의 조사가 이루어지던 시점이었다. 바다거북에서 플라스틱을 찾는 날이면 연구참여자 B뿐만 아니라 센터 사람들 대부분이 실험실에 다 같이 모여 바다거북의 내장을 들여다봤다. 바다거북의 내장은 식도, 장상부, 장하부로 나누어 냉동 보관되어 있었는데, 해동되면서 맡지 못했던 악취가 심해졌다. 그 악취 속에서 우리는 맨눈으로 '인공물처럼 보이는' 것들을 집게로 하나하나 골라내었다(〈그림 1〉 참조). 그렇게 모인 쓰레기는 푸리에 변환 적외선 분광기(FTIR)을 통해 인공물로 확정받아야 비로소 최종적으로 바다거북의 체내에 존재하는 '해양쓰레기'로 인정받았다.

바다거북이 먹은 먹이들의 껍데기, 외피, 깃털 등이 함께 있는 내장물 속에서 쓰레기를 골라내는 것은 쉽지 않은 과정이었다. 무엇이 인공물인지 무엇이 자연물인지 확인하는 것부터 일종의 암묵적 지식이 필요하였으며, 썩은 내장의 냄새를 참아가며 작업해야 하는 인고의 일이었다. 여기에 참여한 과학자들은 목표한 표본의 내장을 다 보기 위해 며칠씩 부패 중인 사체의 찌꺼기들을 살펴보았다. 이들은 이렇게 건져낸 쓰레기 추정물을 잘 건조해 보관하다가, 크기, 색깔, 형태, FTIR 장비를 이용해 확인한 물질 종류를 기입하여 목록을 만들고 논문을 썼다. 이 과정 중에서 FTIR이 '자연물'로 확인한 사물들은 쓰레기 목록에서 제외되었다.

〈그림 1〉 바다거북의 내장(좌)과 쓰레기를 감별하고 있는 연구원(우상)
바다거북의 내장에서 나온 플라스틱 추정 물질(우하)

출처: 연구자

바다거북이 죽음의 발견이라는 예외적이고 특수한 사건을 바탕으로 비정기적 만남을 가졌다면, 유해물질연구센터의 연구자들과 굴, 담치, 조개 등 이매패류의 만남은 보다 정기적으로 이루어졌다. 연구자들이 이매패류 서식지에 찾아가 이들을 살아있는 상태에서 채집하였기 때문이다. 바위에 붙어있거나 갯벌에 있는 이매패류를 현장에서 캐서 가져온 연구자들은 여러 방식으로 이들을 조사하였는데 여기에서 라투르와 울거가 말하는 실험실 생활이 주를 이루게 된다(라투르·울거, 2019). 즉, 이 비인간 생명들은 삶의 맥락 속에서 떨어져 나와 역사적 준거를 잃어버리고, 다른 사물로 대체된다. 해양쓰레기 지식에서 비인간 생명들은 무엇보다 체내에 있는 인공물로 번역되어 기록장치 속에 기입된다. 그 방법은 다음과 같다. 이매패류의 크기와 무게를 잰 뒤 체내조직을 열과 산성

물질을 이용해 분해 가능한, 즉 플라스틱이 아닌 유기물들로 분해한다. 이 용액을 다시 한번 밀도 분리하여 무거운 물질들 위주로 무엇이 체내에 있는지 살펴본다. 이때 체내의 다른 물질들은 사라지고, 오로지 보고자 하는 미세플라스틱들만 온전히 남아있게 만드는 것이 중요하다. 처음의 살아있는 이매패류는 용액으로 번역되며, 종래에는 분석 도구를 통해 측정 가능한 존재가 되었다. 플라스틱 그 자체를 보는 것이 아니라 플라스틱 첨가제로 사용되는 여러 화학물질들을 '타게팅'하여 볼 수도 있다. 이때 생물들은 전처리 과정을 거쳐 특수한 용액이 되었고, 그 용액으로 분석된다. 이로써 이매패류들은 '해양 환경'의 오염 정도를 보여줄 수 있는 생물지표(bioindicator)로서 변용된다.

연구자들이 해양 곤충과 관계 맺는 방식은 또 다르다.[1] 해양환경과학원에서 생물 독성을 연구하는 연구참여자 D와 그의 지도를 받는 연구참여자 E, F는 해양 곤충을 채집하며 이들의 유전체를 분석하곤 했다. 우선 그들은 해양쓰레기가 상시적으로 적재되어 있으며 고립되어 있는 곳을 연구 장소로 타게팅하였기 때문에 배를 타고 한 섬으로 이동하였다. 해안가는 가파른 절벽 아래에 있었고, 자갈로 이루어진 곳이라 돌들 사이에 사는 해양 곤충이 살기 적합한 공간이었다. 재빠른 곤충을 개방적인 환경에서 채집한다는 것이 쉽지 않기 때문에 이들은 낚시꾼들의 유튜브를 참고하여 곤충을 채집하기도 하였다. 특히 달달한 음식을 좋아한다는 정보를 보고 아이스크림과 같은 과자를 미끼 삼아 곤충을 채집통으로 유인하였다. 결과는 대 성공이었다.

이렇게 채집이 끝나면 본격적으로 해양쓰레기가 어떻게 분자생물학적인 변화를 일으키는지 알아보는 전처리 작업이 시작되었다. 해양 곤충들은 전사체가 변화하기 전에 재빨리 실험 속으로 편입되어야 하기 때문에 질소 액체가 담긴 보관함 속에서 급속 냉각되었다. 이후의 연구에서 해양 곤충은 전사체의 기호들로 번역되었고, 연구자들은 컴퓨터에 저장된 그 기호로 번역된 비인간 생명

---

1 해양 곤충 연구자는 연구 보안을 위해 곤충의 이름을 밝히지 말아 달라고 요청하였다.

을 분석하면서 시간을 보냈다. 기호들은 유전자, 전사체, 단백질, 효소 등을 가리켰다. 해양 곤충은 때론 현장 연구가 아닌 실험실에서 조성된 환경 속에서 키워졌고, 이때에는 곤충과 연구자 사이에 길들임의 과정이 필요하기 때문에 종종 실험 설계가 실패하곤 하였다. 곤충이 실험실 환경에 적응하지 못하고 죽어버리는 것이다.

지금까지 살펴본 보전 활동과 과학 활동을 정리하자면 해양쓰레기에 영향받는 생명들을 보전과 과학 실천의 영역으로 들여오기 위해서는 인간과 비인간의 촘촘한 네트워크가 필요하다. 또한 그렇게 '발견'된 비인간 생명들과 새로운 관계를 만들기 위해서는 그들을 이해하는 과정이 필요하였다. 우리바다가 주로 인적 네트워크에 의지하여 겸손한 목격자를 포착하였다면, 유해물질연구센터는 더 다양한 기계와 기술을 통해서 이 과정을 정교화하곤 하였다. 이것은 비인간 생명을 우발적으로 만나는가, 혹은 보다 의도적으로 만나는가, 죽은 채로 만나는가, 생명의 기작이 작동하는 채로 만나는가의 문제와 연결되어 있기도 하다. 이러한 구별 속에서 해양쓰레기를 통한 해양생물과의 관계맺기는 다양한 방식으로 변주된다. 이때 비인간 생명뿐만 아니라 보전주의자들도, 과학자들도 비인간 생명을 포착하기 위하여 함께 변해간다. 이러한 맥락 속에서 연구참여자 D는 오랜 시간 생물 연구를 하면서 생각해 온 단상을 연구자에게 전하기도 하였다.

"우리 옛날에 지도교수님께서 그랬는데 너희들이 입은 가운이 왜 하얀색인 줄 아냐고 그 얘기를 했었거든요. 그래서 깨끗하게, 뭐가 튀면 오염되면 금방 보이니까. 그건 맞지만 그건 주된 이유가 아니라 하더라고요. 우리가 입은 생물학자들의 하얀 가운의 의미는 내가 잡는 내가 죽이는 생물들에 대한 우리가 상복이 입듯이 그러한 예의다. 겸허한 마음으로 해야지 절대로 장난을 치거나, 아니면 그런 하찮게 여기면 안 된다. 근데 정말 웃기잖아요. 우리가 물고기는 우리가 늘 밥상에서도 먹는 동물이고, 또 새우 같은 거는 그걸 갖다가 식품으로 생각하지 실험동물로 생각하지 않잖아요. 근데 새우나 이런 것들도 내가 생태계 구성원으로 이렇게 보면 마음이 좀 다르거든요. 집에 올라오는, 이렇게 구운 생선하고 내가 오늘 주사 놔갖고 실험하는 물고기 보는 거 하고는 또 마음이 달라요. 그래서 그런 것들이 이제 생물학자들이 조금 그런 마음을 갖고 하라고 애들 또 가르치기도 하고요, 나도 이제 그런 생각을 갖고 있어요. 그래서 해양쓰레기 연구에서 생물이 왜 중요한가는, 어차피 해양에 있는 수용체가 생물인데, 생물이 못 살면 결국은 인류도 못 사는 거기 때문에 그 수용체인 생물에서의 유해성이 파악이 되면 인간도 유사한 상황이기 때문에 위험해서, 사람 갖고 실험할 수 없어요. 그럼 사람 대타로는 뭘 실험하냐면 원숭이나 아니면 쥐를 가지고 실험하는데, 요즘은 추세가 뭐냐면 동물복지법이 또 생겨가지고 그런 애들이 아니라 또 이제 뇌가 작은 물고기, 물고기 종류를 또 가지고 실험하니까 고통을 덜 느낀다, 이렇게 얘기를 한단 말이에요. 그래서 당연히 생물이 수용체인데, 지구상에 살아가야 하는 주인이고, 서식자이기 때문에 생물 연구가 굉장히 중요하다고 생각을 해요." (연구참여자 D, 2020.5.20.)

그의 지도교수는 한국의 전통적인 상복인 흰옷과 연구자의 가운에서 유사성을 찾았고, D는 그것을 잊지 않았다. 그와 나눈 대화에서 비인간 생명은 인간의 먹이, 생태계의 공동구성원, 자연의 대표자, 사람의 대리자, 서식자로서, 바로 이 다중적인 존재 그 자체로 등장한다. 그러한 특성은 한편으로는 사람의 관점에 달려있는 것이기도 하고, 비인간 생명의 역능에 달려있는 자격이기도 하였다. 마주침 속에서 비인간 생명의 다중적인 의미를 숙고하는 D는 다음 절의 비인간 생명들의 다양한 위치를 탐색하는 실마리를 제공한다. 비인간 생명들의 의미론적 위치는 단순히 관조를 통해 얻어지는 것이 아니라, 특정한 실천(지식 생산 혹은 보전)의 과정 속에 비인간 생명과 도구, 인간들이 개입되면서 얻어진다.

4. 목격자의 지위: 피해자, 매개자, 침입자, 거주자

여기에서는 목격자들을 통해 마주하게 된 비인간 생명의 위치에 대해 적극적으로 사유하고자 한다. 앞선 절에서 살펴보았듯이 지식 생산과 보전 실천에서 비인간 생명은 그 자체로 중요한 분야가 되어 해양쓰레기의 (부정적) 의미를 극대화하는 데에 개입하였고, 그 과정에서 연구참여자들은 비인간 생명의 다중적 의미에 대해 숙고하게 되었다. 이미 언급한 것처럼 이 의미는 비인간 생명이 겸손한 목격자의 위치에서 자신의 세계를 보여주는 매개자이기 때문이다. 그러나 자신의 세계를 보여줄 때, 어떤 자격으로 세계를 보여주는가의 문제는 비인간 생명들의 상황적 위치에 기대어있다. 가령 앞서 논의된 바다거북으로 대표되는 겸손한 목격자와 해양 곤충으로 대표되는 겸손한 목격자의 처지는 매우 다르다. 한편에서 바다거북은 셰이핀과 샤퍼(Shapin and Schaffer, 1985)에서 나타나는 것처럼 사실을 객관적이고 투명하게 보증하며 그 자신을 드러내는 목격자이다. 반면에 해양 곤충은 더 비가시화되어 있는데, 그들은 실험과학 속에서 목숨을 잃고 '유전정보'라는 이름으로 번역되어 비가시적인 존재로서 존재한다. 본격적으로 겸손한 목격자의 위치에 대한 탐구를 시작해 보자.

1) 순수한 피해자

우선 비인간 생명의 범주에 속한 해양쓰레기 목격자들은 피해자로 등장하곤 한다. 코에 빨대가 낀 거북을 치료하는 텍사스 A&M 대학교 연구팀의 영상은 1억 회 이상 시청되었으며, 한국을 포함한 다양한 국가의 언론들이 이 사례를 번역하여 실었다(Sea Turtle Biologist, 2015; 조선일보, 2015; The Washington Post, 2015). 앞서 언급되었지만 2017년 공개된 크리스 조던의 다큐멘터리, 『알바트로스』는 새끼에게 플라스틱이 가득 찬 먹이를 전달해 주는 알바트로스와 죽은 알바트로스의 몸에서 나온 플라스틱 조각들을 보여주며 해양쓰레기 문제를 가시화하는 데에 영향을 끼쳤다(Jordon, 2017). 그뿐만 아니라 그는 영상과 더불어 사진 작업을 통해 플라스틱 쓰레기의 압도적인 숫자와 '자연물'을 모순적으로 병치하여 가시화하는 작업을 해왔는데, 이러한 숫자와 크기는 한국의 상황 속에서도 중요한 소통 방식이었다. 요컨대 숫자와 나란히 실리는 이미지에서 비인간 생명은 극적인 방식으로 해양쓰레기의 피해를 묘사하는 데 사용되었다.

해양쓰레기에 대한 최초의 연구들에서도 해양쓰레기 피해자로서 동물들의 증언은 두드러진다. 1984년 하와이에서 열린 최초의 국제 해양쓰레기 콘퍼런스(International marine debris conference)에서 N. 왈라스(Wallace, 1985)는 해양 환경에서 쓰레기에 얽혀 피해를 입은 동물의 사례를 정리하여 보고하기도 하였다. 그는 새, 물고기, 바다거북이 얽힘(entanglement)으로 인하여 약해지거나 죽는다며, 특히 어망에 의한 피해가 크다고 전하였다. 이후에 데이비드 라이스트(Laist, 1997)가 해양쓰레기에 의한 동물 피해를 섭식과 얽힘으로 분류하여 목록화한 뒤로, 이 두 가지 분류가 해양쓰레기 동물 피해 연구의 분류법으로 정식화되었다. 이렇듯 '피해자'로서의 동물은 연구참여자들에게서 자주 언급되었다. 특히 유해물질연구센터의 연구자들은 동물이 '피해자'임을 강조하였다.

연구자: 선생님, 동물도 많이 보셨잖아요. 해양 플라스틱 연구에서 동물이라는 게 어떤 건지, 왜 중요한 대상으로 연구를 하시는지 말씀해 주실 수 있을까요.
연구참여자 G: 일단 동물이 전혀 플라스틱에 이득을 보는 존재가 아니에요. 그냥 일방적으로 겪어내야 하는 개념이라서, 이제 환경 안에서 동물이 먹고 있다는 거는 생태계 영향의 범위가 어디까지 가고 있는 건지를 보는 어떤 지표가 될 수도 있고, 어느 정도 심각한지를 볼 수 있는 어떤 대상이 될 수가 있는 거죠. 근데 사실 그 사람들은 썼으니까, 썼으니까, [웃음] 나는 그거 그 부분에서는 안 쓰면서 안 먹겠다고 하는 건 이해가 되는데, 쓰면서 안 먹겠다고 하는 건 솔직히 이율배반적이란 생각이 들어서, 사람들이 자기 몸에 들어와서 어떤 일이 일어날까 해서 알레르기 반응을 보이는 것에 대해서 사실은 그래요, 좀. 그

래서 그걸 싫다고 하면 사실은 안 쓰는 쪽으로 해서 뭔가의 액션이나 노력을 많이 해야 하는 긴데, 그런 노력이 없는 상태에서 이렇게 그런 부정적인 반응을 보인다는 게 조금 이율배반적이지. 근데 해양생물 같은 경우는 진짜 그야말로 환경오염의 피해자가 될 수가 있기 때문에. 이게 꼭 동물, 동물이라고 해서, 작은 동물부터 큰 동물까지도 결국은 환경 안에서 사람들이 얼마큼 그걸 버렸고, 이게 직접적으로 나타나고 있는 어떤 피해 사례 중에 하나인 거라서. 동물들을 보는 거는 이게 사람들이 미치는 영향이 어느 정도까지 가고 있는지를 관찰하는 데 굉장히 중요한 의미가 있죠. 생태계에 어느 정도까지 확산이 되어있고 어느 정도까지 심화가 되어있는지를 이제 볼 수 있는 대표적인 연구 대상이라고 할 수가 있습니다. (연구참여자 G, 2020.3.25.)

연구참여자 G에게 생(동)물은 "순수한 피해자"이다. 여기에서 흥미로운 점은 비인간 생명이 인간과 대비되는 존재로 서술된다는 점이다. 인간과 비인간 생명은 '책임'의 문제에서 구별된다. 인간은 "가해자"이기 때문에 할 말이 없지만, 비인간 생명들은 그들이 하지 않은 일의 결과를 겪어내야 하는 "진짜" 피해자인 것이다. 이러한 구별을 통해 과학자들은 연구의 당위성도 획득한다. 같은 조직의 연구참여자 H의 발화에서도 비슷한 점이 드러난다.

나는 연구 자체가, 환경이 거창히 얘기하면 지구에 당연히 같이 더불어 살아야 되는 환경인데 원래 내가 하는 멘트가 있어요. 대중 강연할 때 나는 호모 사피엔스에 관심이 없다, 나는 인체 유해성에 관심이 없어요. 원래 인체 위해성에 관심이 없어. 왜냐하면 원인자이기 때문에. 가해자는 영향을 받아도 극히 자연스러운 과정으로 보는데 자연계에 있는 생물들은 안 그렇다는 거지. 어떤 오염물질, 내가 연구하는 게 인간이 만든 오염물질이잖아요. 자연재해가 아니고 인간이 만든 오염물질에 의해서 영향을 받고 있는데 그 이득을 하나도 누리지 않은 생물들한테 가는 피해는 막아야 된다는 거지. 당연히 사람들이야, 썼으니까. 사람들이 받는 피해는 너무나 당연하죠. 그런 차원에서 인간이 해를 끼쳤으니 지구를 지키는 데 도움을 주고 연구하는 거야. 연구는 가능하면 문제해결에 도움이 되는 연구를 하겠다는 거야. *(연구참여자 H, 2020.5.6.)*

인간에 의해 야기된 피해를 인간이 감내하는 것은 맞지만, 그렇지 않은 생물들의 피해는 막아야 한다는 이들의 주장은 동물권 논의에서 낯설지 않다. 인간은 지금의 사태에 대한 책임이 있지만, 동물은 책임이 없는 '순수한' 피해자인 것이다.

해양쓰레기 사례에서 순수한 피해자로 등장하는 동물은 주로 바닷새, 바다거북, 포유류 등 생태계의 지표종으로 간주되곤 하는 '깃대종'들이다. 이들은 로리머(Lorimer, 2007)의 표현에 따르면 이러한 깃대종들은 '귀여운 얼굴'과 같이 사람들의 이목을 끄는 '비인간 카리스마'를 지니고 있다. 이 카리스마에 이끌려 사람들은 이들을 보호하라는 정치적인 프로젝트를 생산하게 되는데, 해양쓰레기 문제에 있어서도 예외는 아니다.[2] 해양환경과학원에서 바다거북의 해양쓰레기 반응 및 피해를 연구하는 B 역시 바다거북의 귀여움과 신비로움에 빠졌다고 이야기한다(연구참여자 B, 2020.3.11.). 그의 논의에서 거북은 생태학적으로 중요할 뿐만 아니라 충분히 "고등"한 존재이며, 또한 충분히 "흥미"롭기 때문에 주목받는다.

비인간 생명이 해양쓰레기에 대한 순수한 피해자라는 담론은 강력한 실천 동기를 제공하지만 이러한 논의는 한편으로 비인간 생명을 경유한 보전이 '피해자는 순수해야한다'는 순수성 담론에 기대고 있다는 점을 드러낸다. 연구참여자들의 이야기 속에서 해양은 곧잘 '자연', 즉 순수성의 공간으로 상정되며, 이 공간에 살고 있는 동물 역시 순수한 피해자들로서 보호받아야 할 필요가 있다고 논의되었다.

---

2   비인간 카리스마는 이 책 안새롬의 글(3장)에 자세하게 서술되어 있다.

이러한 주장은 우리의 감정이 보전 실천에 있어서 매우 중요한 역할을 한다는 점을 보여주면서도 한편으로는 감정이 선택적이라는 점을 보게끔 만든다. 순수한 피해자 논의는 불필요한 순수한 고통과 피할 수 없는 필수적인 고통을 가르면서, 고통을 위계화하고, '순수하지 않은' 피해자에 대한 책임을 희석시키기도 한다(Ticktin, 2017). 또한 인간과 인간 아닌 생물이란 이분법을 가르는 과정에서 '인간' 혹은 '비인간'이란 논쟁적 범주가 다시 강화되곤 한다. 미리암 틱틴(Ticktin, 2017)은 "순수"가 가치 있는 피해자와 가치 있지 않은 피해자를 구분하게 하는 힘을 지니고 있으며, 이 도덕적이고 윤리적인 용어가 정치와 가능성을 구조화한다고 주장한다. 이때 순수한 자들은 주목을 이끄는 동시에 정치의 공간에서 배제된 무지한 존재로, 순수는 "반정치(antipolitics)"의 정치와 도덕적으로 합법적인 고통을 정의하는 데에 중심이 된다. 순수는 죄와 도덕적 잘못으로부터 자유로운 상태를 말하며, 지식의 공백을 의미하고 부패와 오염으로부터 벗어난 "순수성의 공간(space of purity)"을 약속한다. 순수성의 공간은 계급, 젠더, 인종적 배경, 위치성, 역사, 경험이 배제된 공간으로, 결국 순수는 이분법으로 채워진 도덕적 범주 속에 있다. 비교의 예시로 틱틴은 당시 미대통령 트럼프가 시리아 난민 어린이의 비극에 주목하면서도 멕시코의 어린이들에게는 주목하지 않았다는 것을 지적하며, "어떤 순수성이 우리의 주목을 이끄는가"에 대해 질문하였다. 환경주의에서도 이러한 순수성의 탈정치적인 정치가 존재해 왔다. 가령 수산업에서 소비되는 동물의 고통은 피할 수 없는 것이지만, 해양쓰레기에 걸리거나 해양쓰레기를 섭식한 동물의 고통은 더 중요하게 여겨진다.

다시 언급하지만 우리가 깃대종과 같은 카리스마 있는 종에 끌리고, 그들의 무해함에 대해 주목하는 것이 꼭 비판받아야 하는 것은 아니다. 이러한 선택적인 이끌림은 우리의 존재/인식적인 한계이다. 우리는 신이 아니라 제한된 몸과 관점을 가지고 있기 때문에 이러한 상황 속에서 더 나은 선택해야 하는 순간을 끊임없이 마주하게 된다. 이 현실을 겸손하게 인정하는 것은 우리의 윤리가 완벽하지 않기 때문에 의미 없다는 냉소주의적 비관주의와 무기력과는 차이 난다. 중요한 것은 이 관심이 어떤 관심으로 이동하는가이고, 그 과정에서 무엇이 배제되는가에 대한 기민한 감각이 필요하다는 점이다. 바로 여기에서 해양쓰레기 위험의 매개자 혹은 침입자로서의 비인간 생명이 등장한다.

2) 위험의 매개자 혹은 경계를 넘는 침입자

유해물질연구센터의 연구참여자 I는 비인간 생명이 야기할 수 있는 위험성에 대해 이야기한다.

> **연구자:** 다매체라고 했을 때 그 매체 안에는 생물이 있잖아요. 그런 생물 연구를 하는 것의 중요성은 뭘까요.
> **연구참여자 I:** 첫 번째로 생물은 나중에, 결국에는 인간하고 이어지기 때문에 그런 먹이 단계를 통해서 계속 이렇게 먹고 먹혀서 인간에게 갈 수도 있는 거고. 아니면 인간이 바로 해산물을 먹을 수도 있는 거고. 그래서 이제 이쪽에, 그래서 이쪽에 사람들이 많이 보는 것 같고, 생물 연구도 하는 것 같고. 그리고 화학물질 측면에서 보면 그런 것이 물에 있고, 퇴적물에 있지만, 생물에 축적될 수도 있고 생물에 축적 안 될 수도 있고, 분자량이 너무 커서 안 될 수도 있고 아니면 생물에게 들어가더라도 바로 분해가 돼서 다 분해가 잘 되는 화학물질이라서 그럴 수도 있고, 그래서 생물에 얼마만큼 축적되어 있는지도 되게 중요해요. (연구참여자 I, 2020.3.25.)

연구자가 I에게 질문할 때 "다매체 중 생물"로서 해양생물을 호명했다는 점은 짚고 넘어가야 하지만, 비인간 피해자라는 테마와 달리 부정적인 뉘앙스를 암시하는 비인간 매개자라는 테마 역시 해양쓰레기 서사에서 반복적으로 나타난다. 여기에서 매개자란 두 가지 측면에서의 매개자이다. 첫 번째는 세계와 고유한 방식으로 관계 맺는 생물들이 어떻게 미세플라스틱과 반응하는지 알기 위해 해양생물이 활용된다는 점에서 나타나는데, 이는 겸손한 목격자 일반의 특징에 더욱 가깝다. 생물은 자신과 미세플라스틱의 상호작용을 인간에게 보여줌으로써 미세플라스틱/해양쓰레기와 인간 사이를 매개한다. 그러나 두 번째는 특수한 종류의 매개자인데, 비인간 생명이 미세플라스틱이나 각종 해양쓰레기가 야기하는 위험의 매개자라는 점이다. 생물축적을 통해 더 많은 미세플라스틱이 상위 포식자에게 축적될 수 있기 때문에 매개자로서의 비인간 생명을 감시할 필요가 있는 것이다.

더 나아가 해양쓰레기와 관계하는 해양생물은 단순히 유해물질을 농축하여 타자에게 전달하는 매개자 이상으로, 그 자체가 유해한 '침입자'로서 여겨지기도 하였다. 여기에서 침입자는 공간을 교란하고 오염시키는 존재로서 여겨진다. 침입종은 외래종과 동의어지만 보전과학자들 사이에서는 생태계의 위협으로서 침입종이라는 용어가 선호되곤 한다(Gibbons et al., 2000). 보전과학자는 외래종을 서식지 파괴, 환경오염, 질병, 지속 불가능한 이용, 기후변화와 함께 생태계 위험으로 간주하며, 따라서 외래종의 침입을 경계하고 막아야 한다고 설명한다. 한국에서도 외래종 관리는 법정 계획으로 5년마다 수립되고 있으며, 이 계획에서 외래종은 '침입외래종'으로 표시되고 있다(관계부처 합동, 2019).

침입종은 '우리 생태계'를 교란하는 종으로서, 해양쓰레기와 관계했을 때는 더욱 부정적인 위험으로 가시화된다. 부정적인 존재와 부정적인 존재가 만났기 때문이다. 그러한 의미에서 외래종은 '우리 생태계'의 타자이며, 생명이지만 생명으로서 인정받지 못하는 역설적인 위치에 있다. 이들은 피해자로서의 비인간 생명과 완전히 다른 위치에 있다. 특히 해양쓰레기에 붙어 함께 오는 외래종은, 해양쓰레기에 함유되어 있는 독성이나 바이러스만큼 나쁜 존재로 취급되며, 이러한 은유적 실재는 과학적인 자료들을 통해 뒷받침되었다(Gall and Thompson, 2015; Miralles et al., 2018). 해양환경과학원은 홈페이지에 '교육' 란을 개설하고 그중 '해양지식in' 코너에 해양쓰레기 칸을 마련하여 해양쓰레기에 부착되어 들어오는 외래종을 "쓰레기 속의 밀항자"로 비유하며 이들이 생태계를 교란한다고 게시해 두었다. 이 글의 본래 출처는 우리바다의 연구참여자 A와 해양환경과학원의 연구참여자 G가 공동으로 집필한 책의 한 챕터이다.

"그러나 쓰레기에 의지해 살게 된 생물 입장에서 생각해 보면, 정착해 살 곳을 찾아 떠돌다가 쓰레기를 바위로 착각했을 뿐이니 나무랄 수도 없다. 이들 생물은 일단 정착하면 쓰레기와 한평생을 같이 붙어있을 수밖에 없다. 문제는 앞에서 말한 것처럼 국경 없이 떠도는 쓰레기 속의 밀항자도, 쓰레기만큼 아니 그보다 더 새로 정착한 세계에서 환영받지 못하는 불청객이 될 수 있다는 사실이다. 밀항자의 의도와는 전혀 상관없이 새로 정착한 곳의 생태계를 무너뜨리는 외래종이라는 또 다른 이름표를 갖게 될 수 있기 때문이다. 이 또한 생물의 입장에서는 새로운 환경에 잘 적응하여 번성하게 되면, 종족을 멀리 퍼뜨리려고 하는 생물의 기본 생존 전략을 성공적으로 수행한 셈이다. 그들에게는 콜럼버스의 신대륙 발견에 버금가는 역사적인 사건이요, 유럽인들이 아메리카 대륙으로 이동하여 토착 원주민을 밀어내고 정착한 일과 다를 바 없을 것이다. 그런데 외래종 때문에 막대한 피해가 발생했다고 아우성치는 것은 경쟁에서 밀려난 다른 생물들이 아니라, 바로 우리 인간들이다. 인간 스스로 요금도 연료도 필요 없는 가장 효율적인 운송수단을 제공해 놓고서 말이다."
(연구참여자 A와 연구참여자 G, 해양환경과학원 홈페이지. 2009 재인용)

이 글은 이주하는 생물을 밀항자로 낙인찍지만, 동시에 그의 처지를 헤아려 보기도 하는 복수의 시각을 보여주기도 한다. 이 밀항자 이야기 속에서 외래종은 바위와 쓰레기를 동일하게 인지한다. 왜냐하면 외래종은 바위와 쓰레기의 차이를 인지하지 못하는 관점을 가졌기 때문이다. 이는 야콥 폰 윅스퀼이 표현한 바대로 동물들의 세계가 어떻게 형성되었는지 짐작하는 과정이다(Uexküll, 2007). 따라서 바위와 쓰레기를 차별하지 않고 거주의 공간으로 삼은 생명들은 단지 자신의 생명활동을 했을 뿐이지만, 그 자신의 의도와는 상관없이 생태계를 무너뜨린다. 그들이 새로운 장소에서 번식에 성공했다면, 그것은 "신대륙"을 발견한 "유럽인"과 같이 "역사적인 사건"이다. 그러나 이 사건은 외래종에게 "운송수단"을 제공한 "인간"의 입장에서는 피해가 된다. 여기에서 흥미로운 것은 관점의 복수성이다. 밀항자로 취급받는 외래종의 세계는 인간의 세계와 다르다. 외래종의 세계에서 허용되는 것이 인간의 세계에서는 허용되지 않는다. 여기에서 해양쓰레기는 사실 특정한 생명(외래종)을 번영하게 만들 수 있음을 암시하지만, 그 생명이 우리에게 위험한 존재이기 때문에 오히려 이 생명의 증진은 해양쓰레기가 야기하는 부정적인 결과를 강화한다.

인간 활동이 해양 동물에게 부정적인 영향을 끼쳐 인류가 청지기 역할을 해야 한다는 피해자 논의와 다르게, 이러한 관계에서는 인류에 대한 '보호' 논리가 작동한다. 즉, 인류는 비인간 생명으로부터 지켜져야 하는 존재가 되는 것이다. 반대로 '허가받지 않은' 비인간 생명의 이동은 적극적으로 제거되어야 한다. 여기에 작동하는 생명 정치는 순수한 피해자 논의에서 나타나는 생명의 삶을 증진시키는 긍정의 생명 정치(affirmative biopolitics)보다는 생명 안보의 차원에서 억제되고 적극적으로 죽여야 하는 죽음 정치(necropolitics)에 가깝다.

그럼에도 해양 생명의 피해자와 매개자, 침입자의 서사는 모두 해양쓰레기와 동물, 그리고 해양쓰레기와 인간이 부정적인 방식으로 관계 맺음을 가정한다. 이때 연구참여자들은 인간을 위하는 방식으로 사고하지 않을 수도 있지만, 인간이 '없는' 방식으로 사고하지는 않는다. 어떤 방식으로든 인간이 개입되어 비인간 생명의 지위가 규정되는 것이다. 또한 해양쓰레기와 비인간 생명, 인간의 관계에서 인간의 위치는 세 가지 모순된 위치에 있다. 한쪽은 가해자로서의 인간이며, 다른 한쪽은 보호자로서의 인간, 마지막은 피해자로서의 인간이다. 이로써 해양쓰레기 서사에서 인류는 가해자-보호자-피해자라는 삼각형의 꼭짓점을 순회한다. 또한 해양쓰레기와 생명의 관계를 설명하는 것은 단순히 관계있음의 사실 명제에서 끝나지 않으며, 인간을 재규정하고 인간의 윤리적 실천을 종용한다.

3) 플라스틱스피어와 그 속의 거주자

인간이 관계에 명시적으로 등장하지 않은 채로 해양쓰레기와 비인간 생명의 관계를 규정하는 논의도 연구참여자들의 논의에서 발견된다. 해양쓰레기를 거주지로, 비인간 생명을 거주자로 삼는 형태가 그러하다. 흥미로운 지점은 명시적으로 인간이 논의되지 않는 개념에서조차도, 그 개념이 인간 삶에 대한 윤리를 생산하는 데에 기여한다는 점이다. 플라스틱스피어(plastisphere)란 개념은 이러한 논의의 정점에 있다.

플라스틱스피어는 해양 플라스틱에서 서식하는 생물 군집들을 일컫는 개념으로, 이는 플라스틱에 부착하거나 플라스틱 속에서 살아가는 등, 플라스틱에 어떤 식으로든 의존해서 살아가는 생물 군집이 있음을 의미한다(Zettler et al., 2013). 이때의 해양생물들은 해양쓰레기의 '거주자'로서, 플라스틱의 소수성(hydrophobic) 표면, 자연 부유물에 비해 긴 수명 등의 이점을 이용할 가능성이 있다. 또한 이들은 유기물을 섭식하기 때문에 유기 화학물인 플라스틱을 자원으로 삼아 생존할 가능성도 있다(Zettler et al., 2013). 이러한 새로운 관계의 가능성 때문에 플라스틱스피어는 신유물론적 관점의 연구에서 (해양)플라스틱의 다중적인 측면으로서 제시되었다(Bergmann, 2021; De Wolff, 2014). 이들에게 플라스틱스피어는 오염과 순수라는 이분법을 뛰어넘는 개념으로, 혼종성을 보여주는 사례이기 때문이다.

그러나 바로 그 혼종성 때문에, 이 연구의 참여자들에게 플라스틱스피어는 훨씬 더 위험한 세계를 암시한다. 연구참여자 G와 그의 연구팀은 스티로폼에서 살아가는 갯지렁이를 연구하였는데 후에 이 연구는 『인류세』라는 EBS 다큐멘터리에서 재현되기도 하며, 과학원 자체 유튜브에 올라오기도 하였다. 여기에서 갯지렁이는 플라스틱(특히 스티로폼으로 알려진 EPS: Expanded polystyrene)에 단순히 살고 있는 것뿐만 아니라, 땅속에 사는 것처럼 자신의 서식지를 갉아먹으며 살아간다. 스티로폼은 잘게 부서져 미세플라스틱의 형태로 갯지렁이의 체내에 축적된다. 갯지렁이는 "7일 동안 총 1만 1,200개의 미세 스티로폼 조각(미세플라스틱)을 만들어냈(해양환경과학원 유튜브)"다.

  이러한 섭취는 비인간 생명을 '자연의 해결사'로 바라보는 시각과 연결되기도 한다. 이 자연적인 해결사는 플라스틱을 먹고 섭취하여 분해할 수 있는 능력을 지닌 생물이 있고, 이 생물을 이용해 문제를 해결하겠다는 믿음에 근거한다. 플라스틱 분해에 대한 생명공학 기술(생분해 기술)은 이러한 희망에 기대고 있는 경우가 대부분이다. 하지만 이러한 시각은 연구참여자들이 부정적으로 바라보는 기술 중심의 해결책 중 하나였는데, 실제 환경에서 생분해가 이루어질 경우가 거의 없다고 판단하기 때문이다. 결국 섭취는 다시 먹이사슬의 잠재적 위험으로 존재하게 된다. 겸손한 목격자들은 미세플라스틱을 감내할 뿐만 아니라 적극적으로 생산하기에 '먹는다'는 것은 더 위험한 일이다. 왜냐하면 그것은 구조를 완전하게 분해하는 것이 아니라 그저 더 작게, 더 많이 만들 뿐이기 때문이다.

  따라서 연구참여자들에게 플라스틱스피어는 자연과 사회의 이분법을 뛰어넘기 때문에 가능성의 소산으로 여겨지기보다는 더 위험하게 다가온다. 플라스틱과 인간, 해양은 '다시' 분리되어야 한다. 거주 공간 자체가 플라스틱이 되어버린 세계의 결과는 미세플라스틱으로 나타나고, 그 미세플라스틱은 인간과 비인간 생명의 삶 어디에든 있다고 여겨진다. 국가환경교육센터가 플라스틱스피어에 대해 작성한 카드뉴스는 이러한 공포를 극단적으로 보여준다(〈그림 2〉 참조). 이 카드뉴스에서 플라스틱스피어는 지구 생태계 전반의 "대재앙"이며, "수산물 생태계 전반에 심각한 영향"을 끼친다. 따라서 이 영향을 줄이기 위해 우리가 도달해야 할 구체적인 수치(플라스틱 쓰레기 배출량 매년 40% 저감)까지 제시한다(사실 이러한 수치의 근거는 알 수 없다.).

<그림 2> 국가환경교육센터 카드뉴스 「또 다른 재앙, 플라스틱스피어」

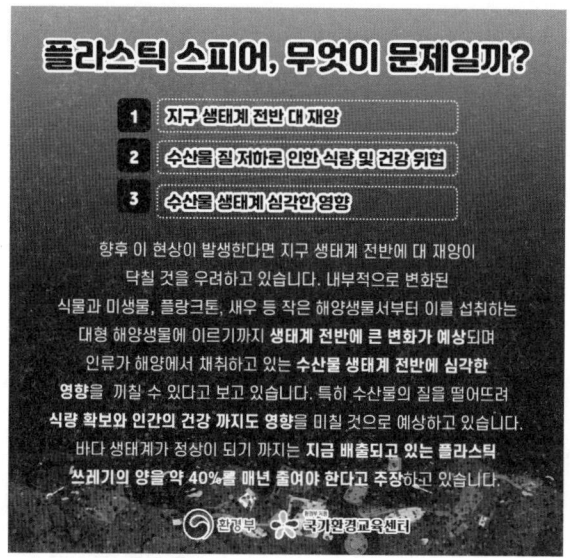

출처: 국가환경교육포털

따라서 플라스틱스피어의 비인간 생명들은 거주자로서의 위치를 획득했을지라도, 여전히 피해자, 매개자, 침입자의 레토릭과 함께한다. 여기에서 해양생물은 모두 동일한 위치에 있는 존재가 아니다. 어떤 종은 다른 종과 다르게 '순수한' 위치에 있으며, 나머지 종들은 '오염'된 위치에 있다. 원론적으로 비인간 생명은 모두 피해자라고 이야기할 수 있겠지만, 더 가까이에서 살펴보면 결코 환영받을 수 없는 존재로서의 비인간 생명을 배제하는 실천이 과학 지식과 보전의 실천 속에 있으며, 그 맥락에 따라 비인간 생명의 위치 역시 변화한다.

순수/오염의 분류가 고통의 위계를 낳을 수 있다는 점, 그리고 이미 보았듯이 존재는 누구도 투명하고 절대적인 위치에 존재할 수 없기에 순수한 입장을 지닐 수 없다는 점을 고려한다면, 순수한 해양생물이라는 위치는 자의적이고 위계적이다. 그래서 틱틴(Ticktin, 2017)은 순수한 세계보다는 "순수 없는 세계"에 살 것을 권한다. 그는 오염된 실재를 껴안고, 새로운 정치적 창발의 장소로서 세계를 바라볼 것을 제안한다. 하지만 피해자, 매개자, 침입자, 거주자, 심지어 해결사로서 나타나는 비인간 생명들을 모두 동등한 위치에 놓는다는 것은 오히려 상황성을 무시하는 처사이다. 비인간 생명들이 서로 다른 위치에 놓여 있다는 상황 인식이야말로 해양이라는 공간이 (육지와 마찬가지로) 생명 정치의 장이라는 점을 상기시켜 주며, 보전과 과학 실천이 윤리적 판단과 떨어져 있지 않다는 점을 보여준다.

5. 공존의 다양한 방식

해양쓰레기와 만나기 위한 가장 첫 번째 행동이 있다면 그것은 해양쓰레기를 보는 것이다. 이것은 너무나 자명해 보여서 설명할 필요가 없어 보이기까지 한다. 해양쓰레기가 기입되어 과학 논의의 장이나 국가의 통치를 위한 데이터로 옮겨지기 위해서, 시민의 인식을 재고하거나 교육하기 위해서, 해양쓰레기를 제거하거나 상업적으로 이용하기 위해서도 가장 먼저 선행되는 일은 '보기'이다. 보지 않고서는 해양쓰레기와 함께 행위할 수 없다. 스쿠버다이빙을 하다 해양쓰레기에 관심을 가지게 되어, 오션카인드라는 단체를 설립한 한 인물은 인터뷰에서 이런 말을 했다.

> "스쿠버다이빙을 할 때마다 항상 경험하게 되는 건 어디를 가나 바닷속에서 쓰레기를 보게 된다는 것이에요. 실제로 스쿠버다이빙을 하면서 쓰레기를 전혀 볼 수 없는 경우를 찾기가 더 힘들거든요. 그럴 때마다 문제가 정말 심각하다는 생각을 하게 돼요." (김용규 인터뷰(김나영 외, 2021))

이들은 보았기 때문에 해양쓰레기와 관계 맺을 수 있었고, 새로운 세계를 마주하게 되었다. 하지만 어떻게 해양쓰레기를 볼 수 있는 것일까? 내가 이 글에서 보인 것은 많은 경우 해양쓰레기와의 만남은 무언가를 경유해서 가능해진다는 점이다. 이때 비인간 생명을 통해 해양쓰레기를 본다는 것은 다른 것을 매개하여 볼 때와 다르다. 무엇보다 비인간 생명들은 인간 신체와의 유사성과 차이로 인해 과학과 보전의 장에서 활용된다. 이들은 해양쓰레기의 겸손한 목격자로서 해양쓰레기의 존재를 증언하는 역할을 부여받는다. 또한 환경과 능동적으로 관계 맺는 유기체이기 때문에, 관심이 필요한 피해자이거나 감시가 필요한 침입자도 된다. 따라서 생명에 대한 보전과 안보는 이러한 방식으로 동시에 작동한다(김준수, 2021). 겸손한 목격자들은 서로 다른 위치 속에서 이 배제와 포함의 역동적 정치에 개입한다.

이러한 모순적 작동에 대해 숙고하는 것은 일관성을 위하여 하나의 입장을 제거하고 하나만을 고수하는 것이 옳다는 주장을 뒷받침하기 위함이 아니다. 오히려 타자와의 적절한 관계에 대해 숙고하는 면역학적 논의가 제시하는 것처럼, 기민한 상황적인 판단과 실천이 더욱 중요함을 보여준다. 면역은 타자를 무차별적으로 죽이는 것이 아니라 타자를 적극적으로 이해하고 수용하며 때때로 적극적으로 제거한다. 모든 것을 적으로 간주하는 것도, 모든 것을 우리로 간주하는 것도 면역에는 유용하지 않다. 마찬가지로 우리는 우리의 인식/존재론적인 한계를 겸손하게 인정하고, 비/인간 생명 그 자체가 근본적으로 지향될 것이거나 어떤 비/인간은 근본적으로 제거되어야 한다는 근본주의로부터 벗어나야 할 것이다. 이 글은 그러한 실천의 상황들을 해양쓰레기 문제의 맥락에서 펼쳐 보임으로써 원론적인 차원의 비인간 생명-인간의 공존을 다양한 방식으로 펼쳐보았다는 점에서 의의가 있다. 그 상황의 다양성과 모순성을 인지할 때 비인간 생명과의 공존 논의는 어디에도 없는 유토피아적인 이상이 아니라 현실의 작은 변형들을 고양하게 될 것이라 기대한다.

참고문헌

관계부처 합동. 2019. "제2차 외래생물 관리계획(2019~2023)."
경향신문. 2019. "바다거북의 다잉메시지 "한국 앞바다는 쓰레기 지옥"." (2019.8.23.).
김나영 외. 2021. "우리가 알지만 잘 몰랐던 것들."『자음과모음』48: 16-44.
김준수. 2021. "한국의 외래생명 정치와 인간 너머의 생명안보: 붉은가재(Procambarus clarkii)를 통해 바라본 생태계 교란종의 존재론적 정치."『경제와사회』132: 208-249.
김지혜. 2019. "낭만과 기계 너머의 강 - 4대강 프로젝트와 녹조의 생명 정치."『문화역사지리』31(3): 25-40.
_____. 2022.『해양쓰레기와 함께 세계 짓기: 지구적 해양보전에서 나타나는 존재들의 연합과 분열』서울대학교 박사학위논문.
해러웨이, 다나(Donna Haraway). 2007.『겸손한_목격자@제2의_천년: 여성인간ⓒ_앙코마우스™를_만나다』민경숙 역. 갈무리.
라투르, 브뤼노(Bruno Latour)·울거, 스티브(Steve Woolgar). 2019.『실험실 생활: 과학적 사실의 구성』이상원 역. 한울아카데미.
맥루언, 마셜(Marshall McLuhan). 2002.『미디어의 이해』김성기·이한우 역. 민음사.
윅스퀼, 야콥 폰(Jakob von Uexküll). 2012.『동물들의 세계와 인간들의 세계』정지은 역. 도서출판b.
성한아. 2022. "종이 종을 셀 수 있을 때: 겨울철 조류 동시 센서스의 신체, 경계거리, 현장 문해력."『과학기술학연구』22(3): 69-106.
칭, 애나(Anna Lowenhaupt Tsing). 2023.『세계 끝의 버섯: 자본주의의 폐허에서 삶의 가능성에 대하여』노고운 역. 현실문화.
이강원. 2012.『공공의 지구: 일본 방재과학기술과 지진 재해의 집합적 실험』서울대학교 박사학위논문.
조선일보. 2015. "무심코 버린 빨대가 거북이 코에 박혔다." (2015.8.18.).
_____. 2023. "[C컷] 배 속에 낚시줄·케이블타이… 거북이 죽인 해양쓰레기들."

(2023.8.22.).

최명애. 2020. "비인간 행위성과 제주 돌고래 생태관광의 정치경제." 『문화역사지리』 32(1): 126-145.

황희선. 2021. "다종민족지: 환경 파국 시대의 생물문화적 희망한 민족지적 연구." 『한국문화인류학』 54(1): 359-402.

Bergmann, S. 2021. "Dawn of the Plastisphere: An Experiment with Unpredictable Effects." In Plastic Legacies: Pollution, Persistence and Politics., edited by Farrelly, T., Taffel, S. and Shaw, I. Athabasca University Press. 79-99.

De Wolff, K. 2014. Gyre Plastic: Science, Circulation and the Matter of the Great Pacific Garbage Patch. University of California.

Gall, S. C. and Thompson, R. C. 2015. "The Impact of Debris on Marine Life." Marine Pollution Bulletin 92(1-2): 170-179.

Gibbons, J. W., Scott, D. E., Ryan, T. J., Buhlmann, K. A., Tuberville, T. D., Metts, S., Greene, L., Mills, T., Leiden, Y., Poppy, S. and Winne C. T. 2000. "The Global Decline of Reptiles, Déjà Vu Amphibians." BioScience 50(8): 653-666.

Haraway, D. J. 1985. "A Manifesto for Cyborgs." Socialist Review 80: 65-108.

_____. 1989. Primate Visions: Gender, Race and Nature in the World of Modern Science. Routledge.

_____. 2003. The Companion Species Manifesto: Dogs, People and Significant Otherness. Prickly Paradigm Press.

_____. 2012. "Awash in Urine: DES and Premarin in Multispecies Response-ability." Women's Studies Quarterly 40(1/2): 301-316.

_____. 2016. Staying with the Trouble: Making Kin in the Chthulucene. Duke University Press.

Henare, A., Holbraad, M., & Wastell, S., eds. 2007. Thinking Through Things: Theorising Artefacts Ethnographically. Routledge.

Hong, S., Lee, J., Jang, Y. C., Kim, Y. J., Kim, H. J., Han, D. and Shim, W. J. 2013. "Impacts of Marine Debris on Wild Animals in the Coastal Area of Korea." Marine Pollution Bulletin 66(1-2): 117-124.

Kirksey, S. E. and Helmreich, S. 2010. "The Emergence of Multispecies Ethnography." *Cultural Anthropology* 25(4): 545–576.

Laist, D. W. 1997. "Impacts of Marine Debris." In Marine Debris., edited by Coe, J. M. and Rogers, D. B. Springer 99–139.

Lorimer, J. 2007. "Nonhuman Charisma." *Environment and Planning D: Society and Space* 25(5): 911–932.

Miralles, L., Gomez-Agenjo, M., Rayon-Vina, F., Gyrait, G. and Garcia-Vazquez, E. 2018. "Alert Calling in Port Areas." *Journal for Nature Conservation* 42: 12–18.

Ogden, L. A., Hall, B. and Tanita, K. 2013. "Animals, Plants, People and Things." *Environment and Society* 4(1): 5–24.

Pickering, A. 2017. "The Ontological Turn: Taking Different Worlds Seriously." *Social Analysis* 61(2): 134–150.

Ryan, P. G. 2015. "A Brief History of Marine Litter Research." In Marine Anthropogenic Litter., edited by Bergmann, M., Gutow, L. and Klages, M. Springer 1–25.

Shapin, S. and Schaffer, S. 1985. Leviathan and the Air-Pump. Princeton University Press.

Sheavly, S. B. and Register, K. M. 2007. "Marine Debris & Plastics." *Journal of Polymers and the Environment* 15: 301–305.

Sea Turtle Biologist. 2015. Sea Turtle with Straw up its Nostril - "NO" TO SINGLE- USE PLASTIC. https://www.youtube.com/watch?v=4wH878t78bw (2025.07.13.).

Ticktin, M. 2017. "A World Without Innocence." *American Ethnologist* 44(4): 577–590.

Wallace, N. 1985. "Debris Entanglement in the Marine Environment." In Proceedings of the Workshop on the Fate and Impact of Marine Debris., edited by Shomura, R. S. and Yoshida, H. O. NOAA Technical Memorandum NMFS-SWFC-54: 259–277.

The Washington Post. 2015. "Researchers Pull Straw from Sea Turtle's Nostril."

(2015.8.17.).

Zettler, E. R., Mincer, T. J. and Amaral-Zettler, L. A. 2013. "Life in the 'Plastisphere'." *Environmental Science & Technology* 47(13): 7137-7146.

* 연구참여자의 연구물 및 저작물은 익명을 위하여 참고문헌에 정리하지 않음.

1장과 2장의 대화

1장 박순열 글의 주된 문제의식은 해양쓰레기를 매개로 비인간 생명과 인간의 다양하고, 때로는 모순적이기도 한 관계를 탐색하는 2장 김지혜의 글과 많은 부분에서 공명한다. 박순열의 글도 해양쓰레기를 포함한 비인간, 비인간 생명, 그리고 인간들이 '언제나' 사회적, 생물학적, 물질적 관계를 통해서만 드러남을 강조한다. 다만 김지혜의 글에서 등장하는 피해, 매개, 침입, 공존, 겸손 등과 같은 인간, 비인간 생명, 인간의 어떤 상태나 관계에 대한 기술(記述)이 언제나 관찰자의 관찰에 의존하고, 그 관찰은 다시 관계에 의존하고 있음을 박순열은 더 강조한다. 또한 인간-비인간의 공존의 형태는 세계에 대한 관찰자의 결단과 헌신인 영성(spirituality)의 함수임을 제안한다.

박순열

2장 김지혜 글과 짝을 이루는 1장 박순열의 글은 인간과 비인간이 어떻게 '얽히는' 것인지 논의한다는 점에서 공통된 문제의식을 공유한다. 또 인간과 비인간이 고유한 본질을 지닌다기보다는 배치적인 범주와 인간과 비인간을 가르는 관점(관찰)의 문제라는 점에 대해서도 궤를 같이한다. 하지만 김지혜의 글은 존재와 존재가 '매개'를 통해서 마주한다는 점을 강조하며 해양 보전 지식의 생산에 관심을 두는 반면, 박순열의 글은 얽힘 그 자체가 의미하는 바가 무엇인지 깊게 파고든다. 내 생각에 박순열 글의 탁월함은 그가 명시하지는 않았지만 '인간 사회'라는 사회에 대한 일반적인 인식론을 넘어 '사회'가 특정한 '비인간'이라는 점에 착안한다는 점에서 나온다. 사회가 인간의 합이 아니고 인간이 사회에 속하지 않았다는 점에서 인간과 사회는 구분되고, 사회는 인간과 다른 이 점에서 박순열의 글은 단순히 얽힘을 강조하는 것이 아니라 물질의 '변화'에 대한 정치적, 사회적인 의미에 대해 더 고민할 것과 동시에 관찰하는 '나'와 '세계'의 관계에 주목한다. 하지만 김지혜의 글은 관찰 그 자체를 돌아보는 연구가 아니라 관찰이 낳은 '효과'에 대해 주목한다. 비인간과 인간이 협력하는 지식의 형태가 과연 어떤 의미를 생산하는 것일까? 이때 지식은 때때로 인간과 비인간에 대한 모순적인 의미를 암시한다.

김지혜

제2부

인간-비인간 공존과 긴장

2부 인간-비인간 공존과 긴장

3장 한국에서 반딧불이와의 공존 실천은 어떻게 형성되었는가? 안새롬
4장 철원의 농민과 두루미는 어떻게 생존을 도모하는가? 최명애
5장 도시에서 인간과 야생 너구리가 공존할 수 있는 조건은? 장우주
   3장과 4장, 5장의 대화

3장

한국에서 반딧불이와의 공존 실천은 어떻게 형성되었는가?

안새롬

인간과 비인간 동물의 공존을 증진하려는 실천이 활발하게 형성되고 있다. 그러나 공존 대상 종이 어떻게 선택되는지, 이를 가능하게 하는 구체적인 메커니즘은 무엇인지는 상대적으로 덜 주목받는다. 이 글은 한국에서 20여 년간 진행된 반딧불이 보전 노력, 반딧불이 전시 및 축제 등을 통해 비인간 동물인 반딧불이가 공존의 대상으로 규정되고 공존 실천에 통합되는 과정을 탐색한다. 이 글은 반딧불이와의 선택적인 공존 실천이 한국의 전후 생존주의, 급속한 근대화, 노스텔지어적 정동, 대량 사육 기술의 발전 등 독특한 역사문화적 맥락에서 반딧불이의 카리스마가 구성되고 수행된 결과라고 주장한다. 또한 반딧불이의 서식지 보전이나 생태적 복원만이 아니라 대량생산과 상품화 과정을 통해 이루어지는 인간-반딧불이의 공존을 살펴봄으로써 반딧불이 카리스마가 인간의 경제적, 문화적 틀에 위치하는 방식을 비판적으로 검토하고, 이를 통해 반딧불이 카리스마가 보전 및 공존의 실천을 이끌지만 그 작동이 경제적, 문화적 틀 내에 제한됨을 확인한다. 이 글은 인간과 비인간 동물의 공존을 증진하는 방향으로 사회를 전환하고자 할 때 고찰해야 할, 인간-비인간 공동 세계에 내재된 긴장을 파악하는 데에 기여한다.

1. 인간-비인간 공존에서 선택과 배제

비인간 동물에 대한 관심이 증가하고 인간과 비인간 동물의 공존을 촉진하려는 노력이 활발해지고 있다(Ceballos et al., 2017; Dirzo et al., 2014; Dürbeck et al., 2015; Steffen et al., 2007). 최근 연구들은 인간과 비인간 동물 사이 갈등을 줄이고 지속 가능하며 상호이익이 되는 관계를 형성할 필요성을 강조한다(Frank et al., 2019; Nyhus, 2016). 또한 비인간 동물을 향한 돌봄의 윤리를 발전시키려는 논의가 확산되면서, 인간과 비인간 동물 관계에서의 책임 강화, 모든 비인간 동물에 대한 평등한 대우 촉진, 비인간 동물에 대한 윤리적 감수성 제고, 인간과 비인간 동물이 함께 번영할 수 있는 관계 구축 등의 주장들이 제기되고 있다(Bekoff, 2002; Calarco, 2008; De la Bellacasa, 2017).

하지만 인간과 비인간 동물의 공동 세계에 대한 구상은 모든 비인간 동물을 무차별적으로 포함하지 않으며, 오히려 포함과 배제의 선택적 과정을 통해 특정한 동물이 우선시된다. 이 선택성의 대표적 사례로, 현대 미국 사회에서 사랑받는 반려견과 그들을 부양하는 인간 사이의 관계를 들 수 있다(Haraway, 2008). 이는 인간과 비인간 동물이 독특한 관계를 형성하는 방식을 보여주는 동시에, 공존 과정과 공동 세계 구축에서 특정 동물이 다른 동물에 비해 어떻게 특별한 위치를 부여받는지를 보여준다.

보전 노력은 이러한 선택성의 중심에 있다(Lorimer, 2007, 2015). 역사적으로 보전 활동은 주로 척추동물, 특히 판다, 북극곰, 늑대, 호랑이와 같은 포유류에 집중되어 왔다(Cochrane, 2018; Donaldson and Kymlicka, 2011; Entwistle and Dunstone, 2000; Kellert, 1993). 보전 활동은 귀여움이나 호감과 같은 특성이 부각된 종을 선별하여 우선 보호대상으로 삼는 경향이 있으며, 이로 인해 다른 동물이 주변화되거나 배제되는 과정이 확인된 바 있다(Ducarme et al., 2013; Lorimer, 2007; Prokop et al., 2024). 예컨대 최명애(2024)는 한국에서 수달을 보호하고 도시 하천에서 인간-수달 공동 세계를 구축하려는 운동을 분석했다. 이 운동에서 수달은 생태계의 정당한 공동 거주자로 인정받은 반면, 수달의 먹이가 되는 잉어나 배스와 같은 어류는 과잉 번식과 관련 문제를 유발하는 존재로 간주되어 수달에 의한 조절이 정당화되었다. 이 사례는 공존과 포용을 표방하는 보전 담론 속에서도 존재하는 선택성과 배제를 보여준다.

인간과 비인간 동물의 공존에서 선택과 배제의 과정이 어떻게 발생하고 어떤 경로를 거치는지에 대한 설명은 여전히 충분하지 않고 열려있다. 이 글은 이러한 과정을 설명하는 한 가지 방법으로서 한국에서 인간-반딧불이 관계를 매개한 역사적·문화적 과정을 조명한다. 한국에서 반딧불이와 인간의 공존을 구축하려는 노력을 사례로 삼아, 반딧불이가 어떻게 공존의 대상인 비인간 동료로 규정되었으며 공존 방식이 어떻게 구체화되었는지 살펴본다. 그리고 이러한 선택성이 전후 생존주의, 급속한 근대화, 역사적으로 내재된 향수적 정동, 대량 사육 기술의 발전이라는 한국의 역사적 맥락을 통해 구성되고 활성화된 반딧불이의 비인간 카리스마에 의해 형성되었음을 주장한다. 이를 통해 인간이 비인간 동물을 보전 대상으로 삼고 공존을 실천하는 메커니즘에 대한 설명 항을 보태고자 한다. 궁극적으로 인간-비인간 관계의 윤리를 발전시키는 데에 있어 인간-비인간의 공동 세계에 내재된 복잡성과 긴장을 이해하는 것이 필수적임을 주장한다.

2. 비인간 행위성과 카리스마의 위치

비인간 행위성에 대한 연구는 전통적인 인간 중심적 사회과학을 비판하며, 사회를 형성하는 데 있어 비인간 존재들도 행위성을 지닌다고 주장한다(Latour, 2004). 이러한 관점에 따르면 비인간 동물은 수동적인 존재가 아니라 인간-동물 관계를 함께 만드는 능동적인 참여자다(Greene, 2008; Haraway,

2003, 2006; Michael, 2004; Philo and Wilbert, 2000; Tsing, 2015; Whatmore, 2002, 2006). 이들은 인간의 예측과 통제를 벗어나거나, 불리한 조건에 저항하거나, 때로는 자신의 행위 조건을 재구성하기도 한다(Carter and Charles, 2013; McFarland and Hediger, 2009). 이러한 관점을 바탕으로, 일군의 연구자들은 인간과 비인간 존재의 얽힘을 강조하고, 세계를 인간과 비인간이 함께 존재를 구성해 나가는 '함께-되기(becoming with)' 과정으로 묘사하기도 한다(Haraway, 2008, 2020; Ingold, 2012; Tsing, 2015). 비인간 행위성에 대한 인식은 인간중심주의를 넘어서는 데 핵심적이며, 비인간 생명에 대한 윤리적 감수성을 고양하고, 인간과 비인간 모두가 번영할 수 있는 관계를 구축해야 한다는 윤리적 함의를 가진다(Bekoff, 2002; Calarco, 2008).

그러나 비인간 행위성에 대한 강조는 종종 인간과 비인간 행위자 간의 심각한 권력 비대칭을 간과하게 만드는 한계도 지닌다. 비판자들은 특히 행위자-네트워크 이론(Actor-Network Theory)이 이러한 불평등한 권력관계를 희석하거나 평평화(flatten)한다고 지적한다(Castree, 2002; Pearson, 2015). 크리티카 스리니바산(Srinivasan, 2013)은 비인간 행위성이 인간의 통제 시도를 방해할 수는 있지만, 궁극적으로 인간이 인간-동물 관계의 방향성과 구조를 결정한다고 주장한다. 밥 카터와 니키 찰스(Carter and Charles, 2013) 역시, 동물원의 북극곰과 북극에 서식하는 북극곰은 각기 다른 사회적 조건 속에서 매우 상이한 행위성을 지닌다고 지적하면서, 동물원 관리체계와 북극 보전의 지정학적 맥락이 북극곰의 행위성을 강력하게 규정한다고 주장했다. 최명애(2020) 또한 고래 생태관광에 대한 연구에서, 고래의 행위성이 인간의 정치적·경제적 의제와 상호작용하긴 하지만, 인간이 고래의 행위성을 생태관광 프로그램에 통합하는 방식으로 관계가 형성된다고 분석했다.

비인간 카리스마는 비인간이 행위성을 지닌다는 가정에 기반하는데(Lorimer, 2007), 이 또한 특정한 사회적 맥락과 인간-비인간 권력관계 속에 위치하고 있다고 보아야 한다. 비인간 카리스마는 인간과 비인간 간의 대칭적 상호작용 속에서 구성되는 것이 아니라, 인간의 인식과 감정, 그리고 이를 매개하는 역사적·문화적 맥락 등을 통해 구성되고, 이것이 다시 그 특정한 사회문화적 틀 속에서 해석되어 인간에게 카리스마로 인식되는 것이다. 바루아(Barua, 2017)는 인도의 사자 생태관광을 분석하면서, 사자의 카리스마와 그것의 상품화가 인도의 독특한 문화적·역사적 맥락에 깊이 뿌리내려 있음을 보여주었다. 그는 19세기 영국 식민지 시기의 스포츠 사냥 관행이 사자의 멸종과 보전 역사를 형성하는 데 중요한 역할을 했으며, 이 역사적 유산이 오늘날 자본이 사자의 노동을 생태관광 자원으로 전유하는 데 기여했다고 분석했다(Barua, 2017). 이는 비인간 카리스마의 구성을 문화적, 역사적, 경제적 경로 속에서 이해해야 함을 시사한다.

인류세(Anthropocene) 개념은 어떤 동물도 인간의 정치적, 사회적, 경제적 과정으로부터 독립해 존재하지 않는다는 점을 재확인시켜 준다(Crutzen, 2002; Crutzen and Stoermer, 2000). 비인간 동물이 때로는 인간의 의도를 방해하거나 통제를 벗어나는 경우가 있긴 하지만, 대부분 동물의 서식지와 신체, 삶이 인간의 필요, 욕망, 경제적 이해에 종속되어 살아간다는 점에서, 비인간 동물의 행위성이 매우 제한적인 위치에 놓여있다는 점도 인정해야 한다(Carter and Charles, 2013). 비인간 행위성은 주로 인간 사회와 권력 구조 속에서 작동하며, 이는 일반적으로 동물에게 불리한 구조이다(Pearson, 2015). 이러한 맥락에서 비인간 행위성을 인정한다고 해서 인간 행위의 지배적 영향력을 간과해서는 안 된다. 특히나 다종 세계(more-than-human worlds) 연구는 인간과 비인간 행위자 간의 서로 다른 위치를 인식하고, 그 비대칭적 힘과 흐름을 비판적으로 분석해야 한다.

이에 따라 이 글은 비인간 행위성과 카리스마 개념에 기반하되, 인간-비인간 행위성 간의 힘의 비대칭을 전제한다. 그리고 비인간 행위성과 카리스마를 인식하는 것을 넘어, 역사적, 문화적, 경제적, 기술적 궤적 속에서 비인간 행위성과 카리스마가 어떻게 형성되고 위치하는지를 분석한다.

3. 한국에서 반딧불이와 함께 살기

1990년대 후반부터 한국에서는 사라져가는 반딧불이를 보호하고 인간과의 공존을 촉진하기 위한 노력이 본격화되었다. 1996년에는 반딧불이 보전을 중심으로 한 산림보전 운동이 시작되었고, 1997년에는 반딧불이 대량 사육이 시작되면서 반딧불이 전시 및 축제가 확산되었다.

이 글은 우선, 1990년대 후반 이전에 형성된 인간-반딧불이 관계의 역사적·문화적 경로를 추적하여 반딧불이 카리스마의 형성 과정을 탐색한다. 이를 위해 반딧불이에 관한 역사적·민속적 자료를 수집하여 분석하였다. 주요 일간지(조선일보, 동아일보, 경향신문, 한겨레)에서 가장 이른 반딧불이 관련 기사는 1934년에 등장했으며, 1996년 이후 기사 수가 급증했다. 이에 따라 1934년부터 1995년까지 발행된 99건의 기사를 중심으로, 반딧불이에 대한 감정적·문화적 의미가 한국 사회에서 어떻게 역사적으로 구축되었는지를 살펴보았다. 이와 함께 전통 동요집, 학술 논문, 시, 수필 등을 검토하여 반딧불이 카리스마가 어떻게 역사적, 문화적 맥락 속에서 형성되었는지를 분석하였다. 그리고 이러한 역사문화적 맥락 속에서 형성된 반딧불이 카리스마가 인간-반딧불이 공존의 형태로 나타난 사례로서, 1996년 시작된 성남시 맹산보전 운동을 살펴본다. 이 운동은 한국에서 반딧불이 공존 서사를 처음으로 그리고 명시적으로 활용한 환경운동 사례이다. 이 운동은 지역사회의 지지를 얻어 산림보전을 이끌었으며, 1999년 성남시는 해당 지역을 반딧불이 복원 지역으로 지정하고 반딧불이를 성남시를 대표하는 깃대종으로 선정하였다. 이 운동에서 인간-반딧불이 공존 서사가 어떻게 구축되었는지를 살펴보기 위해, 운동에 참여한 활동가들이 작성한 회고적 에세이, 당시의 신문기사, 보고서를 분석하였다. 또한 이 운동에 참여했던 두 명의 활동가(A, B)를 인터뷰하여 추가적인 질적 자료를 확보하고 분석하였다.

다음으로, 인간-반딧불이 공존의 형태가 또 다른 가지를 뻗기 시작한 사례로서, 한국의 반딧불이 전시와 축제를 살펴본다. 한국의 반딧불이 전시는 1998년 삼성에버랜드 동물원에서 시작되었고, 첫 지역 반딧불이 축제가 1997년 무주군에서 열린 이후 현재 전국 20여 개 지자체에서 반딧불이 축제가 개최되고 있다. 반딧불이 전시 및 축제의 역사적 기원과, 이를 통해 구체화되는 반딧불이와의 공존의 방향을 살펴보기 위해, 반딧불이 전시 및 축제 관련 신문기사, 관련 기관 홈페이지, 반딧불이 전시를 담당하는 동물원 사육사들의 유튜브 영상, 사육사들의 자전적 에세이 등을 수집하여 분석하였다. 또한 국내 반딧불이 전시 및 축제에 반딧불이를 공급하는, 전직 동물원 사육사(A)를 인터뷰하여 자료를 보완하였다. 이러한 반딧불이 전시와 축제를 통해 인간-반딧불이의 공존이 어떤 방식으로 구체화되었는지, 역사적으로 형성된 반딧불이의 카리스마가 어떻게 인간-반딧불이 공존 서사와 실천에 통합되었는지 살펴보았다.

1) 노스텔지어 동물 반딧불이, 공존 서사를 통한 도시 산림보전 운동

한국의 속담 중 "그루밭 개똥불 같다."는 수확이 끝난 들판에 반딧불이가 흔히 보이던 풍경을 빗대어, 매우 흔하고 많은 것을 표현하는 데 사용되었다. 그만큼 과거에는 초여름에 보리나 벼를 수확하고 난 밭(그루밭)에서 반딧불이를 쉽게 볼 수 있었다. 반딧불이 잡기 놀이를 소재로 한 동요가 전국 각지에 전해 내려올 만큼(신경림, 1981) 반딧불이는 농촌에서 유년기를 보낸 사람들이 드물지 않게, 그리고 특별하게 경험하는 동물이다. 당시 아이들은 잡은 반딧불이를 호박꽃 속에 넣어 임시 등불을 만들거나(강순지, 2022; 오영해, 2004), 반딧불이의 빛나는 꼬리를 이마에 붙여 도깨비를 흉내 내기도 했다(강미나, 2021; 류경자, 2017). 또한 무덤 근처에서 푸른 빛을 발하는 반딧불이는 방황하는 혼령으로 해석되기도 했다(강순지, 2022).

반딧불이에 점차 독특한 감정적 의미가 부여되었는데, 여기에는 가난 극복과 경제발전을 위한 치열한 생존주의(survivalism)(김홍중, 2015a, 2015b), 급속한 근대화의 역사가 존재한다. 한국은 한국전쟁 이후 극심한 빈곤을 체험하고 안보와 생계를 최우선적으로 해결해야 했다. 한국전쟁은 한국인들로 하여금 명분과 예의, 체면을 중시하던 기존의 유교적 가치관보다, 생존을 중시하는 새로운 가치체계를 형성시킨 결정적 계기였다. 빈곤 극복과 경제성장이라는 국가적 목표에 발맞춰, 한국의 농촌은 1970년대부터 급속하게 근대화된다. 당시 정부 주도의 농촌 근대화 전략인 '새마을운동'은 1970년대를 특징짓는 하나의 사건이라고 평가받을 정도로 당시 한국 농촌의 근대화는 대대적이었다. 도로 및 하천 정비, 주택 개량, 농기계와 농약 보급 등이 빠르게 추진되면서 농촌 경관이 변화하였고(Moore, 1984), 동시에 반딧불이 개체 수도 급감하였다. 특히 농약에 오염된 논에서 자라는 반딧불이 유충과 알은 성충으로 성장하지 못하고 죽는 경우가 많았다.

빈곤 극복과 경제성장을 목표로 진행된 급속한 농촌 근대화의 흐름 속에서, 반딧불이는 일상적인 존재에서 강한 노스텔지어를 불러일으키는 동물로 변모하였다. "여름밤의 총아" 반딧불이는 "신비한 불을 잡으려고 노래를 부르며 돌아다녔던 한여름 짧은 밤의 추억"(조선일보, 1969; 1971)으로 남았다. "반딧불을 잡으러 다니는 개구장이 아이들"(조선일보, 1971)과 그 여름밤 풍경은 이제 현실에서는 찾을 수 없는 "낭만"이었다(경향신문, 1973). 반딧불이를 매개로 하여 과거는 깨끗함, 아름다움, 순수함 등으로 회상되었고, 1980년대 이후 신문 기사 다수는 '반딧불이를 쫓던 아이들'의 사라짐, 현대의 어린이들이 반딧불이를 본 적조차 없다는 사실을 안타깝고 씁쓸한 현상으로 보고했다.

한국의 급속한 도시화·산업화 과정에서 많은 농촌 인구가 도시로 이주하였고, 도시로 몰려드는 인구를 수용하기 위해 도시 지역의 외연적 확장이 빠르게 이루어졌다. 특히 1980년대 말 서울을 중심으로 주택가격이 급등하여 사회적인 문제로 대두되자 정부는 주택공급 확대와 주택시장 안정을 위해 인근 지역에 신도시 조성을 추진했다. 그중 하나가 성남시다.

환경단체 '분당환경시민의모임'의 맹산보전 운동은 이러한 신도시 확장으로 인해 녹지공간이 축소될 것을 우려하면서 형성되었다. 환경단체는 산림이 보전

되면 인근 토지 가격이 장기적으로 상승할 것이며 주민들의 건강에도 이로울 것이라는 근거를 들어 주민들이 산림보전을 지지하도록 설득하려고 했다. 산림보전에 찬성하는 주민들도 있었지만, 토지 가격 상승을 기대하면서 산림보전에 반대하는 주민들도 있었다. 입장이 대립하자 주민들은 자체 찬반투표를 열었고, 투표 결과 산림을 보전해야 한다는 입장이 정해졌다. 이후 주민들과 환경단체 활동가들로 구성된 '맹산을 지키는 사람들'이라는 연합체가 형성되었다.

이후 중요한 과제는 분당시민 등 더 많은 사람들로부터 산림보전의 당위성을 인정받는 것이었다. 이에 환경단체는 산림보전을 위해 인간-동물 공존 서사를 전략적으로 활용하고자 하였다. 전문가에게 맹산 생태조사를 의뢰하여 천연기념물과 같은 "중요한" 생물이 맹산에 살고 있다는 점을 맹산보전에 활용하고자 했다(활동가 A 인터뷰). 생태조사 결과, 해당 지역에 황조롱이와 소쩍새와 같은 천연기념물이 서식하고 있음이 확인되었다. 환경단체는 황조롱이와 소쩍새를 산림보전을 위한 상징적인 동물로 선정하고 홍보하였으나, 이러한 새들을 중심으로 한 공존 서사는 대중적 지지를 얻지 못했다. 지역주민 대다수가 이 새들에 대한 인식과 친밀도가 낮았고, 새의 서식지 보호/상실에 대한 감정적 동요도 낮았으며, 따라서 이러한 서사를 통해 산림보전 필요성을 설득하는 데는 한계가 있었다.

> "사람들이 '그래도 새는 좀 요만큼 (산림이) 훼손돼도 옆으로 이사 가면 되는 거 아니냐, 꼭 여기가 꼭 지켜져야 새가 사는 거 아니지 않냐.' 좀 와닿지가 않은 거예요." (활동가 A 인터뷰)
>
> "황조롱이라는 게 이제 새잖아요. (…) 굉장히 높이 날고 또 그거를 가지고 사람들이 대낮에 구경하는 것도 어려운 거고…. 그래서 그런 것들이 씨알이 잘 안 먹혔던 것 같고…." (활동가 B 인터뷰)

그러던 중 한 지역주민이 이 지역에서 '도깨비불'을 보았다고 주장하면서 맹산보전 운동은 전환점을 맞이한다. 도깨비불은 민담에서 반딧불이와 연결 지어 인식되곤 했다. 활동가들은 맹산에 반딧불이가 서식할지도 모른다고 보았고, 활동가들은 반딧불이의 서식 여부를 확인하는 것이 운동의 성공을 좌우할 열쇠라고 판단했다. 반딧불이가 한국 사람들에게 노스텔지어적 정동을 유도하는 동물이라는 점을 산림보전에 활용하고자 한 것이다. 반딧불이는 천연기념물이 아니고 1982년 무주 설천면 일대의 반딧불이와 그 먹이 서식지가 천연기념물로 지정된 바 있으나, 맹산보전 운동에서 반딧불이에 주목한 것은 반딧불이의 천연기념물 여부가 아니라 반딧불이가 사람들에게 작동하는 강한 감정이었다.

"고향의 향수를 자극할 수 있는 친숙함과 생태적 가치를 설득하기에 반딧불이라면 충분하다는 확신에 찼다." (김경희, 2004)

"확신을 했죠. (…) 이거는 된다, 이거(반딧불이) (맹산에) 있다는 것만 확인이 되면 (맹산을) 지킬 수 있겠다는 확신을 했죠. (…) 반딧불이가 (…) 국민들에게 와닿는 게 너무 센 거예요." (활동가 A 인터뷰)

"반짝거리는 거는 환상적이잖아요. 일단 (…) 일단 밤에 번쩍거린다는 거는 굉장히 경이로운 거거든요. (…) 옛날에 어린 시절에, 정서적으로, 또 시골에 살던 사람들은 다 한 번씩은 이런 스토리가 있는 거고 추억도 있고…." (활동가 B 인터뷰)

활동가들은 반딧불이의 서식을 확인하기 위해 밤마다 반딧불이를 "절실"하게 찾으며 맹산을 탐사했다(활동가 A 인터뷰). 이들은 많지는 않지만 맹산에 반딧불이가 서식한다는 점을 확인할 수 있었고, 이를 보전운동에 적극적으로 활용하였다. 반딧불이는 밤에 날아다니며 빛을 낸다는 점에서 환상적이고 경이로운 느낌을 준다는 점, 반딧불이는 시골에 살았던 어린 시절의 여름밤을 연상케 하여 향수를 자극하는 곤충이라는 점에서, 환경단체는 반딧불이와 우리나라 사람들 사이에 작동하는 강한 카리스마를 인식했고 맹산보전 운동의 중심에 반딧불이를 위치시켰다(〈그림 1〉 참조).

〈그림 1〉 맹산보전 운동 플래카드 중심에 있는 반딧불이

출처: 정병준, 2003

환경단체는 맹산을 반딧불이 서식지로 홍보하고, 환경교육 프로그램을 마련하여 사람들에게 반딧불이를 관찰할 기회를 제공하였다. 이를 통해 해당 지역에 반딧불이가 실제로 존재한다는 사실을 대중에게 각인시키는 데 성공하였고, 반딧불이를 중심으로 한 서사를 구축하면서 보전운동이 탄력을 받기 시작했다. 사람들의 호응도 좋았다(활동가 B 인터뷰). 결과적으로 1999년 성남시청은 맹산 지역을 공식적으로 반딧불 복원 지역으로 지정하고, 반딧불이를 성남시 깃대종으로 선정하였다.

이 사례는 인간-동물 공존 서사를 통한 산림보전 과정에서 반딧불이가 보호 및 함께 살기의 대상으로 선택된 과정을 보여준다. 맹산에서 황조롱이, 소쩍새 등 천연기념물의 서식이 발견되었으나 그러한 동물들은 맹산보전 운동의 인간-동물 공존 서사에 포함되지 않았다. 이 동물들은 천연기념물로 지정됨으로써 인간과의 공존 서사에 제도적으로 포함되어 있었지만 맹산보전 운동에서는 그러한 서사가 효과적으로 작동하지 않았기에, 보전운동은 새로운 비인간을 찾아 공존 서사를 구축해야 했다. 맹산보전 운동은 공존 서사에 반딧불이를 포함시키기 위해 반딧불이의 서식을 확인하는 데에 많은 노력을 기울였고, 공존 서사에서 반딧불이는 전면화되고 천연기념물 동물들은 밀려났다. 이러한 공존 서사의 구축은 반딧불이에 역사적으로 투영된 노스텔지어적 정동의 작동을 적극적으로 고려하여 선택한 것이었다.

2) 빛 스펙터클로서의 반딧불이

유년기에 접한 반딧불이와 근대화 이전의 농촌 경관이라는 사회문화적으로 공유된 경험과, 생존을 우선시하게 된 한국 전후 근대화 역사, 여기서 비롯한 노스텔지어적 정동이 반딧불이 카리스마를 구성한 초기 동력이었다면, 이후 반딧불이 카리스마의 구성에는 낭만적이고 환상적인 빛 스펙터클과 그것을 가능하게 만든 반딧불 대량 사육 기술, 이를 매개로 사회적으로 재생산된 노스텔지어가 핵심적인 역할을 했다.

1990년대 후반, 한국은 2002년에 열릴 한일 월드컵 공동 개최를 앞두고 있었다. 월드컵조직위원회는 개막식에서 수만 마리의 반딧불이를 밤하늘에 방사하여 이를 전 세계에 생중계하는 장관을 연출하고자 제안했다. 월드컵준비위원이자 새천년준비위원회 위원장은 과거 동네 하천에서 아이들이 반딧불이를 쫓던 기억을 떠올리며, 도시 아파트 단지에서 성장하는 아이들에게도 이와 같은 자연의 경험을 제공해야 한다는 신념을 드러냈다. 그는 "도시의 아파트에 사는 아이들에게도 할아버지나 아버지 들의 어린 시절처럼 반딧불이와 함께했던 신비한 그 여름밤의 기억들을 나눠줘야 한다."고 보았다(경향신문, 1990; 이어령,

2004).

이에 따라 서울시는 월드컵 개막일에 경기장과 그 주변에 10만 마리의 반딧불이를 방사하여 월드컵의 열기를 돋우겠다는 계획을 발표하였고, 수원시 또한 월드컵 경기장에 반딧불이 빛이 반짝이는 하늘을 연출할 계획을 세웠다. 이 계획을 실행하기 위해 수원시는 농촌진흥청 잠사곤충부에 반딧불이 대량 사육 연구를 의뢰하고, 반딧불이연구회의 출범도 지원했다(활동가 A 인터뷰). 국내 최대 규모의 동물원인 에버랜드에도 대량 사육이라는 과제가 전달되었다(사육사 A 인터뷰).

반딧불이 대량 사육을 위해 인공 수로, 수족관, 수조, 그릇 등을 활용한 다양한 방식이 실험되었고, 그 결과 1998년 애반딧불이(Luciola lateralis)를 대량 인공 번식하는 데 성공하였다. 하지만 실제 월드컵 경기장에서 반딧불이를 대량으로 방사하는 계획은 물리적 한계와 반딧불이의 생존 가능성 문제로 인해 철회되었다(활동가 A 인터뷰). 대신 이 과정에서 개발된 대량 사육 기술은 동물원 전시와 지역축제에 활용되었다.

에버랜드 동물원의 반딧불이 전시는 관람객의 체험 효과를 극대화하기 위해 반딧불이의 방사 시기와 활동 시기를 정밀하게 통제하며 기획되었다. 사육된 반딧불이들을 저온저장고에 보관하여 월동 기간을 연장한 뒤, 학교 방학 기간에 맞추어 대량 방사함으로써 관람객들이 빛을 내며 날아다니는 장면을 최대한 관찰할 수 있도록 하였다(사육사 A 인터뷰). 자연 속에서 반딧불이가 날아다니는 장면을 연출하기 위해, 한때 반딧불이를 동물 사파리 공원에 방사하여 전시하기도 했고(사육사 A 인터뷰) 최근에는 전시관 중앙의 잔디 플랫폼에 풀어 관람객들이 이를 둘러싸고 감상하도록 했다. 방문객에게 반딧불이가 반짝이며 떼를 지어 날아다니는 "제대로 된 그림"을 보여주는 것이 이 전시의 목표였다(사육사 A 인터뷰). 전시는 해마다 규모가 확대되어, 전시장에 방사하는 개체 수가 2017년에는 약 5~6만 마리, 2022년에는 약 10만 마리에 달했다(윤슬빈, 2022). 반딧불이는 곧 동물원의 "히트 상품"으로 자리 잡았으며, 많은 관람객들이 반딧불이를 보기 위해 방문하였다(사육사 A 인터뷰).

동시에 지방자치단체 주도의 반딧불이 축제도 빠르게 확산되었다. 지역축제는 지역에서 반딧불이 서식지를 발견한 것을 계기로 시작되지만, 암묵적으로 합의한 반딧불이의 모습(〈그림 2〉)을 재현하기 위해서는 충분한 반딧불이를 확보해야 했으며 이를 위해 반딧불이 대량 사육 기술을 활용하여 축제를 운영하는 경우가 많았다(사육사 A 인터뷰).

〈그림 2〉 반딧불이 축제에 기대되었던 빛 스펙터클

출처: 무주반딧불이 축제 홈페이지

반딧불이 축제에 처음부터 대량 사육 기술이 도입되었던 것은 아니다. 예컨대 무주군은 1982년 무주군 설천면의 반딧불이와 그 먹이 서식지가 천연기념물로 지정된 것을 계기로, 1997년 우리나라에서 처음으로 반딧불이 축제를 개최했다. 한 해에 수십만 명의 관광객이 '반딧불이의 낭만'을 체험하기 위해 무주를 찾았다. 그러나 무주군의 관광 활성화를 위한 리조트, 스키장 건설, 도로 확장은 무주군을 가로지르던 하천 수질 저하, 반딧불이 개체 수 감소를 동반했고, 무주군은 반딧불이 축제 20일 전부터 관내 공무원 500여 명을 동원하여 밤마다 반딧불이 출몰지를 찾도록 했다(이오성, 2003). 암묵적으로 합의된 환상적인 장면을 보여주지 못하자 탐방객들의 만족도는 낮았다.

> "이게 뭐야, 나는 수백 마리씩 막 날아다니는 줄 알았잖아." (…) 부모들은 반딧불이가 한 마리씩 나타날 때마다 "저것 좀 보라."며 연신 감탄해 마지 않았지만 아이는 기꺼워하지 않았다 (…) 참가자들의 실망은 컸던 모양이다. 특히 어린아이들은 "시시한데, 이럴 줄 알았으면 집에서 게임이나 할걸."이라며 노골적으로 '배신감'을 드러내기도 했다. (…) 이날 참가자들이 목격한 반딧불이 수는 전부 열 마리 남짓이었다. (이오성, 2003: 204)

무주군 산하 무주군농업기술센터에서는 반딧불이 대량 사육을 위한 반딧불이 연구가 활발하게 이뤄졌다. 실내 대량 사육 과정에서 계절의 변화에 따른 반딧불이의 발육 차이, 성충 수명, 산란 수, 산란 간격 등도 세밀하게 기록 및 조사되었다(김강혁 외, 2014). 연중 반딧불이 성충을 우화시켜 무주를 찾는 관광객들에게 보여주고 지역에 반딧불이 서식지를 복원하려는 목적에서였다(김강혁 외, 2014). 무주군은 2009년 자체적인 대량 사육 기술을 보유하게 되었고 이를 타 지역에 전수하기도 했다.[1]

무주군 농업기술센터의 반딧불이 팀은 반딧불이 사육 및 지역 서식지 관리 업무를 담당하며, 지역에 적절한 반딧불이 서식 환경을 조성하고 대량 사육한 반딧불이 유충을 방사한다. 농가당 반딧불이 부화 유충을 5,000마리씩 분양하여 성충이 될 때까지 온도와 먹이 등 사육환경을 점검하고 사육 기술을 이전함으로써 반딧불이 사육 농가를 육성하기도 했다(백종구, 2020). 반딧불이 축제는 성충이 짝짓기하는 시기에 진행되었다.

"생태관광의 은혜"를 입지 않은 지역에서는 반딧불이 서식지가 사라졌다고 할 만큼 반딧불이 축제는 반딧불이와 반딧불이 서식지 보전에 기여했다(한영

---

[1] 반딧불이 대량 사육 기술을 전수받은 서울시는 2011년 반딧불이 대량 사육에 성공했다.

식, 2008). 그러나 동시에, 암묵적으로 합의된 반딧불이의 빛 스펙터클을 재현하는 것이 반딧불이 축제에서 중요하게 여겨졌다. 축제 기획 측에서는 반딧불이 사육과 연출을 통해 사람들이 기대하는 낭만적인 장면을 만들고, 축제 참여자들은 그러한 낭만성에 대한 합의에 기꺼이 참여한다.

예컨대 아산시는 애반딧불이를 자체적으로 사육하고 있었는데, 늦반딧불이(Pyrocoelia rufa)가 내는 불빛이 밝고 커서 반딧불이 축제에서 시각적 전달 효과를 높일 수 있다는 이유로 반딧불이 채집단을 구성하여 다른 지역(강원 홍천군과 전북 무주군 등)에서 늦반딧불이를 채집하였다(이정구, 2013). 아산시에서 개최된 첫 반딧불이 축제에서는 채집한 반딧불이를 얼음주머니와 드라이아이스 등을 동원해 이동시켰지만, 반딧불이 생존율이 희박했고 생존한 반딧불이도 서식 환경이 달라 대부분 폐사한 바 있었다. 이에 제2회 반딧불이 축제에서는 곤충전문가가 포함된 300여 명의 원정대가 구성되어 반딧불이를 채집하여 폐사율을 줄였다. 애반딧불이 사육과 늦반딧불이 채집을 통한 아산시 반딧불이 축제는 반딧불이의 빛 스펙터클이 축제에서 차지하고 있는 중심적인 위치를 잘 보여준다.

또한 동물원의 반딧불이 전시와 같은 방식으로, 지자체에서도 빛 스펙터클로서 반딧불이는 생육 조절의 대상이 되었다. 성충이 빛을 내며 짝짓기하는 시기인 여름에 반딧불이 축제가 열리는데, 무주군에서는 겨울에도 사람들이 반딧불이 빛을 볼 수 있게끔 하고자 했다. 무주군은 애벌레의 월동 시기를 조정하기 위해 10월부터 사육장의 실내 온도를 23도로 올려 애벌레를 번데기로 만들고, 성충이 되어 빛을 내는 반딧불이 2,000여 마리를 100여 개의 용기에 넣어 크리스마스트리에 매달아 연출했다(김광오, 2009).

빛 스펙터클로서 반딧불이는 거래 가능한 상품으로 전환되었다. 지역 반딧불이 축제가 유행처럼 번지면서 반딧불이 서식지에서는 성충 1마리가 2만 원에서 2만 5,000원 사이에 거래되었으며, 이는 지역주민들의 상업적 채집 활동을 촉진했다(이정구, 2013). 반딧불이 사육 업체와 지방자치단체 간의 관계도 긴밀해졌다. 코로나19 팬데믹 동안 대부분의 반딧불이 축제가 취소되면서 사육업체가 판로를 잃고 사육된 반딧불이를 인근 지역에 대량 방사할 만큼(사육사 B 회고록) 지방자치단체는 반딧불이 사육 업체의 큰 수요처이다.

지방자치단체는 채집하거나 납품받은 반딧불이를 축제에 활용하고 나면 반딧불이를 인근 습지나 조성된 서식지 등에 방사한다. 채집 후 방사하는 경우, 지방자치단체는 "방사된 반딧불이는 교미가 가능하여서" 지역의 "반딧불이 개체 수 증식에 기여하게 된다."다고 보는데(이정구, 2013), 이는 반딧불이와 그 서식지 보전의 의도하에서도 반딧불이가 빛 스펙터클로서 동원된다는 점을 방증한다. 또한 납품받은 반딧불이를 축제 후 방사하는 경우, 반딧불이는 환경 변화에 민감하여 그 생존 가능성이 매우 낮은 편이다(사육사 A 인터뷰). 그럼에도 수많은 반딧불이가 빛나는 "제대로 된 그림"을 목표로 하는 동물원의 반딧불이 전시처럼, 많은 지방자치단체들이 사육된 반딧불이를 납품받아 여름밤의 반딧불이 빛 스펙터클을 기획하였다.

이러한 빛 스펙터클은 어린 시절의 반딧불이와 근대화 전 농촌 경관의 경험이 없는 세대, 생존주의가 공고해진 한국 전후 근대화 역사를 겪지 않은 세대에게도 사회적으로 재생산된 노스텔지어를 불러일으키며 반딧불이 카리스마를 형성했다. 한국에서 사라진 골목길, 과거 농촌의 삶과 교육을 이상화한 이미지와 담론이 과거의 골목길과 농촌을 경험하지 않은 세대에게도 노스텔지어와 판타지를 불러일으켜 특정한 형태의 소비와 실천을 유도하는 것처럼(김홍중, 2008; 안새롬, 2018), 반딧불이 전시와 축제에서는 빛 스펙터클을 매개로 한 노스텔지어적 정동이 핵심적으로 조직되고 재생산된다.

맹산보전 운동에서도 반딧불이의 빛이 반딧불이 카리스마를 구성하는 핵심 요소이나, 동물원의 반딧불이 전시, 지역 반딧불이 축제에서 반딧불이의 빛은 그 최종 도달점이 소비 혹은 지역경제 활성화라는 점에서 차이를 보인다. 맹산보전 운동에서도 운동의 일환으로 반딧불이 축제를 열어 사람들이 반딧불이 서식지에서 반딧불이를 관찰할 수 있도록 유도하였는데, 목적은 맹산에서 반딧불이를 목격한 경험을 통해 맹산 보전에 대한 지지를 얻는 것이었다(활동가 A 인터뷰). 이러한 보전운동의 입장에서 대량 사육 기술에 기반한 반딧불이 빛 체험은 "불을 키는" "이벤트"에 가깝다(활동가 A 인터뷰).

4. 인간-반딧불이 공존에 내재된 긴장들

반딧불이와의 공존 실천에서 반딧불이의 행위성은 성충 시기에 꼬리에서 생체 발광하며 집단적으로 비행하는 반딧불이의 생태학적 특성에 상당 부분 기반하고 있다. 반딧불이 떼가 만드는 인상적인 풍경과 그 생태적 카리스마(ecological chrisma, Lorimer, 2007)는 반딧불이에 대한 연구 및 보전 활동을 촉진하는 데 중요한 역할을 한다. 실제로 최근 수십 년간 전 세계적으로 반딧불이 연구와 보전 활동이 크게 확대되고 반딧불이 축제와 생태관광 또한 성행하였는데(Lewis et al., 2021). 여기에는 반딧불이의 생태적 카리스마가 중요하게 작동하고 있다.

그러나 이러한 반딧불이의 카리스마를 뒷받침하는 생태학적 특성은 무수한 반딧불이의 특징 중 몇 가지가 선택적으로 선별된 것이라는 사실에 주목할 필요가 있다. 예컨대 반딧불이 유충의 생태학적 특성은 상대적으로 덜 주목받는데, 반딧불이 유충은 복족류를 공격하여 독소를 주입하고 단백질을 용해하는 효소를 분비하여 먹이를 섭취하는 특징이 있다(Fu and Meyer-Rochow, 2012). 반딧불이의 카리스마를 구성하는 반딧불이의 생태학적 특성에서 이러한 반딧불이의 육식성 유충의 생태적 특징은 배제된다. 마찬가지로, 반딧불이의 알이나 유충, 성충의 외관적 특징 또한 배제된다. 성충의 짝짓기 시기에 수컷이 빛을 내며 날아다니는 경관이 선택적으로 반딧불이의 카리스마를 구성하는 것이다.

무엇보다도 반딧불이 카리스마는 생체발광이라는 생태적 특성만으로 구축되는 것이 아니다. 역사적·문화적으로 구성된 노스텔지어적 정동이 중요하게 작동한다. 반딧불이에 투영되고 세대를 거쳐 재생산된 노스텔지어는 한국에서 반딧불이를 보호와 공존의 대상으로 구성하는 데 핵심적인 정동적 자원이다. 사자의 카리스마가 보편적인 것이 아니라 인도에서는 인도의 식민지 시대 사냥 문화라는 특정한 역사적 맥락 속에서 독특하게 구성되듯이(Barua, 2017), 한국의 반딧불이 카리스마는 한국전쟁 후 극심한 가난, 신자유주의적 발전, 급속한 근대화라는 한국의 성장 역사 한편에서 '순수함'과 '동심'을 상징하는 노스텔지어 동물로 구성되었다. 애니메이션 주인공인 덤보는 반딧불이와 유사한 노스텔지어 동물의 한 예이다. 이 애니메이션은 1941년, 제2차 세계대전과 정치적 격변 상황에서 감상적인 노스텔지어를 자아내는 살아 움직이는 아기 코끼리에서 위안을 찾을 수 있도록 제작되었다(Lorimer, 2013). 노스텔지어의 달콤함은 현실의 비극과 불쾌함을 견디는 데 도움을 주기 때문이다(Gabriel, 2016).

가상의 동물인 덤보와 달리 반딧불이는 살아있는 생물이라는 점에서 이러한 노스텔지어적 정동이 신체를 매개로 후대에 전승되고 사회적으로 재생산되기 유용했다. 신체를 통해 전승되고 재생산되는 노스텔지어의 사례는 페키니즈(Pekingese)에서도 찾을 수 있다(Cheang, 2006). 1914년에서 1962년 사이 영국에서는 작은 견종인 페키니즈가 여성의 사치품으로 유행했다. 영국이 중국을 침략한 후 옛 중국 제국에 대한 노스텔지어는 중국을 신비롭고 매혹적인 장소로 유지하는 데 중요한 역할을 했는데, 이때 전리품이자 기념품인 페키니즈가 중국에 대한 기억, 식민지 획득에 대한 이야기를 보존하고 전승하는 신체로 기능한 것이다. 유사하게, 노스텔지어가 부여된 동물로서 반딧불이는 한국인들로 하여금 근대화 이전의 농촌을 '순수함'으로 낭만적으로 회고할 수 있게 했고, 이는 반딧불이라는 생명체를 통해 사회적으로 재생산되었다.

이러한 정동은 반딧불이가 공존의 대상으로 규정되고 공존 실천에 통합되는 과정을 강하게 뒷받침했다. 산림보전 사례를 통해 살펴본 것처럼, 반딧불이는 공존의 동반자로서 규정되었고 활동가들은 산림에 반딧불이가 서식한다는 점을 입증하여 반딧불이와의 공존 서사를 만들기 위해 많은 노력을 기울였다. 반면 산림에 서식하던 황조롱이나 소쩍새와 같은 다른 비인간 동물들은 공존 서사에서 제외되었다. 반딧불이에 투영된 노스텔지어적 정동은 이 같은 공존 대상의 선별 작업에서 중요하게 작동했다. 반딧불이 전시와 축제 사례에서도 한국에 반딧불이와의 공존 선호가 노스텔지어적 정동에 뿌리를 두고 있음을 확인할 수 있다. 월드컵 개최를 앞두고 구상된 반딧불이 대량 방사 계획은 여름밤 반딧불이로 수놓은 하늘을 현대 도시 아이들에게도 보여주고자 했던 강력한 노스텔지어적 신념에서 시작되었다. 이는 반딧불이 대량 사육 기술의 발전을 견인하고 반딧불이 전시와 축제의 확산을 가능하게 하였다.

특히 반딧불이에 대한 노스텔지어적 애착은 반딧불이 보전이나 복원을 촉진하는 데에만 머무르지 않고 반딧불이를 상품으로 전환하고 그것을 공존의 동력으로 활용하는 것을 가능하게 하였다. 이상화된 스펙터클을 상품화함으로써 실행되는 비인간 동물(또는 자연)의 보전과 이를 통해 추구되는 인간-동물 공존은 전통적인 생태관광의 작동 방식일 뿐만 아니라 최근의 인간-동물(또는 자연)의 관계를 틀 짓는 방식이기도 하다(Castree, 2003; Duffy, 2008; Büscher and Fletcher, 2019). 반딧불이는 대량 사육 기술의 발전과 함께 동물원 전시와 지역축제에 통합되고 경관화되었으며 그 신체와 경관의 일부가 사람들이 암묵적으로 합의한 '반딧불이 경관'을 재현하는 용도의 살아있는 상품(lively commodity)(Barua, 2017)으로서 기능한다.

최근 연구는 인간과 비인간의 관계가 "정동적 경제(affective economies)" 속에서 깊이 얽히고 있으며, 살아있는 상품을 매개로 이러한 과정이 더욱 심화된다고 논의한다(Barua, 2019). 이 정동적 경제는 비인간 생명의 특정 측면, 주로 신체적 또는 미적 특성을 선택적으로 추출해 감정적 효과와 경제적 가치를 극대화하는 스펙터클을 만들어낸다(Collard and Dempsey, 2013; Barua, 2019). 특히 스펙터클화를 위한 다양한 기획들이 수행되는데, 예컨대 판다는 단순히 외모의 '귀여움'만을 통해 정동적 경제에 통합되는 것이 아니라 의도적인 설계들, 즉 판다가 인간과 비슷한 행동을 하도록 유도하거나 판다 중에서 생기 넘치는 판다를 선택하여 전시하거나 시각적으로 매력적이고 "진짜" 자연 속에 있는 듯한 전시 환경을 조성하는 것 등을 통해 효과적으로 통합된다(Barua, 2019). 마찬가지로, 반딧불이 전시 및 축제에서 반딧불이의 생활세계는 섬세하게 조정되고 심미화되었다. 반딧불이의 재생산 과정의 일부인 번식기 구애 신호가 인간의 관람을 위한 공연으로서 재구성되고, 특정 시기(어린이들의 방학이나 크리스마스 시즌)에 맞춰 번식기를 맞이하도록 생활 주기가 조정되었다. 이러한 설계는 반딧불이에 부여된 노스탤지어적 정동을 극대화함으로써, 정동적 경제에서 작동하는 효과적인 상품으로서 반딧불이를 가능하게 한다.

5. 비판적 인간-비인간 공존 연구를 위하여

일반적으로 인간과 비인간 동물의 공존은 긍정적인 목표로 간주된다. 그러나 이 공존 논의 내에서는 어떤 동물이 공존의 대상으로 선택되는지, 그러한 관계가 어떻게 구조화되는지가 충분히 비판적으로 검토되지 않고 있다. 이 글은 공존 대상으로 선택된 동물과 그 공존 방식이 역사적, 문화적, 경제적, 기술적 경로와 함께 형성된다는 점, 즉 비인간 동물의 생태적 특성만이 아니라 역사적 사건들, 기술의 발전, 정동의 생산/재생산 등에 의해 매개된 비인간 카리스마에 의해 구성된다는 점을 보였다.

한국에서의 인간-반딧불이 사례는 반딧불이의 카리스마가 선택적이며 역사적으로 조건 지어진 구성물임을 보여준다. 한국에서 반딧불이와의 공존 서사와 실천은 전후 생존주의와 급속한 근대화라는 역사적 경험과 결합된 노스탤지어적 정동에 뿌리내리고 있다. 반딧불이에 투영된 유년기의 순수함은 과거를 낭만적으로 회상하게 하며 반딧불이의 신체를 매개로 세대를 거쳐 지속적으로 재생산되었고, 현대의 인간-반딧불이 공존의 서사와 실천을 형성하는 데 핵심적으로 작동하였다. 이때 인간-반딧불이 공존은 단순히 서식지 보전이나 생태적 복원만을 통해 실현되지 않았고, 반딧불이의 대량 생산 기술과 상품화 과정을 통해 이루어졌다. 대량 사육 기술의 발전과 함께 확산된 반딧불이 전시와 축제는 암묵적으로 합의된 반딧불이의 빛 스펙터클을 재현하는 것을 강조했다. 이는 반딧불이 카리스마가 보전 및 공존의 실천을 이끌지만, 그 작동이 경제적, 문화적 틀 내에 제한된다는 점을 시사한다.

이는 비인간 행위성과 카리스마에 대한 연구 및 실천에 중요한 시사점을 제공한다. 인간중심주의를 극복하기 위해서는 단순히 비인간 행위성을 강조하는 것만으로는 충분하지 않으며, 인간-비인간 관계의 성질과 그 관계가 주조되는 과정, 이를 정향하는 힘 등을 비판적으로 검토해야 한다는 것이다. 인간과 비인간의 지위를 동등하게 간주하기보다는 인간과 비인간의 관계를 주조하는 힘의 작동 방향과 역사성에 주목하는 접근이 필요하다. 특히 역사문화적으로 정향된 비인간에 대한 선택과 배제가 단순히 선택과 배제 자체에 머무르는 것이 아니라 현실을 실질적으로 변화시킨다는 점, 예컨대 장소 보전의 여부, 동물의 상품화, 동물 사육 기술의 발전, 지역경제의 재조직 등의 현실 변화를 이끌었다는 점을 고려할 때, 인간-비인간 관계의 선택적 조직에는 강한 책임과 윤리가 동반된다는 점을 염두에 둘 필요가 있다.

인간-비인간 공존에 대한 학문적·사회적 실천은 그 자체로 선함(the good)을 의미하지 않는다. 어떤 동물이 동반자로 간주되고, 공존이 어떤 방식으로 실현되는가는 역사적, 경제적, 문화적 맥락 속에서 구성된다. 이에 선언적 차원의 공존 담론을 넘어서 공존을 가능하게 하는 역사적 정동, 기술적 조건, 사회적 실천을 비판적으로 검토하는 노력이 필요하다. 이러한 비판적 접근은 인간-비인간 공존의 복잡성을 이해하면서 다종적 공동 세계를 구축하는 데 기여할 수 있을 것이다.

참고문헌

강미나. 2021. "[생태수필] 반딧불이." 『수필미학』 1. 1-93.

강순지. 2022. "반딧불이의 사랑." 『수필시대』 20(겨울): 218-221.

경향신문. 1973. "매미와 반딧불, 한여름의 낭만과 심볼." (1973.7.26.).

_____. 1990. "반딧불여름학교 개설." (1990.9.17.).

김강혁, 김하곤, 정재훈. 2014. "애반딧불이 실내사육과정에서 알과 성충의 계절적 특성." 『한국응용곤충학회지』 53(3): 225-229.

김경희. 2004. "맹산에서 꽃핀 지역사랑 환경사랑: 성남시 분당구 '맹산 반딧불이 자연학교' 사례." 『국토』 274: 140-145.

김홍중. 2008. "골목길 풍경과 노스텔지어." 『경제와사회』 77: 139-168.

_____. 2015a. "서바이벌, 생존주의, 그리고 청년세대." 『한국사회학』 49(1): 179-212.

_____. 2015b. "성찰적 노스탤지어: 생존주의적 근대성과 중민의 꿈." 『사회와이론』 27: 33-76.

류경자. 2017. "남해군 도깨비담의 전승양상과 성격." 『민속연구』 34: 115-145.

백종구. 2020. "무주군, 애반딧불이 사육농가 육성 반딧불이 복원, 농가소득 창출 주력." 『세계환경신문』 (2020.7.25.).

신경림 역. 1981. 『한국전래동요집』 창비.

안새롬. 2018. "미디어 담론으로 본 농촌유학의 의미 구성과 실천: 다큐멘터리 '시골 학교, 도시 아이들'에 대한 비판적 담론 분석." 『환경교육』 31(3): 224-240.

오영해. 2004. 『영산강아이들』 반디출판.

이어령. 2004. "개똥벌레의 추억과 물값." 『중앙일보』 (2004.6.15.).

이오성. 2003. "반딧불이는 인간을 위해 반짝이지 않는다." 『월간말』 208: 204-209.

정병준. 2003. "맹산반딧불이자연학교 네셔널트러스트 운동." 『도시와 빈곤』 60: 93-101.

조선일보. 1969. "만물상." (1969.5.20.).

_____. 1971. "만물상." (1971.7.1.).

최명애. 2020. "비인간 행위성과 제주 돌고래 생태관광의 정치경제." 『문화역사지리』 32(1):

126-145.

_____. 2024. "수달과 함께 도시 커먼즈 만들기." 『과학기술학연구』 24(2): 6-41.

한영식. 2014. 『반딧불이 통신』 사이언스북스.

Barua, M. 2017. "Nonhuman labour, encounter value, spectacular accumulation: The geographies of a lively commodity." *Transactions of the Institute of British Geographers* 42(2): 274-288.

Barua, M. 2019. "Affective economies, pandas and the atmospheric politics of lively capital." *Transactions of the Institute of British Geographers* 45(3): 678-692

Bekoff, M. 2002. Minding Animals: Awareness, Emotions and Heart. Oxford: Oxford University Press.

Büscher, B. and Fletcher, R. 2019. "Towards convivial conservation." *Conservation and Society* 17(3): 283-296.

Calarco, M. 2008. Zoographies: The Question of the Animal from Heidegger to Derrida. Columbia University Press.

Carter, B. and Charles, N. 2013. "Animals, agency and resistance." *Journal for the Theory of Social Behaviour* 43(3): 322-340.

Castree, N. 2002. "False antitheses? Marxism, nature and actor-networks." *Antipode* 34(1): 111-146.

_____. 2003. Commodifying what nature? *Progress in Human Geography* 27(3): 273-297.

Ceballos, G., Ehrlich, P. R. and Dirzo, R. 2017. "Biological annihilation via the ongoing sixth mass extinction signaled by vertebrate population losses and declines." *Proceedings of the National Academy of Sciences* 114(30): E6089-E6096.

Cheang, S. 2006. "Women, pets and imperialism: The British Pekingese dog and nostalgia for old China." *Journal of British Studies* 45(2): 359-387.

Cochrane, A. 2018. Sentientist Politics: A Theory of Global Inter-Species Justice. Oxford University Press.

Collard, R. and Dempsey, J. 2013. "Life for sale? The politics of lively commodities.

Environment and Planning A." *Economy and Space* 45(11): 2682-2699.

Crutzen, P. J. 2002. Geology of mankind. Nature 415(6867): 23.

Crutzen, P. J. and Stoermer, E. F. 2000. The Anthropocene. Global Change Newsletter 41: 17-18.

De la Bellacasa, M. P. 2017. Matters of Care: Speculative Ethics in More than Human Worlds (Vol. 41). University of Minnesota Press.

Dirzo, R., Young, H. S., Galetti, M., Ceballos, G., Isaac, N. J. and Collen, B. 2014. "Defaunation in the Anthropocene." *Science* 345(6195): 401-406.

Donaldson, S. and Kymlicka, W. 2011. Zoopolis. Oxford: Oxford University Press.

Ducarme, F., Luque, G. M. and Courchamp, F. 2013. "What are charismatic species for conservation biologists." *BioSciences Master Reviews* 10: 1-8.

Duffy, R. 2008. "Neoliberalising nature: Global networks and ecotourism development in Madagascar." *Journal of Sustainable Tourism* 16(3): 327-344.

Dürbeck, G., Schaumann, C. and Sullivan, H. I. 2015. "Human and non-human agencies in the Anthropocene." *Ecozon@* 6(1): 118.

Entwistle, A. and Dunstone, N. 2000. Priorities for the Conservation of Mammalian Diversity: Has the Panda Had Its Day? (Vol.3). Cambridge University Press.

Frank, B., Glikman, J. A. and Marchini, S. 2019. Human-Wildlife Interactions: Turning Conflict into Coexistence (Vol. 23). Cambridge University Press.

Fu, X. and Meyer-Rochow, V. B. 2012. "An investigation into the morphological and behavioral adaptations of the aquatic larvae of Aquatica leii (Coleoptera: Lampyridae) to prey upon freshwater snails that serve as intermediate hosts for the liver fluke." *Biological Control* 62(3): 127-134.

Gabriel, Y. 2016. "Narrative ecologies and the role of counter-narratives: The case of nostalgic stories and conspiracy theories." Counter-narratives and organization. Routledge 208-225.

Greene, A. N. 2008. Horses at Work: Harnessing Power in Industrial America. Cambridge, MA: Harvard University Press.

Haraway, D. 2003. The Companion Species Manifesto: Dogs, People and

Significant Otherness. Chicago: Prickly Paradigm Press.

_____. 2006. "Encounters with companion species: Entangling dogs, baboons, philosophers and biologists." *Configurations* 14(1): 97-114.

_____. 2008. When Species Meet. University of Minnesota.

_____. 2020. Staying with the Trouble: Making Kin in the Chthulucene. Duke University Press.

Ingold, T. 2012. Hunting and gathering as ways of perceiving the environment. In: Gross A and Vallely A (eds) Animals and the Human Imagination. New York: Columbia University Press.

Kellert, S. R. 1993. "Values and perceptions of invertebrates." *Conservation Biology* 7(4): 845-855.

Latour, B. 2004. Politics of Nature. Harvard University Press.

Lewis, S. M. et al. 2021. "Firefly tourism: Advancing a global phenomenon toward a brighter future." *Conservation Science and Practice* 3(5): e391.

Lorimer, J. 2007. "Nonhuman charisma." *Environment and Planning D: Society and Space* 25(5): 911-932.

_____. 2013. More-than-human visual analysis: Witnessing and evoking affect in human-nonhuman interactions. In: Rebecca Coleman and Jessica Ringrose (eds) Deleuze and research methodologies, Edinburgh University Press, 61- 78.

_____. 2015. Wildlife in the Anthropocene: Conservation After Nature. University of Minnesota Press.

McFarland, S. E. and Hediger, R. 2009. Approaching the agency of other animals: An introduction. In: Animals and Agency. Brill. 1-20.

Michael, M. 2004. "Roadkill: Between humans, nonhuman animals and technologies." *Society & Animals* 12(4): 277-298.

Moore, M. 1984. "Mobilization and disillusion in rural Korea: the Saemaul movement in retrospect." *Pacific Affairs* 57(4): 577-598.

Nyhus, P. J. 2016. "Human-wildlife conflict and coexistence." *Annual Review of Environment and Resources* 41(1): 143-171.

Pearson, C. 2015. "Beyond 'resistance': Rethinking nonhumanagency for a 'more-than-human' world." *European Review of History* 22(5): 709-725.

Philo, C. and Wilbert, C 2000. Animal Spaces, Beastly Places: New Geographies of Human-Animal Relations. New York: Routledge.

Prokop, P. et al. 2024. "Charismatic species should be large: The role of admiration and fear." *People and Nature* 6(3): 945-957.

Srinivasan, K. 2013. "The biopolitics of animal being and welfare: Dog control and care in the UK and India." *Transactions of the Institute of British Geographers* 38(1): 106-119.

Steffen, W., Crutzen, P. J. and McNeill, J. R. 2007. "The Anthropocene: Are humans now overwhelming the great forces of nature?" *Ambio-Journal of Human Environment Research and Management* 36(8): 614-621.

Tsing, A. L. 2015. The Mushroom at the End of the World: On the Possibility of Life in Capitalist Ruins. Princeton University Press.

Whatmore, S. 2002. Hybrid Geographies: Natures, Cultures, Spaces. SAGE Publications.

_____. 2006. "Materialist returns: Practising cultural geography in and for a more-than-human world." *Cultural Geographies* 13(4): 600-609.

철원의 농민과 두루미는 어떻게 생존을 도모하는가?

최명애

이 글은 인류학자 애나 칭의 '협력적 생존' 개념을 빌려, 변화하는 철원의 농민과 두루미의 관계를 살펴본다. 이 글에서 비인간은 매년 겨울 철원을 찾아오는 국제멸종위기종인 두루미다. 한때 보호지역 지정을 우려해 두루미를 쫓아내던 철원의 농민들은 이제는 두루미를 돌보고, 그들과 함께 미래를 모색하고 있다. 민통선의 북상과 쌀 농업의 쇠퇴라는 공동의 취약성 속에서, 철원의 농민과 두루미는 공동의 생존을 모색한다. 여기서 협력적 생존은 가속화된 불안정성 속에서, 신체적 정서적 교환을 통해 만들어지는, 도구적이면서도 호혜적인 협력과 연대를 가리킨다. 지금까지 민통선 인근 주민의 삶은 분단과 냉전이라는 지정학적 맥락 속에서 주로 분석되어 왔다. 그러나 두루미를 중심에 놓고 사람, 식물, 기술, 땅이 얽히는 방식을 살펴보는 것은 철원의 변화를 보다 입체적으로 이해할 수 있게 한다. 나아가 생태사회적 불안정성이 심화되는 인류세 시대에, 철원 주민과 두루미의 '인간 너머의' 동맹은 종을 넘어선 연합을 통해 위기를 헤쳐나가려고 하는 하나의 실천적 시도를 보여줄 수 있을 것이다.

1. 철원의 농민과 두루미

강원도 철원군 북쪽 민간인출입통제선(민통선) 안에서 농사를 짓는 농민들과 두루미의 관계는 20여 년에 걸쳐 극적인 변화를 겪었다. 1990년대 후반 철원을 찾아오던 두루미를 보호지역 지정을 우려해 쫓아내던 농부들은 2000년대 중반 이후 두루미 보호에 적극적으로 참여하고 있다. 수확 후 남은 벼를 보존해 두루미의 먹이를 제공하고, 수확이 끝난 논에 물을 대 두루미의 서식지를 만들어준다. 같은 시기 두루미 개체 수 또한 빠르게 증가했다. 철원 민통선 이북은 전국적으로 이름난 철원 오대쌀을 생산하는 강원도 최대의 곡창지대이자, 세계적인 멸종위기종인 두루미와 재두루미의 겨울철 월동지이기도 하다.

철원에서 일어난 두루미와 농부의 관계 변화는 위기에 직면한 농부들이 두루미와 연대해 다양한 방식으로 생존을 모색하는 '종간 협력(interspecies collaboration)'의 모습을 보여준다. 이때 농부와 두루미의 관계는 전적으로 착취가 아니며, 전적으로 돌봄도 아니다. 오히려 돌봄과 착취, 기생과 호혜가 공존하는 '양가적'인 모습을 띤다(Münster, 2016). 이 같은 인간-비인간의 관계는 종종 이분법적 방식, 다시 말해, 인간의 비인간-동물과 자연-에 대한 착취 혹은 돌봄/구원, 한 종의 다른 종에 대한 기생 혹은 호혜와 같은 방식을 거스른다. 기존의 다종(multispecies) 및 인간 너머(more than human) 연구가 인간과 비인간의 얽힘을 착취 혹은 구원과 같이 평면적으로 다뤄왔다는 문제의식 속에서, 이 글은 철원의 농부와 두루미의 복잡하고 미묘한 종간 협력을 살펴보고자 한다.

농부와 두루미의 종간 협력을 설명하기 위해 나는 인류학자 애나 칭(Tsing, 2023(2015))의 '협력적 생존(collaborative survival)' 개념을 빌려와 발전시키고자 한다. '협력적 생존'은 인류세의 인간과 비인간이 직면한 불안정성(precarity)을 강조하고, 인간과 비인간의 불가피한 얽힘을 '알아차리고' '응답'할 것을 요구한다. 이 개념은 인류세의 인간-비인간 관계를 설명하는 데 유용하지만, 다른 한편으로는 정교하게 정의되거나 개념화되지 않은 채 사용되는 모습을 보이는 듯하다(Liu et al., 2018; Haverkamp, 2021). 이 글은 협력적 생존을 인간과 비인간의 협력적 상호작용과 종을 넘어선 협력과 연대의 가능성을 강조하는 최근의 '인간 너머의 협력(more than human collaboration)' 연구와 결합하고자 한다(Coulter, 2016; Gillespie and Lawson, 2017; Doherty, 2019; Wilson, 2022; Welden, 2023). 이를 통해 협력적 생존을 가속화된 불안정성 속에서 전개되는 두터운 종간 협력과 연대를 설명하는 개념으로 발전시키고자 한다. 특히 ① 인간과 동물이 직면한 공동의 그리고 가속화된 불안전성, ② 도구적이면서도 호혜적인 '두터운(thick)' 협력, ③ 신체적, 정서적 교환을 통해 만들어지는 공감과 변형을 협력적 생존의 주요 특징으로 제안할 것이다.

이 글은 먼저 칭의 협력적 생존과 최근의 인간 너머의 협력에 관한 주요 이론적 자원들을 살펴본다. 이어 철원의 농부와 두루미를 소개하고, 농부와 두루미의 다양한 상호작용을 살펴본다. 이어 이 사례에 기반해 칭의 '협력적 생존' 개념을 보다 구체화하고, 결론적으로 이 같은 종간 협력이 인류세 논의에서 갖는 함의를 살펴본다.

2. '협력적 생존'과 인간 너머의 협력

칭은 『세계 끝의 버섯』에서 후기 자본주의의 불안정성 속에서 송이버섯을 매개로 한 다양한 인간과 비인간 존재들의 얽힘을 추적한다. 이때 '협력적 생존'은 이 책의 핵심 개념으로, 모든 존재는 얽혀있으며, 얽힘 속에서의 협력을 통해서만 비로소 생존할 수 있음을 가리킨다. 협력적 생존은 얽힘으로 매개되는 존재의 생존 양식을 설명하는 개념이면서, 다른 존재와의 차이를 알아차리고 이에 응답함으로써 생존을 모색할 것을 주문하는 규범적 개념이기도 하다. 『세계 끝의 버섯』은 우리가 직면한 생태사회적 파국의 돌파구를 인간과 비인간의 '얽힘'을 알아차리고 '응답'하는 데서 찾는다는 점에서 본격적인 비인간, 다종 연구의

시작을 알린 작업이라고 할 수 있다.[1]

도나 해러웨이(Haraway, 2021(2016))와 칭(2023)으로 대표되는 인간-비인간, 포스트휴먼, 다종 연구는 다종의 '얽힘'을 드러내고, 인간과 비인간 존재의 호혜적 교환—해러웨이가 '친족(kinship)'이라고 부르는—의 가능성을 보여주는 데 주력해 왔다. 한편 최근의 인류학, 지리학 분야의 연구들은 인간과 비인간의 얽힘이 단순한 공존(coexistence)이 아니라 착취와 돌봄, 기생과 호혜가 뒤섞인 끈적끈적한—하나의 항으로 수렴될 수 없는—상호작용임을 보다 섬세하게 파고드는 듯하다(Doherty, 2019; Van Patter et al., 2022; Ejsing, 2023). '인간 너머의 협력', '종간 협력', '종간 연합(interspecies alliance)' 등의 이름으로 전개되는 이 연구들은 대체로 인간과 동물의 협업이 이뤄지는 '접촉 지대(contact zone)'에 주목한다. 로즈마리-클레어 콜라드(Collard) 등의 초기 연구가 생태관광, 생명공학 등에 동원되는 동물 노동을 자본주의 비판과 연결하여, 동물의 상품화나 노동 과정에서 이뤄지는 동물 착취에 천착했다면(Collard and Dempsey, 2013; Porcher, 2017; Barua, 2018; 블래트너 외, 2023(2020)), 최근 연구들은 동물 노동이 갖고 있는 착취적 성격을 부인하지 않으면서도, 노동에 참여하는 인간과 동물을 하나의 관계적 유닛(relational unit)으로 보는 입장을 발전시킨다.[2] 이들은 첫째, 종의 경계를 넘어 이뤄지는 신체적, 정서적 '협력'의 복잡성과, 둘째, 주변화된 인간과 비인간 집단의 동일시, 종을 넘어선 연대의 가능성에 주목한다.

먼저, 종간 협력과 관련해, 켄드라 콜터(Coulter, 2016) 등은 인간과 동물의 다양한 노동 '협력'에 주목한다(Van Patter et al., 2022; Welden, 2023). 이들은 동물 노동이 인간의 경제적 이익을 위한 동물 착취임을 부정하지 않으면서

---

1 동시에 인간과 인간, 인간과 비인간의 지배적인 비대칭성을 분석에 포함하지 않고, 대안적 삶의 가능성을 다종 관계의 재구성에서 찾는다는 점에서 전형적으로 다종 및 포스트휴먼 연구의 한계를 보여주는 작품이기도 하다. 이 작품에 대한 비판은 전의령(2025), 조문영(2024) 참고.
2 비판적 연구가 동물권이나 동물해방 접근을 통해 인간중심주의적 동물 이용을 폭로하는 데 주력한다면, 관계적 접근은 자연-문화, 인간-비인간의 얽힘과 세계의 공동 구성을 드러내는 데 주력한다.

도, 그 과정에서 공감과 돌봄, 연대의 감각이 형성됨을 지적한다. 콜터(2016)는 반려동물, 맹도견, 경찰견 등의 사례를 통해 공동의 목표 아래 협력하는 인간과 동물 사이에 종을 넘어선 '연대(solidarity)'가 만들어짐을 지적한다. 웰든(Welden, 2023)은 영국의 하천 재야생화 사례에서 비버의 생태적 활동이 단순히 인간을 위한 노동이 아니라, 인간과 '함께' 생태 지식을 생산하고 실천을 이끄는 협력적 관계로 발전할 수 있음을 보여준다.

한편 제이콥 도허티(Doherty, 2019)는 우간다의 매립장에서 쓰레기수집인과 아프리카대머리황새 사이에 의도치 않은 협력이 형성되는 사례를 제시한다. 황새가 찢어놓은 쓰레기 봉지가 쓰레기수집인의 작업을 용이하게 만들면서, 이들 간의 관계는 기생과 호혜, 착취와 공감의 이분법을 넘는 양가적인 공존의 형태를 띤다. 나아가 도허티 등의 연구는 불안정한 환경 속에서 인간과 비인간이 유사한 위치성과 생존 조건을 공유하며 함께 살아가는 모습을 조명한다(Gillespie and Lawson, 2017; Doherty, 2019; Tsai, 2019; 테일러, 2020(2017); Chao, 2021). 예컨대, 도시의 '더러움(filth)'에 기대어 살아가는 우간다의 쓰레기수집인과 아프리카대머리황새는 철거와 독성물질이라는 같은 위험에 노출된 존재다(Doherty, 2019). 마찬가지로 길레스피와 로손(Gillespie and Lawson, 2017)의 연구에서 샌프란시스코의 노숙인과 그들의 반려견은 언제 쫓겨날지 모르는 불안을 공유하며 도시에서 함께 삶을 꾸려나간다.

차오 등(Chao et al., 2022)은 '사회적' 부정의(injustice)와 '종간' 부정의가 자본주의, 식민주의와 같은 동일한 구조에서 비롯되는 문제라고 지적한다. 인간에 대한 폭력과 동물과 자연에 대한 폭력이 서로 다른 문제가 아니라는 것이다. 따라서 종의 경계를 따라 구별 짓는 대신, 같은 구조적 폭력에 노출된 집단들 사이에서 종의 경계를 넘어 연합(alliance)을 만들 것을 강조한다. 차오(2022)는 이 같은 맥락에서 플랜테이션에서 일하는 마린드족 원주민 노동자들이 열대 야자 틈새에서 싹을 틔우는 거다마마와 같은 기생식물에 주목하고, 이들 식물과 자신들을 동일시하는 것을 지적한다. 이들 원주민에게 기생식물에 의한 열대 야자의 죽음은 일종의 '재분배적 정의'로 읽힌다. 이처럼 특정한 인간과 비인간 집단을 위협하는 '공유된 불안정성(shared precarity)' 속에서 "급진적인 형태의 종간 연합"(Chao et al., 2022: 9)이 만들어질 수 있다는 것이다. 인간 너머의 협력 연구에서 천착하는 종간 협력의 양가적인 모습과 인간과 비인간 집단 사이에 생성되는 연대의 감각은 칭의 '협력적 생존'에서 '협력'과 '생존', 나아가 협력적 생존이 무엇을 가능케 하는지에 대해 탐색하는 데 유용하게 활용될 수 있을 것이다.

3. 철원 인류세에 찾아온 멸종위기종

두루미(Grus japonensis)와 재두루미(Grus vipio)는 시베리아와 중국 북부에서 여름을 나고 중국 남부, 한국, 일본에서 겨울을 나는 철새다. 두 종 모두 국제자연보전연맹(IUCN) 적색 목록에 '취약종(VU)'으로 등재된 국제멸종위기종이며, 국내에서도 멸종위기 야생생물 각각 1급과 2급, 천연기념물 제202호, 제203호로 지정된 보호종이다. 한반도 여러 지역에 두루미 월동 기록이 있었으나(Lee, 2024), 일제강점기와 한국전쟁을 거치며 남한에서 두루미는 거의 자취를 감췄다. 1970년대부터 강화도 갯벌과 강원 민통선 이북의 철원읍 내포리에서 겨울을 나는 두루미들이 확인되면서 철원 샘통 지역이 1973년 천연기념물 제245호 철새도래지로 지정되기도 했다.

두루미들이 수백 마리 이상 본격적으로 철원을 찾기 시작한 것은 1990년대 이후의 일이다. 비무장지대(DMZ) 안에 두루미 100여 마리가 월동한다는 이야기가 간간이 나오더니, 1985년께부터 민통선 북방의 논에서 수십 마리씩 발견되기 시작했다. 1990년대 초반부터는 두루미와 재두루미가 각각 200~300마리씩 철원에서 월동하는 것이 확인됐다. 정부가 월동 두루미 센서스를 시작한 1999년 철원평야의 두루미와 재두루미는 각각 372마리와 474마리였다. 한편 지난 2022년 겨울 철원을 찾은 두루미와 재두루미는 각각 1,230마리와 5,461마리였다. 20여 년 만에 각각 3배, 11배가 늘어난 것이다.

조류학자들은 두루미가 철원을 찾게 된 까닭을 크게 세 가지에서 찾는다(유승화 외, 2012). 먼저, 비무장지대의 습지가 두루미에게 안전한 잠자리를 제공했다. 철원 북부 철원읍과 동송읍은 '철의 삼각지대'로 불리는 한국전쟁 최고의 격전지였다. 지금은 군사분계선과 민통선이 철원군을 가로지른다. 과거 철원읍 시가지는 1951년 1·4후퇴 이후 북한의 재탈환을 우려한 미군의 초토화 작전으로 폐허가 됐다. 1953년 휴전협정에 따라 당시 전선을 따라 군사분계선(MDL)이 설정되고, 군사분계선을 중심으로 남측과 북측 각각 2km씩 비무장지대가 설정됐다. 이어 비무장지대 남쪽으로 민통선(CCL)이 만들어지면서 구 철원읍 시가지는 비무장지대와 민통선 이북에 남았다. 남측 비무장지대는 한국군이 아니라 유엔사가 관할한다. 수색과 정찰 활동을 위해 군인만 출입할 뿐, 민간인은 들어갈 수 없다. 일상적 사회경제 활동이 중단된 지 70여 년이 흐르면서, 비무장지대에 남겨졌던 마을과 논은 낮은 덤불과 습지로 바뀌었다(Lim et al., 2024). 일종의 '수동적 재야생화'가 이뤄진 것이다. 논의 천이로 만들어진 야트막한 습지가 얕은 물에서 잠을 자는 두루미에게는 적당한 잠자리가 된다. 특히 민간인의 출입이 완전히 차단된 습지는 두루미에겐 더할 나위 없는 안전한 잠자리이다.

둘째, 철원 민통선 이북 지역 대부분이 논으로 개간되면서 두루미에게 먹이를 제공했기 때문이다(Kim et al., 2013; 유승화 외 Yoo et al., 2015). 한국 정부는 식량 부족 문제를 해결하기 위해 1960년대부터 강도 높은 산미 증식 캠페인을 벌였다. 마침 비무장지대 남측 경계부터 민통선까지는 북한과 접경 지역이라 산업 설비가 들어서기 어려웠다. 정부는 철원 민통선 이북의 폐허와 지뢰 지대를 개간해 농토를 만들고, 제대 군인과 돌아온 지역주민을 중심으로 전략촌(strategic villages)을 세웠다. 전략촌은 민간인을 이용한 대북 방어 체제이자 대북 심리전의 수단이면서, 동시에 민북 지역, 즉 민통선 이북의 유휴지를 개간해 쌀을 생산하려는 목적으로 만들어졌다(Jung, 2019). 철원의 농경지가 이미 1920년대 일본 농업 자본과 수리조합을 통해 한차례 벼농사 지대로 개간되었다는 경험도 철원의 농업 드라이브를 강화했다(김영규, 2016). 철원은 민통선 이북의 7,700ha를 포함해 1만ha의 논에서 매년 6만 톤 이상의 쌀을 생산하는 우리나라의 대표적인 곡창지대다. 철원의 농업이 일찌감치 기계화되면서, 알곡이 유난히 많이 떨어진다는 사실도 두루미에게는 유리하게 작용했다. 두루미들이 찾아오는 10월, 민통선 이북 논에 남은 이삭은 두루미들에게 유용한 먹이가 된다. 새들은 비무장지대의 습지에서 잠을 자고, 아침이면 철원평야로 나와 먹이를 찾고, 밤이면 다시 비무장지대로 돌아간다.

셋째, 1990년대 북한의 기근이 철원으로 두루미를 오게 했다. 조류학자 이기섭은 철원 지역 두루미 개체 수 증가의 원인 중 하나로 "탈북 두루미"의 유입을 꼽는다. 황해남도와 북한 강원도 안변에서는 두루미가 1970년대부터 월동해 왔다. 그러나 1990년대 초반 동구권의 붕괴는 북한 주민뿐 아니라 두루미의 삶에도 영향을 미쳤다. 소련 붕괴는 북한 원조 중단으로 이어졌고, 특히 화학비료 원조가 끊기면서 북한의 농업 생산량은 급격히 추락했다. 거기다 1990년대 후반에는 수해가 몇 년간 이어졌다. 이른바 '고난의 행군'(1994~2000년)이 시작된 것이다(박경숙, 2012).³ 조류학자들은 북한을 탈출하는 주민들과 함께 두루미도 북한을 떠났을 것으로 추정한다. 기근으로 풀뿌리와 나무껍질까지 벗겨 먹는 상황에서 두루미에게 남겨줄 알곡 같은 것은 남아있지 않았을 것으로 보인다. 두루미 중 일부가 휴전선 너머 남한 철원평야에서 먹이터를 발견했을 것이다. 실제로 북한 '고난의 행군' 직후인 1990년대 후반에서 2000년대 초반에 철원의 두루미 개체 수는 수백 마리에서 수천 마리로 빠르게 증가했다. 현재는 전 세계 두루미와 재두루미의 절반 이상이 철원에서 월동한다. 철원의 비무장지대와 민북 지역의 논이 멸종위기 두루미와 재두루미의 긴요한 서식지가 된

---

3 고난의 행군 기간에 북한의 사망자는 88만 명 이상으로 알려져 있다(박경숙, 2012).

것이다.

이처럼 철원으로 두루미를 불러들인 것은 전쟁, 산업적 영농, 냉전으로 이어지는 인간의 활동이었다. 전쟁의 폐허에서 만들어진 자연 지역, 산업화된 농경 지역, 동구권의 몰락과 탈북이 두루미의 월동 경로를 바꿔 철원으로 향하게 만들었다. 청정의 자연 지역이 아니라, 인간의 교란(disturbance)으로 만들어진 인류세의 경관에 뜻밖에도 희귀한 멸종위기종이 찾아온 것이다. 이 같은 점에서 두루미는 인간이 만든 인류세의 경관에서 인간의 의도와 상관없이 출현하는 뜻밖의 자연—칭 등(Tsing et al., 2019)의 표현대로 '퍼럴(feral)'—의 모습을 갖고 있다.

4. 농민과 두루미의 종간 상호작용

철원 주민들이 두루미 보호 활동에 나선 것은 1980년대 후반부터이다. 민통선에 인접한 동송읍 주민들이 1986년 무렵부터 두루미 탐조와 밀렵 방지에 나섰고, 민통선 내 전략촌인 양지리 주민들도 몇 년 뒤(1988년) '철새 봉사대'를 결성해 두루미 보호 활동을 시작했다. 두루미에 대한 지역주민과 농민의 반감이 높은 상황에서,[4] 두루미 보호 활동은 두루미에게 해를 줄 수 있는 활동이나 시설물을 수거하고, 두루미에 대한 인식을 높이는 데 주력했다. 동송읍 주민들이 주축이 된 '한국조류보호협회 철원군지회'와 양지리의 '철새봉사대'에 이어 1998년에는 철원 주민들을 중심으로 '두루미협회 중앙회'가 만들어졌다. 인구

---

4 철원 지역주민과 두루미의 관계는 지난 20여 년간 드라마틱한 변화를 겪었다. 1990년대 후반 주민들은 멸종위기종 두루미의 도래로 철원 북부와 민통선 지역이 자연보호 지역으로 지정될 것을 우려해 격렬한 반대 운동을 벌였다. 이후 두루미에 대한 인식 개선과 생태관광의 경제적 효과, 쌀 농업의 경제적 가치 하락 등이 꾸준히 이어지면서, 2010년대 이후 철원에서 두루미는 대체로 환영받는 존재로 바뀌었다. 철원 주민들의 두루미 '박해'에서 '환대'로의 극적인 변화는 흥미로운 연구 대상이며, 별도의 글을 통해 다루고자 한다.

5만여 명이 채 못 되는 철원에 두루미 보호를 위한 풀뿌리 단체가 3곳이나 만들어진 것이다. 나아가 두루미에 관심이 높은 주민들이 두루미 탐조와 교육을 위한 '두루미 학교', 두루미 먹이주기와 사진촬영을 위한 '두루미 곳간' 등을 만들어 탐조인과 관광객을 대상으로 운영하면서, 철원 두루미에 대한 인식이 확산되기 시작했다. 같은 시기 마을 기반 생태관광에 대한 관심과 지원이 확산되면서 두루미가 찾아오는 이길리, 양지리, 대마리 등 철원 북부의 마을들은 '두루미가 자는 마을' '철새 마을' 등의 이름으로 지역을 브랜드화하면서 두루미 관광을 모색했다.

주민들을 중심으로 이뤄지던 두루미 보호와 관광은 2010년대 후반 철원군이 나서면서 제도화된다. 철원군은 2016년 양지리의 폐교를 리모델링해 두루미 전시관과 탐조 시설을 만들고, 2018년부터 겨울철 두루미 탐조 투어를 운영하기 시작했다. 버스를 타고 민통선 내부로 들어가 가이드의 안내에 따라 두루미를 탐조하는 반나절 코스다. 군청 조직에 두루미를 전담하는 'DMZ 두루미 관광계'를 설치하고(2022년), 미국 소재 두루미 보호 NGO인 국제두루미재단(International Crane Foundation)의 한국 지부를 철원군에 유치하기도 했다(2023년). 두루미 보전과 '현명한 이용'을 위해 철원에는 군과 마을, 지역단체의 연대체가 결성돼 있다. '두루미 협의체'는 산하에 '생태관광 협의체' '보전 협의체' 'DMZ 두루미 운영 협의체'의 3개 조직으로 구성되어, 두루미 보전과 관광, 지역축제 등을 논의한다. 마을로는 두루미가 찾아오는 대마리, 정연리, 이길리, 생창리, 양지리의 5개 마을이 참여한다.

지난 20여 년에 걸쳐 철원은 두루미의 군이 됐다. 경기도 포천에서 군의 경계를 넘어 강원도 철원으로 들어서면 곳곳에 두루미 조형물과 이미지가 보인다. 관광명소에도, 버스 정류장에도, 오대쌀 포대와 군부대의 민통선 출입증에도 두루미가 그려져 있다. 생태관광이 지역경제 살리기의 방법으로 제안되면서 두루미는 철원의 대표적인 생태관광 자원이 됐다. 두루미 이미지를 이용한 지역 특산물 브랜딩도 활발하다. 철원 농특산물 브랜드 '두루웰'은 '두루미'와 '웰빙'

을 결합한 이름이다. 지역의 자원인 두루미를 알리고, 활용하고, 보호하기 위한 활동도 활발하다. 두루미가 찾아오는 10월부터 3월까지 두루미 관광이 실시되고, 두루미 먹이주기, 두루미 모니터링이 실시된다. 주민이 참여하는 두루미 활동에 농민들이 있다.[5] 이 절에서는 철원에서 이뤄지는 농민과 두루미의 상호작용을 실천 내용, 실천의 이유, 관계의 변형으로 나눠 살펴본다.

1) 논에 서식지 만들기와 두루미의 '보은'

2020년 9월 22일 철원군 내포리, 민통선 이북에 자리 잡은 오규원[6] 씨의 논에서는 가을 수확이 한창이었다. 대형 트럭만 한 콤바인이 네모반듯한 논의 양쪽 끝을 천천히 오가며 어른 허벅지 높이로 자란 벼를 잘라냈다. 콤바인 속으로 빨려 들어간 벼는 이삭이 되어 쌀 포대에 담기고, 볏짚은 한 뼘 길이로 잘려 논에 뿌려졌다. 전남 고창에서 올라온 콤바인이라고 했다. 일제 얀마 제품이다. 콤바인을 직접 소유한 농민은 거의 없다. 수확철이 되면 전남이나 충남에서 올라온 콤바인이 한 달쯤 철원에 머물며 농가를 돌며 벼를 수확한다. 콤바인 한 대가 하루에 1만 평 정도의 논에서 수확한다. 오규원이 풀냄새가 가시지 않은 논바닥에 쭈그리고 앉아 볏짚과 낙곡을 주워들었다.

> "이게 얘들(두루미) 먹이야. 기계로 하면 이렇게 낙곡이 떨어지는데, 이걸 주울 방법이 없지, 우리는. 얘들은 와서 먹고. 낙곡 낙실을 3%만 잡아도 철원 전체에서 2,100톤, 1만 8,000가마가 나와. 그게 이 아이들의 먹이원이 되지."

철원의 추수는 9월 말에 끝난다. 10월 초면 재두루미가 날아오기 시작하고,

---

[5] 철원 농민의 수는 3,400여 명으로 철원 군민 4만 8,000명의 약 8%에 해당한다.
[6] 인터뷰 참가자들은 모두 가명으로 처리했다.

두루미는 조금 늦어 11월부터 찾아온다. 한 해 농사는 거의 끝났지만 당분간 오 씨는 분주하다. 추수가 끝난 논은 볏짚으로 덮어둬야 한다. 미생물 생태계가 활성화돼 논 토양이 비옥해지고, 두루미가 올 때까지 알곡을 논에 남겨둘 수 있다. 볏짚에서 떨어지는 알곡도 두루미 먹이가 된다. 논 일부는 물을 대어 다시 무논을 만든다. 일주일 정도 물을 대면 깊이 30cm 정도의 야트막한 습지가 된다. 한쪽 다리를 물속에 넣고 서서 자는 두루미가 좋아하는 잠자리 형태이다. 무논 옆에는 어른 키 높이로 가림막도 쳐줘야 한다. 자동차들이 지나다니면 두루미가 놀라기 때문이다. 오 씨의 농경지는 3월부터 9월까지는 벼를 기르는 논이지만, 10월부터 이듬해 2월까지는 두루미의 서식지가 된다.

겨울철 논을 두루미의 먹이터나 잠자리로 만들어주는 농민은 오 씨만이 아니다. 볏짚을 짧게 썰어 다시 논에 뿌려주는 '볏짚 존치'가 철원에서 시작된 것은 2004년부터이다. 볏짚 존치는 철새나 야생동물의 농작물 훼손이 문제가 되면서, 환경부가 농민들에게 농작물이나 볏짚을 논에 남겨둘 것을 권하고, 그 손해를 일정 부분 보전해 주는 '생물다양성계약' 정책의 일환이다. 농민들은 추수가 끝나면 볏짚을 둘둘 말아 비닐로 싸서 축산 농가에 먹이로 팔아왔다. 그러나 볏짚을 논에 남겨두면 철새의 먹이도 되고, 농토도 비옥해지는 효과가 있다. 볏짚 존치 면적은 차츰 확대돼 2020년엔 800ha로 늘어나더니, 2022년 지원금 예산이 대폭 늘어나면서 4,400ha로 늘어났다.[7] 민통선 이북 농경지 7,700ha의 절반을 넘는 규모다.

무논 만들기는 최근 몇 년 새 새롭게 시작된 활동이다. 볏짚 값은 군에서 일부 쳐주지만, 물값은 자비로 대야 한다. 그래도 매년 겨울 오 씨의 논을 비롯해 민통선 내에 서너 곳에 도합 30ha 정도의 무논이 만들어진다. 무논은 시베리아에서 철원을 찾아온 두루미들의 초겨울 잠자리가 된다. 두루미는 DMZ의 습지

---

[7] 철원 볏짚 존치 예산은 기존 2억 원에서 2022년 11억 원으로 대폭 늘어났다. 멸종위기종 서식지로 철원평야의 중요성이 높아지면서 볏짚 존치를 통해 두루미 먹이터를 조성하기 위해서이다.

를 잠자리로 이용하지만, 초겨울의 습지는 얕은 물에서 잠을 자는 두루미에게 너무 깊다. 두루미들은 민통선의 무논을 이용하다 12월 중순이 되어 DMZ의 습지가 충분히 얼어붙으면 DMZ로 잠자리를 옮긴다. 무논은 시베리아에서 철원으로의 장거리 이동을 마친 두루미들에게 긴요한 잠자리가 되는 것이다. 농민들이 만들어준 먹이터와 잠자리 덕분에 두루미는 철원의 겨울을 무사히 날 수 있다.

한편, 두루미의 논 이용은 농민들에게도 손해 보는 일은 아니다. 필자와 연구팀은 오 씨의 도움으로 두루미가 이용하는 논과 이용하지 않는 논의 토양 샘플을 채취해 미생물 환경을 비교 분석했다(Min and Choi, 2022). 이 연구는 오 씨의 요청으로 시작됐다. 두루미가 논에서 생활하며 분비한 배설물이 '천연 유기농 비료'로 기능할 것 같은데, 어떤 효과가 있는지 정확하게 알고 싶다는 것이다. 연구 결과, 두루미가 논에서 걷고, 먹이를 찾아 논바닥을 헤집고, 배설물을 분비하는 일련의 활동과, 토양의 미생물 구성과 활동에는 뚜렷한 상관관계가 있는 것으로 나타났다. 두루미가 이용하는 농경지의 경우, 토양의 미생물 군집의 다양성이 더 높고, 활동이 더 활발했다. 한 해 겨울 5,500여 마리 두루미의 활동은 철원 민통선 북방의 농경지 전체에 매일 24kg의 질소 비료를 투입하는 것과 같은 효과가 있는 것으로 나타났다. 오 씨와 농민들은 "그게 모두 천연 유기농 비료"라며 연구 결과를 환영했다. 그들의 두루미 보호 활동이라는 친절에 대해 두루미가 분변으로 화답했다는 것이다. 농민과 두루미의 종간 협력이 긍정적인 생태적 효과로 나타난 셈이다.

농민들의 두루미 서식지 만들기와 두루미의 '보은'은 호혜적인 생태적 상호작용을 넘어 새로운 경제활동으로 확장되고 있다. 오 씨를 비롯한 일부 농민들은 최근 '두루미와 함께 농사짓는 사람들'이라는 농업 협동조합을 결성했다. 친환경적인 방식으로 농사를 지어 두루미를 오게끔 하고, 두루미가 찾아오는 논이라는 사실을 이용해 농작물의 부가가치를 높이겠다는 것이다. 이들이 말하는 "두루미 농법"에는 볏짚을 존치하고 무논을 조성하는 활동이 포함돼 있다.

또, 두루미의 활동과 배설물을 천연비료로 활용하는 한편, 화학비료 사용을 줄여 유기농 방식으로 쌀을 짓겠다는 계획이다. 이 논을 관광용으로도 활용해 여름엔 양서류를, 겨울엔 두루미를 관찰하겠다는 것이다. 철원 두루미 협의체의 이성복 농민은 "야생동물과 공존하면서 부가가치 높은 쌀을 생산하겠다."고 말했다. 소량을 짓더라도 기존 쌀에 비해 2~3배 높은 값을 받을 수 있는 고품질 쌀을 생산하겠다는 것이다. 이 씨의 '두루미 농법' 계획에는 두루미를 이용해 빠른 속도로 추락하고 있는 쌀 농업의 탈출구를 모색해 보려는 열망이 있다. 두루미와의 '협력'은 그에게 쌀의 부가가치를 획기적으로 올릴 수 있는 전략이다. 양수기를 이용해 힘차게 물이 들어가고 있는 여름의 논을 바라보고 있던 그가 말했다.

"여기 논에 보면 전봇대가 있는데, 사진작가들은 전봇대 때문에 사진이 별로라고 뽑아야 된다고 해요. 근데, 전봇대와 두루미가 같이 있는 풍경이 철원이거든. 두루미도 살고, 농사짓는 농민도 사는 거[것]." (이성복 인터뷰, 2020.7.7.)

2) 농민과 두루미의 공유된 불안정성

농민과 두루미의 종간 '협력'은 이처럼 두루미로 매개되는 생태적, 경제적 효과를 염두에 둔 농민들의 합리적 생존 전략으로 볼 수 있다. 그러나 그것이 전부는 아니다. 민통선에서 농사를 짓는 쌀 농민의 삶과 민통선에서 먹이를 찾는 두루미의 삶은 위기에 처해있다. 냉전의 종식과 남북한 화해 분위기, 쌀 농업의 빠른 추락은 농민과 두루미가 삶을 의탁하고 있는 민통선의 논을 위협하고 있다. 마지막 냉전의 현장으로 남았던 남북한의 경계에도 지난 30여 년간 화해의 바람이 불어왔다. 남북한 긴장 완화는 오랫동안 개발에서 소외되었던 지역민들의 개발 욕구와 맞물려 '민통선 해제'로 이어졌다.[8] 철원에도 지난 1993년, 1999년, 2012년에 걸쳐 3차례 민통선이 '북상'했다. 1993년부터 관광객들이 민북 지역에 출입할 수 있게 됐고, 1999년엔 전략촌이던 대마리와 생창리가 민북 지역에서 해제됐다. 2012년 전략촌이자 대표적인 두루미 도래지이던 양지리의 해제는 두루미 관광의 본격화를 예고하는 듯했다.

그러나 민통선 이북에서 벼농사를 짓던 농민들에게 민통선 해제는 농토의 상실을 의미했다. 민통선 안에 있던 논은 민통선이 해제되면 재빨리 다른 목적으로 전용됐다. 이는 쌀 농업의 추락과 무관하지 않다. 한국 농업의 근간을 이루던 쌀 농업은 1990년대 중반 이후 수입 농산물의 도입, 식생활의 변화, 인구 감소 등으로 빠르게 하향곡선을 그렸다(윤수종, 2020). 1985년 10만에 육박하던(9만 5,119가구) 강원도의 벼 재배 농가 수는 10년 만인 1997년 반토막이 났고(4만 114가구), 2022년 현재 1만 4,279가구에 불과하다(통계청 국가통계포털). 전체 농업에서 쌀이 차지하는 비중도 1997년 30.3%에서 2022년 13.1%로 줄었다(한국은행 경제통계시스템). 철원에서 생산하는 오대쌀은 전국 최고급 중 하나지만, 쌀 농업의 추락을 피할 순 없었다. 1992년 6,089가구이던 철원의 농가 수는 2022년 현재 3,461가구로 절반가량 줄었다. 이 중 3분의 2 정도가 쌀을 재배한다.

쌀 농업의 경제성이 떨어지면서 정부는 농민들에게 쌀 대신 경제성이 높은 시설농업이나 스마트팜으로 전환할 것을 제안하고 있다. 철원에도 파프리카나 고추냉이를 재배하는 비닐하우스가 늘었다. 그러나 철원 농민회에 따르면 초기 투자 비용이 많이 드는 시설농업이나 스마트팜으로 전환할 수 있는 농민은 제한적이다. 게다가 농토를 소유한 농민도 많지 않다. 민북 지역을 포함해 철원

---

8 민간인출입통제선은 1959년 구 귀농선을 승계해 설정된 뒤 1983년 군사분계선 이남 20~40km로 설정됐다. 1993년 이후 3차례에 걸쳐 민통선 조정이 이뤄지면서 현재 민통선의 범위는 군사분계선 이남 5~10km(비무장지대 포함)로 축소된 상태다. 민통선 북상에 따라 1985년 112곳에 이르던 접경 지역 민북 마을은 2025년 현재 6곳으로 줄었다. 철원의 민북 마을도 14곳에서 이길리 등 5곳만 남았다.

농경지의 70% 이상을 '부재지주', 즉 철원 외부의 땅 주인이 소유하고 있다. 이런 상황에서 민통선에서 해제돼 농경지의 이용 제한이 풀리면 부재지주는 경제적으로 이익이 되는 방향으로 토지를 전용한다. 대표적인 예가 축사다. 실제로 2012년 민통선에서 해제된 양지리에는 논 자리에 돈사와 양계장이 몰려들었다.

농민이 농토를 잃을 위기에 처해있다면, 두루미는 서식지를 잃을 위기에 처해있다. 민간인 통제 지역은 겨울철 농경지에 남은 낙곡, 물을 공급하는 저수지, 얼지 않는 하천을 포함하고 있어 "우리나라에서 두루미 서식에 가장 중요한 지역"(유승화 외, 2015: 302)이다. 지난 30여 년간 두루미 개체 수는 수백 마리에서 수천 마리로 늘어났는데, 민통선이 세 차례 북상하면서 민간인 통제 지역은 축소되고 있다. 두루미의 안전한 먹이터가 줄어들고 있는 것이다. 그나마 남아있는 논에도 인공 시설물이 계속해서 늘어나고 있다. 시설농업으로의 전환이 이뤄지면서 비닐하우스가 늘어나고, 물자를 대기 위한 도로와, 전기 공급을 위한 전봇대와 전깃줄이 빠르게 늘어나고 있다(유승화 외, 2014; 유승화 외, 2019).

민통선에서 해제된 지역에 축사가 늘어나면서 가축 전염병의 우려도 커졌다. 아프리카돼지열병(ASF)이 유행했던 2019~2020년 겨울 양지리의 돼지들은 대규모로 살처분을 맞았다. 이듬해에는 조류독감이 발생해 양계장의 닭들이 모조리 살처분됐다. 두루미를 연구하는 조류학자들은 겨울철이면 양계장의 조류독감이 두루미를 포함한 야생조류로 확산될까 전전긍긍한다. 고병원성 조류독감이 야생 기러기에서 발견된 2021년 2월, 두루미 개체 수 조사에 참여한 지역 조류 활동가 정현종은 혀를 끌끌 찼다.

"AI 때문에 별별 떨고 있지. 철새도래지에 양계장을 허가해 준 것이 문제지. 아니, 허가를 왜 해줘? 그래 놓고는 이제 와서 별별 떨고 있지. 철원은 온갖 역병이 다 왔어. 아니, AI에, 코로나에, 그 전에는 아프리카돼지열병에⋯. 천벌을 받은 거지." (정현종 인터뷰, 2021.2.19.)

철원 농민회의 신대철은 "어느 순간 농민과 두루미가 똑같아졌다."고 말한다. 두루미가 본격적으로 월동하기 시작한 1990년대 중후반, 농민들은 대체로 두루미를 달가워하지 않았다. 멸종위기종 두루미가 그들의 농경지를 이용한다는 사실 때문에 농경지가 보호지역으로 지정될 것을 우려해서였다. 그러나 지금 농경지를 위협하는 것은 두루미가 아니라 탈냉전이라는 정치적 변화와 쌀 농업의 몰락이라는 경제적 변화 속에서 찾아온 '개발의 압력'이었다. 개발의 압력에서 취약해지는 것은 농민뿐이 아니었다. 농민과 마찬가지로 두루미 또한 민통선 내부의 논에 삶을 의탁하고 있다. 두루미는 더 이상 적이 아니라 '공유된 불안정성(shared precarity)'(칭, 2023)을 갖고 있는 비인간 '동지'인 것이다. 논이 살아야 두루미가 살고, 두루미가 살아야 농민이 사는 것이다.

철원 농민회는 2016년 두루미 협의체에 결합했다. 농민들은 두루미 보호 활동에 적극적으로 참여하고 있다. 신대철은 2000년 자연보호 지역 지정 움직임에 반대해 농민 200여 명을 규합해 트랙터 시위를 벌였다. 그랬던 그는 이제 수확이 끝나면 논에 물을 대서 두루미 잠자리를 만들고, 볏짚도 깔아주고, 먹이도 준다. 농민회는 오랫동안 '식량 주권'을 이유로 쌀 농업을 보호할 것을 주장해 왔다. 그 주장은 이제 더 이상 자본과 개발을 설득할 수 없을지도 모른다. 그러나 멸종위기종 두루미의 서식지라면 이야기가 달라질 수 있다. 농민을 위해서만이 아니라, 멸종위기종을 보전하기 위해서라도 논이 반드시 필요한 것이다. 농민의 생존을 위해 논이 갖는 자연보전의 가치를 보여줘야 하는 것이다.

여기서 철원의 농민과 두루미는 하나의 인간-비인간 유닛으로 얽힌다. 그들을 결합하는 것은 민통선의 논에 기대 삶을 꾸려가고 있으며, 그들의 논이 위기에 처했다는 공동의 취약성(shared vulnerability)이다. 인간과 비인간이라는 종의 경계보다, 논에 삶을 기대고 있다는 공동의 운명이 종을 넘어선 연대와 연합을 결성한다. 이는 사회적, 정치적 구조의 변화가 소외된 인간 및 비인간 집단에게 유사한 방식으로 폭력을 행사하고 있으며, 종을 넘어 공유된 취약성이 인간과 비인간 집단을 하나의 정치적 단위로 묶어낼 수 있다는 '인간 너머의 협력' 연구들을 연상시킨다. 차오(Chao, 2022)의 마린드족 원주민과 열대 야자 기생식물, 도허티(Doherty, 2019)의 쓰레기수집인들과 아프리카대머리황새처럼, 철원의 농민과 두루미 또한 공유된 불안정성 속에서 협력을 통해 생존을 도모해야 하는 상황에 처해있다. 이때 농민들은 두루미의 생존을 적극적으로 지원함으로써 자신들의 생존을 도모한다. 국가에서 자본으로 권력이 이동하는 과정에서 농민과 두루미가 함께 처한 삶터의 상실을 목도하고, '인간 너머의 연합'을 결성해 생존의 가능성을 적극적으로 타진하는 것이다.

3) 종을 넘어선 연대와 돌봄

두루미 먹이터를 없애겠다며 트랙터 시위를 주도했던 신대철은 20여 년이 흐른 뒤 두루미에게 무논을 만들어주는 사람이 되었다. 두루미와의 '마주침'을 통해 '오염'된 사람은 신대철만이 아니다. 오규원은 몇 해 전 얼어붙은 겨울 논에서 "발톱이 빠지도록" 먹이를 찾고 있는 두루미를 보고 안쓰러운 마음에 "밥을 주기" 시작했다. 그는 이제 철원에서 가장 크게 무논을 만들고, 볏짚을 남겨두고, 매년 수십 톤의 먹이를 뿌려주는 두루미 활동가가 됐다. 두루미를 처음 만났을 때의 그들과 지금의 그들은 '다른' 사람이 됐다. 짧게는 수년, 길게는 20여 년에 걸쳐 매년 자신의 논에 찾아오는 두루미를 만나면서, 그들 속에 두루미에 대한 관심, 혹은 애착이라고 부를 만한 무언가가 자라난 것이다.

철원의 농민과 두루미의 관계는 지난 20여 년에 걸쳐 서서히 만들어져 왔다. 두루미에 대한 관심이 증가하고, 두루미 개체 수가 증가하면서, 민통선 이북에서 벼농사를 짓던 농민들은 두루미를 조우할 기회가 많아졌다. 그러면서 이들은 두루미가 사람만큼이나 크고, 가족을 이뤄 생활하고, 매년 시베리아와 한국을 오가는 새임을 알게 됐다. 게다가 두루미는 영리한 새다.[9] 두루미 보호 활동을 하는 농민들은 두루미가 "내 차를 알아본다."고 앞다퉈 주장한다. 예전엔 100미터 밖에서 다가가기만 해도 화들짝 놀라 날아오르던 두루미들이 자신들의 남색 승용차를, 흰색 트럭을 알아보고, 도망가지 않는다는 것이다. 오규원은 "예전에 성복이[두루미 활동가] 트럭 지나가면 안 날았다는데, 이제는 내가 암만 다녀도 안 난다."며 "이 사람들은 우리를 안 해친다는 게 있는 거지."라고 말했다. 먹이를 준 날에는 오 씨가 논에서 일을 하고 있어도 재두루미들이 논을 찾아온다.

<그림 1> 두루미가 논에서 잠을 잔 흔적

출처: 연구자

---

9   철원 야생동물구조센터에는 날개를 다쳐 날지 못하는 암컷 재두루미가 20여 년째 서식하고 있다. 2019년 발을 다쳐 들어온 수컷 재두루미가 암컷 재두루미와 짝을 이루었는데, 그해 여름 시베리아에 다녀온 뒤 다시 이 암컷을 찾아와 수년째 함께 생활하고 있다. '사랑이'와 '철원이'라는 두 마리 두루미는 이 동물의 영리함과 짝에 대한 충실도를 알리는 역할을 하고 있다.

두루미가 농민의 차를 알아보게 됐다면, 농부들도 두루미를 알아보게 됐다. 2022년 2월의 어느 아침, 얼어붙은 논두렁을 걷던 오규원과 이성복은 "어제 여기서 자고 갔네."라며 논 한가운데를 가리켰다(〈그림 1〉). "가운데 얼음이 둥그렇게 언 거 보이죠? 얘들이 어제 모여서 자고 갔어. 체온 때문에 얼음이 녹았다가, 아침에 다시 언 거야." 재두루미는 마치 펭귄들처럼 수십 마리가 몸을 맞대고 잠을 잔다. 그 체온으로 얼어붙은 무논의 표면이 일시적으로 녹았다가, 동튼 뒤 새들이 떠나고 다시 얼어붙으면서 표면에 둥근 무늬가 생겼다는 것이다. 이 씨는 논두렁도 가리켰다. "수백 마리가 발길질을 해대니 저렇게 되지." 단단하게 얼어있어야 할 논두렁 곳곳이 무너져 있다. 두루미가 걷고, 달리고, 쪼아서 논두렁이 허술해진 것이다. 봄이 되면 농사를 짓기 전에 논두렁부터 보수해야 한다.

두루미의 흔적도 알아보지만, 두루미 개체도 알아볼 수 있게 됐다. 오 씨의 농장 옆 비닐하우스 뒤에는 재두루미 세 마리가 종종 찾아온다. 같은 가족이다. 2월 무렵 도로변에 나와있는 재두루미들은 "이즈미 두루미"다. 일본 남부 이즈미에서 월동하는 두루미들이 북상 길에 철원을 찾은 것이다. 철원에서 겨울을 나는 두루미들은 도로변까지 나오지는 않는데, 이즈미 두루미들은 "겁이 없어서" 도로에서도 활보한다는 것이다. 이처럼 오랜 세월에 걸쳐 두루미를 반복적으로 마주치면서 농민들의 눈과 귀, 코와 몸은 두루미에 대해 민감해진 듯했다. 두루미에 대한 "문해력"(Scott, 1998)이라고 할 만한 것이 생겨난 것이다(Brown, 2019; 성한아, 2022).

최근 민통선 이북의 두루미 서식지는 빠르게 확대되고 있다. 두루미 개체 수가 20년 새 10배 가까이 늘어나면서 철원을 넘어 경기 연천, 강화도에서도 두루미들이 겨울을 나기 시작했다. 철원 농민들은 철원에는 수백 마리가 있지만, 연천이나 강화 두루미는 수십 마리에 불과하다고 지적한다. 또, 연천 두루미는 율무를 먹고, 강화 두루미는 새섬매자기라는 식물의 뿌리를 먹지만, 철원 두루미는 "우리처럼" 쌀을 먹는다고 강조한다. 잡식성인 두루미가 주변에서 구할 수 있는 먹이를 먹는 것인데, 철원의 두루미에게서 농민들과 비슷한 점을 찾아내는 것이다. 또, 두루미가 다른 새들에 비해 크고 귀한 새라는 점도 강조한다. 철원군청 환경과의 한 직원은 철원 두루미를 순천 흑두루미와 비교하는 내게 "에이~ 그런 건[흑두루미는] 조그맣고"라며 손을 내저었다. 철원에는 사람 크기만 한 "두루미"가 오며, "단정학 정도는 와야" 두루미 온다는 이야기를 할 수 있다고 했다. 농민들은 이처럼 철원을 찾는 두루미가 자신들과 비슷하다―쌀을 먹고, 몸이 크고, 영리한 새―는 데에 자부심을 갖고 있는 것처럼 보였다.

2021년 2월의 아침, 오규원은 트랙터에 2톤 쌀 포대를 매달았다. 포대 안에는 알곡 크기가 작아 상품성이 떨어지는 벼이삭인 청치가 가득 들어있었다. 도정해서 떡이나 쌀 가공물로 활용하는데, 두루미 먹이로 쓰려고 정미소에서 받아왔다고 한다. 얼었다 녹기를 반복한 겨울 논바닥이 울퉁불퉁해 논으로 들어가던 트랙터가 옆으로 넘어질 듯 기우뚱거렸다. 이성복이 포대의 입구를 벌렸다. 알곡이 쏟아지면서 먼지바람이 일었다. 오규원이 트랙터로 논을 돌아다니면서 골고루 뿌리기 시작했다.

> "철원에 농경지가 1만 헥타야. 수확량이 보통 7만 톤인데, 올해는 작황이 시원찮아 6만 톤 정도야. 낙곡을 3%로 잡으면 1,800톤이지? 두루미가 하루에 250~300그램 섭취하는데, 150일 머무른다고 하면 250×150이니까 37.5kg. 하루에 40kg이라고 잡고 6,000마리면 2,400톤이 필요해. 근데 단백질로 먹는 것도 있으니까…."(오규원 인터뷰, 2021.2.18.)

오규원은 숫자에 밝다. 주변에서 "과학적으로" 농사짓는다는 소리를 듣는다. 농사도 크게 짓고, 기술 잡지도 살펴본다. 최근엔 쌀 창고 뒤에 고추냉이 스마트팜도 조성했다. 무논을 만들지만 비닐하우스를 올리기도 하고, 볏짚을 썰어 넣지만 일부 볏짚은 축산 농가에 판다. 그러면서도 부지런히 두루미 먹이도 뿌려준다. 낱알이 큰 옥수수면 더 좋겠지만, 청치라도 없는 것보다는 낫다. 그는

"남아있던 알곡이 동이 나는 2월이나 3월에 주로 뿌려준다."고 했다. 계산해 보면 두루미 6,000마리가 먹기엔 논에 남은 낙곡만으로는 부족하다는 것이다. 1월이라도 눈이 와서 먹이 찾기가 힘들 때 뿌려주고, 이동을 앞둔 2월 말이나 3월에 "배부르게 먹고 가라."고 뿌려준다고 했다. 사육하듯 늘 주는 것이 아니라, 두루미 먹이가 부족하다 싶을 때 뿌려주고 먼 길 가는 두루미를 배웅하는 의미로 뿌려준다는 것이다. 수년에 걸친 두루미와의 상호작용은 이 야심 찬 농부에게 두루미에게 주의를 기울이고 응답하는 방법을 익히게 했다.

오 씨만이 아니다. 2월의 철원 들판에는 두루미에게 먹이를 뿌려주는 두루미 활동가들과 단체들을 어렵지 않게 볼 수 있다. 배웅을 받으며 새들은 시베리아로 떠난다. 두루미가 떠난 논에는 물이 채워지고 4월 초가 되면 모내기가 시작된다. 벼는 일교차가 큰 여름의 철원 들판에서 익어간다. 9월이 되어 벼들이 베어지고 나면, 새들이 다시 찾아온다. 농부의 리듬과 두루미의 리듬은 교대하며 민통선의 논을 다종의 공간으로 만들어낸다.

5. 농민과 두루미의 '협력적 생존'

『세계 끝의 버섯』에서 칭은 송이버섯, 송이버섯과 함께 자라는 로지폴소나무, 버섯을 채집하는 몽족 난민, 버섯을 유통하고 판매하는 일본의 상인과 소비자로 이어지는 다종의 연결망을 그려낸다. 이때 '협력적 생존'은 다종적 얽힘을 통해서야 비로소 생존할 수 있는 존재의 생존 양식을 설명하는 개념이면서, 차이에 응답함으로써 생존을 모색할 것을 주문하는 규범적 개념이기도 하다. 칭은 "협력하지 않으면 우리는 모두 죽는다."(칭, 2023: 64)라며 종을 넘어선 협력의 필수불가결함을 지적한다. 협력이란 "차이를 수용하며 일한다는 의미"이며, 이것은 곧 "오염", 혹은 "생물종 내에서, 그리고 생물종 간에 이뤄지는 협력을 통해 변화"(칭, 2023: 66)하는 일로 이어진다고 설명하고 있다. 요컨대 생존을 위해서는 협력이 불가피하며, 협력은 존재의 변형을 동반한다는 것이다. 지난 20여 년간 철원에서 전개된 농민과 두루미의 관계 변화 또한 생존, 협력, 오염과 변형과 같은 '협력적 생존' 개념의 핵심 내용들을 보다 구체화하는 듯하다.

첫째, '생존'과 관련해, 칭은 '생존' 그 자체를 긴급히 달성해야 할 목표로 제시하고 있다. 인류가 직면한 생태사회적 위기의 긴급성을 강조하면서, 지금은 진보나 번영과 같은 근대적 이상이 아니라 '생존' 그 자체를 위해 사회와 생태를 재구성해야 할 때라는 것이다. 이때 생존을 위협하는 것은 구제(salvage)의 영역으로 확장된 자본주의다. 모든 존재가 전지구적으로 작동하는 공동의 위기에 직면했음을 강조하고, '불안정성'이 삶의 상수가 되었음을 강조한다는 점에서 칭의 '생존'은 설득력 있게 다가온다. 그러나 모든 존재가 같은 방식과 정도로 불안정성에 노출되는 것은 아니다. 즉, 송이버섯과 로지폴소나무, 몽족 난민과 일본의 송이버섯 중개인이 모두 함께 똑같이 취약해지지는 않는다. 특정 인간과 비인간 집단에게 어떤 불안정성은 당장의 생존을 위협하는, 보다 절박한 문제가 된다.

철원의 농민과 두루미에게 불안정성은 탈냉전과 신자유주의 경제의 확산에 따른 삶터의 위협에서 온다. 남북 관계 개선에 따른 민통선 북상과 쌀 농업의 가치 하락이 맞물리면서 민통선 내부의 논들은 사라질 위기에 처했다. 논이 사라지는 것은 농민에게는 생계수단, 두루미에게는 먹이터의 상실을 의미한다. 민통선 이북의 논에 삶을 의탁해 온 농민과 두루미에게, 불안정성은 임박한 현실이며 종의 경계를 넘어 공유되는 것이다. 가속화된(accelerated), 그리고 공유된(shared) 불안정성이 종의 경계를 넘어 농민과 두루미를 하나의 유닛으로 결합한다. 우간다의 쓰레기수집인과 아프리카대머리황새 역시 가속화되는 불안정성을 공유하고 있다(Doherty, 2019). 이들은 청결하고 근대화된 도시계획 속에서 언제 철거될지 모르는 존재들이다. 파푸아뉴기니의 마린드족 원주민과 열대 야자 기생식물은 플랜테이션에 '기생해' 불안정한 삶을 이어간다(Chao, 2021). 이들 인간과 비인간 집단에게 불안정성은 모든 존재가 공동으로 처한 전지구적 위기가 아니라, 당장의 생계와 삶터에 대한 위협에서 온다. 가속화되는 불안정성을 공유하는 이들에게 생존은 모든 존재가 공유하는 문제가 아니라, 보다 긴급하고 절박한 문제인 것이다.

둘째, 생존이 위협에 처했다는 감각 앞에서 이들 인간과 비인간 집단은 다양한 방식으로 '협력'한다. 칭에게 '협력'은 생존을 위한 존재의 방식이다. 송이버섯부터 일본의 버섯 중개인에 이르기까지, 모든 존재들은 살기 위해 얽힐 수밖에 없으며 원하든 원하지 않든 다른 존재에게 어떤 형태의 서비스를 제공하게 된다. 칭의 '협력'이 얽혀있는 존재들의 상호작용을 설명한다면, 철원의 농민과 두루미의 상호작용은 보다 복잡하고 양가적인, 그리하여 '두터운' 종간 협력의 모습을 보여주는 듯하다.

논에 삶을 기대고 있는 농민과 두루미의 생존은 얽혀있다. 생존을 위해 농민들은 겨울철 논을 두루미의 서식지로 만들고, 두루미는 그렇게 만들어진 논에 찾아온다. 농민들에게 두루미는 높은 생태적, 문화적 가치를 통해 지역 농산물의 부가가치를 높일 수 있는 경제적 자원이다. 또, 논에서의 활동과 분변을 통해 토양을 비옥하게 하는 비인간 노동자다. 나아가 위기에 처한 논을 구할 수 있는 비인간 구원자(saviour)이기도 하다. 농민들의 지적처럼, 쌀 농업의 가치가 추락하는 가운데 논의 생산 가치 대신 자연보전 가치를 강조하는 편이 논의 생존에 유리할 수 있다. 식량 생산을 위해서만이 아니라, 두루미로 대표되는 생물다양성을 부양하기 위해 논을 지켜야 한다는 것이다. 그러려면 두루미가 꾸준히 논을 찾아와 줘야 한다. 그래서 무논을 만들고, 볏짚을 넣고, 먹이를 준다.

그렇다면 이때의 종간 협력은 누구를 위한 것인가? 지로드(Giraud, 2019) 등 비판적 연구자들은 인간과 비인간의 얽힘이 '누구를 위한 것인가(cui bono)'를 질문하고, 결국 다종의 얽힘이 인간의 이익을 위해 복무하게 되는 인간중심주의적 경향을 지적한다. 농민과 두루미의 협력은 그렇다면 농민을 위한 것인가? 두루미를 위한 것인가? 두루미를 논으로 유도하고, 두루미를 이용해 쌀의 부가가치를 높이고자 한 농민들의 실천은 분명 농민 자신들의 생존과 번성을 위한 것이다. 그러나 그들의 생존과 번성은 두루미의 번성에 달려있다. 두루미가 안전한 겨울을 보내고, 매년 꾸준히 찾아와 줘야 농민들의 생존과 번성이 가능해진다. 그래서 농민들은 두루미의 번성을 바란다. 두루미가 살아야 농민이 살고, 농민이 살아야 두루미가 사는 얽힘 속에서 종간 협력은 농민을 위한 것이면서, 동시에 두루미를 위한 것이기도 하다. 가속화되는 불안정성 속에서 농민과 두루미가 하나의 유닛으로 결합할 때, 공번성(coflourishing)은 이미 공동의 목표가 된 것이다.

셋째, 여기서 나는 두루미와 농부의 관계가 불변하는 것이 아니라 변화할 수 있는 관계임을 강조하고자 한다. 한때 두루미 먹이터를 갈아엎던 철원의 농민들은 민통선 이북의 논에 대한 불안정성이 가속화되면서 두루미에 대한 입장과 태도를 바꿨다. 그들을 바꾼 것은 농민들과 두루미가 공유된 위기를 갖고 있다는 자각이었다. 아울러, 짧게는 수년, 길게는 20여 년에 걸친 그들과 두루미의 신체적, 정서적 상호작용은 두루미에 대해 애착이라고 부를 만한 것을 싹트게 했다.

칭은 얽혀있는 존재들의 협력은 차이를 수용하며 일하는 '오염'을 일으킨다고 지적한다. 오염은 개별자들이 미처 예상할 수 없던 불확정성을 동반하는데, 불확정성에 맞춰 조율하는 과정에서 자신과 다른 존재들의 '변형'이 이뤄진다고 지적하고 있다. 철원의 농민들이 길러낸 두루미에 대한 애착 또한 '변형'의 한 형태일 것이다. 농민들은 두루미의 생태와 습성에 맞춰 자신들의 행위를 조율해 왔고, 그 과정에서 일부 농민들은 두루미에 애정을 갖고 돌보는 존재로 바뀌어갔다. 이들의 두루미에 대한 공감과 애착이 농민의 생존에 대한 경제적 감각을 반드시 압도하는 것은 아니었다. 그렇다고 해서 농민들의 '변형'이 무력화되는 것도 아니다. 논 일부를 헐어 고추냉이 비닐하우스를 설치하고 언 논에서 먹이를 찾는 두루미가 안쓰러워 먹이를 뿌려주는 오규원의 경우처럼, 농민들은 다양한 방식으로 변화를 수용하며 종간 협력과 협상을 시도한다. 우르술라 뮌스터(Münster, 2016)의 지적처럼 인간과 동물의 관계는 인간의 착취와 구원 가운데 한 항으로 수렴할 수 없는 "양가적"인 모습을 보인다.

종합컨대, 철원 농민과 두루미의 '협력적 생존'은 민통선 이북의 논이라는 삶터를 상실할 공동의 위기에 놓인 인간과 비인간 집단이 생존을 위해 도모하는 긴밀한 협력의 모습을 보여준다. 이때 농민과 두루미의 '협력적 생존'은 칭의 설명처럼 자본주의의 폐허에서 모든 얽힌 존재들이 생존을 위해 협력하고 있다는 차원을 넘어 보다 절박하고 간절하다. 가속화된 불안정성 속에서 농민과 두루미는 종의 경계를 넘어 '연합(alliance)'을 맺는다. 서로의 생존이 얽혀있는 이들에게 '공번성'은 생존을 위해 추구해야 할 목표다. 가속화되고 공유되는 불안정성, 공번성을 위해 전개되는 두터운 협력, 상호작용 속에서 이뤄지는 변형이 농민과 두루미에게서 벌어지는 '협력적 생존'의 구체적인 모습일 것이다.

6. 결론: 인류세의 협력적 생존

이 글은 철원의 농민과 두루미 관계를 사례로 종의 경계를 넘어 전개되는 '협력적 생존'의 모습을 살펴본다. 철원 사례는 칭의 '협력적 생존' 개념을 탈냉전과 신자유주 속에서 함께 삶을 꾸려가는 농민과 두루미의 관계로 가져왔다. 민통선 이북의 논을 이용하는 농민과 두루미에게 쌀 농업의 추락과 남북 관계의 개선은 삶터의 소실이라는 가속화된 불안정성을 야기했다. 공유된 불안정성 속에서 농부와 두루미는 논을 두루미의 서식지로 만들고 이용함으로써 생존과 번성을 함께 도모하고 있다. 오랜 시간에 걸친 이들의 상호작용은 농부와 두루미가 서로에게 맞춰 신체와 감각을 조율하도록 했다. 철원의 농부와 두루미 사례는 가속화되고 공유되는 불안정성, 착취와 돌봄이 동반된 두터운 협력, 상호작용 속에서 전개되는 변형을 '협력적 생존'의 구체적인 형태로 보게 한다.

그렇다면, 농민과 두루미의 '협력적 생존'은 인류세의 인간-자연 관계에서 어떤 의미를 가질 수 있을까? 인류학자 차이(Tsai, 2019)는 타이완의 '친절한 농부들' 사례에서 일반적인 관행농과 달리 다양한 논 속 존재들을 고려해 농사를 짓는 대안적 농업을 소개한다. 그는 '친절한 농부들'로 매개된 인간 너머의 협력이 산업의 폐허가 되어버린 논을 "거주할 만한(inhabitable) 피난처"(Tsai, 2019: S352)로 바꿔내고 있다고 지적하며, 여기서 보다 포용적이고 살아갈 만한 인류세의 희망을 찾는다. 철원도 마찬가지다. 논의 존재적 위기 속에서, 농민과 두루미는 논을 포기하지 않고 지켜내고자 한다. 탈냉전과 신자유주의가 경제적 가치의 절하 속에서 논을 포기하라고 촉구하는 가운데, 이들은 논에서 인간뿐 아니라 비인간의 삶터로서의 가치를 읽어낸다. 논을 지키려는 이들의 노력은 어떤 면에서도 오랫동안 생산의 공간이었던 논을 인간과 비인간의 삶의 공간으로 바꿔내고자 하는 시도인 것이다. 민통선 이북의 논은 어쩌면 인간과 비인간 관계를 새롭게 재구성할 수 있는 "잠복해 있는 공유지"(칭, 2023: 497) 일지도 모른다. 그렇다면 철원 농민과 두루미의 '협력적 생존'은 이 잠복한 공유지를 인류세의 '피난처'로 바꿔내는 적극적인 실천이 될 수 있을 것이다.

참고문헌

김영규. 2016. "일제강점기 철원군 수리조합 연구." 『강원문화사연구』 16: 127-175.

해러웨이, 도나(D. Haraway). 2021(2016). 『트러블과 함께하기』 최유미 역. 마농지.

박경숙. 2012. "북한의 식량난 및 기근과 인구변동." 『통일정책연구』 21(1): 127-156.

블래트너, 샬럿(C. Blattner)·콜터, 켄드라(K. Coulter)·킴리카, 윌(W. Kymlicka). 2023(2020). 『동물노동 - 종간 정의를 이야기하다』 평화·은재·부영·류수민 역. 책공장더불어.

성한아. 2022. "종이 종을 셀 수 있을 때: 겨울철 조류 동시 센서스의 신체, 경계거리, 현장 문해력." 『과학기술학연구』 22(3): 69-106.

테일러, 슈나우라(S. Taylor). 2020(2017). 『짐을 끄는 짐승들: 동물 해방과 장애 해방』 이마즈 유리·장한길 역. 오월의 봄.

칭, 애나(A. L. Tsing) 2023(2015). 『세계 끝의 버섯』 노고운 역. 현실문화.

유승화·김진한·이기섭. 2014. "철원지역에서 월동하는 두루미와 재두루미의 인위적 요인에 의한 분포양상." 『한국환경생태학회지』 28(5): 516-522.

유승화·정화영·김경순·유동수·김남신·김화정·허위행·김진한·이기섭. 2015. "서식지 교란 및 민간인통제지역 해제에 의한 두루미와 재두루미의 핵심서식지 변화." 『환경영향평가』 24(4): 301-316.

유승화·이기섭·김수호·김동원·김화정·김진한·조영호. 2019. "철원지역 두루미류 개체 수 증가와 사고사례 및 사망사고 방지방안." 『한국조류학회지』 26(1): 1-6.

유승화·이기섭·김진한·허위행·박종화. 2012. "철원지역 월동 두루미류의 서식지 이용 변화 추세: 2002~2012년 월동기." 『한국조류학회지』 19(2): 115-125.

윤수종. 2020. "1990년대 이후 한국 농민층 분화의 양상과 그 함의." 『농촌사회』 30(1): 7-48.

전의령. 2025. "인간중심주의 비판을 넘어서: 포스트휴먼·다종 인류학에 대한 비판적 검토." 『경제와사회』 145: 240-283.

조문영. 2024. "송이버섯 냄새를 맡자, 그 다음은?" 서울 리뷰 오브 북스.

통계청 국가통계포털. n.d. www.kosis.kr

한국은행 경제통계시스템. n.d. ecos.bok.or.kr

Barua, M. 2018. "Animal Work: Metabolic, Ecological, Affective." Theorizing the Contemporary, Fieldsights, July 26.

Brown, K. 2019. "Learning to Read the Great Chernobyl Acceleration: Literacy in the More-than-Human Landscapes." *Current Anthropology* 60(S20): S198-S208.

Chao, S. 2021. "The Beetle or the Bug? Multispecies Politics in a West Papuan Oil Palm Plantation." *American Anthropologist* 123(3): 476-489.

_____. 2022. In the Shadow of the Palms: More-than-human Becomings in West Papua. Duke University Press.

Chao, S., Bolender, K. and Kirksey, E. 2022. The Promise of Multispecies Justice. Duke University Press.

Collard, R. C. and Dempsey, J. 2013. "Life for Sale? The Politics of Lively Commodities." *Environment and Planning A* 45(11): 2682-2699.

Coulter, K. 2016. Animals, Work and the Promise of Interspecies Solidarity. Springer.

Doherty, J. 2019. "Filthy Flourishing: Para-sites, Animal Infrastructure and the Waste Frontier in Kampala." *Current Anthropology* 60(S20): 321-332.

Ejsing, M. 2023. "Living with Others: On Multispecies Resurgence in the Altered Forest Landscapes of the Anthropocene." *Journal of Political Ecology* 30(1): 316-334.

Gillespie, K. and Lawson, V. 2017. "'My Dog Is My Home': Multispecies Care and Poverty Politics in Los Angeles, California and Austin, Texas." *Gender, Place & Culture* 24(6): 774-793.

Giraud, E. H. 2019. What Comes After Entanglement?: Activism, Anthropocentrism and an Ethics of Exclusion. Duke University Press.

Haverkamp, J. 2021. "Collaborative Survival and the Politics of Livability: Towards Adaptation Otherwise." World Development 137: 105152.

Jung, K. S. 2019. "The Militarization of the Border Area and the Cold War Landscape: The Possibilities and Limitations of Its Peaceful Use." *Journal of Asian Sociology* 48(3): 287-319.

Kim, M.-R., Nam, H.-K., Kim, M.-H., Cho, K. J., Kang, K. K. and Na, Y. E. 2013. "Status of Birds Using a Rice Paddy in South Korea." *Korean Journal of Environmental Agriculture* 32(2): 155-165.

Lee, J. 2024. "Cranes, Cultivating a New Knowledge Practice in Late-Chosŏn Korea: Knowledge Transformations Connected by Things." *East Asian Science, Technology and Society: An International Journal* 18(1): 47-69.

Lim, C. H., Kim, D. U., Lim, B. S., Cho, Y., C., Shin, H. C. and Lee, C. S. 2024. "Passive Restoration Achieved through Natural Processes over 70 Years in the Korean DMZ." *Forests* 15(7): 1104.

Liu, J., Byrne, D. and Devendorf, L. 2018. "Design for Collaborative Survival: An Inquiry into Human-Fungi Relationships." Proceedings of the 2018 CHI Conference on Human Factors in Computing Systems. 1-13.

Min, K. and Choi, M.-A. 2022. "Resource Landscape, Microbial Activity and Community Composition under Wintering Crane Activities in the Demilitarized Zone, South Korea." *PLOS ONE* 17(5): e0268461.

Münster, U. 2016. "Working for the Forest: The Ambivalent Intimacies of Human-Elephant Collaboration in South Indian Wildlife Conservation." *Ethnos* 81(3): 425-447.

Porcher, J. 2017. "Animal Work." In The Oxford Handbook of Animal Studies, 302-318.

Scott, J. C. 1998. Seeing Like a State: How Certain Schemes to Improve the Human Condition Have Failed. New Haven: Yale University Press.

Tsai, Y.-L. 2019. "Farming Odd Kin in Patchy Anthropocenes." *Current Anthropology* 60(S20): S342-S353.

Tsing, A. L., Mathews, A. S. and Bubandt, N. 2019. "Patchy Anthropocene: Landscape Structure, Multispecies History and the Retooling of Anthropology: An

Introduction to Supplement 20." *Current Anthropology* 60(S20): S186-S197.

Van Patter, L., Turnbull, J. and Dodsworth, J. 2022. "'More-than-Human Collaborations' for Hacking the Anthropocene." Feral Feminisms 10. Available at: https://feralfeminisms.com/wp-content/uploads/2022/03/9-FF-IS-SUE10-Patter.pdf

Welden, E. 2023. "Conceptualising Multispecies Collaboration: Work, Animal Labour and Nature-Based Solutions." *Transactions of the Institute of British Geographers* 48(3): 541-555.

Wilson, H. F. 2022. "Seabirds in the City: Urban Futures and Fraught Coexistence." *Transactions of the Institute of British Geographers* 47(4): 1137-1151.

5장

도시에서 인간과 야생 너구리가 공존할 수 있는 조건은?

장우주

이 글에서의 비인간은 서울 도심에 거주하게 된 경계 동물인 야생 너구리이다. 개발로 인해 서식지를 잃고 도시 곳곳에 숨어들어와 거주하는 야생 너구리가 인간과 어떻게 공존의 리듬을 형성해 가는지를 생태적 관점에서 분석한다. 또한 도시에 거주하는 다양한 종들이 어떤 관계성을 형성해 가는지를 살펴보면서, 인간과 너구리가 함께 거주할 수 있는 조건을 탐색한다.

첫째, 생태적 차원에서 너구리는 인간의 시간 리듬을 피해 야행성 활동을 조절하며 시간적 공존의 리듬을 형성한다. 둘째, 고양이 먹이터 등 도시의 틈새 공간에서 다종이 먹이를 분배하며 공간적 공존을 수행한다. 셋째, 너구리에 의한 개 물림 사건 이후, 시민과 정책담당자들은 너구리에 관한 실태조사와 정책적·윤리적 대안을 모색하는 논의를 시작하는 계기를 마련하였다. 감염병 등 위험성을 지닌 너구리와 인간이 도시에서 함께-따로 살아가기 위한 조건으로 ① 너구리를 도시 거주자로 인정하되 거리를 유지하며, ② 호혜적으로 존중하며 ③ 유해동물로 무조건 낙인화하지 않는 관점에 관해 성찰한다.

1. 도시에서 인간과 야생동물의 마주침

2023년 「한국 반려동물보고서」에 따르면, 2022년 말 기준으로 한국에서는 약 552만 가구가 반려동물과 함께 거주하고 있는 것으로 추정되는데, 이를 반려 인구로 환산하면 약 1,262만 명에 이른다. 이 중 반려견을 기르는 가구가 71.4%를 차지하고 있으며, 반려견 수는 약 475만 마리, 반려묘 수는 약 239만 마리로 추정된다(황원경·이신애, 2023: 17-18). 이는 700만 마리가 넘는 반려동물이 인간과 사적인 공간에서 함께 생활하고 있다는 사실을 의미한다. 한국 사회에서 인구수는 점차 감소하고 있는 반면, 인간과 함께 거주하는 반려동물의 수는 지속적으로 증가하고 있다.

한편, 도시에 출몰하는 야생동물의 개체 수 또한 증가 추세를 보이고 있다. 2023년 한 해 동안 서울 도심에서는 총 649회의 멧돼지 출몰이 보고되었고, 이에 따라 서울시 소방재난본부가 출동해 안전 조치를 취한 사례가 월평균 50건 이상에 달한다. 너구리의 경우, 2022년에는 63회였던 출몰 횟수가 2024년에는 81회로 증가하였으며, 삵이나 수달과 같은 멸종위기종도 도심에 출현하는 사례가 언론을 통해 보도되었다(손덕호·홍다영, 2024). 또한 2024년 5월에는 서울 강남구의 한 아파트 단지에서 까마귀 한 마리가 시민 두 명의 머리를 연달아 공격한 사건이 언론에 보도되기도 했다(김예슬, 2024).

이러한 기사들 말미에는 전문가들의 해설을 덧붙여 동물의 행위에 대한 이해를 돕는다. 예컨대 멧돼지의 경우, 최상위 포식자로서 개체 수가 증가하고 있으나, 겨울철 먹이 부족으로 인해 도심 주택가에 출몰해 쓰레기를 뒤지는 등의 행동을 보이는 것으로 해석된다. 까마귀의 공격은 산란기에 접어든 어미 새가 새끼를 보호하기 위해 예민하게 반응한 것으로 이해된다. 특히 까치가 유해야생동물로 지정되어 개체 수가 줄어든 자리를 까마귀가 대체한 결과, 5월경 번식기를 맞은 까마귀가 아파트 단지 인근에 둥지를 틀고, 이를 지키기 위한 방어적 공격을 행한 것으로 추정된다.

도시 공간에 서식하거나 유입되는 야생동물의 개체 수 및 종 다양성이 증가하는 현상의 배경은 무엇일까? 도시는 인간 중심의 삶을 바탕으로 구성된 인공적이고 고밀도의 구조물로 가득한 공간이다. 그러나 이 공간은 다양한 동식물과의 공존을 가능하게 해왔으며, 시간의 흐름에 따라 다종적 생태계가 형성되어 왔다. 특히 도시공원은 생태계적 전환을 통해 야생동물에게 안정적인 서식처를 제공하는 공간으로 기능하고 있다(Jeong, 2024). 이는 특정 야생동물의 도심 내 개체 수 증가에 유리한 조건을 형성하고 있다는 점을 시사한다. 반면, 도시 외곽 지역의 개발로 인한 서식지 파괴는 일부 야생동물들을 도시 안으로 유입시키는 또 다른 요인이 되고 있다. 이러한 맥락은 도시개발 정책과 생태환경 변화가 연쇄적으로 연결되어 있다는 점을 보여준다.

이 글은 서울 도심에 출몰하는 야생동물 중 너구리를 중심으로, 도시 생태계 내에서 인간과 야생동물이 어떻게 공존할 수 있는지를 생태사회학적 관점에서 분석하고자 한다. 여기서 다루는 너구리는 경계 동물(liminal animal)로 분류되며, 사육동물이나 반려동물처럼 인간에게 길들여지지는 않았지만 도시 안에서 거주하는 야생동물을 가리킨다(도널드슨·킴리카, 2024: 387). 다람쥐, 쥐, 참새, 갈매기, 사슴, 코요테, 여우, 스컹크, 재야생화된 들개 등이 여기에 포함된다. 이 글은 인간중심주의를 넘어, 인간과 비인간 동물이 공존할 수 있는 대안적 방식과 더불어, 다종 간의 사회적 관계성이 도시 공간 속에서 어떻게 구성될 수 있는지를 탐색한다.

구체적으로, 너구리가 도시로 유입된 배경과 이들이 어떤 방식으로 도시에 이주하고 적응하는지를 고찰하고자 한다. 또한 너구리의 생태적 습성, 인간 및 타 종과의 관계에서 발생할 수 있는 갈등 가능성, 그리고 병원체를 보유한 야생동물과의 공존 가능성에 대해서도 분석한다. 더 나아가, 경계 동물이 도시에서 생존하고 거주하기 위한 최소한의 조건들을 권리의 관점에서 논의해 보고자 한다.

2022년 6월, 서울 우이천 산책로에서 반려견이 너구리 두 마리에게 물리는 사건이 발생하였다. 이에 반려견 보호자는 구청에 민원을 제기하였고, 구청은 야생생물 보호법 등을 근거로 너구리 포획이 불가함과, 서식지 분리가 관할 외 사안임을 안내하였다. 이 답변에 만족하지 못한 보호자는 방송국에 제보하였고, 해당 언론사는 이 사건을 연속 보도하며 사회적 반향을 일으켰다(이상엽, 2022a; 2022b; 2022c). 이 보도를 계기로 너구리 문제는 구차원을 넘어 서울시 차원의 의제로 확장되었으며, 시민들의 주목을 받게 되었다.

이 과정에서 주목할 만한 시민 활동도 등장하였다. 우이천 일대를 기반으로 활동하던 젊은 문화예술인과 시민 들은 '너구리 가족과의 공존'을 주제로 한 캠페인을 조직하였고, 사단법인 숲과나눔의 풀씨기금을 통해 '너구리 가족과의 우이천 공존 협상 전략 연구소'라는 이름으로 학습, 캠페인, 정책 제안 등의 활동을 전개하였다.

또한 서울연구원은 2023년 말, '서울 도심지 출몰 야생 너구리 실태조사 및 관리방안' 연구를 수행하였다(김민경, 2023). 연구진은 출몰 위치 데이터를 분석하여 종 분포 모델을 구축하고, 이를 바탕으로 현장조사 대상지를 선정하였다. 특히 2023년 6월 28일부터 10월 10일까지 총 59개 지역 203개 지점에 센서 카메라를 설치하여 관찰 데이터를 수집하였다(김민경, 2023: 5-6). 이 보고서는 풍부한 1차 자료를 제공한다. 시민의식 조사 결과, 행태 기록 등 다양한 경험 데이터를 담고 있으며, 결론에서는 도심지 내 너구리 관리 방안을 행정적 관점에서 제시하고 있다. 이 글은 보고서, 기사, 뉴스, 활동가 인터뷰 등을 바탕으로 너구리에 대한 관찰 및 기록을 종합하여 해석하고 분석하였다.

2. 도시로 온 야생 너구리

최근 몇 년간 서울에서 너구리의 출몰 빈도가 증가하고 있으며, 이에 따라 구조되는 개체 수 또한 지속적으로 늘고 있는 추세이다. 서울야생동물구조센터의 보고에 따르면, 도심 내 구조된 너구리 사례는 2018년 49건에서 2021년에는 81건, 2022년에는 63건, 2023년에는 345마리로 급격히 증가하였다. 한편, 서울연구원에 따르면 너구리는 주로 하천 주변, 길고양이 급식소, 탄천(서울 및 성남시 구간) 등에서 목격되며, 특히 건물 주변에서 발견되는 빈도가 가장 높은 것으로 나타났다(김민경, 2023: 28).

한국의 야생 너구리(Nyctereutes procyonoides)는 갯과에 속하는 포유류로, 동아시아 전역—특히 한국, 일본, 중국—에 걸쳐 광범위하게 분포한다. 한국에서는 제주도를 포함한 전 국토에서 관찰되며, 도심과 농촌, 산지 등 다양한 생태계에 적응한 종으로 간주된다. 일반적으로 몸길이는 약 50~68cm, 꼬리는 15~20cm, 체중은 4~10kg 정도이다. 회갈색 혹은 황갈색의 털과 눈 주변에 마치 검은 나비 가면을 쓴 듯한 독특한 얼굴 무늬를 특징으로 한다. 이러한 외형적 특성으로 인해 미국의 라쿤과 종종 혼동되기도 한다. 그러나 라쿤은 너구리에 비해 체구가 크고 꼬리에 뚜렷한 검은 줄무늬가 있으며 다리가 짧은 반면, 너구리는 비교적 긴 다리와 날렵한 체형을 갖추어 보다 민첩한 움직임이 가능하다.

야생 너구리는 야행성 동물로, 갯과 중에서는 유일하게 동면을 하는 종이다. 한국의 너구리는 겨울 동면기를 거친 후 초봄에 발정기와 짝짓기 과정을 겪으며, 이후 약 두 달의 임신 기간을 거쳐 4월~5월 사이에 6~8마리의 새끼를 출산한다. 생식은 일반적으로 일부일처제의 형태로 이루어지며, 이는 종 내 돌봄과 사회적 유대 형성이 중요한 역할을 함을 시사한다. 출산 이후 암수 개체는 공동으로 육아에 참여하며, 새끼는 약 2개월간 수유를 통해 양육된다. 이후 일정 기간 부모와 함께 먹이를 찾는 공동 채집 단계로 전환되며, 이는 도시 생태계 내에서 가족 단위의 이동과 리듬을 형성하는 데 중요한 기제로 작동한다. 생후 약 9개월이 경과하면 새끼는 성적 성숙을 이루고 부모로부터 분리되어 독립 개체로서 살아가게 된다. 야생 상태에서 너구리의 평균 수명은 7~10년으로 알려져 있다(김민경, 2023: 10-11).

너구리는 대표적인 잡식성 동물로, 도토리와 같은 열매류의 과일, 개구리 등 양서·파충류, 곤충, 설치류, 심지어 음식물쓰레기에 이르기까지 다양한 먹이를 섭취할 수 있다. 이러한 식이적 유연성은 도시환경 내에서 이용 가능한 자원에 적응하는 데 유리한 생물학적 특성으로 작용한다. 행동권에 있어서도 산림, 하천변, 아파트 단지, 공원 등 자연적·인공적 공간을 넘나들며 서식할 수 있어서, 높은 공간 활용성을 보여준다.

이러한 생물학적, 생태적, 그리고 진화적으로 형성된 특성들은 너구리가 도시의 다양한 틈새 공간으로 침투하고 적응할 수 있는 기반이 되며, 최근 도심 내 출몰 빈도 및 구조 사례의 증가와도 밀접하게 연관되어 있다. 너구리의 도심 출현 증가 원인은 단일하지 않으며, 도시화, 먹잇감, 포식자 부재 등 다양한 요인이 중첩적으로 작동한다.

첫째, 자연 서식지의 감소가 너구리를 도시로 끌어들이는 주요한 요인으로 작용한다. 메노 스힐트하위전(M. Schilthuizen)이 지적하듯, 도시 외곽의 자연 서식지가 지역개발로 인해 소실되면서 야생동물들은 도시에 서식할 수 있는 틈새의 공간으로 숨어들게 된다(스힐트하위전, 2019: 71-72). 실제로 2024년 인천의 한 아파트 단지 공원에서 너구리의 출몰 빈도가 급증한 사례가 보도되었는데, 이는 해당 지역의 개발로 기존 생태계가 파괴되면서 너구리들이 아파트 공원을 새로운 서식지로 삼은 대표적 사례로 해석될 수 있다.

둘째, 먹이 자원의 재배치는 너구리의 도시 침투를 가속화시키는 또 다른 요인이 된다. 자연 서식지의 축소로 인해 기존의 먹잇감 확보가 어려워지자, 너구리는 음식물쓰레기나 길고양이에게 제공되는 사료 주변에 자주 출몰하게 된다. 특히 길고양이 급식소 주변은 도시 내 비의도적 '먹이터'로 기능하며, 이로 인해 '캣맘', '캣대디' 들이 야생동물 출현의 주요한 유인자라는 비판을 받기도 한다.

셋째, 도시 생태계 내 포식자나 상위 포식자의 부재 역시 너구리의 도심 정착을 가능하게 하는 조건 중 하나이다. 서울연구원의 보고에 따르면, 들개가 출몰하는 지역에서는 너구리의 발견 빈도가 현저히 낮게 나타나며, 이는 들개가 너구리의 잠재적 천적임을 시사한다(김민경, 2023: 56). 도시 공간은 이처럼 포식 위험이 비교적 낮고, 먹이 자원이 분포된 구간이 존재하는, '비어 있는 생태적 위치'를 제공하고 있다.

 따라서 야생동물로서의 너구리는 단지 도시로 '침입'하는 존재가 아니라, 도시 공간에서 자신의 생존과 생식, 그리고 종 내부 및 이종 간 관계 형성을 모색해 가는 능동적 행위자이다. 이들은 변화된 생태적 조건에 맞추어 생활방식을 조정하고, 인간 및 다른 종과의 공존 가능성을 탐색하며, 도시라는 다종적 공간에서 새로운 생존 전략을 구성해 나가고 있다(van Patter, 2023).

 너구리들 중의 일부가 도시로 서식지를 옮겼다고 해서, 큰 문제가 될까? 그 현상 자체가 반드시 문제가 되는 것은 아니다. 야행성이고 인간을 피해 다니는 특성을 지닌 너구리는 일반적으로 도시민의 일상과 충돌하지 않는 방식으로 공존한다. 그러나 도시 내 너구리 개체 수가 증가하고, 인간과의 접촉 가능성이 높아지면서 잠재적 긴장 요인들이 몇 가지 제기되고 있다.

 첫째, 공중보건 차원에서 감염에 대한 우려이다. 야생 너구리는 광견병과 같은 인수공통감염병의 매개체로 간주되며, 이는 인간과 반려동물 모두에게 감염 위험을 초래할 수 있다. 코로나19의 경우에도, 박쥐와 인간 사이의 중간숙주로 너구리가 지목된 바 있으며, 이는 야생동물과의 접촉이 단순한 생태적 문제가 아니라 보건 차원으로 확장될 수 있음을 시사한다(김민경, 2023: 14-16). 또한 너구리는 개선충이나 개홍역바이러스에 취약한 종으로, 도심에서 포획되는 개체 중 상당수가 해당 질병에 감염된 상태로 발견되고 있다.

 둘째, 인간이나 반려동물과의 물리적 충돌의 가능성이 높아지는 점이다. 2022년 서울의 한 도심 산책로에서는 암수 너구리 두 마리가 반려견과 산책 중이던 시민을 공격하는 사건이 발생하였다(김민경, 2023). 반려견은 물리적 상해를 입었고, 보호자는 이에 대해 구청에 민원을 제기하였다. 이후 조사를 통해 해당 너구리들은 산책로 인근에 새끼를 낳고 보호 중이었던 것으로 밝혀졌으며, 이는 산란기와 육아기 동안의 공격적 행동이었을 가능성이 높다(이상엽, 2022a). 이처럼 생태적 맥락—예컨대, 번식기나 새끼 보호기—을 이해하지 못한 상태에서의 인간-비인간 접촉은 갈등과 오해를 불러일으키기 쉽다.

셋째, 시민들의 생태적 인식 부족 역시 중요한 문제로 지적된다. 다수의 시민은 도심 내 출현한 너구리를 길고양이처럼 접근하거나 먹이를 제공하는 경우가 있으며, 일부는 직접적인 접촉을 시도하기도 한다. 그러나 이는 야생동물의 공격성이나 질병 전파 가능성을 높이는 행위로 이어질 수 있다. 특히 새끼를 보호하는 시기의 너구리는 사람에게도 위협적으로 반응할 수 있으며, 이러한 접촉이 반복될 경우, 인간 안전을 이유로 너구리가 '유해 생물'로 분류될 위험도 존재한다. 현재 너구리는 「야생생물 보호 및 관리에 관한 법률」에 따라 보호종으로 지정되어 있으나, 인간에게 위해를 미치는 것으로 판단될 경우 포획 대상이 될 수 있다는 점에서 공존의 경계는 언제든 제도적으로 재구성될 수 있다.

결국 너구리는 도시에서 인간과의 물리적 거리를 유지하며 조심스레 공존을 시도하는 행위자이지만, 인간 사회 내부의 불완전한 인식과 제도적 모순, 그리고 감염병 및 생태적 위기의 조건이 복합적으로 얽히면서 공존의 딜레마는 더욱 복잡하게 구성되고 있다(van Patter, 2023). 이는 단순한 '출몰'이나 '민원'의 문제가 아니라, 도시 공간에서 어떤 종이 살아남을 권리를 갖는가에 대한 윤리적·정치적 판단의 문제로 이어진다.

3. 도시의 너구리: 서울 어디에나 존재하나, 항상 볼 수는 없는 비인간 존재

서울에서 너구리는 주로 어디에서 활동하는가? 이에 대한 실증적 탐색을 위해 서울연구원은 2023년 '너구리 실태조사'를 수행하였다. 연구진은 다양한 출몰 위치 데이터를 통합적으로 분석한 뒤, 종 분포모델(species distribution model)을 활용해 너구리 서식에 적합한 지역을 예측하고, 해당 지역을 중심으로 현장 조사를 진행하였다. 총 59개 지역, 203개 지점에 센서 카메라를 설치하고 직접 관찰 및 간접 흔적 조사 기법을 병행하여 개체 출현 여부를 확인하였다(김민경,

2023: 5-6).

조사 결과, 너구리는 서울 전역에서 출몰하는 것으로 나타났다(김민경, 2023: 37-38). 특히 서울시 야생동물구조센터의 구조 통계에 따르면, 2023년 한 해 동안 구조된 포유류 중 너구리가 345건으로 가장 많았으며, 고라니(192건), 족제비(187건)가 그 뒤를 이었다(김민경, 2023: 28). 자치구별로는 서울시 25개 구 중 16개 구에서 너구리 출현이 확인되었으며, 강동구(44건), 종로구(37건), 관악구(34건) 순으로 구조 건수가 높았다. 출현 장소로는 건물 주변(185건), 숲(82건), 도로변(37건), 하천 및 강변(11건) 등 시민의 생활권과 인접한 공간이 다수를 차지했다(김민경, 2023: 28-30). 특히 건물 주변에서의 출몰이 두드러졌다는 점은 주목할 만하다.

구조된 개체 가운데 상당수는 곰팡이증, 개선충증 등 질병에 취약한 상태였으며, 포획틀이나 구조물에 갇혀 구조된 사례도 많았다. 어린 개체가 구조되는 경우도 다수였다(김민경, 2023: 35). 이러한 자료는 너구리가 도심 전역에 걸쳐 먹이를 찾아 출몰하고 있으며, 구조되는 개체들 중 상당수가 병약하거나 취약한 상태임을 시사한다. 이는 도시 공간이 이미 너구리의 중요한 서식 환경으로 작동하고 있음을 반증한다.

1) 공존의 리듬: 선형적 반복(linear repetitions)을 통한 생태적 적응

서울연구원은 너구리의 생태적 특성, 출몰 지역, 선호 환경 등을 분석하여 종 분포 예측 모델을 구축한 뒤, 이를 바탕으로 서울시 내 도심 공원 10곳, 산림 지역 38곳, 하천 인접 지점 10곳 등 총 58개 조사 지점을 선정하였다. 각 지점에 센서 카메라를 설치하고 최소 7일 이상 촬영을 시행하여 개체의 출현 패턴을 분석하였다(김민경, 2023: 51-52).

이 결괏값들을 해석해 보면 다음과 같은 내용들을 추론해 볼 수 있다. 너구리의 활동은 주로 저녁 19시~21시, 새벽 1시~4시 사이에 집중되어 있다. 이는 야행성이라는 생물학적 특성과 더불어, 인간의 활동이 줄어드는 시간대에 맞춰 이동하는 전략적 행동양식을 보인다고 해석할 수 있다. 특히 반려견과 보호자가 공원 산책을 하는 저녁 시간대에는 활동이 현저히 줄어드는 양상을 보였는데, 이는 인간과의 접촉을 회피하려는 시간적 리듬이 형성되어 있음을 시사한다(김민경, 2023: 53-54).

〈표 1〉 하루 중 너구리 활동 시간에 따른 촬영 횟수 결괏값(김민경 2023: 54)(수정 재인용)

시간	1	2	3	4	5	6	7	8	9	10	11	12	13	14	15	16	17	18	19	20	21	22	23	24	총촬영수
촬영횟수	23	32	28	30	17	11	3	1	2	0	0	0	0	0	0	1	1	20	34	36	35	22	18	18	332

이러한 결과는 너구리가 도시에서 생존하기 위해 인간의 일상 리듬에 반응하며, 그것과는 다른 시간대에 움직이는 전략을 채택하고 있음을 보여준다. 즉, 도시 내 인간의 시간성과 비인간 존재의 생태적 시간이 겹치지 않도록 조율되는, 리듬 구조가 형성되어 가는 것으로도 볼 수 있다.

서울시의 너구리는 주요 서식지가 정해져 있지 않은 것으로 보인다. 서울시 도심의 공원, 하천, 곳곳에 흩어져 서식하는 너구리들은 인간이 활동하지 않는 야간과 새벽의 시간에 도심에 나타나 먹잇감을 구하고 있다. 서울이라는 도시에 서식하고 있지만, 인간이 언제나 눈으로 볼 수 있는 것은 아니다. 너구리는 도시 틈새에 숨어들어 '적응해 가고' 있다(스힐트하위전, 2019). 캐나다의 지리생태학자인 로렌 반 패터(van Patter)는 캐나다 토론토 광역권에 서식하고 있는 코요테가 도시에 함께 거주하는 인간들과 어떻게 일상에서 다른 리듬과 감각계로 다종의 도시를 형성해 가는지를 보여준다(van Patter, 2023). 반 패터 또한 2018년 3월부터 6월까지 카메라를 초등학교 맞은편에 설치하는 경험연구를 통해 코요테의 출현 빈도를 측정하였다. 이 연구를 통해 반 패터는 학교가 시작되고 끝나는 오전 9시와 10시, 오후 3시에서 4시 사이에 코요테의 활동이 가장 적다는 것을 확인하였다. 즉, 코요테의 행동 패턴은 학교의 일정, 벨 소리, 그에 따른 사람들의 행동, 선형적 반복과 연결되어 있었다. 너구리의 행동 패턴이 서울에서는 인간들이 행동과 연결되어 있는 것과 같은 것이다.

특히 반 패터의 보고서에 의하면, 수도권의 거주지에는 경제적인 요인으로 인해 야근이 잦아지면, 사람들이 퇴근 시간이 늦어지게 되고, 반려견을 산책시키는 시간도 연쇄적으로 늦어지게 된다. 그렇게 되면, 코요테가 활동할 수 있는 시간도 더 늦어지게 된다. 따라서 인간과 비인간 존재가 도시에서 함께 공존하기 위한 선형적 시간성은 인간의 학교 일과, 근무 시간, 출퇴근 시간, 반려견 산책 시간에 따라 달라지고, 반복성을 띄게 된다. 따라서 너구리 또한 인간과의 상호작용, 즉 인간의 활동에 따라 너구리의 행동 패턴을 변화시켜 가면서 먹이를 구하는 등 일상의 리듬을 형성해 나가게 된다.

2) 서울시민-고양이-너구리의 공존 리듬

서울연구원의 너구리 출몰 실태조사 연구를 통해서 얻은 결과 중의 하나는 너구리 개체 수에 대한 예측이었다. 2023년 당시 센서 카메라로 분석한 서울 도심지에 서식하는 너구리의 개체 수는 42마리였고, 그중에서도 중랑구 산내동 봉화산에 가장 많은 개체 수, 즉 4마리가 있는 것으로 추정하였다. 서울연구원은 2023년 9월 24일부터 10월 8일까지 15일간 봉화산 지역을 9개의 구역으로 나누어 센서 카메라를 설치하여 촬영하였다. 그 결과, 등산객들이 많이 다니는 구역에는 거의 너구리가 촬영되지 않았다. 그러나 고양이 먹이터가 있는 장소에는 같은 기간에 고양이는 42마리, 너구리는 36마리가 카메라에 포착되었다고 보고하고 있다(김민경, 2023: 59).

고양이 먹이터에 너구리가 방문하는 빈도수가 매우 높았으며, 주로 새벽 2~4시, 저녁 19~22시 사이에 반복적으로 출현하고 있었다. 고양이들이 먹이터에 출현하는 시간이 보고서에 표시되어 있지는 않지만, 너구리의 출현 시간과 고양이들의 출현 시간이 겹치지 않았을 것이란 것은 추정 가능하다. 또한 너구리들은 등산객들이 고양이 먹이터 옆을 주로 지나가는 시간, 캣맘 혹은 캣대디가 고양이 먹이터에 먹이를 공급하는 시간에도 출현하지 않았을 것이다. 즉, 다양한 종들의 활동 시간이 분산되었을 것이고, 이것이 반복되면서 리듬이 형성되어 왔을 것이다. 여기서 중요한 것은 고양이 먹이터의 사료를 너구리가 자신들의 중요한 먹이 공급처로 여기고 있다는 점이다. 특히 지역개발로 인해서 서식처 공간이 줄어들고 그에 따라 먹잇감도 줄면서, 너구리는 새로운 먹잇감을 찾아 헤매게 되었을 것이다.

이때 너구리의 뛰어난 후각과 청각 능력이 중요한 작용을 한다. 또한, 고양이 먹이터의 위치를 기억하고, 반복적으로 찾아갈 수 있는 능력도 중요한 요소이다. 나아가서는 너구리 가족들이 일정 기간 먹잇감을 함께 찾아 나서고, 고양이 먹이터에 관한 정보를 공유하고, 도시에서 살아가는 생존 기술을 가르치는 과정이 있다. 또한 고양이 사료까지도 먹을 수 있는 잡식성인 식성 또한 도시에 적응력을 높이는 요소가 되었다.

고양이 먹이터를 중심으로 인간, 고양이, 너구리 들이 먹이를 분배, 공유해 가는 행동 패턴과 시간적 리듬을 만들어가고 있다고 보인다. 서울연구원의 보고서에 의하면, 서울시 6월부터 10월 사이 센서 카메라로 관찰한 너구리들은 대부분, 버찌 열매를 먹이원으로 삼고 있었으며, 그 외에 은행, 밤, 매실, 살구 등도 함께 먹잇감으로 섭취하고 있었다. 몇몇 너구리만 음식물쓰레기나 길고양이 급식소의 먹이를 함께 섭취하는 것으로 보고하고 있다(김민경, 2023: 113-179).

3) 순환성과 변화가능성

온도와 기후를 내포하는 계절성(seasonality)이 인간과 비인간 존재 간의 상호작용의 순환적 시간성을 형성해 가기도 한다(van Patter, 2023: 918). 비인간 존재인 동물의 생애주기는 계절과 관련이 있기 때문이다. 너구리 또한 겨울에는 주로 동면하며, 초봄에 짝짓기를 하고 5월에 새끼를 낳으면 생후 9개월까지는 가족 단위로 생활하며 새끼들에게 생존 기술을 가르친다.

그런데 서울시 공원에서 인간들과 접촉이 많아 적응력이 뛰어난 너구리들은 반복적인 경험을 통해서 변화가 발견되기도 한다. 양천구에 위치한 연의공원은 너구리가 서식하기 좋은 하천이 흐르는 저류지가 있는 1만 여 평의 공원이다. 서울시의 위탁을 받아 운영하는 생태공원의 센터장은 몇 년 동안 이 공원에 서식하는 너구리들을 관찰하면서 조금씩 변화하는 너구리들의 생태적 모습을 다음과 같이 설명한다.

> "대략 만난 거로 보면은 한 **20개체는 넘어요**. 올해(2024년) 너구리 두 쌍은 10마리, 한 쌍은 14마리 정도 낳은 것을 발견했어요. 이 공원 안에서만 아니라, 이 동네 사람들이 신정산까지 연결해서 보니까 그렇더라구요. 보통은 5~8마리를 낳는다고 하는데, 더 많은 수를 낳았고, **작년(2023년)에 보니까 겨울에 휴면도 안 하는 경우도 보게 된 거죠**. 먹을 게 많고 서식 환경이 좋아서 그런 것 같아요." (연의공원 센터장 심상옥 인터뷰)

> "생태는 좋은 거야… 생태가 복원된다면 좋은 거라고 우리는 항상 반겨왔죠…. (연의공원에) 상주해 보니까 일단 너구리가 이상한 거예요. 그동안 제가 알고 있는 너구리에 비해서 **애들이 일단 사람을 안 무서워해요**…. (중략) 심지어 저희 건물 옥상에 태양광 발전기가 있거든요. **건물 옥상 안으로 올라가서 지난 겨울을 난 한 쌍도 있었어요**… (중략) 혹시 사람들이 (건물에) 올라갔을 때, 우발적인 사고가 나지 않을까 걱정되면서 심각하게 너구리를 고민하기 시작했어요." (연의공원 센터장 심상옥 인터뷰)

서울 도심에 하천이 흐르는 공원과 그 일대에 흩어져 사는 너구리들은 공원의 환경과 사람들에게 적응해 가고 있었다. 너구리들은 이 공원에 오는 사람들이 자신들을 해치지 않는다는 사실을 학습했으며, 이 공원에 있는 한 건물의 옥상에 설치된 태양광 발전기에 숨어서 동면하지 않은 채 2024년 겨울을 보낸 너구리 암수 한 쌍이 발견되기도 했다. 벤 윌슨은 도시의 박쥐, 들쥐, 쥐, 땅다람쥐와 같은 포유류가 도시에서 살아남기 위해 인지적인 요구들을 처리하느라 뇌가 커지고 있다는 생물학적인 변화도 보고하고 있다(윌슨, 2023: 321).

> "너구리들은 주로 물이 <u>흐르는 통로</u> 같은 데로 숨어 다니고 야행성이거든요. 그런데 (연의공원의) 이 너구리들은 **겨울 대낮에 나와서 일광욕도 하면서 그 자리에서 졸고도 있고**, 사람들이 지나가고, 카메라 갖다 대고 뭐를 해도 꼼짝도 안 하고… **오히려 사람을 구경도 하고**. 근데 이제 제가 걱정이 된 게 뭐였냐 하면 우리 공원에 **반려견 산책자들이 되게 많거든요**. (연의공원 센터장 심상옥 인터뷰)

그러나 너구리도 새끼가 태어난 직후에는 새끼를 보호하기 위해 예민해지고, 새끼가 있는 둥지에 가까이 다가오는 다른 종에 대해 본능적으로 공격을 가할 가능성은 충분히 있을 수 있다. 또한 산책 나온 반려견과 너구리가 천적 관계일 수 있어서, 상호 공격하는 상황이 벌어질 수 있다는 것을 공원의 책임자는 우려했다.

도시 공간에 경계 동물인 너구리들이 서식하면서 대체로 인간이 활동하는 시간을 피해 야간에 먹잇감을 구하는 활동을 하면서 공존의 리듬을 만들어가고 있다. 그런 한편, 일군의 너구리들은 인간과의 접촉면을 늘려나가면서, 인간과 낮에도 공존하는 시간을 갖는 등의 적응해 가는 변화의 모습을 보여주고 있다.

4. 동물의 행위성과 생태 사회적 관계성: 우이천 너구리에 의한 개물림 사건

너구리가 도시에 숨어든 야생동물의 한 종으로 생태적, 사회적 문제로 방송국 뉴스에 등장한 것은 2022년 여름에 벌어진 소위 '우이천 너구리에 의한 개물림 사건' 때문이었다. 2022년 6월 27일에 모 방송국 뉴스에서, 우이천 산책로에서 견주와 산책하던 반려견들이 너구리 두 마리에게 공격당해서 물렸다는 뉴스를 송출했다. 그 뉴스의 제목은 "너구리를 만나면 도망가라: 서울 도심 '너구리 습격 사건'"으로, 상당히 자극적인 제목이었다(이상엽, 2022a).

뉴스에서 인터뷰에 응한 주민들 대부분은 너구리를 본 적이 없다고 했다. 그러나 우이천 산책로에서 고양이들에게 먹이를 주던 캣대디는 너구리 가족에 관해 잘 알고 있었다. 그는 2022년 사건이 일어나기 전까지 3년간 우이천에서 너구리 가족을 지켜보았다고 한다. 처음엔 암수 한 쌍 두 마리였는데, 다음 해에는 한 쌍이 5마리의 새끼를 낳았고, 그 다음 해에는 8마리를 더 낳았다고 했다. 그 과정에서 이 캣대디는 너구리가 우이천으로 진입하는 입구에 너구리를 위한 먹이를 따로 놓아주었다. 그는 고양이 먹잇감이 줄어드는 것을 걱정하기도 했고, 너구리 먹이가 줄어들면 너구리가 주택가로 내려가 쓰레기를 뒤지게 될 것이고, 그러다 보면 너구리가 인간에게 포획될 가능성이 높아질 것을 염려했다고 한다.[1]

너구리 가족들은 우이천의 한 다리 부근에 서식하고 있었고, 이 부근에 지나가던 반려견 두 마리가 너구리에게 물렸다. 두 마리 반려견의 주인이 도봉구청에 문제를 해결해 달라는 민원을 제기하였으나, 도봉구청에서는 이 민원에 대해 별다른 대안이 없다고 응답하였다. 특히 산책로와 너구리의 서식지를 분리

---

1 캣대디 홍 씨는 동물 단체 '케어'에서 활동하면서 캣대디 활동을 오랜 기간 해왔다. 경기도에 거주하면서, 우이천에 와서 고양이 먹이터에 먹이를 제공하는 일을 하면서 몇 년간 너구리 가족들을 지켜보게 되었다.(윤태현 인터뷰)

하는 것은 도봉구청의 소관 사항이 아니며, 문제를 일으킨 너구리를 옮긴다고 하더라도, 다른 너구리 개체가 올 수 있는 가능성이 있다는 점을 들었다. 또한 너구리가 「야생생물 보호 및 관리에 관한 법률」에 의해 보호받고 있다는 점도 이유 중 하나였다.

반려견과 함께 거주하는 인간이 개들을 대리해서 '민원'이라는 제도적 통로로 문제를 제기했다. 즉, 산책길에서 반려견이 너구리의 공격으로부터 보호받을 수 있도록 인간이 대리해서 제도적인 보호 조치를 해달라고 요청한 것이다.

그리고 이 산책길 옆에서 함께 살아가고 있는 길고양이들을 돌보는 캣대디는 길고양이들에게 먹이를 제공하면서 너구리 가족들을 관찰하고 있었다. 너구리로부터 고양이들이 공격당하기도 하는데, 그런 일이 벌어지지 않도록 고양이 사료를 너구리 가족들에게 따로 제공하고 있었던 것이다.

너구리에 관한 뉴스가 방송을 타면서 너구리 문제가 큰 쟁점이 되었다. 그래서 너구리에 관한 연구도 시작되었고, 구청 관계자도 해결책을 내기에 이르렀다. 동물협회의 자문을 얻어서, 너구리 가족을 다른 곳으로 이주시키지 않기로 했다. 서식지를 옮길 경우, 너구리의 생존율이 낮아질 수 있다는 것이 이유였다. 너구리 가족이 우이천을 서식지로 살아가는 대신, 산책로에 접근하지 못하도록 울타리를 설치하여 분리해서 살아가도록 조치하였다. 그리고 너구리에게 고양이 사료도 제공하지 않고, 산책로 주변에 너구리를 주의하라는 안내문도 다시 설치하였다. 그 해결책에 대해서, 산책로의 주민들과 반려견 주인도 "너구리를 없애 달라는 게 아니고 사람과 동물이 함께 살 수 있는 방법을 찾아달라는 의미였다."고 강조했다(이상엽, 2022c)

우이천 너구리에 의한 개물림 사건이 뉴스로 방영된 이후, 우이천 근방에 거주해 온 문화기획자 윤태현은 이 문제에 관심을 가지게 된다. 우이천에서 반려견과 산책을 하던 반려견주이기도 했던 그는 반려견, 인간, 너구리가 어떻게 공존할 수 있을까를 고민하면서 문화부와 (사)숲과나눔의 풀씨기금을 기반으로, '너구리 가족과의 우이천 공존 협상 전략 연구소'라는 이름으로 활동을 시작했다. 그는 이 지역의 너구리에 관심 있는 시민들을 모아서 2022년부터 2023년까지 학습, 캠페인, 정책 제안, 우이천 주변의 너구리 모니터링 등의 활동을 진행하였다.

윤태현은 지역에서 사람들과 함께 너구리에 관해 학습하는 것부터 시작했다. 그리고 전문가들과 활동가들과의 모임을 통해서 얻어낸 결론은 "너구리와 여기서 같이 살아야 된다."는 것이었다. 너구리가 우이천을 찾아온 것은 우이천의 생태적 환경이 너구리가 서식하기에 적당하고 좋아졌다는 긍정적인 측면이었다. 다른 한편으로는 너구리들이 서식할 공간이 없어지거나 먹잇감이 줄어들고 있다는 사실이었다. 그래서 너구리 가족과 우이천에서 함께 공존하는 것을 전제로 다양한 방식을 모색하게 된다. 반려견의 입장은 반려견주들이 대변하였고, 들고양이들은 캣대디가, 산책로의 주민들 입장은 언론이 대변하면서, 너구리 가족에 대해서는 이 그룹이 이해해 나가기 시작했다. 윤태현은 이 활동의 키워드와 활동 단체의 이름에 '협상'이라는 단어를 넣었다.

> '협상'이라는 단어가 중요한 거는 우리가 동등하게 만날 수 있는 그 기준점을 다르게 그냥 만들어버리는 거죠…. 그러니까 너구리와 인간이 동등하다… 이제 도심에 어쨌든 야생동물이 이렇게 오잖아요. 이게 계속 오는데 특히 우이천이 그런 것 같아요. 멧돼지도 되게 많이 내려오고, 고라니도 많이 오는 곳인 거죠. 여기가 북한산 바로 밑이라…. (윤태현 인터뷰)

윤태현은 우이천의 환경이 해마다 좋아지면서, 멧돼지, 고라니며, 물속에는 메기 등 다양한 생물종이 발견된다는 것을 확인했다. 그래서 도시에 새로운 종이 늘어날 때마다 몰아내는 데도 한계가 있으므로, 결국 다종이 어떻게 '공존'하며 살지를 모색해야 한다고 생각한다(윤태현 인터뷰).

그런 다종 중에서는 코로나19와 같은 바이러스, 그것을 옮기는 박쥐와 같은 숙주, 야생동물, 벌레와 해충 들도 새로 유입될 수 있다. 그런데 너구리가 바로 그런 존재 중 하나가 되었다. 공격적인, 위험이 가득한 존재로 여겨지게 된 것이다. 인공적인 도시와 야생적인 자연으로 이분화해서 세계가 구성되지만은 않는다. 서울이라는 도시는 인공적인 문화와 야생적인 자연이라는 구분을 넘어서서 새로운 생태계를 재구성하고 있는 상태이다(브라이도티, 2024). 그것을 인간의 입장에서 보면, 광견병 감염의 가능성이 좀 더 높아진 것으로 볼 수 있다. 그러나 다른 한편으로는 너구리가 유입됨으로 인해서 그 주변의 쥐의 수가 줄고, 쥐를 매개로 한 감염의 위험이 줄어들 수 있으며, 버찌와 도토리의 씨앗이 좀 더 멀리까지 퍼질 수도 있는 것이다.

'너구리 가족과의 우이천 공존 협상 전략 연구소'의 회원들은 정보들을 정리해서 다양한 활동을 하였다. 너구리에 관한 정보를 정리하거나, 실제에 가까운 너구리의 이미지를 디자인해서 산책로의 주민들에게 친근한 방식으로 알려주기도 하였으며, 장기적이고 필요한 정책들을 도봉구청 관련 부서에 제시하였다. 그 내용들을 정리하면 〈표 2〉와 같다.

〈표 2〉 '너구리 가족과의 우이천 공존 협상 전략 연구소' 회원들이 구청에 제안한 사안들

	제안점	내용
1	너구리에 관한 우이천 안내문 재점검 및 보완	- 정확한 정보 및 야간에도 잘 보이는 안내문으로 재정비
2	너구리의 친근한 이미지 제고	- 너구리의 친근한 이미지 및 꼬리에 줄무늬가 없는 실제 너구리의 모습을 반영한 모습으로 재정비
3	우이천 야생동물 정밀 조사 및 너구리 모니터링 사업 추진	- 우이천에 서식하고 있는 너구리 개체 수, 크기, 이동 반경, 행동 특성 등을 과학적 접근으로 파악할 필요가 있음 - 우이천에 살고 있는 야생동물들을 대상으로 전반적인 생태계 조사가 필요함
4	도봉산 불법 채취 단속강화 및 인식 개선 방안 마련 필요	- 너구리가 먹이 문제로 도심으로 내려오지 않도록 산에 먹을거리가 떨어지지 않도록 해야 함 - 산에 야생동물들의 먹거리인 도토리, 밤, 산나물 등을 인간들이 불법 채취하지 않도록 단속 필요

| 5 | 너구리와의 공존을 위한 시민교육의 필요성 | - 감염병균을 보유하고 있으므로 너구리와 접촉 금지
- 반려견 산책 시, 너구리와 마주쳤을 때 반려견 보호 조치 필요
- 너구리에게 먹이를 주는 행위 금지 캠페인 등 |

출처: 너구리 가족과의 우이천 공존 협상 전략 연구소, 2022

'우이천 너구리에 의한 개물림 사건'을 살펴보면, 다양한 주체들이 등장한다. 직접 관계되는 생물종들은 개, 들고양이, 너구리이고, 인간들은 반려견의 주인들, 캣대디, 너구리 가족과의 우이천 공존 협상 전략 연구소 회원들, 전문가는 생태 전문 단체 전문가, 방송국 기자들, 그리고 우이천을 중심으로 한 지역주민들, 관에서는 구청과 시의 공무원들이다. 관련 법률도 복잡하게 얽혀 있다.

인간과 비인간 존재 사이에 비대칭이 존재하며, 반려견, 들고양이, 야생동물인 너구리라는 동물들 사이에도 비대칭이 존재한다. 특정 동물을 옹호하고, 대리하고, 보호하는 사람들이 다르며, 동물마다 적용받는 관련 법률도 다르기 때문이다. 예를 들어, 반려견 하린이는 견주에 의해 보호받으면서, 너구리에게 물렸을 때, 견주가 하린을 대신해 구청에 민원을 제기하였다. 하린이의 권리를 대리하여 민원을 제기하였다고 해석해 볼 수 있다. 「동물보호법」에 의해 보호받을 수 있기 때문이기도 하다. 들고양이들은 사육동물이었으나 재야생화된 경계 동물로, 캣대디가 먹이를 지원하긴 해도 구조 보호 조치에서는 제외된 동물이다. 캣대디의 경우, 들고양이와 너구리 가족에게 고양이 사료를 제공해 왔기 때문에 반려견주와 긴장 관계를 형성할 가능성이 있다. 또 다른 경계 동물인 까치는 전선을 갉아먹기 때문에 유해야생동물로 지정되어 있어 포획될 가능성이 높다. 동물 종 안에서도 생태적인 긴장 관계와 공생관계가 존재하며, 인간들 안에서도 어떤 동물을 옹호하는지에 따라서 긴장 관계가 존재한다.

나아가 현재 유해야생동물 지정에 관한 법률은 인간중심주의적인 접근으로 인간에게 해를 끼치거나, 인간의 소유물을 훼손시키는 경우 지정되는 방식이다. 따라서 너구리가 일으킨 사건으로 인해 여론을 의식하는 관료들은 너구리를 유해야생동물로 지정하는 법률적인 검토를 시작할 수도 있었다.

〈표 3〉 우이천 너구리에 의한 개물림 사건의 관계성

생물종	유형	관계된 사람들	동물과 관련된 적용 법률
반려견 '하린이', '만식이'	사육동물	하린이 견주 등	「동물보호법」
들고양이	경계 동물 (재야생화된 사육동물)	캣대디	「동물보호법」 시행규칙 제14조 (구조 보호조치 제외 동물)
너구리 가족	경계 동물	너구리 가족과의 우이천 공존 협상 전략 연구소 회원들(사건 후 결성)	「야생생물 보호 및 관리에 관한 법률」
까치		산책 주민들, 공무원, 방송 기자 등	유해야생동물[2] (전력 시설에 피해)
백로			「동물보호법」

---

2 유해야생동물 관련 제도: ① 유해야생동물: 「야생생물 보호 및 관리에 관한 법률」 제2조(정의) 유해야생동물은 사람의 생명이나 재산에 피해를 주는 야생동물로서 환경부령으로 정하는 종임. 「야생생물 보호 및 관리에 관한 법률 시행규칙」에 따른 유해동물로는 농림수산업에 피해를 주는 꿩, 멧비둘기, 고라니, 멧돼지, 항공기, 군 작전에 지장을 주는 조수류, 전력 시설에 피해를 주는 까치, 까마귀 등, 분변 털 날림으로 문화재 훼손이나 건물 부식 등의 재산상 피해를 주거나 생활에 피해를 주는 집비둘기 등의 다양한 동물이 속함. ② 생태계위해우려 생물: 「야생생물 보호 및 관리에 관한 법률」 및 「생태계교란 생물 지정 고시」에 근거하여 위해성 평가 결과 생태계 등에 유출될 경우 위해를 미칠 우려가 있어 관리가 필요하다고 판단되는 생물로 「생물다양성 보전 및 이용에 관한 법률」 개정으로 제도 신설. 포유류로 라쿤(2020년 지정)이 있음(김민경, 2023: 73-74).

5. 도시, 다종의 행위성과 공존을 위한 조건

1) 너구리의 행위성과 이종간의 사회성

'우이천 너구리에 의한 개물림 사건'을 통해 너구리에 대한 관심과 대안 모색은 서울시의 과제로도 떠올랐다. '너구리의 행위성'은 서울시 '너구리' 현황 파악을 위한 기초연구 작업을 시작하게 하였으며, 서울 도심 너구리 문제에 관심 있는 사람들이 포럼을 열기도 했다. 너구리에 관한 정보를 중심으로 구청과 시에서는 적절한 정책 지침과 대안 들을 제시하기 시작했다. 예를 들어, 서울시에서는 사료에 광견병 예방약을 섞어서 너구리가 다니는 곳에 놓기 시작했고, 이 방법은 너구리가 출몰하는 인천시의 공원에서도 적용하기 시작했다. 또한 너구리와의 접촉, 특히 개선충증 등 바이러스에 감염된 너구리와의 접촉에 조심할 것에 대해 홍보를 강화하기도 하였다. 결국 너구리가 출현하는 지역에서는 너구리에 대한 안내문 부착, 지역주민 교육 강화, 광견병 예방약 살포 등 다양한 지침을 공유하고 이를 언론을 통해 공유하고 있다.

너구리가 도시의 틈새로 들어와 도시의 일원이 되어 사회적인 상호작용을 하며 살아갈 수 있는 것은 동물의 행위성(animal's agency)에 근거하고 있다. 이것은 인간이 사회적 규범과 문화적 관습을 학습하는 사회적 행위자인 것과는 대조적으로 동물은 생물학적 본능에 따라서만 움직이기 때문에 사회의 일원이 되는 것은 불가능하다는 주장과는 다르다(블래트너 외, 2023: 24). 샬럿 블래트너는 동물 행동 및 인지 연구를 통해 동물의 마음, 감정, 사회적 관계, 문화에 관한 인간의 이해가 실제로 가능해졌다는 것을 강조하고 있다(블래트너 외, 2023: 25). 동물의 행위성은 단지 동물이 행위의 대상이 되지 않는다는 것을 의미하며, 반항, 저항, 동물의 선호를 표현이고, 협상, 돌봄 등 인간과도 사회적 관계를 형성해 나갈 수 있는 존재로 보는 관점이다(블래트너 외, 2023). 나아가서는 이종 간에 사회성을 형성해 나갈 수 있는 존재로 본다.

경계 동물의 특징 중의 하나인 비가시성(invisibility)으로 인해 서울 너구리들의 활동은 일부 시민들에게만 포착되었을 뿐이었다(도널드슨·킴리카, 2024: 389). 북한산과 도봉산에 살던 너구리는 우이천에서 먹이를 구하기도 좋고, 우이천의 생태계가 서식하기도 좋아서 살 곳으로 정하고 틈새로 찾아들었다. 캣대디, 들고양이, 다른 생물종들, 산책하는 사람들을 피해 다니기도 하고, 활동 시간대를 맞춰가기도 하면서, 반복되는 시간대의 리듬을 찾아가게 되었을 것이다. 그러면서 새로운 상호 관계성을 형성해 가며, 도시에 적응해 새끼를 낳아 길렀다. 낯선 환경 속에서 먹이를 구하고 적응하기 위해 빠르게 진화하고 있는 것이다(스힐트하위전, 2019). 그러므로 너구리도 도시에서 인간-야생동물, 사회-생태계 사이에서 살아가는 동물 행위의 주체임을 인정하는 것부터 시작해야 한다. 또한 너구리가 도시를 서식지로 택하게 된 행위성이 드러나게 된 것은 너구리 서식지를 고려하지 않은 무분별한 지역개발에 의한 인과적 결과라는 것도 받아들여야 한다(블래트너 외, 2023: 26).

그렇다면 이종 간의 의사소통은 어떻게 가능할까? 동물의 행위성에 대해 다른 종이 응답할 수 있다는 의미일까? 그렇다면 그 방법은 무엇일까? 이에 대해서는 에코페미니즘이 돌봄, 관계성, 응답의 가치를 강조하면서 인간중심주의적 가치와는 다른 대안을 모색해 왔다. 예를 들어 로리 그루엔(Gruen)이 제시한 '뒤얽힌 감정이입'의 방식은 상황적, 물질적으로 상호 책임을 지는 윤리이다. 이 윤리는 인간과 비인간의 차이에 다리를 놓는 방식으로, 비인간의 이해관계에 대해 전인지적이고 감정이입적인 반응으로 응답하는 과정으로서 그 의미가 있다(애덤스·그루언, 2024: 293). 따라서 '너구리 가족과의 우이천 공존 협상 전략 연구소'나 시민 과학자들의 활동처럼 너구리를 '해로운 동물'로 타자화하는 것이 아니라, 도시의 구성원으로 받아들이려는 관계적인 시선이 '공존 윤리'의 시작이다.

2) 경계 동물인 너구리와 함께-따로 거주하기 위한 조건들

경계 동물은 인간의 정착지에 적응할 수 없는 야생동물이나 사육동물과는 구분되는 동물들을 의미한다. 경계 동물은 인간-동물의 관계가 다차원적 관계망으로 가능하고, 동물마다 상호의존성, 행위자성, 관계가 다양하고 변화하는 동물이기도 하다. 도널드슨과 킴리카는 경계 동물의 거주, 적응, 의존의 패턴을 인간 사회의 이주민들의 삶과 유비하여, 이들에게 '주민권(denizenship)'이라는 권리 개념을 제안한다(도널드슨·킴리카, 2024: 395). 나아가 경계 동물의 주민권 보장을 위한 조건으로 ① 거주의 안전성 보장, ② 공정한 호혜성 조건, ③ 낙인 방지 조치를 제시한다(도널드슨·킴리카, 2024).

도널드슨과 킴리카의 논의는 인간 사회의 이주론을 동물에 유비하여 확장한 권리론을 전제하고 있다. 이주한 인간과 동물이 같은 의미의 주민권을 누린다고 주장하기에는 무리가 있다고 생각한다. 다만, 경계 동물들을 구분하고 경계 동물들을 위해 제안한 조건들은 다음과 같이 음미할 가치가 있다고 여겨진다.

첫째, 경계 동물이 도시에 이주해 적응하고 도시 생태계의 재구성에 행위자로 참여한다면, 해당 동물이 도시의 구성원으로서 거주하는 것을 인정해야 한다. 서울의 너구리 사례는 시민들이 너구리의 도심 거주 사실을 인식하기 시작했고(김민경, 2023), 일부는 거주자로 수용하는 초기 단계에 진입했음을 보여준다.

둘째, 호혜적으로 존중해 주어야 한다는 점이다. 반려동물이나 사육동물은 인간과의 관계에 있어서 친밀하며, 야생동물이나 경계 동물에 비해 인간에게 좀 더 의존적이다. 이에 비해 야생동물은 인간으로부터 독립적이면서, 존재 자체로 주권(sovereignty)을 가진 존재로 여겨지기도 한다(도널드슨·킴리카, 2024: 330). 도시에 함께 거주하는 경계 동물이 일으킬 위험의 가능성에 관해서는 인간은 민감하게 반응한다. 특히 경계 동물을 통한 질병이나 병균의 감염 가능성에 관해서 예민하다. 또한 인간이 경계 동물에게 가하는 위험에 대해서는 무관심하거나 무시하기도 한다. 예를 들어, 경계 동물의 이동통로가 차로에 막혀 로드킬을 당하는 것에 무관심하며, 새들이 유리로 설치된 벽에 충돌하여 죽어가는 것을 무심하게 지켜보는 것이 그것이다. 이 경계 동물들에게 동물 통로나, 새 충돌 방지 건축 법규를 정책화하는 등의 조치가 호혜적인 존중이며 공평하다고 할 수 있다.

나아가 경계 동물과 인간 간의 호혜성을 위한 대안적인 시도 또한 중요하다. 경계 동물이 인간에게는 해로운 감염의 위험이 존재한다면, 그것을 그대로 자연생태로 방치하자는 것은 아니며, 대안적 모색을 해나가는 것이 필요하다. 하나의 예시로, 몇몇 유럽 도시에서 시도한 비둘기의 개체 수를 줄이기 위한 캠페인은 매우 인상적이다. 우선 도시 외곽에 깨끗한 비둘기 집을 설치하고, 신선한 음식과 물을 공급하였다. 시민들에게는 비둘기에게 모이 주는 것을 중단하는 대중 교육을 시행하였, 번식 조절을 위해 비둘기집에서 알의 일부를 가짜로 교체하여 번식률을 크게 줄였다. 제거나 추방이라는 방식 대신에 비둘기집 설치와 서식지 지정이라는 경계 동물과의 대안적 공존을 모색했다는 점에서 시사하는 바가 크다(도널드슨·킴리카, 2024: 451-452). 너구리의 경우에는 서울시나 인천시에서 개선충 예방약을 사료 형태로 만들어 살포하는 것이 공존을 위한 첫 번째 시도라고 보인다.

셋째, 경계 동물에 대한 낙인을 방지하는 노력이 필요하다. 경계 동물은 도시로 이주한 동물들로 인간의 관점에서 보면 비가시적이며 야생에서 살아야 하는 동물로 가정하기 때문에, 경계 동물을 인간 영토에 무단 침입한 외부 침입자로 '낙인' 찍는다. 따라서 인간과 경계 동물과의 관계에서 갈등이 드러날 때마다 경계 동물은 유해동물로 지정되어, 포획당하는 것이 정당화되기도 한다(도널드슨·킴리카, 2024: 391). 이런 경계 동물에 대한 낙인은 경계 동물의 습성에 대해 인간이 이해하지 못한 것에서 비롯된다. 이 무지함은 경계 동물들이 일으킬 수 있는 위험에 대해 갖게 된 공포가 왜곡되거나 극대화되서 나타나기도 한다. 반대로 인간이 경계 동물에 위해를 가한 피해나 위험에 대해서는 인지하지 못하는 상황도 발생한다. 나아가서 경계 동물로 인해서 생태계 내에서 도움이 되는 점에 대해서는 성찰하지 않은 채, 위험의 가능성만 증폭시키는 것 또한 인간 중심적인 관점에서 판단하기 때문이다.

중국 상하이시에서도 근래 공원 등 녹지환경이 갖춰지고 환경이 좋아지면서 보호종인 너구리 개체 수가 증가하여, 2020년 말 기준 너구리가 2,000마리가 넘는 것으로 추정되고 있다. 이에 따라 상하이시에 최근 5년간 너구리에 대한 민원이 32배 폭증하였다. 단지 너구리를 보았다는 신고 전화가 대다수이고 실제 피해 사례는 단 1건뿐, 대부분은 불안을 호소하는 전화였다. 너구리를 바라보는 시민들의 시선은 대부분 두려움, 혐오하는 짐승으로 바라보면서 통제 불가능하고 위험한 존재라고 '낙인' 찍고 있었다(Lin, Wu and Gu, 2024). 시민 과학 프로젝트를 통해 너구리 모니터링에 시민들이 직접 참여하여 너구리에 대한 인식 변화를 목표로 하였다. 그 결과 참여자의 78%가 수줍고 온순한 존재로 너구리를 재인식하게 되었다. 관찰 유형은 위기의 관찰, 과학적 관찰, 의인화된 관찰로 유형화되었으며, 의인화된 관찰을 통해 너구리와 정서적 유대감을 갖고 인간과 유사한 존재로 인식하기에 이르렀다. 또한 시민 과학을 통해서 "두려워 말고(no fear), 먹이 주지 말고(no feeding), 접촉하지 말 것(no touch)"이라는 행동 원칙도 익혔으며, 너구리를 일상적으로 관찰하며 너구리를 단순한 생명체가 아닌 정서적·사회적 주체로 이해하게 되는 전환이 이루어졌다(Lin, Wu and Gu, 2024: 9).

서울연구원이 2023년 서울 시민 1,200명을 대상으로 너구리에 대해 온라인 설문조사를 한 결과, 너구리가 도심에 출몰한다는 사실을 몰랐다는 응답이 51.8%로 절반 이상이었다. 너구리를 대면한 경험은 13.6%였으며, 너구리가 안전하다면 도시에서 공존할 수 있다고 생각하거나 걱정되지만 몰아낼 필요가 없다고 생각한다는 의견이 대다수였다. 하지만 위험한 존재이므로 도시에서 몰아내야 한다고 생각한다는 의견도 14.7%나 차지했다(김민경, 2023: 17-18). 이것은 '너구리에 의한 반려견 개물림 사건'이 뉴스로 방영될 때 형성된 너구리의 이미지와 연관되어 있을 가능성이 높다. 그 당시의 뉴스 제목이 "'너구리를 만나면 도망가라…' 서울 도심 '너구리 습격 사건'"이었으며, 너구리가 반려견을 공격한 것은 그때뿐이었음에도 도시에서 항상 위험이 되는 동물로 '낙인' 찍히는 계기가 되었을 가능성이 높다. 그 후에 시리즈로 나온 특집 뉴스들은 너구리 가족들과 어떻게 공존할지를 대안을 모색하는 뉴스로 선회했지만, 첫 번째 뉴스가 너구리에 대한 공포심이나 유해동물이라는 이미지를 심어주는 데는 충분했다. 또한 설문조사를 통해 서울 시민들은 너구리가 나타났을 때 반려견을 안고 피해야 한다는 등 취해야 하는 행동이나 정보 등이 부족한 상태였으며, 이에 대한 시민교육이 필요하다고 보인다.

  서울이라는 공간에서 인간이 너구리와 공존하지만, 독립적으로 시간과 공간을 따로 분리해서 삶의 리듬을 만들어가며 살아갈 수 있는 존재인 것도 살펴보았다. 무엇보다 중요한 것은 도시에서 인간과 너구리가 공존하기 위해서는 조건들이 충분히 작동하고 있는지를 성찰할 수 있어야 한다는 점이다. 특히 정책적인 측면에서나 사회문화적인 측면에서도 이 조건들이 제대로 작동하고 있는지를 논의하고 점검할 필요가 있다. 이 논의에서 전제되어야 하는 것은 너구리가 도시에서 거주하는 사실을 인정하고 존중하는 것, 너구리의 습성과 지식에 대한 시민교육, 너구리에 대한 시민행동에 대한 교육 및 인식 제고, 서식지에 대한 관찰, 시민 모임의 관찰기록 등을 통해 시민들이 너구리와 다른 경계 동물종들과 살아갈 수 있는 지식과 삶의 방식을 터득해야 한다는 과제가 놓여있다. 서울이라는 도시에는 너구리뿐만이 아니라 다종의 경계 동물들이 출몰하고 있으며, 그 종이 다양한 이유로 늘어나고 있다. 그러므로 도시 생태계가 재구성되는 과정에서 인간이 도시로 거주지를 옮기는 야생동물들과 무언의 소통을 통해 시간과 공간을 나누어 쓰는 삶의 리듬을 만들기 위해서는, 동물들의 습성, 행위, 종들의 관계성을 이해하는 일부터 시작해야 할 것이다. 몇 가지 기준으로 유해동물로 낙인찍혀 포획되어 도시 밖으로 내몰려지는 것으로는 도시로 오는 야생동물들에 대한 해결책이 될 수 없을 것이다.

도시 생태계에서 다종의 경계 동물들과 함께 인간들이 살아간다는 것은 감염 가능성이 있는 바이러스, 해충, 불안정성 등과 얽혀서 공존해 가는 것을 의미한다. 그래서 도나 해러웨이가 강조하는 것처럼 '트러블과 함께'하는 여정이 될 것이다(해러웨이, 2021). 경계 동물을 동반자로(companions) 생각할 수 있냐는 해러웨이의 질문을 다시 한번 심각하게 곱씹어볼 때이다(van Patter, 2021: 369). 도시에서 다종 간의 공존은 긴장된 위험을 감수한 과정이지만, 지금까지 없었던 창조적인 세계를 만들어가는 열린 과정이 될 수 있을 것이다.

참고문헌

김예슬. 2024. "강남 한복판서 머리를 '퍽'… 까마귀 공격에 시민들 '식겁'." 동아닷컴, (2024.5.29.). https://v.daum.net/v/20240529134038893 (2024.6.16.).

김민경. 2023. 『서울도심지 출몰 야생 너구리 실태조사 및 관리방안』 서울연구원.

너구리 가족과의 우이천 공존 협상 전략 연구소. 2022a. "협상을 위한 수다회: 우이천 캣대디 홍기석님과의 인터뷰." http://anncompany.co.kr/ANNCOMPANY/?q=Y-Toy- OntzOjEyOiJrZXl3b3JkX3R5cGUiO3M6Mzoi YWxsIjtzOjQ6InBhZ2UiO-2k6M- jt9&bmode=view&idx=13405819&t=board (2024.11.1.).

_____. 2022b. "우이천 너구리 가족 사건 관련 지역 문제해결을 위한 시민 제안서." http://anncompany.co.kr/ANNCOMPA-NY/?q=YToyOntzOjEyOiJrZXl3b3JkX3R5cGUiO3M6MzoiYWxsIjtzOjQ6In-BhZ2UiO2k6Mjt9&bmode=view&idx=13549845&t=board (2024.11.1.).

도널드슨, 수(S. Donaldson)·킴리카, 윌(W. Kymlicka). 2024. 『주폴리스: 동물 권리를 위한 정치이론』 박창희 역. 프레스탁.

브라이도티, 로지(R. Braidotti). 2024. 『포스트휴먼 페미니즘: 더 나은 미래를 위한 변혁의 힘』 윤조원·이현재·박미선 역. 아카넷.

이상엽. 2022a. ""너구리를 만나면 도망가라…" 서울 도심 '너구리 습격 사건'." 『JTBC』 (2022.6.27.). https://news.jtbc.co.kr/article/nb12064016 (2025.5.6.).

_____. 2022b. "'너구리 습격' 밀착카메라 뒷이야기." 『JTBC』 https://news.jtbc.co.kr/article/nb12064482 (2022.6.30.).

_____. 2022c. "우이천 너구리 가족은 지금." 『JTBC』 https://news.jtbc. co.kr/article/NB12065773?influxDiv=JTBC (2022.7.11.).

애덤스, 캐롤(C. Adams)·그루언, 로리(L. Gruen). 2024. 『에코페미니즘: 인간, 동물. 지구와 교차하는 페미니즘적 시선들』 김보경·백종륜 역. 에디투스.

블래트너, 샬럿(C. Blattner) 외. 2023. 『동물노동』 평화 외 역. 책공장더불어.

손덕호·홍다영. 2024. "서울 누비는 야생동물… 암사동에 삵, 연대 뒷산에 산양, 남산에

솔부엉이." 『조선비즈』 (2024.10.19.). https://biz.chosun.com/topics/topics_social/2024/10/19/WFMMCHMGHVFN7DOGCALNDLKLVQ/ (2024.11.10.).

스힐트하위전, 메노(M. Schilthuizen). 2019. 『도시에 살기 위해 진화 중입니다』 제효영 역. 현암사.

윌슨, 벤(B. Wilson). 2023. 『어반 정글』 박선령 역. 매일경제신문사.

해러웨이, 도나(D. Haraway). 2021. 『트러블과 함께하기: 자식이 아니라 친척을 만들자』 최유미 역. 마농지.

황원경·이신애. 2023. "2023 한국 반려동물 보고서." KB금융지주 경영연구소. https://www.kbfg.com/kbresearch/report/reportView.do?reportId=2000396

Blattner, C. 2021.. "Turning to Animal Agency in the Anthropocene." Bovenke, B. and Keulartz, J. (eds.) Animals in Our Midst: The Challeges of Co-existing with animals in the Anthropocene, Springer. pp.65-78. Open Access 8-3- 030-63523-7 (eBook) https://doi.org/10.1007/978-3-030-63523-7 (2025.2.1.).

Jeong, Jinsuk. 2024. "A Nature-based Solutions Framework for Sustainable Urban Forests Management(지속 가능한 도시숲 관리를 위한 자연기반해법 프레임워크)." 서울대학교 대학원 박사학위논문. 지리전공(미간행).

Lin, Huilin, Wu, Di and Gu, Jintu. 2024. "Citizen science as a tool to increase residents' tolerance towards urban wildlife: a case study of raccoon dongs in shanghai." Frontiers in Environmental Science August: 1-13. DOI:10.3389/fenvs.2024.1395829

https://www.researchgate.net/publication/383424629_Citizen_science_as_a_tool_to_increase_residents%27_tolerance_towards_urban_wildlife_a_case_study_of_raccoon_dogs_in_shanghai (2025.3.20.).

Van Patter, Lauren E. 2021. "Comment: Enconuntering Urban Animals : Towards the Zoöpolis." Bovenke, B. and Keulartz, J. (eds.) Animals in Our Midst: The Challeges of Co-existing with animals in the Anthropocene, Springer: 361-373. Open Access 8-3-030-63523-7 (eBook) https://doi.org/10.1007/978-3-030-63523-7 (2025.2.1.).

Van Patter, Lauren E. 2023. "Toward a More-Than-Human Everyday Urbanism: Rhythms and Sensoria in the Multispecies City." *Annals of the American Association of Geographers* 113(4): 913-932. DOI:10.1080/24694452.2022.2134838 https://doi.org/10.1018/24694452.2022.2134838 (2025.2.1.).

3장과 4장, 5장의 대화

안새롬의 글(3장)이 반딧불이가 한국 사회에서 인간 가까이에 위치하며 살아가게 된 경로와 방식을 추적하는 것처럼, 최명애의 글(4장)도 두루미가 동반자 동물로 자리 잡게 된 경위를 지정학적 맥락과 역사적 변동 속에서 탐구한다. 안새롬 글과의 차이는 인간을 철원의 농부들로, 두루미를 철원에 잠시 머무는 무리들로 구체화함으로써, 인간과 두루미의 공존이 모색된 과정을 구체적인 상황 속에서 드러낸다는 점이다. 이에 비해 안새롬의 글은 인간-비인간 관계에서 사회문화적 맥락을 명시적으로 강조하면서도 한국이라는 광범위한 범주 속에서 관계를 단순화해 인간-반딧불이 관계의 다양한 가능성을 생략하는 한계가 있다. 그러나 그러한 단순화를 통해 한국에서 반딧불이 대량 사육 기술이 발전하고 전시와 축제가 유행하는 등 인간-반딧불이 관계의 독특한 전개 양상을 포착할 수 있었다고 본다.

장우주의 글(5장)도 너구리를 인간과 공존하는 동물로 주목한다는 점에서 안새롬, 최명애의 글과 맥을 같이 한다. 안새롬과 최명애의 글이 특정한 비인간 동물이 공존의 대상으로 자리매김하게 되는 과정을 탐구한다면, 장우주의 글은 특정한 비인간 동물을 공존의 대상으로 보아야 한다고 주장하는 연구자의 입장이 보다 드러나는 듯하다. 이러한 주장의 근거로 장우주의 글은 도시에서 리듬을 조정하며 살아가는 너구리의 생태에 주목한다.

안새롬

두루미 이야기(4장)는 인간과 특정 동물의 종간 관계를 살펴본다는 점에서 안새롬의 반딧불이(3장), 장우주의 도시 너구리(5장)에 관한 글과 조응한다. 세 글은 모두 비인간의 등장과 이에 대한 인간의 응답이 새로운 형태의 인간-비인간 관계를 만들어가고 있음을 호기심 있게 살펴보고 있다.

최명애의 두루미와 안새롬의 반딧불이는 두 글 모두 카리스마 넘치는 비인간을 대상으로 한 인간의 공존 노력을 보여준다는 점에서 공통점을 갖는다. 한편, 반딧불이가 관광과 전시 산업에 활용될 수 있는 가능성 때문에 자본주의 상품화 과정과 결합된다면, 두루미는 상업적 활용보다는 멸종위기종 보전 실천을 통해 지역 주민과 다양한 방식으로 결합한다는 점에서 구별된다. 또, 안새롬의 글이 반딧불이 상업화로 매개되는 공존에 대해 다소 비판적인 입장이라면, 최명애는 자연 보전으로 매개되는 공존에서 새로운 인간-자연 관계의 가능성과 희망을 찾고자 한다는 점에서 차이를 보인다. 한편, 장우주의 글이 너구리가 인간과 도시 공간을 공유하면서도 해를 끼칠 수 있는 동물이라는 점에 주목하고, 정책적 개입을 살펴본다면, 최명애의 글은 두루미가 농민과 농촌이라는 공간뿐 아니라 탈냉전, 농업 구조의 변화로 함께 취약해진 존재임을 강조한다. 두 글 모두 '우호적'인 인간-비인간 관계를 모색하고 있으나, 너구리와 두루미의 차이, 인간-동물 관계가 위치한 맥락에 따라 사뭇 다른 방식의 공존이 논의되고 있다는 점에서 흥미롭다고 하겠다.

최명애

3장 안새롬의 글, 4장 최명애의 글, 5장 장우주의 글에서 다루는 비인간 존재는 살아있는 생물종을 다룬다는 점에서 공통점을 지닌다. 구체적으로는 '전국 각지에서 보전해 온 반딧불이', '서울시에 거주하는 너구리', 그리고 '철원을 찾아오는 두루미'라는 생물종을 다루며, 생태문화적 맥락에서 인간과 비인간 생물종들이 얽혀서 어떤 관계성을 형성하는지를 탐구한다는 점에서 유사성을 지닌다.

세 개의 글은 인간과 비인간의 관계를 논의하는 지점에서 서로 다른 접근을 보여준다. 장우주의 글은 너구리가 도시에서 인간의 생활리듬을 피해 어떻게 활동 시간을 조정하고, 다양한 종들과의 상호작용을 통해 공존의 리듬을 형성해 나가는지 생태적 접근에 초점을 맞춘다. 이를 통해 시민들이 너구리를 유해동물로 낙인찍기보다는, 도시의 거주자로서 최소한의 인정을 강조한다. 최명애의 글은 역사적, 문화인류학적 접근을 통해, 다양한 위기에 직면한 철원의 농부들과 철새인 두루미가 연대하여 '협력적 생존'을 실현해 나가는 종간 협력의 가능성을 보여주고 있다. 이에 반해, 안새롬의 글은 보호종인 '반딧불이'의 카리스마가 종의 보전을 이끌어 내지만, 그 작동에는 경제적, 문화적 동인들도 작동하고 있음을 분석하면서 인간-비인간 관계에 내재된 긴장도 드러내고 있다.

장우주

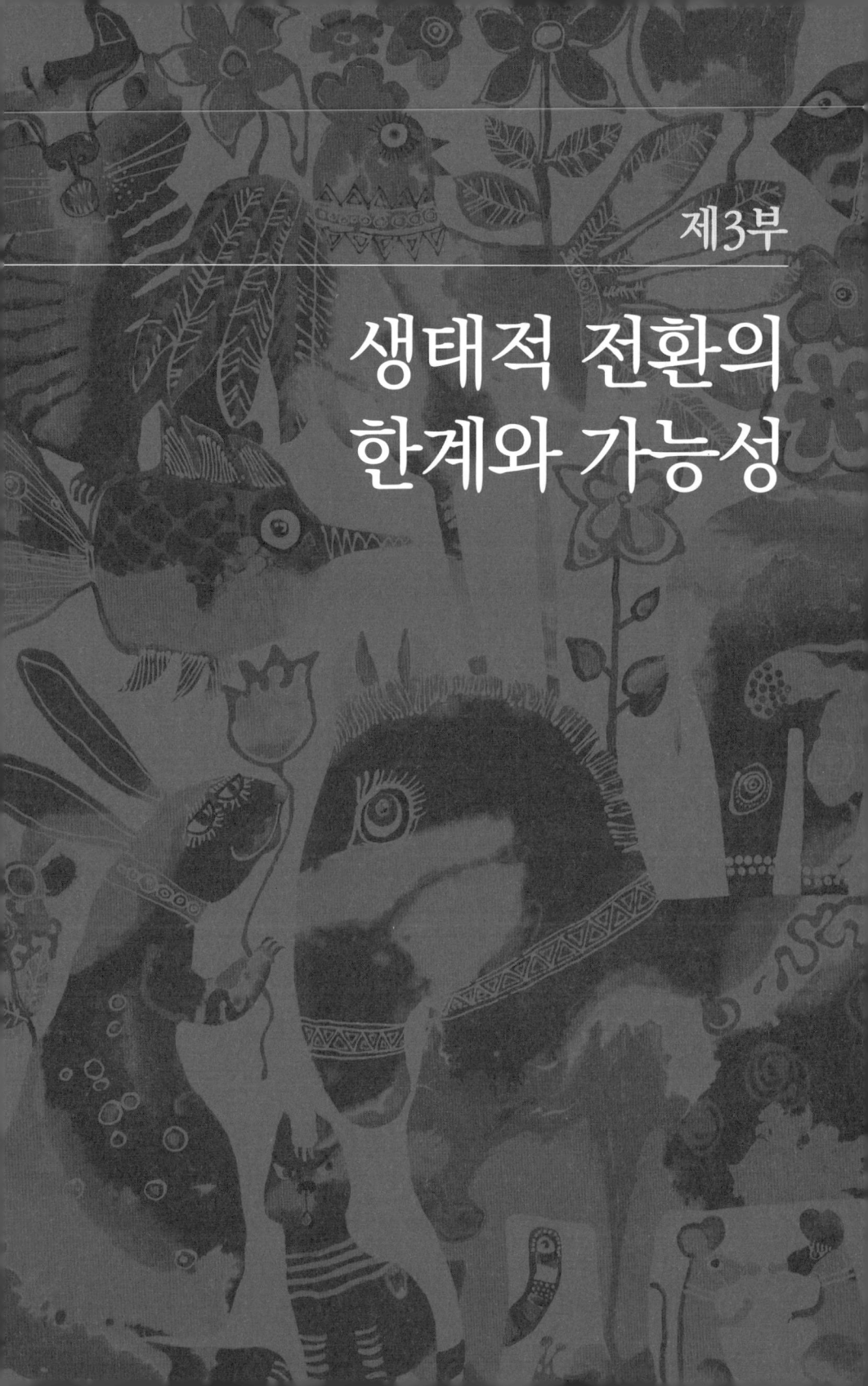

제3부

생태적 전환의 한계와 가능성

3부 생태적 전환의 한계와 가능성

6장   자연기반해법과 자연금융은 기후생물다양성 위기 해결의 열쇠가 될 수 있을까?
      홍덕화

7장   에너지전환 과정은 왜 딜레마에 빠지게 되었는가? 김수진
      6장과 7장의 대화

8장   인간중심주의를 넘어서는 생태전환은 어떻게 이루어질까? 구도완

9장   플루리버스 관점은 칠레 아마카마 소금 사막의 주류적 기후 위기 대응의 대안이 될 수 있을까? 서지현
      8장과 9장의 대화

6장

자연기반해법과 자연금융은 기후·생물다양성 위기 해결의 열쇠가 될 수 있을까?

홍덕화

이 글이 눈여겨보는 비인간은 개별 생명체와 생물다양성, 생태계 서비스를 아우르는 생명 부양 시스템으로서의 생태계다. 생태계와 관련해 주목할 만한 현상 중 하나는 생태계 보전·복원이 기후·생물다양성 위기 대응 방안으로 떠오르고 있는 것이다. 이 지점에서 우리는 금융을 매개로 생태계의 순환과 자본의 순환이 점점 더 긴밀하게 연결되고 있는 역사적 맥락을 살펴볼 필요가 있다. 자본축적 전략이 생태계를 수탈하는 것을 넘어 생태계의 활력을 증진하는 방향으로 확장되고 있는 것과 생태계 보전·복원의 활성화가 맞닿아 있기 때문이다. 기후·생물다양성 위기 대응 방안으로서 자연기반해법과 자연금융은 사회생태적 위기 진단과 대응을 둘러싼 정치적 경합의 산물로, 그 과정에는 회복탄력성으로의 생태계 한계 인식의 변화, 기후-보전-금융 연계의 부상, 기후-보전 운동의 대항 투기 전략의 진화가 얽혀 있다. '더 많은 자연'의 실행 수단으로 기후-보전-금융 연계에 대한 기대가 커지고 있지만 비인간의 선별적 활성화, 수익 모델의 제한, 대항 투기의 사각지대 등으로 시선을 옮기면 다른 이야기가 펼쳐진다. 아마도 기후·생물다양성 위기 해결의 열쇠는 다른 이야기 속 불협화음에 귀 기울일 때 찾을 수 있을 것이다.

1. 자연기반해법과 자연금융의 부상

'더 많은 자연(nature positive)'은 '2050 탄소중립'과 같은 전환 비전이 될 수 있을까? '더 많은 자연'이 제시하는 것처럼 2030년까지 자연 손실을 멈추고 2050년까지 자연을 회복할 수 있을지는 불투명하지만, 기후 위기와 생물다양성 위기에 동시에 대응할 수 있는 방안에 대한 관심은 점점 더 높아지고 있다. 단적인 예로, 2022년 쿤밍-몬트리올 글로벌 생물다양성 프레임워크(Kunming-Montreal Global Biodiversity Framework)와 샤름 엘 셰이크 이행 계획(Sharm El-Sheikh Implementation Plan)이 채택된 이후, 생물다양성 회복과 생태계 보전·복원을 통한 기후 위기 완화·적응이 각국 정부의 정책으로 구체화되고 있다. 연장선에서 자연기반해법(nature-based solution)이 "기후·생물다양성 위기 극복"의 방안으로 떠오르고 있다(관계부처 합동, 2023).[1] '더 많은 자연'의 실행 방안으로 자연금융(nature finance)이 주목받고 정보 공시와 같은 금융적 수단이 강조되는 것도 눈여겨볼 지점이다. 자연기반해법, 생물다양성 채권, 자연자원총량제, 생태계서비스지불제 등 다양한 분야에서 자연금융과의 접점을 찾는 이들도 늘고 있다(기후솔루션, 2024; 풀씨행동연구소, 2023). 다른 한편에서는 "기후변화, 생물다양성과 내생성(endogeneity)의 비선형성으로 인한 '근본적 불확실성(radical uncertainty)'"(세계자연기금, 2022a: 18)에 대응하기 위해 자연자본(natural capital)에 투자해야 한다는 목소리가 커지고 있다. 기후·생물다양성 위

---

[1] 다양한 갈래로 논의가 진행되는 것을 고려해 이 글은 자연기반해법과 자연자본을 느슨하게 정의한다. 자연기반해법은 "다양한 환경, 사회 및 경제적 문제에 대해 자연에서 영감을 얻거나 지원을 받거나 모방하는 활동을 통해 생태계 서비스를 강화하고 생태계를 보호·관리·복원"함으로써 "인간 복지, 생물다양성 증진 및 혜택 제공의 활동을 통해 효과적이면서도 지속 가능한 방식으로 환경문제 해결을 돕는 해법"을 뜻한다(명수정·오일찬, 2021: 27). 자연자본은 "인간의 생존과 번영에 필수적인 생태 재화와 서비스를 제공하는 대지, 공기, 물, 생명체 및 모든 형태의 지구 생물권"으로 "미래의 시점에 가치 있는 생태계 서비스를 유량의 형태로 제공하는 자연 생태계들의 저량"이다(이현우 외, 2015: 9). 생태계 서비스는 공급 서비스, 조절 서비스, 문화 서비스, 지지 서비스로 구분할 수 있고, 생물다양성은 유전자·종·생태계의 다양성을 아우르는 "육상·수상 생태계와 이들의 복합 생태계를 포함한 모든 원천에서 발생한 생물체의 다양성"을 말한다(관계부처 합동, 2023).

기의 미래를 예측하기는 어렵지만, '자연'의 활성화를 통해 기후·생물다양성 위기를 돌파하려는 시도가 확산하고 있는 것은 분명해 보인다.

한국도 예외가 아닌데, "제5차 국가생물다양성전략(2024~2028년)"만큼 자연기반해법과 자연금융, 자연자본의 부상을 상징적으로 보여주는 것도 없다. "제4차 국가생물다양성전략(2019~2023년)"에서는 자연기반해법이나 자연자본에 관한 언급 자체를 찾아보기 힘들다(관계부처 합동, 2018). 반면 제5차 국가생물다양성전략은 "생태계 복원으로 자연자본 가치 확대", "자연기반해법을 통한 기후변화 대응"을 주요 실천 목표로 내세우고 있다(관계부처 합동, 2023). 특히 제5차 국가생물다양성전략은 "생물다양성이 新경제 이슈로 부각"되고 있는 만큼, 생물다양성 손실을 간과하는 기업 활동은 위험에 처할 가능성이 높다고 경고하며 기업의 생물다양성 ESG(Environmental, Social, and Governance) 경영을 촉구한다. 더불어 실천 목표로 설정된 "생물다양성과 ESG 경영"을 추진하기 위해 TNFD(Taskforce on Naturerelated Financial Disclosures, 자연 관련 재무 정보 공개 협의체) 권고안에 맞춰 국내 표준체계를 마련하고 자연자본 공시 활성화 협의체를 운영하는 등 기업의 선제 대응을 지원하는 계획을 제시한다.

정부 대응에 발맞춰 산업계의 발걸음도 빨라지고 있다. 한 예로 한국무역협회는 생물다양성에 대한 관심 부족으로 기업이 재무적 위험에 처할 가능성을 경고하며 TNFD 공시에 기업들이 적극적으로 대응할 것을 주문한다(장현숙, 2024). 기후솔루션, 세계자연기금(WWF) 등 환경단체의 대응 역시 눈에 띈다. 이들은 TNFD 공시의 의무화, 유해 보조금 축소, 중앙은행의 지원 등을 통해 민간 금융의 자연자본 투자를 늘려야 한다고 목소리를 높이고 있다(기후솔루션, 2024; 세계자연기금, 2022a).

자연금융이 '기후·생물다양성 위기'의 주요 대응 방안으로 부상한 것은 기후-보전-금융 연계(climate-conservation-finance nexus)가 구축되고 있음을 시사한다. 즉, 기후 위기와 생물다양성 위기를 연결된 위기로 바라보며 탄소중립과 생물다양성 보전 방안 간의 결합을 도모하는 상황에서 '금융'이 중요한 위기 대응

수단이자 행위자들 간의 관계를 재조직하는 매개체가 되고 있다. 이와 같은 기후-보전-금융 연계의 가시화는 자연기반해법과 자연금융의 구체적인 방안을 탐색하는 것을 넘어 자연기반해법과 자연금융을 관통하는 일련의 변화와 여기에 함축된 정치사회적·정책적 의미를 살펴볼 필요성을 제기한다. 자연기반해법과 자연금융이 부상할 수 있는 공통의 조건으로서 생태 위기에 대한 진단과 대응 방식이 변화하고 있음을 암시하기 때문이다.

다만 기후-보전-금융 연계는 기후금융과 보전금융(또는 생물다양성 금융)의 통합 수준과 같은 가시화된 지표로 파악하기에 앞서 정치경제적 프로젝트로 접근할 필요가 있다. 현재 기후-보전-금융 연계가 유동적이고 불안정한 모습을 보이는 것은 단순히 초기 단계이기 때문은 아니다. 기후-보전-금융 연계를 구성하는 이질적인 요소들 간의 마찰이 불가피한 만큼 기후-보전-금융 연계의 안정화를 위해서는 불협화음을 줄일 수 있는 장치가 필수적이다. 달리 말하면, 현실의 기후-보전-금융 연계를 파헤치기 위해서는 가시화된 현상만큼 그 이면에 존재하는 인식론적, 정치사회적 균열의 지점들을 추적하는 것이 중요하다.

그러나 자연기반해법과 자연금융, 나아가 기후-보전-금융 연계에 대한 사회과학적 분석은 아직 파편적이다. 특히 국내에서 자연기반해법이나 자연금융과 같은 '더 많은 자연'의 실행 방안에 대한 논의는 첫걸음을 뗀 수준이다(구경아·차은지, 2021; 구경아 외, 2022; 기후솔루션, 2025). 또한 기후 위기와 탄소중립에 비하면 생물다양성 위기, 그리고 생물다양성 위기와 기후 위기의 연계에 대한 관심은 현저히 낮다. ESG 경영, 지속 가능 투자와 같은 분야에서 자연금융과 자연기반해법에 대한 관심이 커지고 있지만(오일영 외, 2024; 이우균 외, 2023), 기후-보전-금융 연계의 부상 과정과 실질적 효과, 함축된 문제를 비판적으로 검토하는 연구는 찾기 힘들다. 다른 한편으로 탄소 배출 규제나 ESG 규준의 진화에 초점을 맞춰 녹색 자본주의의 논리와 한계를 파고드는 연구의 시야에 기후금융의 문제가 포착되고 있지만, 기후 위기 대응과 생물다양성 위기 대응 사이의 연결고리는 아직 불분명하게 남아있다(조민서, 2024; 최규연,

2024). 생태계의 보전·복원이 위기 대응과 이윤 창출의 새로운 수단이 되고, 금융적 기법과 이해관계가 이 과정에서 중요한 역할을 하고 있지만, 기후-보전-금융 연계에 얽힌 이론적·정책적 쟁점은 적어도 국내에서는 상당 부분 미지의 영역으로 남아있다.

시선을 돌려보면, 재야생화(rewilding)나 다종(multispecies) 관계를 다루는 연구가 늘고 있지만 비인간의 물질성·행위성과 자본주의의 역사적 변동, 생태적 전환의 관계는 충분히 해명되지 않고 있다(전의령, 2025; 최명애, 2021; 홍덕화, 2022). 조금 더 시야를 넓혀보면, 기후 위기를 매개로 정의로운 전환, 기후 정의, 생태 학살부터 인류세, 신유물론, 탈성장까지 생태적 전환에 관한 논의가 확산하고 있지만, 파국적 상황을 넘어설 다른 세계관이나 사회생태적 관계를 탐색하는 것과 당장 실행 가능한 정책을 제시하는 것 사이를 채울 수 있는 세력관계, 통치 전략의 역사적 변화에 대한 논의는 미미하다. 중범위 수준의 사회구조적 변동에 대한 논의의 공백으로 인해 생태 위기에 대한 이론적 논의와 구체적인 정책 분석·제안 사이의 거리는 여전히 멀어 보인다.

이 글은 자연기반해법과 자연금융이 기후·생물다양성 위기의 대응 방안으로 부상한 과정을 추적하여 기후-보전-금융 연계에 얽힌 쟁점을 비판적으로 검토하는 것을 목표로 한다. 이를 위해 자연의 신자유주의화(neoliberalization of nature), 보전의 금융화(financialization of conservation) 관련 연구를 통치성(governmentality), 대항 투기(counter speculation) 등의 논의와 결합하여 생태계에 대한 인식의 변화와 기후-보전-금융 연계의 부상 과정을 되짚어본다.[2] 신자

---

2 쿠오카넨(Kuokkanen, 2024)은 생명의 금융화(financialization of living beings) 현상을 분석하는 접근법을 크게 통치성·생명 정치, 자본축적 양식으로서 금융화, 행위자-연결망 이론 기반 수행성(performativity)으로 나눈다. 이 중 행위자-연결망 이론 기반 수행성 연구는 생명 현상을 측정·계산하고 관련된 수치, 지표, 등급을 만들어내는 실천을 세밀하게 분석하는 것을 추구한다. 이와 같은 계산 장치나 수행적 실천에 대한 분석 또한 기후-보전-금융 연계의 형성, 작동, 균열을 이해하는 데 도움이 된다. 다만 다른 쟁점과의 연결고리가 상대적으로 약하고 지면이 제한되어 있어 이 글에서는 관련 논의를 거의 다루지 못했다.

유주의의 역사적 전개와 그 효과를 이해하기 위해서는 신자유주의적 관념의 형성과 확산, 신자유주의화를 뒷받침한 사회세력 관계의 변형, 신자유주의적 통치성과 주체성의 부상을 같이 볼 필요가 있다(박찬종, 2024). 이와 같은 시각을 변용하여 이 글은 생태계에 대한 인식의 변화를 배경으로 생태 위기 대응을 둘러싼 사회세력 간의 경합 속에서 기후-보전-금융 연계가 해결책으로 부상한 과정을 추적하고 그것의 잠재적 효과와 한계를 살펴본다. 이를 통해, 서로 분리된 채 진행되는 경향이 있는 기존 논의들을 연결하고 기후-보전-금융 연계에 내재한 균열을 다각도로 검토한다. 시기적으로는 사회생태적 위기 진단과 대응을 둘러싼 경합이 본격화된 1970년대 초로 거슬러 올라간 뒤, 기후-보전-금융 연계가 가시화된 2000년대 말을 거쳐 최근의 상황까지 훑어본다. 이를 통해 자연기반해법과 자연자본, 자연금융을 잇는 역사적 조감도를 그려보고자 한다.

2. 생태계 서비스 경제의 정치생태학

1) 성장의 한계에서 회복탄력적인 생태계 서비스 경제로

생태계의 균형이 무너지는 것에 대한 1970년대의 우려는 2020년대 비선형성과 불확실성으로 가득 찬 세계가 회복탄력성을 잃는 것에 대한 위기감으로 대체된 듯하다. 언뜻 보면 크게 다르지 않지만, 생태계를 바라보는 시각의 변화에 함축된 의미는 작지 않다. 많은 이들이 지적하듯이, 생태학은 균형과 안정성에 기초해 생태계를 바라보는 경향이 있었다. 하지만 생태학 안에는 기능적 접근과 진화론적 접근 사이의 긴장이 존재했고, 생태계의 예측 (불)가능성, (물리적 법칙으로의) 환원적 설명 등을 둘러싼 입장 차이가 잠복해 있었다(매킨토시, 1999; 워스터, 2002). 생태계 인식 전환의 의미와 효과를 추적하는 출발점은 이와 같은 구도 속에서 펼쳐진 1960~70년대 시스템생태학과 진화생태학 사이의 논쟁이다.

20세기 중후반 생태학을 주도한 것은 시스템생태학이다. 오덤 형제(E. Odum, H. Odum)로 대표되는 시스템생태학은 생태계를 생물과 무생물을 아우르는 조직화된 계층 구조로 바라봤다. 또한 시스템생태학은 외부의 충격이 생태계를 교란할 수 있지만 자기 조절 작용을 통해 생태계가 항상성을 되찾는다고 가정했다(워스터, 2002). 시스템생태학의 시선은 에너지와 물질의 흐름을 중심으로 안정성을 되찾아가는 생태계의 구조와 기능을 분석하는 것을 향해 있었다.

시스템생태학에 반기를 든 것은 다윈주의에 기초한 진화생태학이었다. 진화생태학자가 보기에 균형을 향해 가는 생태계를 가정한 시스템생태학의 접근법은 경험적 근거가 빈약했다(김기윤, 2002a: 10; 워스터, 2002: 509). 또한 균형 개념은 개체를 넘어선 집단 간 경쟁, 예측 가능한 수용 능력(carrying capacity), 생태계에 대한 유기체적 접근 등 문제적 요소들을 생태학 내로 끌어들이는 통로였다. 개체군의 변화든 생물과 무생물 간의 물질·에너지 이동이든, 진화생태학자들에게 생태계는 장기적인 예측이 힘든, 우연과 교란으로 가득 찬 세계였다(김기윤, 2002b; 워스터, 2002). 1970년대를 지나며 진화생태학의 반격은 거세졌고, 균형 잡힌 세계로 생태계를 바라보는 것은 생태학 내에서 힘을 잃어갔다.

하지만 시스템생태학과 진화생태학 간의 논쟁은 생태학을 넘어선 함의를 가지고 있다. 유한한 지구의 이미지를 각인시킨 '우주선 지구호'에서 단적으로 볼 수 있듯이, 생태 위기가 고조되는 상황에서 시스템생태학만큼 사회적인 호소력과 영향력을 발휘하는 생태학은 없었다(워스터, 2002; Walker, 2020). 시스템생태학은 인간의 행위를 생태계의 균형을 깨는 주요 요인으로 봤기 때문에 토지이용계획, 환경보호법 제정 등을 교란 행위를 억제하는 조치로 옹호했다. 환경 문제해결을 위해 현실 문제에 적극적으로 관여하는 것을 지지하는 시스템생태학자들도 많았다(김기윤, 2011: 79; Walker, 2020: 283). 1970년을 전후로 행성 스케일의 환경오염, 자원 고갈, 생태계 훼손에 대한 감각이 확산하는 과정에서 시스템생태학이 적지 않은 역할을 한 것은 부인할 수 없는 사실이었다.

반면 진화생태학은 생태계 관리의 새로운 원칙과 방법을 제시하는 데 있어 약점을 드러냈다. 워스터(2002: 514-515)가 지적하듯이, 균형 개념은 생태계를 진단하는 기준점을 제시함으로써 지속 가능한 이용을 추구할 수 있는 인식적 기반을 제공했다. 하지만 진화생태학은 균형 접근을 대체할만한 관리 원칙을 제시하는 데 어려움을 겪었고, 생태계 관리의 문제로 넘어올 경우 균형과 안정성 개념을 다시 도입하는 모습을 보이기도 했다(김기윤, 2011; Walker, 2020).

또한 이 시기 급진적 사회운동은 생태 위기와 정치경제적 위기를 분리된 것으로 보지 않았다. 즉, 자원 고갈과 환경오염은 서구 자본주의가 직면한 연결된 위기의 일부로 이해되었다(Nelson, 2014, 2015; Walker, 2020; 쿠퍼, 2016). 주류 엘리트의 불안감이 반영된 로마클럽의 '성장의 한계'가 감지한 위기 역시 단순한 환경 위기가 아니었다(메도즈 외, 2021 참고). 이와 같은 시각에서 볼 때, 생태계의 균형이 무너지는 것은 물질적 팽창의 한계를 설정하지 않고 경제성장을 제한하지 못한 결과였다. 환경청과 같은 규제 기관이 설립되고 유엔 인간환경회의가 개최되어 지구적 차원의 환경 관리가 첫발을 뗀 상황에서, 균형 관념은 생태 위기를 타개하기 위해 국제적, 국가적 차원의 규제와 계획이 필요하다는 주장에 힘을 실었다.

다만 시스템생태학의 사회경제적 함의에는 모호함이 남아있다. 단적으로 하워드 오덤은 신고전파적 균형 모델에 입각하여 체현 에너지를 화폐가치에 반영하면 시장 메커니즘을 통해 경제적으로나 생태적으로 최적 상태에 도달할 수 있다고 생각했다(권정임, 2009: 55-58; Walker, 2020).[3] 시장주의적 접근을 명시적으로 옹호하는 것은 아니지만, 오덤을 계승한 것으로 평가받는 생태경제

---

3 덧붙여 오덤의 기술 관료적 낙관주의는 자신의 생태학에 담긴 사회 비판적 성격을 약화시켰다(Walker, 2020: 294). 또한 사회경제 시스템을 이해하는 열쇠를 물리학에 기초한 생태학의 원리에서 찾는 오덤의 환원론적 시각은 자본주의의 역사적 특수성을 파악하는 데 걸림돌이 된다(권정임, 2009: 59-60).

학자인 코스탄자(R. Costanza)를 비롯해 생태계 서비스 경제를 주창하는 이들 중 상당수가 신고전파적 균형 모델을 수용하는 모습도 볼 수 있다(Dempsey and Robertson, 2012: 772). 하지만 균형 관념은 다르게 활용될 여지가 컸다. 생태계의 균형을 유지하기 위해 계획적 요소를 강화해야 한다는 주장은 반복적으로 등장했다. 한발 더 나아가 생태경제학의 또 다른 갈래는 열역학적 논의를 바탕으로 물질적 팽창의 한계를 강조하며 탈성장적 사유의 단초를 마련해 갔다(Nelson, 2015: 470).

'성장의 한계'로 가시화된 불안감이 자본주의 비판으로 귀결되는 것을 막기 위해서는 균형-한계-계획 사이의 연결고리를 끊고 '외부효과'에 대처할 수 있는 새로운 시각이 필요했다(Nelson, 2014: 3, 2015: 469). 홀링(C. S. Holling)의 연구가 1970년대 초부터 곧바로 주목받은 것은 아니지만, 그의 회복탄력성(resilience) 연구가 지닌 의의가 여기에 있다. 즉, 홀링이 발전시킨 회복탄력성 논의는 생태계를 예측하기 힘들지만 유연하게 적응할 수 있는 능력을 지닌 것으로 바라보는 동시에 새로운 생태계 관리 방안을 모색할 수 있는 길을 열어주었다. 1970년대 초부터 홀링은 생태계의 균형 접근에 의문을 제기하면서 다중 평형 상태에서의 교란과 안정성 문제에 착목했다(Holling, 1973; Walker and Cooper, 2011: 145). 다중 평형과 회복탄력성으로의 이동은 기존 생태계 관리 방식에 대한 비판을 포함했다. 홀링은 생태계의 복잡한 상호연결이 예측 불가능한 결과를 초래할 수 있다고 주장하며, 지속 가능한 산출(예: maximum sustained yield)을 추구하는 것이 의도와 다르게 생태계를 훼손할 수 있다고 지적했다(Holling, 1973; Walker and Cooper, 2011: 146). 그가 보기에, 균형 접근으로는 안정성 유지를 목표로 한 관리 기법이 회복탄력성을 약화하는 역설을 포착할 수 없었다. 하지만 생태계의 복잡성을 고려할 때, 중요한 것은 단순히 균형을 추구하는 것이 아니라 변화를 흡수하고 변용할 수 있는 회복탄력성을 증진하는 것이었다(Holling, 1973; Nelson, 2014: 4; Walker and Cooper, 2011: 146).

회복탄력성으로의 선회는 저량에서 유량으로, 달리 말하면 균형 유지를 위한 한계선 설정에서 순환 관리를 통한 회복탄력성 증진으로 생태계 관리의 시선을 옮겼다(Bresnihan, 2020: 135-136; Nelson, 2014: 10-11; 렘케, 2024: 299). 또한 회복탄력성은 생태계의 교란, 불안정성을 위협이 아닌 혁신의 원천으로 재해석하는 길을 열어주었다(Holling, 2001; Nelson, 2014: 5; Walker and Cooper, 2011: 147). 회복탄력성의 시각에서 보면, 안정적인 상태가 지속되면서 높아진 경직성이 교란에 의해 완화될 수 있다는 점에서 교란은 적응력을 높이는 계기가 될 수 있다. 즉, 교란과 충격으로 인한 불확실성은 없앨 수 있는 것이 아니라 유연하게 적응하면서 창조적 재결합의 계기로 삼아야 하는 변화의 원동력이다. 균형 관념이 물질적 한계를 상기시키며 탈성장을 옹호하는 방향으로 흘러갈 가능성을 가지고 있었다면, 회복탄력성은 생태계의 불확실성이 성장의 원동력이 될 수 있도록 생태계에 대한 시각을 재구성했다(Nelson, 2014: 5; Walker and Cooper, 2011: 147).

홀링과 하이예크(F. Hayek)의 친화성을 이해하면 회복탄력성의 함의는 한층 선명해진다. 홀링과 하이예크가 서로를 직접 참조하지는 않았지만, 신자유주의적 생태 관리의 기원을 찾는 이들은 홀링과 하이예크가 유사한 궤적을 밟아간 것에 주목한다(Bresnihan, 2020; Hayek, 1974; Nelson, 2015; Walker and Cooper, 2011; 쿠퍼, 2016). 이들에 따르면, 하이예크 역시 1970년대 초 균형 관념에 입각한 예측 모델을 미심쩍은 눈으로 바라보고 있었고, 시선이 향한 곳 중 하나가 다름 아닌 '성장의 한계'였다. 하이예크에 따르면, 경제 현상의 복잡성과 제한된 지식을 고려할 때 정부의 계획과 개입을 통해 문제를 해결하려는 시도는 실패로 귀결될 수밖에 없었다. 이는 위기의 원인으로 위기를 해결하려는 잘못된 접근이었다. 그렇다고 신고전파적 접근이 답이 될 수는 없었는데, 균형 모델은 계획을 통한 해결의 가능성을 암시했기 때문이다. 난관을 헤쳐가기 위해 하이예크는 생태학의 비선형적 모델에 주목했고, 잘 알려지지 않았지만, 자기조직적 질서를 강조하는 복잡계 과학으로 자신의 작업을 이끌어갔다. 그렇게 홀링과 하이예크가 회복탄력성을 통해 도달한 곳은, 불안정성을 전제조건으로 하지만 불확실한 상황에 능동적으로 대처하면서 때로는 교란을 혁신의 원동력으로 변환할 수 있는 다중 평형의 자기조직적 세계였다.

홀링과 하이예크에게 복잡성과 예측불가능성, 자기조직화와 회복탄력성은 '자연적 질서'로서 생태계와 시장을 관통하는 원리였다. 이와 같은 시각은 사회적 개입을 배제하는 것이 아니라 보조적인 것으로 재정의했는데, 사회적 개입은 자연적 질서의 원활한 작동을 가능하게 하는 조건을 조성하는 것으로 충분하기 때문이다(Walker and Cooper, 2011: 150). 신자유주의가 시장원리를 국가기구로 수용하여 국가의 개입을 최소화하고 사회 보호를 위한 개입을 시장 조성을 위한 개입으로 대치하는 것을 모색했다면(박찬종, 2024: 91), 회복탄력성은 생태계 관리의 신자유주의화를 모색할 수 있는 지평을 열었다. 균형에서 회복탄력성으로의 전환이 급진적 비판에 맞서 새로운 생태적 관리 방법을 모색하는 것과 맞닿아 있다고 평가할 수 있는 이유다(Braun, 2015; Bresnihan, 2020; Nelson, 2015).

회복탄력성에서 곧바로 생태계 서비스, 자연자본 개념이 도출된 것은 아니다. 하지만 회복탄력적인 것으로 생태계를 바라볼 수 있게 되면서 생태계 서비스와 자연자본을 다르게 접근할 수 있는 여지가 커졌다. 예컨대, 자연자본은 1970년대 초 슈마허가 "작은 것이 아름답다."에서 사용하기 시작한 말이다. 다만 슈마허는 자연자본을 대체 불가능한 것으로 여기며 자연자본의 감소를 막기 위해서는 생산 축소가 필요하다고 보았다(Bresnihan, 2020: 133-134). 하지만 회복탄력성이 강조되면서 생태계 관리의 초점은 저량에서 유량으로 이동했고, 이는 생태계 가치평가를 통해 문제에 대응할 수 있는 여지를 늘렸다. 즉, 생태계 서비스의 화폐적 가치를 정확히 추정한 뒤, 전체 비용을 고려해 제대로 된 의사결정을 하면, 생태계의 회복탄력성을 유지하는 것은 불가능한 일이 아니었다.

더구나 은유로서 자연자본은 자본 간 대체 가능성을 상상하게 만들며 생물리적 한계의 의미를 탈각시켰다(Nelson, 2015: 473). 대신 생태계 서비스를 잠재적인 수익의 원천으로 여기는 것은 더 쉬워졌다. 그 결과, 생태계 서비스는 지속 가능하게 관리할 경우 배당금을 안정적으로 제공하는 "자연자본의 은행"과 같아졌다(Sullivan, 2018: 53-54). 그만큼 생태계 서비스를 기능적 요소들로 분할하여 크레디트를 부여하는 것에 대한 장벽은 낮아졌고, 상쇄(offset) 시장[4]을 구상하고 만드는 것은 탄력을 받았다. 한발 더 나아가면, 생태계 서비스를 물질적 구속에서 풀어내 신용, 정보, 서비스, 금융상품처럼 순환할 수 있는 것으로 변환하는 것도 가능했다(Dempsey and Robertson, 2012: 2). 그렇게 자연자본은 생태계나 생태계 서비스와 유사한 의미를 지닌 표현을 넘어 생태계의 순환과 자본의 순환이 매끄럽게 연결될 수 있다는 기대 또는 환상을 담은 말이 되었다.

2) 자본을 통한 자연의 순환과 자연에 의한 자본 순환의 균열

생태계 서비스를 상품으로 변환하는 길은 험난하다. 무엇보다 생태계의 복잡한 상호연결성과 장소적 고유성은 생태계를 거래 가능한 단위로 분할하는 것에 제동을 건다(Apostolopoulou and Adams, 2017; Dempsey and Robertson, 2012; 이승준 외, 2020). 또한 사회문화적 요소들과 연결된 생태계 서비스에 가격을 부여하려면 역사, 문화, 지역사회와의 관계에서 유래하는 생태계 서비스의 가치를 축소·제거하거나 단편적인 지불 의사로 대체해야 한다. 이로 인해 생태계 서비스의 가치평가는 이론적으로나 방법론적으로나 논란을 피하기 힘들었고, 물리적 매개변수를 통한 측정과 개인의 주관적 선호에 기초한 평가 사이의 긴장은 아직 해결되지 않고 있다(Dempsey and Robertson, 2012; Gómez-Baggethun et al., 2010; 이현우 외, 2015). 습지은행(wetland bank)과 같은 생태계 서비스 상쇄 시장을 만드는 데 필요한 척도를 만드는 작업 역시 곳곳에서

---

4 상쇄 시장에서의 거래는 개발 사업으로 인한 생물다양성 손실이나 생태계 서비스 기능 훼손을 다른 지역의 생태계를 보전·복원하는 것으로 대체할 수 있게 해준다.

난관에 부딪혔다. 생태경제학에서 이질적인 지표를 동시에 고려하는 다중 기준 분석(multicriteria analysis)이나 숙의적 의사결정 방법이 꾸준히 관심을 끈 이유가 여기에 있다(Gómez-Baggethun et al., 2010; 서영표, 2022).

그러나 생태계의 복잡한 상호연결성이나 다종 간 얽힘을 긍정하는 것이 곧바로 자연의 신자유주의화와 상충하는 것은 아니다. 우연성과 불협화음을 인정하면서 생태계의 순환과 상호작용의 활성화를 추구하는 현상은 더 이상 낯선 일이 아니다. 여기에 주목해 로리머(Lorimer, 2017)는 생태복원, 재야생화, 자연 방재, 생물요법(biotherapy), 프로바이오틱스(probiotics)가 확산하는 것을 친생명적 통치성(probiotic environmentality)의 징후라 말한다. 그에 따르면, 친생명적 통치성은 인간·사회가 다채로운 비인간 세계와 얽혀 있다는 점을 강조하며 그 힘을 적극적으로 활용하는 방안을 모색한다. 비슷한 맥락에서 브라운(Braun, 2014: 58-59)은 생태계 서비스를 활용한 자연 방재 기법을 주요 사례로 들며 '자연적 과정'이 진행되도록 허용·촉진하는 것이 새로운 재난관리 전략으로 부상하고 있다고 말한다. 물론 현실은 조금 더 복잡하다. 생명 또는 생태계의 기능을 활성화하고 '자연적 순환'을 촉진하는 것이 자본의 순환과 결합하는 일이 늘고 있기 때문이다. 즉, 탄소시장, 생태관광, 서식지·습지은행 등 보전을 통한 축적(accumulation by conservation)이 다양한 형태로 시도되고 있다(Büscher and Fletcher, 2015). 보전을 통한 축적이 시사하듯이, 생태계 훼손에 대한 비판이 거세지고 생태계 이용에 대한 비용 지불 압력이 커지면서 생태계 보전·복원이 상대적으로 저렴할 뿐만 아니라 정치적 마찰까지 줄일 수 있는 해법으로 떠오르고 있다.

물론 생태계 보전이 항상 자본축적의 논리를 따르는 것은 아니다. 보전을 통한 축적의 징후가 역사적 국면의 변화를 시사하는지, 아니면 환경적 조정(environmental fix)의 다각화에 불과한지는 면밀하게 검토할 문제다. 아마도 자원추출이 지속적으로 증가하고 자연의 저렴화(무상 전유)가 여전히 광범위한 현실을 고려하면, 보전을 통한 축적이 기존 전략에 추가되었다고 보는 것이 더 타당할 것이다(Büscher and Fletcher, 2015: 288; 파텔·무어, 2020). 하지만 자연-자본의 순환이라 할 만큼 자연의 순환이 자본의 순환에 연결되고 생명·생태계의 생물리적 활동을 증진하는 것에서 활로를 찾는 시도가 늘고 있는 것 또한 분명하다.

한 가지 기억해야 할 것은 자연-자본의 순환이 친생명적 통치성에 의존하는 동시에 자연의 위계를 재생산한다는 점이다. 보전을 통한 축적은 단순히 덜 죽이는 것이 아니라 살해와 활성화의 기준을 재설정하는 방식으로 전개된다. 배출권 크레디트를 받을 수 있는 생태계 서비스나 투자자가 선호하는 특정 종에 더 높은 (화폐적) 가치가 부여되는 것처럼, 자본축적과 얽히면서 생태계에는 등급이 부여된다(Collard and Dempsey, 2013: 2693-2694; Robertson, 2012: 388). 즉, 생태계의 (다종적) 얽힘은 자본축적과 엮이면서 위계화된 종간/내 질서로 재편된다. 콜라드와 뎀프시(Collard and Dempsey, 2017)의 분류를 참고하면, 자본의 시각에서 생태계는 현재 교환가치가 부여된 것과 잠재적 가치(미래의 교환가치)가 인정된 것, 유용성은 인정되나 교환가치는 부여되지 않은 것, 자본축적에 위협이 되는 것, 방치되거나 무관심한 것으로 위계화된다. 물론 경계를 재획정하는 쟁투가 일어나지만, "자본이 볼 수 있는 자연"(Robertson, 2006)이 위계화된 자연이라는 점은 달라지지 않는다. 그 결과, 생물다양성이나 생태계 서비스에 대한 경제적 가치평가는 보전을 정당화하는 동시에 선별과 손실을 암묵적으로 승인하는 역설적인 계기가 된다(Dempsey, 2016: 75).

다만 자본이 저평가하는 자연은 자연-자본의 순환을 교란하며 변화를 촉발하는 생성적 힘으로 되돌아올 수 있다. 바루아(Barua, 2019: 664)가 이야기하듯이, 비인간은 자본축적의 숨겨진 원천이자 위태로운 조건이기 때문에 비인간은 때때로 자본의 순환을 교란하는 힘으로 작동한다. 이곳은 자연-자본 순환의 경계에서 비인간이 자본에 포획되거나 이탈하는 양상을 포착하고, 그것의 역사적 변동을 추적하는 방식으로, 신유물론적 접근과 정치경제학적 접근의 교차점을 넓힐 수 있는 지점이기도 하다. 따라서 오해는 없어야 한다. 넬슨(Nelson,

2014: 16)의 지적처럼, 회복탄력성 자체를 신자유주의적인 것으로 치환할 수는 없으며 생태계의 균형이라는 오래된 도식으로 회귀하는 것이 답이 될 수도 없다.[5] 자본축적 과정과 연루되어 인간-비인간 관계가 재조직되는 것을 직시하면서 생태계의 복잡한 상호연결성에서 유래하는 불협화음에 귀를 기울인다면, 회복탄력적 생태계에 대한 해석은 달라질 수 있다(Braun, 2015; Dempsey and Robertson, 2012).

3. 자연을 위한 금융의 부상과 금융을 위한 위험 제거

1) 기후-보전-금융 연계의 진화

1970년대 멸종위기종 보호에서 시작한 국제사회의 생물다양성 보전 논의는 1980년대 유전자원과 종 다양성 보전으로 확대되었다. 특히 생명공학 산업이 부상하면서 생물다양성의 상실은 경제성장의 원천을 잃는 경제적 손실의 문제

---

[5] 홀링의 회복탄력성 논의는 회복탄력성 연합(resilience alliance)을 거쳐 스톡홀름 회복탄력성 센터(Stockholm Resilience Centre)로 이어지고 있다(Walker and Cooper, 2011). 스톡홀름 회복탄력성 센터를 통해 생태 위기의 경고 지표로 널리 쓰이게 된 지구위험한계선(planetary boundaries)이 성장주의나 자본주의 비판과 연결되는 것에서 볼 수 있듯이, 생태 위기가 가속화하면서 회복탄력성의 쓰임새가 달라지는 모습이 나타나고 있다. 다만 시스템생태학이 풀지 못했던 문제들이 반복되는 모습도 보인다. 단적으로 지구위험한계선 논의는 추상적 인류의 거주 가능성에 대한 경고와 현상유지에 가까운 정책적 처방 사이의 간극을 메우지 못하고 있다(Brand et al., 2021). 안전하고 정의로운 지구 시스템(safe and just earth system)과 같은 개념이 도입되고 있지만, 생태 위기를 가속화하는 역사적 체제, 위기 대응의 사회구조적 조건 등에 대한 분석은 여전히 모호하거나 부재다. 도넛 경제학을 포함하여 다양한 형태의 생태경제학적 접근 또한 물질적 팽창과 경제성장을 비판적으로 조명하지만, 자본주의의 역사적 특수성을 분석하는 데 있어서는 모호하거나 제한적인 모습을 보여주고 있다(홍덕화, 2021). 브랜드 외(Brand et al., 2021)가 지적하듯이, 지구위험한계선의 긍정적 기여를 인정하되 탈성장론의 시각에서 사회적 한계선(societal boundaries)으로 논의를 확장할 필요가 있다. 이 과정에 회복탄력성이 어떻게 접합될 수 있을지는 아직 불분명하지만, 회복탄력적 생태계 인식과 생태경제학, 나아가 탈성장론과 자본주의 분석을 (재)결합하는 작업의 필요성은 기후·생물다양성 위기가 해소되지 않는 한 사라지지 않을 것이다.

로 변환되기 시작했다(Dempsey, 2016: 40-41). 이 시기 지구적 생물다양성 보전 담론은 글로벌 사우스 지역의 생태계 훼손이 식민주의적 지배의 역사와 맞닿아 있는 것을 외면한다는 비판으로부터 자유롭지 못했다. 하지만 타협까지 오랜 시간이 걸리진 않았다. 1992년 리우회의를 통해 드러난 바, 생물다양성 보전을 위한 지구적 차원의 지원과 투자의 필요성을 인정하고 생물자원을 활용한 글로벌 사우스의 발전 가능성을 모색하는 방식으로 긴장은 봉합되었다.

생물다양성 보전이 경제적 문제로 재정의되는 과정은 분과 학문 간의 교류를 통한 지식 생산을 동반했다. 무엇보다 지구적 생물다양성 보전 담론이 확산되면서 생태학과 경제학의 경계에서 생태계 서비스와 생태계 가치평가에 대한 논의가 활발해졌다(Bresnihan, 2020: 134; Nelson, 2015). 1990년대 초 베이어 연구소(Beijer Institute)를 배경으로, 생태학자와 경제학자가 협력하여 생물다양성 손실을 경제적, 정책적 이슈로 변환한 것이 대표적인 사례다(Dempsey, 2016).[6]

생태계 서비스가 정책의 대상이자 사업모델로 떠오르는 것을 뒷받침한 또 다른 축은 리우회의를 전후로 형성된 보전 단체와 기업의 네트워크였다(Büscher and Fletcher, 2015; Sullivan, 2013). 에이머리 로빈스, 폴 호큰 같이 환경운동과 가까웠던 명망 있는 전문가들이 자연자본 개념을 변용하여 사업모델이자 전환 비전으로 다듬어간 것도 1990년대 초중반이었다(호큰 외, 2011).

이와 같은 움직임 속에서 1997년 코스탄자를 포함한 일군의 생태학자들이 내놓은 생태계 서비스 가치평가 결과는 관련 논의를 확산시키는 중요한 계기가 되었다(Gómez-Baggethun et al., 2010: 5-6). 이후 새천년 생태계 평가 프

---

6 베이어 연구소가 주도한 프로젝트에는 생태학자, 생물학자, 생태경제학자, 환경경제학자, 정부·국제기구 자문가 등 다양한 분야의 전문가들이 참여했다. 그리고 여기서 논의된 방안들이 1990년대 이후 다양한 형태로 정책화되었는데, REDD(Reducing Emissions from Deforestation and forest Degradation)의 모태가 되는 열대림 보전에 대한 비용 지불 방안이 한 예다. 참고로 회복탄력성은 베이어 연구소의 프로젝트에서 새로운 생태계 관리 모델을 탐색하는 이론적 기초였고, 홀링도 이 프로젝트에 직접 참여했다. 관련 논의는 뎀프시(Dempsey, 2016) 3장을 참고.

로젝트(Millennium Ecosystem Assessment Project)를 거치며, 생태계 서비스에 대한 화폐적 가치평가가 환경 정책 속에 자리 잡기 시작했다. 새천년 생태계 평가 프로젝트 이후 유엔 생물다양성협약(Convention on Biological Diversity)에서 생태계 서비스 논의가 증가했음은 물론이다(Dempsey, 2016: 93). 이처럼 생태계 서비스 가치평가가 확산하면서 상품의 시각에서 생태계를 바라보는 일이 늘었다(Dempsey and Robertson, 2012). 보전 단체와 금융기관이 조직적 차원에서 협력관계를 맺고 전문가들이 두 조직을 오가는 것은 더 이상 낯선 일이 아니게 되었다. 2008년 국제자연보호협회(TNC, The Nature Conservancy)의 대표로 골드만 삭스 출신의 인사가 임명된 것은 이러한 변화를 상징적으로 보여준다(Dempsey, 2017: 197-198).

자연기반해법이 국제사회의 이목을 끌기 시작한 것 역시 이즈음이었다. 특히 2008년 세계은행이 자연기반해법을 생태 위기의 해결책으로 제시하는 보고서를 펴낸 것이 중요한 계기가 되었다. 이듬해 국제자연보전연맹(IUCN, International Union for Conservation of Nature) 또한 생물다양성 보전과 기후 위기 완화·적응을 연결시킨 보고서를 펴내며, 자연기반해법을 복합위기의 주요 대응책으로 내세웠다. EU는 세계은행과 IUCN의 제안을 수용하여 2010년대 초반부터 자연기반해법을 정책화하기 위한 작업에 나섰다(명수정·오일찬, 2021).

2000년대 말 생물다양성 위기 대응 방식의 변화는 기후-보전-금융 연계를 빼놓고 이야기하기 힘들다. 유엔 생물다양성협약과 기후변화협약 모두 1992년 체결되었지만, 기후 위기와 생물다양성 위기에 대한 대응은 긴밀하게 통합되어 있지 않았다. 그러다 2000년대 말 위기 대응과 관련한 투자 문제가 불거지면서 기후 위기 대응과 생물다양성 위기 대응 사이의 간극이 좁혀졌다. 일차적으로 2008년 금융위기를 거치며 재생에너지, 생태계 서비스, 생물다양성 보호 등에 대한 투자 부족 문제가 부각되었다(Büscher and Fletcher, 2015; Christophers, 2017). 이후 2010년 세계경제포럼(WEF)이 생물다양성 손실이 기업의 비용, 수익률에 영향을 미칠 수 있다고 경고한 것에서 볼 수 있듯이, 생물다양성 위기 대응은 투자 부족을 넘어 투자 리스크 문제로 확장되었다(Büscher and Fletcher, 2015; Dempsey, 2013). 생물다양성 위기가 금융의 문제로 변환되는 모습은 곳곳에서 목격되었다. 예컨대, 2009년 열린 생물다양성과 생태계 금융 콘퍼런스(biodiversity and ecosystem finance conference)에서는 민간 금융을 동원하는 데 필요한 생태계 보전을 위한 언어가 부족하다는 지적이 이어졌지만, 2013년 개최된 자연자본 세계포럼(World Forum on Natural Capital)에서는 자연자본의 측면에서 기업과 금융기관의 자산과 비용을 회계 처리하는 방법이 주요 쟁점이 되었다(Dempsey, 2017: 199; Sullivan, 2018: 48).[7]

2015년 파리협약 이후 기후금융이 핵심 쟁점으로 부상하면서 자연금융에 대한 논의는 더욱 탄력을 받았다. 당시 영란은행 총재였던 카니(M. Carney)가 기후위기로 인한 금융자산의 부실화와 실물경제로의 위기 전이 가능성을 경고한 것을 계기로, 기후리스크를 평가하고 금융리스크로의 전환을 억제하는 것이 시급히 해결해야 할 문제로 떠올랐다(Strauch et al., 2020: 193). 주류적 대응의 방향은 분명했다. 카니의 행보가 이를 입증하는데, 그는 금융안정위원회(Financial Stability Board)의 의장이자 기후 행동과 금융을 위한 유엔 특별대사로 활동하면서 기후리스크를 투명하게 하기 위한 기업 정보 공개를 추진했다. 그리고 그 결과가 다름 아닌 TCFD(Task Force on Climaterelated Financial Disclosures) 권고안이었다.

자연금융은 기후금융의 궤적을 거의 그대로 따라갔다(Dempsey, 2017; Irvine-Broque and Dempsey, 2023). 2023년 TNFD의 권고안이 TCFD의 기

---

[7] 뎀프시(2016: 179-180)에 따르면, 생태계 서비스는 공리주의적 시각에서 생태계를 상품화된 언어로 바라본다는 비판을 받고 있었지만 2000년대 후반 금융계에 종사하는 이들에게는 여전히 낯선 말이었다. 이와 같은 상황에서 자연자본과 리스크 관점은 생태계 서비스를 금융의 문제로 바라볼 수 있게 해주는 중요한 통로가 되었다. 금융 언어로의 번역은 기업의 사회적 책임과 리스크관리 담당자, 금융기관의 종사자, 생태계 서비스 분야의 사업가, 자원 동원이 필요한 보전 단체 활동가, 계산·평가를 실행·지원하는 사업가와 활동가 등을 하나의 세계 속으로 끌어들이며 금융을 통한 이해관계 조율의 가능성을 높여주었다.

본 틀에 지표를 추가하는 형태가 된 것이나 기후·생물다양성 통합 공시가 장려되는 것은 우연이 아니다. 자연금융과 기후금융의 논리는 사실상 동일하다. 즉, 생물다양성 위기로 인한 금융리스크는 계산할 수 있으며, 리스크 평가와 결합된 정보 공시는 금융시장이 미래 수익을 보호할 수 있도록 생물다양성을 보전하는 방향으로 투자를 유인하는 효과적인 수단이 될 수 있다(Christophers, 2017: 1117; Irvine-Broque and Dempsey, 2023: 4).[8] 여기서 관건은 금융 정보로의 변환 여부이지, 기후 위기인지 생물다양성 위기인지는 중요하지 않다. 그리고 시장의 효율적인 대응을 통해 리스크를 해소할 수 있다는 믿음은 변함없다.

2020년대 들어서면서 기후-보전-금융 연계는 주류적 해법으로 안착한 것으로 보인다. 유엔 생태계 복원 10년 계획, 유럽 그린딜, 글래스고 기후 합의 등 2020년을 전후로 국제기구와 주요 국가들이 발표한 중장기적인 탄소중립과 생물다양성 보전 계획 속에서 자연기반해법과 자연금융의 위상이 크게 높아진 것이 그 증거라 할 수 있다.

하지만 기후-자연금융에 대한 기대가 충족되기 위해서는 자발적 공시를 보완하는 제도적 조치가 필요하다. 무엇보다 자발적인 정보 공시는 그린워싱의 의혹과 유혹에 노출될 가능성이 크다. 제도의 신뢰성과 효과성을 높이기 위해 평가·검증 기준과 절차의 표준화, 그리고 정보 공개의 의무화가 필요하다는 목소리가 나온 이유다. 그리고 이는 기후-자연 금융을 통한 해법을 모색하는 보전 단체와 금융기관, 규제 기관의 공통된 의견에 가깝다. 그 결과, ESG 경영, 지속 가능 금융에서 유사한 문제가 제기되는 것과 맞물려, 정보 공시는 자발적 조치에서 표준화·의무화로 나아가고 있다(Dimmelmeiser, 2024: 774; Gabor,

---

[8] 자연금융의 논리를 조금 더 구체화하면, 다음과 같은 내용이 추가된다(Irvine-Broque and Dempsey, 2023을 참고). 생물다양성 위기가 가속화되면 실물경제에 미치는 충격은 커지고 금융자산의 부실화는 점점 더 막기 어려워진다. 생물다양성 위기에 대응하려면 막대한 규모의 자금이 필요한데, 공적 자금으로는 감당할 수 없는 수준이다. 따라서 민간 금융투자를 유인할 수 있는 장치가 필요한데, 정보 공시가 금융시장을 움직이는 효과적인 장치가 될 수 있다.

2021: 437; 세계자연기금, 2022b: 60; 최규연, 2024). 연장선에서 중앙은행과 금융 감독기구의 역할에 대한 논의가 확산되고 있다. 한 예로, 2022년 중앙은행과 금융 감독기구가 참여하는 녹색금융협의체(Network for Greening the Financing System)는 기후 위기가 물가 안정 및 금융 안정성에 영향을 미칠 가능성과 통화-금융 정책이 기후 위기에 미치는 영향을 동시에 고려할 필요성을 제기하며 금융기관의 적극적인 관심을 촉구했다(최기원, 2024: 14). 보전 단체 중에서도 비슷한 입장을 내놓은 곳들이 있는데, 중앙은행과 금융 감독기구를 통해 제도의 안정성과 신뢰성을 높일 수 있기 때문이다(Gabor, 2021: 445-446).

나아가 기후-자연 금융은 기업의 (장기적인) 재무 건전성에 기여할 뿐만 아니라 단기적인 수익성도 떨어지지 않는 '더 나은 투자'로 변신할 필요가 있다. 기후-자연 금융의 수익성을 높이지 않고 기후-자연 금융의 활성화를 도모하는 것에는 한계가 있다. "금융 전략에 자연 관련 리스크와 네이처-포지티브 기회를 통합하면 금융기관을 더욱 지속 가능하고 수익성 있게 전환"할 수 있다는 담론이 확산된 이유다(기후솔루션, 2024: 11). 같은 맥락에서 유해 보조금 축소, 녹색 분류체계(green taxonomy) 등 기후-자연 금융투자의 (잠재적) 수익성을 높일 수 있는 조치가 기후-자연-금융 연계의 제도적 장치에 추가되고 있다.[9]

2) 불투명한 수익모델과 위험 제거 국가

자연금융에 대한 낙관적 기대가 실현되기에는 자연기반해법, 나아가 생태계 서비스 관련 사업모델의 수익성이 불투명한 경우가 많다. 대체 가능성 또는 상쇄 인정을 둘러싼 논쟁에서 유추할 수 있듯이, 측정 및 교환 기준을 만드는 것부터 논란을 피하기 힘들다. 탄소시장을 선례로 참고할 수 있지만, 생태계 서비

---

9 유해 보조금 축소는 환경에 부정적인 영향을 미치는 분야에 대한 지원을 줄임으로써 친환경 산업을 간접적으로 지원하는 효과를 내기 때문에, 녹색 투자에 대한 기준을 설정하고 유인을 제공하는 녹색 분류체계 제정과 같이 논의될 때가 많다.

스 시장은 장소성, 종 고유성 등으로 인해 상쇄 기준을 만드는 것이 훨씬 더 까다롭다(Apostolopoulou and Adams, 2017). 또한 홍수 방지를 위한 습지 복원, 수질 정화, 서식지 제공, 생태관광과 같은 긍정적 기능과 지역 농업 생계에 미치는 부정적 영향을 동일한 화폐적 단위로 변환할 수 있을 것인지, 의문이 제기되는 것을 막기 힘들다. 나아가 외부효과나 생태계의 기능에 가격이 부여되어야 사업을 추진할 수 있는데, 안정적인 수익모델이 될 만큼 '저렴한 자연'에 비용을 부과하는 것이 결코 만만한 일은 아니다. 역사가 짧지 않지만, 습지·서식지 은행의 규모가 여전히 작고 생태계 서비스 경제가 주변적인 위치에 머물러 있는 것이 단적인 예다(Dempsey, 2016: 119). 그럼에도 불구하고 수익모델을 창출하는 시도는 이어질 수밖에 없다. 수익모델 없이 금융투자를 이끌어낼 수 없기 때문이다. 이와 같은 맥락에서 자연금융은 서식지 복원, 위기 종의 재도입, 탄소흡수를 위한 숲·이탄지 복원 등 새로운 사업모델에 대한 기대를 포함하는 경우가 많다(기후솔루션, 2024). 하지만 기존의 사업모델이라 할 수 있는 먹거리·목재·관광 상품의 친환경화를 통해 추가 수익을 내는 것을 제외하면 성과는 제한적이다(Dempsey, 2017: 203).

출구가 없는 것은 아니다. 부동산 거래를 통한 차익 추구, (허가 지역에서의) 자원추출 확대, 공적 재원 투입 등 수익의 원천을 다변화하는 것이 하나의 해법이 될 수 있다(Bridge et al., 2020; Dempsey, 2017). 한 예로, 북미 지역의 보전금융의 현황을 살펴보면, 보조금, 세금 공제 등 정부의 재정적 지원, 상쇄 과정에서 확보한 부지의 매각 또는 독점적 접근권 판매, (광물, 목재, 물 등) 할당량과 접근권의 재설정에 기초한 추가적인 추출 등 다양한 수단이 수익성을 확보하는 데 활용되고 있다(Kay, 2018). 이와 같은 상황은 가버(Gabor, 2021)가 위험 제거 국가(derisking state)로 규정한 현상, 즉 투자자의 수익을 보장하기 위해 국가가 개발 사업의 위험을 제거하는 조치가 자연금융과 결합하고 있음을 보여준다. 상황이 크게 바뀌지 않는 한, 자연기반해법을 포함하여 생태계 서비스 시장을 활성화하기 위한 조치들은 에너지, 물, 교통 등 공공 서비스를 자산

군으로 편입시키는 흐름 위에서 보조금 지급, 공적 자금 투입, 세제 혜택 등을 통해 민간 투자자의 수익성을 보장하는 정책과 함께 추진될 가능성이 높다. 또한 위험 제거를 위한 국가의 개입은 기후 규제 강화, 인프라의 탈상품화와 같이 수익성을 떨어뜨릴 수 있는 정치적 리스크를 제거하는 것을 포괄하는데, 이는 기후·자연 금융에서 전환 리스크로 규정하는 정책적, 법률적 리스크를 줄이는 것과 일맥상통한다.

문제는 수익 원천을 다변화하는 시도가 자연금융의 정당성을 위협할 수 있다는 점이다. 예컨대, 자원추출을 늘리는 것은, 보전을 명목으로 개발을 용인한다는 비판으로부터 자유롭지 않다. 수익성을 높이기 위해 부동산 시장에 의존하는 것(부지 매각, 개발 등)은 보전 목적과 충돌하는데, 무엇보다 상쇄를 명분으로 보전 가치가 있는 지역이 훼손될 수 있기 때문이다(Apostolopoulou and Adams, 2017; Kay, 2018; Smith, 2022). 흔히 보전 단체는 순차적 저감의 원칙에 따라 회피, 최소화, 축소, 상쇄 순서로 대책을 마련할 것을 요구하지만, 순차적 저감의 원칙은 이윤추구의 압력 앞에서 자주 흔들린다. 손실 방지에서 순손실 방지(from no loss to no net loss)로의 이동이 실질적인 후퇴를 야기할 수 있다는 우려는 쉽게 해소되지 않는다. 한편 수익의 주요 원천이 공적 자금이 될 경우, 생태계 보호·복원을 위해 지불한 사회적 비용이 투자수익의 형태로 투자자에게 되돌아가는 것이 타당한지 질문이 제기된다(Dempsey, 2017; Kay, 2018; Sullivan, 2013). 안정적인 수익모델이 불투명한 만큼 자연금융을 통한 생물다양성 위기 대응은 논란을 해소하지 못한 채 선별적으로 진행될 가능성이 크다.

4. 대항 투기와 기후정의, 마주침과 엇갈림

1) 투자철회운동에서 투자 분류의 정치로

1990년 지구의 벗(Friend of Earth)이 엑슨발데즈호의 원유유출사고에 대응하기 위해 주주총회를 공략했듯이, 투자 자본의 흐름을 바꾸는 시도는 환경운동의 오랜 운동 레퍼토리 중 하나다. 다만 기후운동에서 금융투자를 공략하는 운동 레퍼토리가 확산한 것은 2000년대 말, 화석연료 투자철회운동과 함께였다고 해도 과언이 아니다. 특히 2009년 기후변화협약 당사국총회가 별다른 성과 없이 끝나고 미국 연방 차원의 탄소배출권 거래제 시행이 좌절되면서 돌파구로 화석연료 투자철회운동이 떠올랐다(Hestres and Hopke, 2020). 석탄화력발전소 폐쇄를 내건 시에라 클럽의 '석탄을 넘어서(Beyond Coal)' 캠페인과 350.org, 대학 캠퍼스 조직의 투자 철회 캠페인이 대표적인 예다.

시위, 소송과 연결되어 있었지만, 화석연료 투자철회운동의 가장 큰 특징은 투자자를 겨냥한 캠페인을 통해 사회적인 반향을 이끌어냈다는 점이었다(페어, 2023: 79). 이 과정은 기후 위기를 금융리스크로 번역하는 것을 동반했다. 특히 카본 트래커 이니셔티브(CTI, Carbon Tracker Initiative)는 탄소 거품(carbon bubble), 좌초자산과 같은 개념을 통해 지구 평균 기온 상승을 2℃ 이내로 억제해야 한다는 주장에 금융적 의미를 부여했다. 탄소 배출 규제가 강화되면 특정 시설의 이용이 제한되는 만큼 그 시설은 수익을 보장할 수 없는 자산이 된다는 간명한 논리였다. 유한한 탄소 예산과 미래 자산 가치를 연결한 CTI의 프레임은 화석연료 추출 반대 캠페인(예: Keep It In the Ground) 등에 유용하게 활용되었고, 화석연료 투자 철회는 기후운동의 대중적 구호로 자리매김했다(Strauch et al., 2020: 188). 더구나 선진국에서 석탄화력발전이 쇠퇴의 길에 접어든 만큼 석탄화력발전소가 자산으로서의 가치를 상실할 수 있다는 진단은 금융계로부터 호응을 이끌어내기 좋았다. 2010년대 후반 2℃에서 1.5℃로 기후 위기 대응의 목표가 상향 조정되면서 화석연료 투자철회의 정당성은 높아졌고, 자연스레 석탄화력발전 투자 철회를 선언하는 곳들도 늘었다.

화석연료 투자철회운동은 어떻게 투자의 흐름을 바꿔낸 것일까? 화석연료 투자 철회는 기업이나 사업에 대한 평판 하락이 자산의 가치를 떨어뜨릴 수 있다는 점을 겨냥했다. 여기서 자산화와 금융화가 윤리적 차원을 포함한다는 점을 상기할 필요가 있다. 상품화에서 자산화로 시선을 옮기면, 투자자의 시선이 현재 시장에서 거래되는 자산에 부여된 가격 이상으로 자산의 수익 창출 가능성, 예상 미래 수익을 향해 있다는 점이 또렷해진다(Bridge et al., 2020; Langley et al., 2021). 페어(2023)가 강조하듯이, 금융시장에서 자산의 시장 가치는 다른 투자자들의 자산에 대한 평가에 영향을 받는다. 다른 투자자들의 관심을 끌지 못하거나 자산(화)에 대한 비판이 거세지면 미래 소득의 흐름을 창출하는 것은 불투명해진다. 이로 인해 신용 평가와 할당 기준에 관여하여 자본의 흐름에 영향을 미치는 대항 투기(counter speculation)의 공간이 열린다. 이 지점에서 기후운동은 대항 투기를 통해 투자와 추출(폐기)의 연결고리를 흔들 수 있다는 점을 간파했다. 즉, 자원추출이나 설비 운영은 사업의 (기대) 수익률에 좌우되고 기대 수익은 기업이나 사업에 대한 평판의 영향을 받는다. 이를 반대로 공략하면, 사회적으로나 생태적으로 문제가 있는 사업이나 기업으로 낙인을 찍으면, 기대 수익률이나 자산으로서의 가치를 떨어뜨릴 수 있고, 이는 자원추출이나 설비 운영을 중단시키는 지렛대가 될 수 있다.

보전운동의 대항 투기는 기후운동의 선례를 거의 그대로 따르고 있다. 먼저 금융투자의 시간 지평을 10~30년으로 넓히지 않으면 생물다양성 위기가 가속화하는 것을 막을 수 없다는 진단과 함께 생물다양성 위기를 가시화하는 수치·지표가 제시된다(세계자연기금, 2022b: 61). 그리고 위기 대응이 지연될수록 금융리스크가 커진다는 경고가 덧붙여진다. 여기에 생물다양성을 고려하지 않는 사업과 기업에게 무책임하다는 비판이 추가된다. 평판 공략의 효과를 높이는 차원에서 문제적인 기업과 사업에 대한 소송, 시위를 대항 투기와 적극적으로 결합하는 모습도 볼 수 있다.

다만 대항 투기가 투자철회운동으로 한정되는 것은 아니다. 미국 기후정의동맹(Climate Justice Alliance)이 금융 협동조합인 시드 커먼즈(Seed Commons)와 협력하여 '우리 전기에 투자를(Reinvest Our Power)' 캠페인을 조직한 것에서 드러나듯이, 투자철회운동은 대안 투자운동(reinvestment movement)으로 뻗어나갔다. 하지만 대안 투자운동의 기본 전략 역시 '투자'에 기초해 있다. 정치적, 도덕적 의미를 결합하여 친환경 내러티브를 구축하고 긍정적 이미지를 창출하는 것으로 방향이 이동하지만, 투자를 변화의 지렛대로 삼는 것은 크게 다르지 않다 (Langley et al., 2021; Ouma et al., 2018 참고).

하지만 평판을 공략하고 가치를 결합시키는 투자 철회나 대안 투자는 장벽에 부딪친다. 수익성이 보장되지 않는 한 투자 흐름을 바꾸는 것은 한계가 있다. 이 지점에서 사회운동의 요구는 녹색 투자가 '더 돈이 되는 투자'가 될 수 있다는 담론, 수익성 향상에 영향을 주는 제도적 조치와 결합한다. 예컨대, 유해 보조금 축소, 녹색 분류체계, 공급망 정보 공개의 표준화·의무화와 같이 외부 비용의 재평가를 매개로 녹색 투자의 상대적 가치를 높이는 효과를 발휘하는 조치들이 사회운동의 요구에 포함된다. 연장선에서 친환경 자산 매입, 녹색 중소기업 지원, 생태계 훼손 사업에 대한 강력한 배제 정책 등이 자연금융의 활성화를 위한 조치로 편입된다(기후솔루션, 2024; 세계자연기금, 2022b).[10] 이로 인해 규제 정책적 성격을 지닌 조치들이 대항 투기의 맥락 속에 공존하게 된다.

그 결과, 기후-보전-금융 연계에서 자발적 정보 공개와 공시의 의무화, 나아가 시장 활성화를 위한 지원 정책과 녹색투자를 촉진하는 규제적 조치 사이의 차이는 옅어진다. 투자를 분류하는 기준을 재설정하고 자본의 흐름을 바꾸는 효과를 창출한다는 점에서 차이보다는 공통점이 더 크기 때문이다. 나아가 보전 단체의 일부는 의사결정이나 리스크 평가에 필요한 지식이나 도구를 창출하는 데 관여하는 것에서 새로운 활로를 찾는다(Dempsey, 2013: 50). 그렇게 보전운동과 정부, 금융기관 간의 차이는 희미해지고, 보전운동의 일부는 제도 설

---

10 대항 투기적 접근은 금융리스크를 부각시키기 위해 처음부터 평판만 공략한 것이 아니라 규제 강화 및 법 제정을 요구해왔다. 이와 같은 맥락에서 보면, 기후-보전 금융이 ESG 규준의 진화와 점점 더 연동되는 것은 낯선 일이 아니다. RE100, 공급망실사지침, 탄소국경조정제를 아우르는 ESG 규준의 형성 과정에 대해서는 최규연(2024)을 참고.

계자로 자신의 위치로 이동시키며 기후-보전-금융 연계의 공고화에 일조한다.

2) 대항 투기의 사각지대와 기후정의 운동의 도전

기후-보전 금융의 전체적인 상황에 비춰보면, 대항 투기적 접근의 미래는 그리 밝지 않다. 몇몇 상징적인 성공 사례에도 불구하고, 초기의 환호가 무색하게 화석연료 투자 철회 계획이 뒤바뀐 경우가 적지 않다(Christophers, 2019; Langley et al., 2021). 특히 규제 강화가 투자의 시간 지평 안으로 들어온 석탄화력을 제외하면, 화석연료 추출 사업과 화석연료 기업에 대한 투자는 별다른 타격을 입지 않고 있다. 석탄화력 신규 투자 중단을 넘어 고탄소 자산 매각으로 확대되는 일은 더 드물다(Christophers, 2019: 761). 자연금융의 경우, 멸종위기종 서식지 파괴, 불법 벌목과 산림 파괴 등 몇몇 이슈가 투자 배제의 대상으로 떠올랐지만, 석탄화력 투자철회운동이 부딪친 장벽을 넘어선 것은 아닌 듯하다.

기후-보전 금융이 부딪친 장벽은 무엇일까? 먼저 평판 리스크는 투자수익에 직접적인 영향을 미치거나 그 가능성이 가시화되었을 때 고려 대상이 되는 경우가 대부분이다(Christophers, 2019: 762-763). 달리 말하면, 투자 철회는 도덕적 평판이 경쟁 우위의 원천으로 작동할 때 구체화된다. 연장선에서 좌초자산에 대한 경고는 규제 강화가 금융투자의 시간 지평 안으로 들어올 때 효력을 발휘하기 시작한다. 이에 비춰보면, 생물다양성 보전은 탄소중립보다 규제가 약할 뿐만 아니라 수익모델은 더 불투명한 상황에 처해있다. 그만큼 평판 리스크를 회피하면서 생물다양성 위기에 선별적으로 대응할 유인은 강하다(Irvine-Broque and Dempsey, 2023: 5). 또한 기후금융에서 볼 수 있듯이, 부정적 전망이 곧바로 사업 철회나 자산 처분으로 이어지는 것은 아니다. 대체 투자처가 불투명하면 문제의 소지가 있더라도 기존 자산을 보유하는 것이 낫기 때문이다(Christophers, 2019: 765). 이와 같은 상황에서 기업과 금융기관은 흔히 사업과 자산의 포트폴리오를 다각화하는 방식으로 대응한다. 한편 자연기반해법의 활성화를 위해서는 상대적으로 낮은 수익성을 감수할 수 있는 장기투자가 필요한데, 평판과 사회적 가치를 지렛대로 장기투자자를 끌어들이는 것은 쉽지 않다. 더구나 생태계 서비스 관련 사업은 생태계의 리듬으로부터 자유로울 수 없어 결과를 산출하기까지 상당한 시간이 소요되는 일이 많다(Ouma, 2020). (공적 기금을 관리하는) 기관투자자가 하나의 해결책으로 제시되지만, 금융자본주의 시대에 기관투자자가 장기투자에 적극적으로 나설 수 있을지에 대한 오래된 질문이 해소된 것은 아니다. 그렇게 자연금융에 대한 기대는 현실 속에서 계속 허물어진다. 대신 기업과 금융기관의 실질적 목표는 생물다양성 손실 방지가 아니라 생물다양성 손실로 인해 발생할 수 있는 금융적 리스크를 관리하는 것이라는 점은 분명해진다(Irvine-Broque and Dempsey, 2023: 4-5). 생물다양성 손실로 인한 리스크를 인식·계산하는 것과 실질적인 생물다양성 손실 방지 조치를 취하는 것은 다른 문제라는 점을 기억해야 하는 이유다.

  자발적 공시의 한계를 보완하는 규제적 조치의 도입은 기후-보전 금융이 마주한 문제를 해결할 열쇠처럼 보인다. 하지만 규제 조치가 확대될수록 불협화음이 커진다. 카니가 제시한 대책은 기본적으로 금융 시스템을 안정화하면서 시장의 원활한 작동을 지원하는 것을 목표로 했다(Christophers, 2017). TCFD와 TNFD 공시부터 중앙은행의 역할까지 제도적 장치에 대한 논의가 확장되고 있지만 여전히 시장의 효율적 작동을 위한 조건을 창출하는 데 방점이 찍혀 있다. 하지만 제도적 보완 조치는 의도하지 않게 새로운 논쟁을 촉발할 수 있다. 예컨대, 녹색 기후기금의 재설계, 탄소세와 금융 과세 강화를 통한 기후금융의 기반 확대, 노동자 연기금 동원 등으로 논의가 확장되면 금융 자본에 대한 통제가 쟁점으로 부상한다(이정필 외, 2024). 시장의 작동을 지원하기 위한 정부의 개입을 사이에 두고 시장을 통한 자기 조정에 대한 기대와 사회 보호를 위한 개입 요구가 맞부딪치는 것이다. 2008년 이후 그린뉴딜 논쟁이 반복된 것에서 확인할 수 있듯이, 위험 제거 국가를 넘어선 재정 정책의 시행과 민주적 계획으로

기후-보전 금융 논의가 확대될 가능성은 잠재해 있다.[11]

이쯤에서 기후-자연 금융과 기후-보전 운동, 특히 기후정의 운동의 관계를 되짚어보는 게 좋을 듯하다. 먼저 화석연료 투자철회운동이 투자 자본의 흐름을 바꾸는 것을 목표로 한 것은 분명했지만, 그것이 전부는 아니었다. 화석연료 투자 철회 캠페인은 풀뿌리 조직화의 수단 중 하나였고, 그 덕분에 소송, 시위 등 다른 운동 레퍼토리와 쉽게 결합할 수 있었다(Hestres and Hopke, 2020: 382-383). 화석연료 기업·자본을 겨냥하고 풀뿌리 조직화를 모색한다는 점에서 화석연료 투자철회운동과 기후정의 운동의 거리는 가까웠다. 미국 기후정의 동맹이 화석연료 투자철회 캠페인에 적극적으로 참여한 것이 단적인 예다.

글로벌 사우스로 시선을 돌리면 기후운동과 보전운동은 분리가 어려울만큼 얽힌 경우가 많다. 예컨대, 탄소흡수·저장을 명분으로 생태계를 훼손하는 사업은 생태계에 의존해 살아가는 지역주민들의 삶을 위태롭게 했다. 이와 같은 상황에 유용한 말은 투자의 언어가 아닌 (선)주민의 권리, 나아가 '자연의 권리'였고, 권리 접근은 기후정의 운동의 지향과 맞닿아 있었다. 또한 생태계에 기반한 삶의 양식을 지키는 것이 생물다양성 손실을 막고 기후 위기에 대응하는 방안인 만큼 감축 금융과 적응 금융을 명확하게 구분하는 것은 사실상 불가능했다.

특히 기후-보전-금융 연계와 관련해서 눈여겨볼 점은 2010년을 전후로 기후정의의 우산 아래 기후운동과 보전운동의 연결이 확대된 것이다. 상징적인 사건은 2010년 볼리비아에서 열린 '기후변화와 대지의 권리에 대한 세계민중회의'이다. 코차밤바에 모인 전 세계 활동가들은 식민주의와 신자유주의를 비판하며 생태주의적 미래를 모색하는 '민중협약'을 이끌어냈다(정영신, 2023). 이와 같은 흐름 속에서 기후정의는 기후-보전 운동의 결합을 공고하게 해주는 매개였고, 이들이 유엔 기후변화협약과 생물다양성협약에서 함께 외치는 구호였

---

11 2019년 유럽중앙은행은 '녹색 자산'의 우선 매입, '녹색 양적완화'와 같은 정책을 제안하여 그린 뉴딜을 옹호하는 이들로부터 지지를 받았다. 하지만 유럽 각국의 중앙은행이 반대하면서 계획은 좌초되었다. 당시 유럽 내 논쟁은 최기원(2024)을 참고.

다. 일례로 2010년 나고야에서 열린 생물다양성협약에서는 민중협약을 토대로 선주민과 지역 공동체의 권리 보장, 시장 메커니즘과 '혁신적' 금융 기법의 제한을 요구하는 기후-보전 운동의 목소리가 울려 퍼졌다(Dempsey, 2016: 223). 2010년대 기후-보전-금융 연계가 강화되는 만큼 기후정의(또는 생태정의)의 이름 아래 기후-보전 운동이 손을 맞잡는 일 또한 늘었다.

물론 기후정의 운동의 요구와 현실 사이의 거리는 쉽게 좁혀지지 않았다. 기후정의 실현이 아닌 경제성장, 이윤추구가 정책과 사업의 우선 목표인 상황은 변함이 없었고 생물다양성 위기는 심화되었다(Irvine-Broque and Dempsey, 2023: 7). 이 지점에서 기후정의 운동은 금융 격차를 넘어 권력 격차의 문제를 제기했다. 민간 금융기관을 구제하기 위해 투입된 공적 자금의 규모를 생각하면 역사적 책임에 입각한 기후금융 조달을 허황된 생각으로 치부할 수는 없다(김선철, 2022: 29-30). 기후정의 운동의 시각에서 진정한 문제는 리우회의 이후 현상유지에 방점이 찍힌 조치만 반복하는 것이었다. TNFD 공시에서 다양한 형태의 위험 제거까지 제도적 보완이 이뤄지고 있지만, 지배적 이해관계와 기존 권력관계를 유지하기 위한 방편에 가깝다는 것이 기후정의 운동의 냉정한 진단이었다(Gabor, 2021: 431; Irvine-Broque and Dempsey, 2023: 4).

정리하면, 기후-보전 운동으로서 기후정의 운동이 대항 투기를 배제하는 것은 아니다. 하지만 기후정의 운동은 정치권력을 통한 금융자본의 통제로 한 발 더 내딛는다. 그리고 기후-보전-금융 연계의 제도적 진전은 역설적으로 기후-보전 운동이 파고들 틈새를 늘리고 있다. 다만 이곳에 또 다른 현실의 장벽이 존재한다. 카스트리와 크리스토퍼스(Castree and Christophers, 2015)가 지적하듯이, 신속한 전환을 위해 대규모의 공공 투자를 추진하는 것을 지지해 줄 세력이 미약하다는 문제가 풀리지 않고 있다. 조세 부담, 공공부채 증가에 대한 대중적 반발은 거세고, 인프라를 공공영역으로 되돌리는 것에 대한 지지는 강렬하지 않다. 전환 비용 지불과 재정 투자, 공적 부채 등을 아우르는 전환 투자에 대한 논의는 제한적이고 정의로운 전환을 위한 사회적 협약은 요원해 보인다. 그럼에도 불구하고 투자자적 접근의 사각지대라 할 수 있는 이 공간이 기후·생물다양성 위기 대응의 방향을 결정하는 전환 정치의 잠재적 장으로 남아 있다.

5. 균열과 전환

기후·생물다양성 위기에 대한 신자유주의적 대응 방식이 진화하고 있다. 자연기반해법의 부상은 생태계의 기능 또는 비인간의 활력을 증진하는 방향으로 대응 방안이 발전하고 있음을 시사한다. 기후-보전-금융 연계를 통해 작동하는 자연금융은 금융 주도적 위기 대응의 최전선이 되고 있다. 생물다양성 위기가 가속화하는 만큼 자연기반해법과 자연금융에 대한 기대는 앞으로 더 커질 것으로 보인다.

하지만 자연기반해법과 자연금융의 부상은 '저렴한 자연'의 종말이 아닌 '보전을 통한 축적'의 확산에 가깝다. 그리고 이 과정에는 생태계 (한계) 인식의 변화와 자본주의적 위기 대응, 보전운동의 분화가 엇물려있다. 균형에서 회복탄력성으로 생태계에 대한 인식의 변화는 생태계 가치평가, 상쇄 시장, 나아가 자연기반해법이 위기 대응 방식으로 부상할 수 있는 토대를 제공했다. 또한 이것은 생태적 한계와 사회적 계획의 관계를 재구성하는 것과 맞닿아 있었다. 즉, 생태계의 회복탄력성 논의는 자기 조절적 시장 담론과 연결되어 '성장의 한계'로 표출된 급진적 비판을 누그러뜨리고 새로운 생태계 관리의 방향을 모색할 수 있는 길을 열어주었다. 2000년대 말 기후-보전-금융 간의 연결고리가 공고해지면서 기후·생물다양성 위기 대응 방안으로 자연금융과 자연기반해법이 부상할 수 있었던 것은 회복탄력적 생태계 인식에 신자유주의적 성격이 기입된 것과 무관하지 않다.

한편 보전금융은 그동안 간과되거나 저평가되었던 생태계의 가치를 인정하면서 이를 화폐적 가치로 변환하고자 한다. 사업모델로서 자연기반해법은 생태계의 순환을 활성화하고 비인간의 활력을 증진하는 것을 목표로 한다. 보전을 통한 축적이 확산하는 과정에서 보전운동은 가치평가에 필요한 지식, 전문성을 창출하는 데 관여했을 뿐만 아니라 자연금융으로 투자의 흐름을 바꾸기 위한 내기에 뛰어들었다. 그렇게 보전운동은 기후-보전-금융 연계를 구성하는 한 축이 되었고, 투자철회운동에서 투자 분류의 정치로 보폭을 넓혀가고 있다.

하지만 낙관적 기대와 달리 자연기반해법이나 자연금융의 수익모델은 여전히 불투명하다. 대규모의 대체 투자처가 만들어질 가능성은 낮은 반면, 순차적 저감과 같은 보전의 원칙이 흔들릴 가능성은 높다. 다양한 형태의 정부 지원이 타개책으로 도입되고 있지만, 동시에 위험 제거 국가를 둘러싼 새로운 논란을 촉발하고 있다. 한 발 더 나가면, 금융적 접근 자체를 비판하는 목소리가 들린다. 자연금융을 통해 재평가되는 생태계의 가치나 자연의 활력은 자본의 순환 회로 속에 포함되는 것들로 한정되는 경향이 있기 때문이다. 자본축적과 결합한 친생명적 통치성은 생태계의 순환을 선별적으로 활성화한다. 물론 여기서 이야기가 끝나는 것은 아니다. 자본이 온전히 통제하지 못하는 자본의 외부로서 생명체와 생태계가 자본순환에 균열을 내는 힘으로 작동할 수 있기 때문이다. 한편, 기후-보전-금융 연계를 보완하는 제도적 조치는 정치권력을 통한 금융 권력의 통제로 가는 입구가 된다. 민주적 계획에 기초한 그린뉴딜로 정부나 중앙은행의 개입을 확대해야 한다는 주장이 꾸준히 제기되는 것을 떠올린다면, 기후-보전-금융 연계의 제도화를 계기로 새로운 각축이 시작된다고 해도 좋을 것이다. 이처럼 기후-보전-금융 연계의 곳곳에서 생태적, 경제적, 사회적 차원을 관통하는 파열음이 흘러나온다. 균열을 포착한 기후-보전 운동이 기후정의의 이름 아래 선주민과 자연의 권리, 체제 전환을 내걸고 2010년대 확산된 것은 결코 우연이 아닐 것이다.

자연기반해법과 자연금융이 마주한 현실은 낙관적 서사 이면의 사각지대를 조명할 이론을 정교화할 필요성을 제기한다. 두 가지만 간단히 짚자면, 먼저 생태계 가치의 재평가 및 비용 지불 시도, 생태계 순환의 활성화 등으로 가시화되고 있는 생태 관리 전략의 변화를 추적하며 그 과정의 선별적 성격을 파헤쳐야 한다. 자본은 더 이상 자연에 무관심하지 않다. 실질적인 과제는 상품화·금융화의 압력으로 인해 자본이 볼 수 있는 자연이 제한되고 굴절되는 양상을 포착하는 것이라 할 수 있다. 또한 보전을 통한 축적은 추출주의나 저렴한 자연 전략과 이분법적인 대결 구도를 형성하지 않는다. '금융-추출-전환 연계'(Franz and McNelly, 2024)에서 드러나듯이, 금융은 생태계 보전뿐만 아니라 전환을 명분으로 자원추출을 가속화하는 방향으로 뻗어가고 있다. 즉, 사회생태적 위기를 배경으로 전환 압력이 높아지면서 자본 내부의 분열과 경쟁은 한층 복잡하게 전개되고 있다. 이 과정에서 사회운동의 요구가 부분적으로 수용되면서 사회운동의 지형 또한 재편되고 있다. 이와 같은 사회적 세력 관계의 변화를 체계적으로 분석할 때, 행성적 스케일의 악화와 국지적 개선이 동시에 포착되는 생태 위기의 복합성을 조금 더 깊게 이해할 수 있을 것이다.

참고문헌

관계부처 합동. 2018. "제4차 국가생물다양성전략(2019~2023년)."

_____. 2023. "제5차 국가생물다양성전략(2024~2028년)."

구경아·차은지. 2021. 『생물다양성협약 Post-2020 글로벌 생물다양성 프레임워크 수립동향 분석 및 대응방안 연구 2』. 환경부·한국환경연구원.

구경아·김다빈·차은지. 2022. 『제5차 국가생물다양성전략 수립을 위한 연구』. 환경부·한국환경연구원.

권정임. 2009. "시스템생태학에 대한 철학적 비판: 생태적 통합과학에 대한 전체론적 전망의 창출을 위해." 『사회와 철학』 18: 33-70.

기후솔루션. 2024. "자연금융 격차 진단: 생물다양성을 지키기 위한 한국 은행의 역할."

_____. 2025. "기후 및 생물다양성 위기 대응을 위한 자연금융 확대 토론회." 토론회 자료집.

김기윤. 2002a. "생태학의 사회 문화적 배경에 관한 역사적 고찰." 『한국과학사학회지』 24(1): 1-13.

_____. 2002b. "진화생태학의 형성을 통해 살펴본 생태학의 성격." 『한국과학사학회지』 24(2): 1-15.

_____. 2011. "생태학과 환경론에서 인간의 위치." 『철학논총』 65(3): 75-95.

김선철. 2022. "기후금융과 녹색기후기금: 기후정의와 공공 경로 접근 방식."

김선철·류승민·산드라 반 나이커크·톰 레딩턴. 2022. 『기후금융에 대한 공공재 접근 방식: 녹색기후기금 사례연구』. 국제공공노련·민주노총·공공운수노조·사회공공연구원.

렘케, 토마스(T. Lemke). 2024. 『사물의 통치』. 김효진 역. 갈무리.

매킨토시, 로버트(R. McIntosh). 1999. 『생태학의 배경: 개념과 이론』. 김지홍 역. 아르케.

메도즈, 도넬라(D. Meadows)·메도즈, 데니스(D. Meadows)·랜더스, 요르겐(J. Randers). 2021. 『성장의 한계』. 갈라파고스.

명수정·오일찬. 2021. 『환경위기 대응을 위한 자연기반해법(NbS) 연구』. 한국환경연구원.

박찬종. 2024. "신자유주의의 세 개념: 폴라니, 마르크스, 푸코." 『경제와사회』 141: 81-115.

서영표. 2022. "존재론적 깊이의 인식과 인식론적 상대주의의 실천: 포스트-혼종성 시대 지식생산과 교육 패러다임의 전환." 『탐라문화』 69: 105-146.

세계자연기금(WWF). 2022a. "금융당국의 2050 탄소중립 및 자연회복력 복원을 위한 로드맵 보고서."

_____. 2022b. "탄소중립 및 네이처 포지티브 경제로의 전환: 중앙은행과 금융감독당국의 복합 환경 위기 대응 책무."

오일영·김은경·문진영·이성아. 2024. 『네이처 포지티브: 기업이 알아야 할 자연을 위한 ESG』 지을.

워스터, 도널드(D. Worster). 2002. 『생태학, 그 열림과 닫힘의 역사』 강헌·문순홍 역. 아카넷.

이승준·이상범·차은지·윤은주. 2020. 『자연자원총량제의 실효성 강화를 위한 제도적 대안』 한국환경연구원.

이우균·황석태·오일영·류필무·강부영. 2023. 『위기에서 살아남는 현명한 방법 자연기반해법』 지을.

이정필·한재각·박지혜·윤세종. 2024. 『기후금융 업권별 투자실태 및 노동조합의 과제』 전국사무금융서비스노동조합.

이현우·김충기·홍현정·노영희·강상인·김종호·신상철·이수재·김태윤·강진영·Wood·Fisher. 2015. 『자연자본의 지속가능성 제고를 위한 의사결정 지원체계 개발: 생태계서비스 분석을 중심으로』 한국환경정책평가연구원.

장현숙. 2024. "자연자본 공시 확대에 따른 기업대응전략." 『Trade Focus』 41. 한국무역협회 국제무역통상연구원.

전의령. 2025. "인간중심주의 비판을 넘어서: 포스트휴먼·다종 인류학에 대한 비판적 검토." 『경제와사회』 145: 240-283.

정영신. 2023. "기후정의 운동의 운동사적 맥락에 관한 연구: 환경정의운동과 지구정의운동을 중심으로." 『Journal of Global and Area Studies』 7(3): 239-273.

조민서. 2024. "기후위기에 대응하는 자본의 환경주의." 『경제와사회』 144: 86-118.

최규연. 2024. "ESG 규준의 초국경적 생태적 합리화 프로젝트: 녹색 정보화와 시장 권력의 도구화를 중심으로." 『ECO』 28(2): 7-53.

최기원. 2024. "기후위기 앞에 선 한국은행, 그 역할을 묻다." 녹색전환연구소.

최명애. 2021. "재야생화: 인류세의 자연보전을 위한 실험." 『ECO』 25(1): 213-255.

쿠퍼(M. Cooper). 2016. 『잉여로서의 생명: 신자유주의 시대의 생명기술과 자본주의』 안성우 역. 갈무리.

파텔, 라즈(Patel, R)·무어, 제이슨(J. Moore). 2020. 『저렴한 것들의 세계사: 자본주의에 숨겨진 위험한 역사, 자본세 600년』 백우진·이경숙 역. 북돋움.

페어, 미셸(M. Feher). 2023. 『피투자자의 시간: 금융자본주의 시대 새로운 주체성과 대항 투기』 조민서 역. 리시올.

풀씨행동연구소. 2023. "네이처 포지티브(Nature Positive) 이행을 위한 자연자원총량제 도입 과제." 풀씨행동연구소 Issue Paper 2023-2.

호큰, 폴(Hawken, P.)·로빈스, 에이머리(A. Lovins)·로빈스, 헌터(H. Lovins). 2011. 『자연자본주의: 지속가능한 발전을 창조하는 신산업 혁명의 패러다임』 김명남 역. 공존.

홍덕화. 2021. "전환 정치의 이정표 그리기: 생태적 현대화와 탈성장, 생태사회주의의 분기점과 교차점." 『ECO』 25(1): 131-168.

_____. 2022. "기후위기와 '한계' 너머의 사회학: 탈성장과 탈인간중심주의의 쟁점들." 『경제와사회』 136: 12-46.

Apostolopoulou, E. and Adams, W. 2017. "Biodiversity Offsetting and Conservation: Reframing Nature to Save It." *Oryx* 51(1): 23-31.

Brand, U., B. Muraca, É., Pineault, M., Sahakian, A., Schaffartzik, A., Novy, C., Streissler, H., Haberl, V., Asara, K., Dietz, M., Lang, A., Kothari, T., Smith, C., Spash, A., Brad, M., Pichler, C., Plank, G., Velegrakis, T., Jahn, A., Carter, Q., Huan, G., Kallis, J., Martínez Alier, G., Riva, V., Satgar, E., Mantovani, T., Williams M., Wissen, M. and Görg, C. 2021. "From Planetary to Societal Boundaries: An Argument for Collectively Defined Self-limitation." *Sustainability: Science, Practice and Policy* 17(1): 264- 291.

Braun, B. 2014. "A New Urban Dispositif? Governing Life in an Age of Climate Change." *Environment and Planning D: Society and Space* 32: 49-64.

_____. 2015. "New Materialisms and Neoliberal Natures." *Antipode* 47(1): 1-14.

Bresnihan, P. 2020. "Beyond the 'Limits to Growth': Neoliberal Natures and the 'Green' Economy." K. Legun et. al.(eds). The Cambridge Handbook of Environmental Sociology. Cambridge University Press.

Bridge, G., Bulkeley, H., Langley, P. and Van Veelen, B. 2020. "Pluralizing and Problematizing Carbon Finance." *Progress in Human Geography* 44(4): 724-742.

Büscher, B. and Fletcher, R. 2015. "Accumulation by Conservation." *New Political Economy* 20(2): 273-298.

Castree, N. and Christophers, B. 2015. "Banking Spatially on the Future: Capital Switching, Infrastructure and the Ecological Fix." *Annals of the Association of American Geographers* 105(2): 378-386.

Christophers, B. 2017. "Climate Change and Financial Instability: Risk Disclosure and the Problematics of Neoliberal Governance." *Annals of the American Association of Geographers* 107(5): 1108-1127.

_____. 2019. "Environmental Beta or How Institutional Investors Think about Climate Change and Fossil Fuel Risk." *Annals of the American Association of Geographers* 109(3): 754-774.

Collard, R. C. and Dempsey, J. 2013. "Life for Sale? The Politics of Lively Commodities." *Environment and Planning A: Economy and Space* 45: 2682-2699.

_____. 2017. "Capitalist Natures in Five Orientations." *Capitalism Nature Socialism* 28(1): 78-97.

Dempsey, J. 2013. "Biodiversity Loss as Material Risk: Tracking the Changing Meanings and Materialities of Biodiversity Conservation." *Geoforum* 45: 41-51.

_____. 2016. Enterprising Nature: Economics, Markets and Finance in Global Biodiversity Politics. Wiley Blackwell.

_____. 2017. "The Financialization of Nature Conservation?" Christophers, B., A. Leyshon and G. Mann(eds). Money and Finance After the Crisis: Critical Thinking for Uncertain Times. John Wiley & Sons Ltd.

Dempsey, J. and Robertson, M. 2012. "Ecosystem Services: Tensions, Impurities and Points of Engagement within Neoliberalism." *Progress in Human Geography* 36(6): 758-779.

Dimmelmeiser, A. 2024. "Expanding the Politics of Measurement in Sustainable

Finance: Reconceptualizing Environmental, Social and Governance Information as Infrastructure." *Environment and Planning C: Politics and Space* 42(5): 761-781.

Franz, T. and McNelly, A. 2024. "The 'Finance-Extraction-Transitions Nexus': Geographies of the Green Transition in the 21st Century." *Antipode* 56(4): 1289-1307.

Gabor, D. 2021. "The Wall Street Consensus." *Development and Change* 52(3): 429-459.

Gómez-Baggethun, E., De Groot R., Lomas, P. and Montes, C. 2010. "The History of Ecosystem Services in Economic Theory and Practice: From Early Nortions to Markets and Payments Schemes." *Ecological Economics* 69(6): 1209-1218.

Hestres, L. and Hopke, J. 2020. "Fossil Fuel Divestment: Theories of Change, Goals and Strategies of a Growing Climate Movement." *Environmental Politics* 29(3): 371-389.

Holling, C. 1973. "Resilience and Stability of Ecological Systems." *Annual Reviews of Ecology and Systematics* 4: 1–23.

_____. 2001. "Understanding the Complexity of Economic, Ecological and Social Systems." *Ecosystems* 4(5): 390–405.

Hayek, F. 1974(1989). "The Pretence of Knowledge: Nobel Memorial Lecture, December 11, 1974." *The American Economic Review* 79(6): 3-7.

Irvine-Broque, A. and Dempsey, J. 2023. "Risky Business: Protecting Nature, Protecting Wealth?" *Conservation Letters* 16(4). https://doi.org/10.1111/conl.12969.

Kay, K. 2018. "A Hostile Takeover of Nature? Placing Value in Conservation Finance." *Antipode* 50(1): 164-183.

Kuokkanen, N. 2024. "A Problematizing Review of the Financialization of Living Beings." *Critical Perspectives on Accounting* 99. https://doi.org/10.1016/j.cpa.2024.102739.

Langley, P., Bridge, G., Bulkeley, H. and Van Veelen, B. 2021. "Decarbonizing Capital:

Investment, Divestment and the Qualification of Carbon Assets." *Economy and Society* 50(3): 494-516.

Lorimer, J. 2017. "Probiotic Environmentalities: Rewilding with Wolves and Worms." *Theory, Culture & Society* 34(4): 27-48.

Nelson, S. 2014. "Resilience and the Neoliberal Counter-Revolution: From Ecologies of Control to Production of the Common." *Resilience* 2(1): 1-17.

_____. 2015. "Beyond the Limits to Growth: Ecology and the Neoliberal Counterrevolution." *Antipode* 47(2): 461-480.

Ouma, S. 2020. "This can('t) be an Asset Class: The World of Money Management, "Society." and the Contested Morality of Farmland Investments." *Environment and Planning A: Economy and Space* 52(1): 66-87.

Ouma, S., Johnson, L. and Bigger, P. 2018. "Rethinking the Financialization of 'Nature'." *Environment and Planning A: Economy and Space* 50(3): 500-511.

Robertson, M. 2006. "The Nature That Capital Can See: Science, State andMarker in the Commodification of Ecosystem Services." *Environment and Planning D: Society and Space* 24: 367-387.

_____. 2012. "Measurement and Alienation: Making a World of Ecosystem Services." *Transactions of the Institute of British Geographers* 37: 386-401.

Smith, T. 2022. "Financialisation of Nature." Pellizzoni, L., E. Leonardi andV. Asara(eds). Handbook of Critical Environmental Politics. Edward Elgar.

Strauch, Y., Dordi T. and Carter, A. 2020. "Constraining Fossil Fuels Based on 2℃ Carbon Budgets: The Rapid Adoption of a Transformative Concept in Politics and Finance." *Climatic Change* 160: 181-201.

Sullivan, S. 2013. "Banking Nature? The Spectacular Financialisation of Environmental Conservation." *Antipode* 45(1): 198-217.

_____. 2018. "Making Nature Investable: From Legibility to Leverageability in Fabricating 'Nature' as 'Natural Capital'." *Science & Technology Studies* 31(3): 47- 76.

Walker, J. 2020. More Heat than Life: The Tangled Roots of Ecology, Energy and

Economics. Palgrave Macmillan.

Walker, J. and Cooper, M. 2011. "Geneologies of Resilience: From Systems Ecology to the Political Economy of Crisis Adaptation." *Security Dialogue* 42(2): 143-160.

7장

에너지전환 과정은
왜 딜레마에 빠지게 되었는가?

김수진

에너지전환은 전기 생산과 소비, 전달을 매개하는 다양한 비인간—발전소, 반도체 공장, 송전망, 변동성 재생에너지, 디지털 기반 기술 등—이 얽혀 있는, 고도로 물질적인 문제이다. 이러한 맥락에서 비인간 물질의 행위성과 정치성을 고찰하는 신유물론은 에너지전환 과정에서 물질 간 상호작용의 복잡성을 이해하는 데 유용한 이론적 관점을 제공한다. 생기적 유물론을 주장하는 베넷은 2003년 북미 대정전 사태를 단순한 기술 실패나 관리 오류가 아니라, 인간과 비인간 행위자들이 얽힌 복합적 네트워크의 결과로 분석한다. 그러나 이러한 해석은 물질의 자율성과 우발성을 강조하는 반면, 인간의 정책적 책임이나 권력 불균형, 제도적 조건에 대한 분석을 상대화할 위험도 내포하고 있다. 이 글은 신유물론적 관점을 바탕으로, 한국의 에너지전환 과정에서 드러나는 비인간 물질 간의 상호관계성과 그 역사적으로 누적된 물질의 힘에 주목한다. 하지만 동시에, 이러한 물질적 조건 속에서도 정치적 결정이 갖는 책임성을 간과하지 않는다. 최근의 일련의 정치적 결정들은 이 복합적 물질 구성의 딜레마를 외면하거나 심화시키고 있으며, 이 글은 이를 '무시된 딜레마'로 개념화한다. 이는 기술과 물질의 정치적 맥락을 함께 사유함으로써, 물질의 행위성과 인간의 정치적 책임성을 동시에 포착하려는 시도이다.

1. 과연 물질의 행위성이 정전을 일으켰는가?

오늘날 에너지전환은 단순한 기술적 전환이 아닌 복잡한 물질-제도-정치의 얽힘 속에서 전개되고 있다. 탈탄소화를 향한 흐름 속에서 우리는 에너지원의 변화, 송전망의 재구성, 그리고 반도체 공장과 데이터센터와 같은 디지털 기반 산업의 전력 수요 증가라는 현상을 동시에 마주하고 있다. 에너지전환은 전기 생산과 소비, 전달을 매개하는 다양한 비인간 물질—발전소, 반도체 공장, 송전망, 변동성 재생에너지, 디지털 기반 기술 등—이 얽혀 있는 고도로 물질적인 문제이다. 이러한 상황에서 물질을 단순한 배경이 아니라 행위성을 지닌 존재로 인식하는 신유물론(new materialism)은 에너지전환의 복잡성을 사유하는 데 중요한 관점을 제공한다.

신유물론적 관점은 근대 인식론이 전제해 온 인간-비인간의 이분법과 인간중심주의적 세계관에 대한 비판을 바탕으로, 물질을 능동적이고 의미 생산적인 존재로 재정립하려는 이론적 흐름이다(문규민, 2022; 박준영, 2023; 쿨·프로스트, 2023). 근대적 인간 주체는 자연을 대상화하고, 기술을 통해 자연을 통제하는 존재로 상정되어 왔다. 데카르트적 이원론은 인간-비인간, 문화-자연, 주체-객체를 이분화하고, 그 위계 속에서 인간의 우위를 정당화하였다. 이와 같은 사유는 자본주의적 생산양식(capitalist mode of production)과 결합하여 자연을 자원화하고, 비인간 존재들을 수동적인 소비 대상이나 인프라로 전락시켰다. 그러나 오늘날의 기후 위기는 이러한 사고방식이 초래한 직접적인 결과로 볼 수 있다. 즉, 생태 위기는 단순히 과도한 탄소배출의 문제가 아니라, 세계를 인간 중심으로 재단해온 인식론적 구조의 결과이다. 이런 차원에서 신유물론은 인간 주체 중심의 근대적 사유를 비판하며, 물질이 단지 수동적 대상이 아니라 능동적으로 관계를 구성하고 변화를 유도하는 존재라는 점을 강조한다.

신유물론에 따르면 물질은 인간이 규정하는 방식대로 포착되는 수동적 대상이 아니며 물질 자체가 능동적인 힘을 발휘하여 사회적, 정치적 현실의 형성과 변화에 적극적으로 관여하는 행위자가 된다. 이것은 물질이 제멋대로 행위한다는 의미가 아니라, 물질의 작용과 변화가 단순히 물질 외부에서 주어지는 요인에 의해 결정되지 않고 물질 내부에 스스로 행위성을 발휘할 힘과 역량을 지니고 있다는 것을 강조한 것이다. 물질의 행위성이 인간처럼 의도나 목적을 지닌 행위성이 아니라 인간 행위자와 동일한 효력을 만들어낸다는 점에서 그러하다. 신유물론의 물질에 대한 이러한 이해는 양자물리학, 분자생물학, 복잡계 과학 등 현대 과학의 성과에 기초한다(문규민, 2022). 이러한 맥락에서 콜브룩(Colebrook)은 유물론은 언제나 '신'유물론이라고 주장하는데, 당대의 과학 발전이 언제나 '새로움'을 개시하기 때문이다(박준영, 2023). 쿨·프로스트(2023)는 물질적인 인공물과 자연원료에 의존하며 살아가는 일상에서 우리는 이미 '막대한 물질성'과 '물질의 구조화된 힘'을 경험한다고 말하며, 당대의 과학기술 발전에 대한 정치적이고 윤리적인 관심들을 사유하는 데 있어 '물질적 요인들을 전경화(foregrounding)'하고 '물질에 대한 이해를 재구성'하는 것이 필요하다고 강조한다. 신유물론은 이러한 물질적 전회(material turn)를 통해 인간 주체의 의도나 목적에 의해 구성되는 세계라는 전통적 사회과학의 전제에 도전하며, 인간과 비인간, 기술과 자연, 유기체와 무기물의 경계가 복잡하게 얽힌 인간-비인간 존재의 네트워크 속에서 사회현상을 이해하고자 한다.

이러한 물질적 전회를 주장하는 학자 중 제인 베넷(Jane Bennett)은 '생기적 유물론(vital materialism)'이라는 개념을 통해 물질의 자율성과 생기(vitality)를 부각한다(베넷, 2020). 생기적 유물론은 물질이 단지 물리적으로 존재하는 것이 아니라 에너지, 힘, 생명력과 같은 활력을 갖는 존재로 간주한다. 베넷에게 있어 물질은 고정되고 불변하는 실체가 아니다. 끊임없이 상호침투하고 상호작용하고 변화하는 역동적 존재다. 물질은 인간과 비인간 행위자들이 복잡하게 얽힌 사건과 구조 속에서 사회적 결과를 생산하는 주체로 기능한다. 이러한 베넷의 생기적 유물론에 대해서는 평가가 엇갈린다. 문규민(2022: 49)에 따르면, 생기적 유물론은 '물활론(animism)'이나 의인관(anthropomorphism)이 아니라 실제 과학에 대한 고찰과 분석을 통해 얻은 철학적 결론'이다. 이와 달리 박준영(2023: 77-78)에 따르면, 생기적 유물론은 "물질 외의 어떤 것을 힘과 생명이라고 간주"함으로써 "물질 외의 다른 기초를 마련했다."는 비판을 받는다. 즉 베넷의 생기적 유물론은 오히려 유물론의 관점을 해치고 물질에 대한 의인화에 빠질 위험이 있으며, 결국 인간중심주의에서 완전히 벗어나지 못했다는 것이다. 주재형(2022) 역시 비슷한 맥락에서 베넷이 말하는 '사물적 힘'이 "주관적이거나 문학적인 은유의 한계를 벗어나지 못하고 있다."고 비판한다.

베넷은 생기적 유물론에 기초하여 2003년 북미 대륙의 대정전 사태를 분석한다. 그는 해당 정전 사태를 단순한 기술적 실패나 관리상의 오류로 환원하는 대신, 송전망, 변압기, 고압선, 나뭇가지, 날씨, 기계적 고장 등 다양한 비인간 행위자들의 상호작용과 예측 불가능한 물질적 동역학이 집합적으로 작동한 결과로 해석한다. 이러한 분석은 물질적 요소들이 단지 인간 행위의 수단이 아니라 사건의 구성적 행위자임을 드러내며, 인프라 시스템의 물질적 복잡성을 전면화한다는 점에서 의의가 있다. 하지만 베넷의 이와 같은 분석은 물질의 행위성에 초점을 맞춘 반면, 제도적, 정책적 조건들에 대한 고찰은 미흡하여 정전 사태 분석의 정치적, 실천적 의미를 제시하지 못했다는 한계를 지닌다. 왜냐하면 정전 사태의 원인으로 지목된 민영화, 노후화된 인프라, 규제완화 등은 정치적 결정에 따른 정책과 제도의 산물이기 때문이다. 이러한 이유 때문에 베넷의 생기적 유물론이 "제대로 된 정치적, 윤리적 기획을 끌어낼 수 있는, 책임 있는 행위의 개념이 없다."고 비판을 받는다(주재형, 2022).

한편 한국의 에너지전환에 관한 기존 사회과학 담론이나 RE100 달성과 같은 정치적 구호, 또는 원자력과 재생에너지의 '조화로운' 발전을 표방하는 정부의 정책 기조는 에너지기술이 지닌 이와 같은 물질성을 충분히 고려하지 못하고 있다. 이런 점에서 물질의 행위성, 구조화된 힘을 강조하는 신유물론의 관점은 에너지기술이 지닌 물리적 제약을 드러내는 데 유용하다. 하지만 물질의 행위성, 관계성, 불확실성, 우연성만을 강조하고 물질적 행위성이나 배치성을 만들어내는 특정한 정책적 환경, 제도적 조건, 또는 정치적 이해관계와 같은 실천적 차원을 고려하지 않으면 모든 것이 물질의 복합적 작용에 의한 결과라는 '자명한' 물리법칙을 설명하는 데 머무를 위험이 있다(주재형, 2022). 물질의 행위성 또는 정치성을 말하려면, 물질 그 자체뿐 아니라 그 물질이 어떻게 정책적으로 해석되고 배치되고 조율되는가에 대한 분석이 병행되어야 한다. 전력 시스템의 설계나 전력 수급의 방식은 물질의 흐름일 뿐 아니라, 이해관계자들의 협상, 제도적 유산, 정책 결정 과정과 긴밀하게 연결되어 있다. 따라서 에너지전환을 설명하고 실현하기 위해서는 신유물론적 관점이 제공하는 물질 중심의 존재론과 더불어, 그 물질이 구체적으로 작동하는 제도적 맥락과 정치적 실천을 동시에 고려해야 한다.

이 글은 이러한 문제의식을 바탕으로, 한국의 에너지전환 정책을 분석한다. 현재 한국의 에너지전환은 재생에너지 전력 생산 비중이 여전히 낮다는 구조적 한계와 더불어, 송전망 제약과 지역 간 전력 수급의 불균형이라는 주요한 문제에 직면해 있다. 이것은 전기의 생산과 소비를 둘러싼 누적된 물질적 맥락의 효과로서 쿨·프로스트(2023)가 말하는 '물질의 완강함'과 '물질의 구조화된 힘'을 나타낸다. 이때 물질의 '힘'이란 다름 아닌 인간을 구속하는 새로운 맥락 또는 구조를 일컫는다. 인간 행위자가 만든 제도와 정책에 의해 전기를 생산하는 발전소나 전기를 소비하는 반도체 공장 등이 특정 시점에 특정 공간에 건설되고 나면, 이렇게 건설된 발전소나 공장은 그다음 인간 행위를 제한하는 조건이 된다. 따라서 신유물론에서 강조하는 물질의 행위성에 기초한 물질의 구조적 힘은, 초기 선택이 시간이 지남에 따라 자기강화 메커니즘을 통해 지속되고 다른 대안의 채택을 어렵게 하는 현상을 설명하는 역사적 제도주의의 경로의존성(path dependency) 개념과 상호보완적으로 분석될 수 있다.

이 글은 한국의 에너지전환 과정에서 원자력, 재생에너지, 디지털 기술, 송전망 등 서로 다른 물질들이 맺는 복잡한 관계성에 주목한다. 이 관계성은 단순한 기술적 조합이 아니라 제도와 정책, 정치적 선택과 얽힌 역동적인 구성물이다.

이러한 물질적 얽힘은 종종 에너지전환 정책에서 간과되며 결과적으로 상충하는 정책목표와 기술적 제약이 교차하는 딜레마 상황을 낳는다. 이 글에서는 한국의 에너지전환 과정에서 드러난 딜레마 상황을 물질의 충돌과 기술 배치의 시간적 불일치, 그리고 전력 수급의 공간적 불일치의 문제로 분석한다. 이 글은 신유물론적 관점에 기초하여 비인간 물질 간의 상호관계성과 그 역사적으로 누적된 물질의 힘에 주목하지만, 이러한 물질적 조건 속에서도 정치적 결정이 갖는 책임성을 간과하지 않는다. 원자력발전 확대와 수도권 반도체 공장 입지에 관한 정치적 결정은 이러한 딜레마 상황을 외면하거나 심화시키고 있다. 이 글은 이를 '무시된 딜레마(neglected dilemma)'로 개념화하고 '무시된 딜레마'를 초래한 정치적, 제도적 조건을 설명하고자 한다. 이는 기술과 물질의 정치적 맥락을 함께 사유함으로써, 물질의 행위성과 인간의 정치적 책임성을 동시에 포착하려는 시도이다.

2. 에너지전환의 딜레마 상황

우리나라의 에너지전환 과정은 딜레마 상황에 직면해 있다. 국제에너지경제재무분석연구소(IEEFA, 2024a. 2024b)는 한국의 전력시장이 '전력 삼중고(Power Trilemma)'에 빠져 있다고 진단한다. 이는 에너지 안보, 시장 경쟁력 및 지속가능성이라는 세 가지 목표가 서로 충돌하는 구조적 딜레마다. IEEFA는 특히 낮은 재생에너지 발전 비율로 인해, 글로벌 탈탄소화 추세 속에서 산업, 무역, 금융 측면의 리스크가 커지고 있다고 경고한다. 화석연료 중심의 에너지 안보 구조, 정부의 전기요금 통제로 인한 시장 경쟁력 약화, 그리고 재생에너지로의 전환 지연이 맞물리면, RE100이나 탄소국경조정제(Carbon Border Adjustment Mechanism: CBAM) 같은 국제 환경규제 강화에 따라 탄소 비용 부담이 크게 늘어날 수 있다(IEEFA, 2024a). 하지만 이 보고서는 한국 전력시장의 '삼중고' 상황을 전력망과 전력공급 안정성 측면에서 원자력발전과 재생에너지가 충돌하는 문제로 다루고 있지 않다. 이 글에서는 우리나라 에너지전환의 딜레마 상황을 다음의 세 가지 측면에서 분석하고자 한다. 첫째, 원자력발전의 경직적인 기저부하 특성과 재생에너지원의 간헐적인 발전 특성 사이의 물질적 충돌에서 발생하는 딜레마이다. 둘째, 재생에너지 발전의 확대와 재생에너지의 확산을 지원하는 데 필요한 디지털 인프라 및 전력망 인프라의 더딘 발전 사이의 시간적 불일치에서 발생하는 딜레마이다. 셋째, 수도권의 대규모 반도체 클러스터 조성 계획이 앞의 두 가지 딜레마 상황을 더욱 심화시키는 결정적 분기점(critical juncture)으로 작용하고 있다는 사실이다.

1) 에너지전환의 저조한 실적과 정부의 에너지전환 계획

2024년 기준 한국의 신재생에너지 발전 비중은 10.5%이다.[1] 2015년부터 2024년까지 지난 10년 동안 에너지원별 발전량 추세를 살펴보면, 원자력발전은 2015년 31.2%에서 2017~2021년 사이 30% 미만으로 감소하기도 했으나 2024년 31.7로 증가하여 에너지원 가운데 가장 큰 비중을 차지한다. 석탄발전은 2015년 39.3%에서 2024년 28.1%로 11.2%p 감소하고 유류도 1.8%에서 0.2%로 감소했으나 LNG 발전이 19.1%에서 28.1%로 증가하여 화석연료 비중은 지난 10년 동안 3.8%p 감소했다. 신재생에너지는 2015년 3.7%에서 2024년 10.5%로 10년 동안 6.8%p 증가했다(〈그림 1〉 참조). 이것은 지난 10년간 한국

---

[1] 「신에너지 및 재생에너지 개발·이용·보급 촉진법」에 따르면, 신에너지는 기존의 화석연료를 변환시켜 이용하거나 수소, 산소 등의 화학반응을 통하여 전기 또는 열을 이용하는 에너지로 정의되며, 수소에너지, 연료전지, 석탄액화·가스화 에너지 및 중질잔사유 가스화 에너지 등이 포함된다. 재생에너지는 햇빛, 지열, 강수, 생물유기체 등을 포함하는 재생 가능한 에너지를 변환시켜 이용하는 에너지로, 태양에너지, 풍력, 수력, 해양에너지, 지열에너지, 바이오에너지, 비재생 폐기물을 제외한 폐기물 에너지가 포함된다. 정부는 2025년에 수정 발표한 「제11차 전력수급기본계획」에서 처음으로 재생에너지와 신에너지를 분리하여 실적치와 목표치를 제시했다.

의 전력 생산 구조에 실질적인 변화는 없었으며 화석연료와 원자력 중심의 체제를 유지해 왔다는 것을 보여준다. 전력 생산에서 이들 에너지원 비중은 지속적으로 90% 가까이 차지하고 있다. 이러한 수치는 정책 담론상에서 강조되어 온 에너지전환이나 탄소중립의 방향성과는 괴리를 보이며 한국의 전력 시스템이 여전히 중앙집중적이고 공급자 중심의 생산구조에 고착되어 있음을 보여준다.

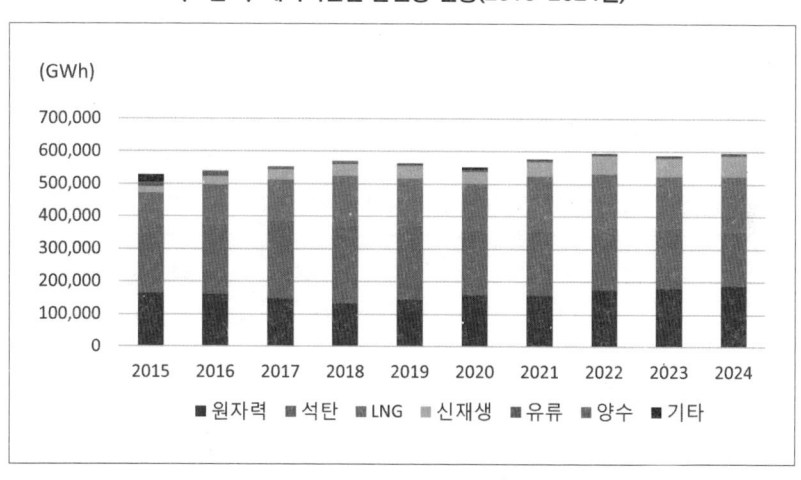

〈그림 1〉 에너지원별 발전량 현황(2015~2024년)

출처: e-나라지표

이런 가운데, 정부는 2030년대 말까지 화석연료 발전 비중을 급격히 줄이고 원자력과 재생에너지, 수소-암모니아 혼소발전 등 무탄소에너지원을 약 70%까지 증가시킨다는 계획을 수립했다. 2025년 최종 확정된 「제11차 전력수급기본계획」에 따르면 2038년까지 석탄과 LNG 발전은 각각 10%대로 그 비중이 감소하며 재생에너지는 약 29%, 원자력은 약 35%로 증가한다(〈표 1〉 참조). 원자력발전 비중은 문재인 정부(2017. 5.~2022. 5.)와 윤석열 정부(2022. 5.~2025. 4.)에서 수립된 계획에서 뚜렷하게 구별된다. 문재인 정부는 신고리 5·6호기(현재, 새울 3·4호기로 발전소 이름이 변경됨) 공론화를 거쳐 신고리 5·6호기 이후 신규 원전을 더 이상 건설하지 않고 기존 원전도 설계수명이 만료되면 연장하지 않는다는 정책을 수립했다. 특히 2021년에 수립된 국가온실가스감축목표(NDC)에서는 2030년까지 신재생에너지 비중을 30%까지 증가시켰다. 하지만 2022년 출범한 윤석열 정부는 원전 산업 생태계 복원을 표방하며 신규 원전 건설과 원전의 수명을 연장하는 조치를 취했다. 이에 따라 2030년 원자력 비중은 NDC 대비 약 8% 증가하고 신재생에너지 비중은 약 8% 감소했다(〈표 1〉 참조). 제11차 계획에서는 신규 원전인 신한울 3·4호기를 건설 확정된 발전설비로 포함시키고, 2037년 말에 대형 원전 2기(1.4GW × 2기)와 소형 원자로(SMR) 1기(0.7GW)의 도입 가능성을 열어두었다. 요약하면, 정부는 원자력과 재생에너지를 동시에 확장하여 온실가스를 감축하려고 한다.

〈표 1〉 전력수급기본계획 및 NDC에 제시된 에너지원별 발전 비중 목표(단위: %)

계획 (수립연도)	목표연도	원자력	석탄	LNG	재생에너지	신에너지	청정수소·암모니아	기타
	2023 (실적)	30.7	31.4	26.8	8.4	1.2		1.4
9차 (2020)	2030	25.0	29.9	23.3	20.8			1.0
NDC (2021)	2030	23.9	21.8	19.5	30.2	3.6		1.0
10차 (2023)	2030	32.4	19.7	22.9	21.6	2.1		1.3
11차 (2025)	2030	31.8	17.2	25.1	18.8	2.9	2.4	1.8
	2038	35.2	10.1	10.6	29.2	3.8	6.2	5.0

출처: 산업통상자원부(2020, 2023a, 2025), 관계부처 합동(2021)

2) 물질의 충돌

앞서 살펴본 대로 정부는 재생에너지와 원자력발전으로 화석연료 발전을 대체하려고 한다. 태양광 및 풍력과 같은 재생에너지원은 날씨 조건에 따라 발전량이 변동하는 간헐적인 에너지원이다. 이에 반해 원자력은 발전량 예측이 쉽고 안정적으로 전기를 공급할 수 있어 기저부하 전원으로 주로 활용된다. 하지만 두 에너지원이 동시에 증가하면 문제가 발생한다. 원자력의 안정적이고 지속적인 전력공급이라는 장점은 다른 한편으로는 전력공급의 경직성이라는 단점으로 작동할 수 있다. 우리나라의 원자력발전소는 100% 출력 운전을 전제로 설계되어 최대 용량으로 운전하는 데 최적화되어 있으며 수요 변화나 계절적 요인에 따라 유연하게 출력을 조정하는 것이 어렵다(Do et al., 2023). 원자력과 재생에너지 모두 유연하지 못한 에너지원의 특성을 지닌다는 점에서 두 에너지원을 동시에 증가시켜 탄소중립에 대응한다는 정부의 계획은 전력계통 유연성을 충분히 확보하지 않은 상태에서는 딜레마 상황을 초래한다. 로빈스(Lovins, 1977)는 경성에너지 경로를 대표하는 원자력과 연성에너지 경로를 대표하는 재생에너지가 상호 배타적인 기술임을 강조한 바 있다.

국제에너지기구(IEA)에 따르면 풍력, 태양광과 같은 변동성 재생에너지는 그 비중이 3% 이내일 때는 전체 전력계통에 미치는 영향이 거의 없다가 3% 이상이 되면 계통 운영에 영향을 미치기 시작하면서, 계통 운영 패턴의 변화를 초래한다. 변동성 재생에너지 비중이 15~25%가 되면 변동성 재생에너지가 계통 운영의 패턴을 결정하고 25~50%에서는 재생에너지가 전력 수요의 100%를 담당하는 시간대가 발생한다(김임정·김종인. 2022). 우리나라의 재생에너지 발전 비중은 10%가 되지 않지만 이는 연중 평균 발전량 비중을 뜻하는 것으로, 봄, 가을철 전력 수요가 감소하는 경부하기에는 재생에너지와 원자력 모두 출력을 제한해야 하는 상황이 빈번해지고 있다. 2024년 봄, 한국에너지공단은 교육청을 통해 학교 지붕 위에 설치된 태양광 설비 인버터를 금요일 퇴근 시 수동 정지하도록 협조공문을 보냈다. 이는 봄철 전력 수요가 적은 기간에 태양광발전 운영이 전력계통을 위태롭게 할 수 있기 때문이다(이상복, 2024). 2025년 봄 평일에는 처음으로 원전의 출력 감소도 이루어졌다. 특히 전남 영광군에 위치한 한빛발전소의 출력 감소량은 수백MW로 급격히 늘었다. 이는 햇빛이 많은 시간대에 호남 지역의 태양광 설비가 운영되기 시작하면서 국지적 계통 불안정이 전체 전력망 불안정으로 확대되는 것을 방지하기 위한 조치였다(정세영, 2025).[2]

이러한 상황을 고려하지 않은 채 원자력발전소를 계속 건설하는 계획은 재생에너지를 밀어내는 효과를 발생시키고 있다. 원자력은 계획 및 건설에 장기간이 소요된다는 측면에서, 그리고 발전소 규모가 크다는 측면에서 재생에너지보다 더 긴 영속성을 갖는다. 행위자-네크워크 이론에 따르면 물질의 이런 긴 영속성은 더 큰 행위자 권력을 의미한다(라투르 외, 2010). 대규모 발전소가 건설되면 전기공급 능력이 증대하기 때문에 소규모 설비 건설을 잠식할 가능성도 그만큼 커지게 된다. 규모의 경제에 기초하여 비용 효과적으로 탄소를 감축할 수 있다는 논리는 기후 위기 대응이라는 긴급한 시대적 요청에 강력한 힘을 발휘하기 때문이다.

탄소배출 관점만 가시화되는 사이, 원자력발전과 연결된 또 다른 물질은 사라진다. 원자력발전소에서 배출되는 사용후핵연료가 그것이다. 원자력발전소를 지속 가능하게 운영하려면 사용후핵연료에 대한 저장, 처리 또는 처분 계획이 필요하다. 독일은 1970년대 후반 원자력발전소 건설이 한창일 때 바로 이 문제의 해결 방안이 충분히 모색되지 않았다는 이유로 원자력발전소 신규 건설을 5년 동안 중단한 적이 있다. 한국은 사용후핵연료 문제를 신규 원전 건설 문제

---

2 2025년 4월 28일, 스페인과 포르투갈에서 대규모 정전이 발생했다. 대정전의 정확한 원인이 아직 밝혀지지 않았지만, 최근 급격히 증가한 재생에너지 발전 비중이 주요 원인 중 하나로 거론되고 있다(정철환, 2025). 전영환(2025)은 이 정전 사태의 배경으로 스페인과 프랑스 간 연계선(융통선로) 탈락으로 인한 저주파수 진동을 지적한다. 그는 당시 스페인 전력계통에서 재생에너지가 차지하는 비중이 78%로 변동성 재생에너지가 빠르게 증가하는 상황에서 전력 시스템의 취약성을 보완하기 위한 조치가 충분하지 않았다는 점도 정전의 원인으로 주목하고 있다.

와 정책적으로 분리하여 사용후핵연료라는 물질을 에너지정책의 고려 대상에서 배제하고 있다. 독일의 원자력 모라토리엄과 반대로, 한국 정부는 최근 태양광발전이 집중된 호남에서 2024년 9월부터 2031년까지 7년 동안 신규 태양광발전 허가를 사실상 중단하는 조치를 취했다. 2023년 기준 전라남도, 전라북도 및 광주 지역의 태양광발전 총 누적 설비용량은 1만 259MW로 국내 전체 태양광 설비용량 2만 5,427MW의 40%를 차지하고 있다.[3] 산업부는 태양광발전이 집중된 호남 지역의 전력망이 포화한 상태에서 신규 송전망이 건설되지 않았기 때문에 출력제한은 불가피하다는 입장이다. 이에 맞서 광주 시민단체는 한빛원전의 수명연장과 원자력, 석탄, 가스 발전의 최소발전량을 유지하려는 목적으로 태양광발전 사업을 제한한다고 주장한다(김용희, 2024).

3) 에너지전환을 위한 기술 갱신 시간 격차

정부는 원자력발전과 태양광, 풍력과 같은 변동성 재생에너지가 함께 성장하는 '조화로운' 에너지 믹스를 강조하고 있다. 이를 실현하려면 먼저 원자력발전이 전력 수요 변화에 맞춰 출력을 조절할 수 있는 유연한 운전 기술을 갖춰야 하며, 아울러 재생에너지처럼 출력이 불안정한 전원을 전력망에 안정적으로 연결할 수 있도록 전력계통의 유연성을 높여야 한다. 이와 관련하여 국제재생에너지기구(IRENA, 2019)는 디지털 기술이 에너지전환의 '핵심 증폭기(a key amplifier)'가 될 수 있다고 강조한다. 열과 연료 형태로 사용하는 에너지가 점차 전기로 대체되면서 현재 최종에너지 소비의 약 20%를 차지하는 전기 비중은 2050년 50%까지 증가할 것으로 전망된다. 그리고 이 전기의 상당 부분은 풍력, 태양광 등으로 생산된다. 하지만 풍력과 태양광은 날씨 변화에 따라 전력 생산량이 변하는

---

[3] 재생에너지 클라우드플랫폼(https://recloud.energy.or.kr/present/sub3_2_3.do) 지역별 누적 설비용량 현황.

변동성 재생에너지다. 재생에너지의 발전 비중이 10%가 채 되지 않은 상황에서 더구나 전력망의 안정성을 유지하기 위해 재생에너지 출력을 제한하는 사례가 최근 몇 년 사이 증가하고 있다. 재생에너지 발전을 제한하는 주된 이유는, 출력의 불규칙함을 조절해 줄 전력계통 내 유연성 자원이 부족하기 때문이다.

현재 사용되고 있는 대표적인 유연성 자원으로는 국가 간 전력망 연계, 에너지저장시스템(ESS), 양수발전, 가스 발전 등을 들 수 있다. 재생에너지 전력이 수요보다 더 많이 생산될 때 이 과잉 생산된 전기를 저장(ESS)하거나 다른 소비처(양수발전)로 보내거나 아니면 신속하게 기존 발전소(가스 복합 발전)의 출력을 제한하는 방식으로 대처한다. 하지만 국가 간 전력망이 연계된 유럽에서도 재생에너지 전력 생산이 증가하면서 하나의 전력망 섬과 같은 한계에 다다르고 있다. 배터리에 저장하는 ESS는 경제성이 문제가 되며 양수발전은 댐 건설의 물리적 한계를 지닌다. 가스 복합 발전은 재래식 화력발전소보다 효율이 높지만 화석연료를 사용한다는 문제가 남는다. 따라서 이와 같은 기존 저장 시스템의 문제를 극복하고 변동성 재생에너지를 전력 시스템에 통합하기 위해 디지털 기술을 활용하는 방안이 강조되고 있다.

분산형 재생에너지를 중심으로 한 미래 전력계통에서는 공급, 수요, 그리드(송배전망), 저장의 모든 분야에서 유연성 자원을 활용해야 한다. 이러한 시스템은 마이크로그리드, 스마트그리드, 디지털제어시스템, 수요 반응(DR: Demand Response), 전기를 열 또는 가스로 저장하는 섹터커플링(P2H: Power to Heat, P2G: Power to Gas), 전기자동차의 배터리를 전기저장소로 활용하는 V2G(Vehicle to Grid), 분산된 재생에너지 자원을 모아서 거래하는 플랫폼 사업모델인 가상발전소(VPP: Virtual Power Plant) 등을 통해 전력 생산과 소비의 양방향 흐름을 가능하게 하는 유연한 구조를 지향한다. 이를 통해 전력 수요와 공급이 실시간으로 조정되고, 지역 단위에서 전력 자립과 자율성이 확보되며, 계통의 안정성이 강화된다. IEA/OECD(2017)는 디지털화된 에너지시스템에서는 누가, 언제, 얼마나 많은 에너지가 필요한지 에너지 수요를 실시간으로 파악해, 가장 효율적인 비용으로 적시에 에너지를 공급할 수 있다고 강조한다. 이를 통해 에너지시스템의 안정성, 생산성, 효율성, 접근성을 모두 향상시킬 수 있다는 것이다. 하지만 디지털 에너지시스템은 아직 초기 단계에 머물러있다. 예를 들어, 우리나라는 제주도를 중심으로 스마트그리드와 VPP 통합플랫폼, 풍력을 활용한 그린수소 생산(섹터커플링) 등을 실증하고 있는 수준이다. 이 밖에도 예비력 시장, 실시간 시장, 재생에너지 입찰 시장 등 도매시장 구축을 시범적으로 추진 중이지만, 아직 상용화 단계에는 이르지 못했다.

디지털 기술에 기반한 전력 시스템이 구축되지 않은 상태에서 변동성 재생에너지를 확대하면, 기존의 중앙집중적 전력 시스템과 충돌하여 계통 불안정을 유발할 수 있다. 이런 이유로 최근 정부는 '정부 주도(top down)'의 '질서 있고 체계적인 재생에너지 확대' 기조하에 특히 태양광에 대해서는 '전력망 여건을 고려한 질서 있는 신규 설비 진입'을 강조하고 있다(산업통상자원부, 2024). 이렇게 재생에너지 전력망 통합을 위한 인프라 및 제도의 변화 속도와 재생에너지 성장 속도 간 시차의 발생은, 매 순간 전력 수요에 대응해야 하는 전기공급의 특성상 계통 안정성 확보를 위해 기존의 중앙집중형 시스템에 의존할 유인을 증대시키고 중앙집중적 통제와 계획의 필요성을 부각한다.

시차 문제는 송전망 건설에서 더욱 현저하게 나타나고 있다. 최근 재생에너지, 원전, 화력발전소 등 발전설비 확대에도 불구하고 전기를 실질적으로 수송할 송전망 구축이 지연되고 있다. 동해안의 석탄화력발전과 원자력발전소의 전기를 수도권으로 보내는 동해안-수도권 간 전력망 구축은 전력망이 지나는 해당 구간 지역의 주민 반발과 하남시의 변전소 인허가 지연으로 난항을 겪고 있다(김부미, 2025; 용석록, 2024). 충남 당진에서 아산까지 이어지는 '북당진-신탕정' 345kV 송전선로는 2003년 착공 후 21년 만인 2024년에야 준공되었다. 이는 국내 최장기 송전망 지연 사례로서, 지역주민의 반대와 인허가 문제로 초래되었다(이상복, 2025). 발전소는 건설되었지만 송전망 제약으로 인해 전기를 보내지 못하는 문제는, 우선 한국전력의 전력구입비 인상을 초래한다. 전기를 독점 판매하는 한국전력 입장에서는, 석탄화력발전이나 원자력발전 등 저렴한 전기를 공급하는 대신 수도권의 LNG 발전소에서 비싼 전력을 구입해야 하기 때문이다.

더 나아가 송전망 건설 지연은 수도권에 있는 반도체 공장 운영과 향후 건설될 반도체 클러스터의 전력공급 우려를 제기하고 있다. 2024년에 평택의 삼성전자 반도체 공장에 전기를 공급하는 고덕-서안성 송전선로가 당초 계획보다 2년이나 지연되어 준공되었다. 한전은 지역주민들의 반대에 부딪혀 쟁점이 되는 일부 구간을 지중화하기로 했는데, 지중화 공사가 완료되기 전까지 일시적으로 몇 년 동안 송전탑을 세워 전기를 공급하고 지중화 공사가 끝나면 이렇게 세운 송전탑을 철거하기로 했다(황형규, 2019). 이렇게 일시적으로 송전탑을 세우고 철거한다는 조건으로 송전망 건설이 이루어짐으로써 반도체 공장에 전력 공급의 '숨통'이 트였다(박한신, 2023). 2023년 정부는 세계 최대 반도체 클러스터를 수도권에 조성하겠다는 계획을 발표했다. 이에 따라 수도권의 전력공급을 확대하기 위해, 현재 건설 중인 동서 방향의 동해안-수도권 초고압직류송전망(HVDC)을 2026년 6월까지 완공할 예정이다. 또 2036년까지는 남북 방향의 서해안-수도권 HVDC도 새롭게 건설할 계획이다(한국전력공사, 2023). 하지만 동해안에 건설된 화력발전소와 한울원자력발전소에서 생산한 전기를 수도권으로 보내는 송전망 건설이 지연되면서, 경기도 남부에 조성되는 세계 최대 규모의 반도체 클러스터에 전기를 공급하지 못하는 '전기대란' 상황이 도래할 수 있다는 경고와 우려의 목소리가 커지고 있다(김형민, 2024; 조재희, 2024a).

송전망 기술을 둘러싼 '시간 논쟁'도 제기된다. HVDC는 교류로 생산된 전기를 직류로 변환해 장거리 송전하는 기술로, 교류 송전탑에 비해 철탑의 규모가 75% 정도로 축소되고 전류 파동이 없어 전자파에 의한 유해성 논란이 없으며 지중화에 기술적 제약이 없다는 장점이 있다고 한전은 설명한다. 하지만 북당진~고덕의 1.5GW HVDC도 제대로 운영하지 못하고 있는 상황에서 HVDC 운영에 대한 충분한 검토 없이 대규모로 확충하는 계획은 자칫 전력망을 더 취약하게 만들 수 있다는 비판도 제기된다(이상복, 2023). 한편에서는 해외 기술인 HVDC가 국내 전력망과 발전소 조건에 맞지 않을 수 있다며, 이를 서둘러 대규모로 도입하는 것에 신중해야 한다고 주장된다. 반면, 비수도권의 풍력, 태양광, 원자력발전, 석탄화력발전에서 생산된 전력을 수도권의 반도체 공장에 제때 공급하지 못하면, 국가 산업경쟁력의 핵심인 반도체 공장 가동이 위협받을 수 있으므로, 국가적 역량을 동원해 송전망 건설을 서둘러야 한다는 주장도 제기된다.

4) 물질 배치의 공간적 불일치

2023년 6월 에너지 공급 및 수요의 지역 불균형을 완화하기 위해 「분산에너지 활성화 특별법」이 제정되었다. 여기서 말하는 분산에너지는 '에너지를 사용하는 공간, 지역 또는 인근지역에서 공급하거나 생산하는 일정 규모 이하의 에너지'를 의미한다. 이 법은 수도권과 비수도권 간 전력 수급 불균형, 대규모 발전소 및 송전망 건설 과정에서의 사회적 갈등이 심화되는 상황 속에서, 전기의 수요지 인근에서 직접 전기를 생산함으로써 전력계통의 안정성과 지역 간 수급 불균형 문제를 해소하고자 제정되었다.

동법에 따르면, 일정 규모 이상의 전기를 사용하고자 할 경우 전력계통 영향 평가를 받아야 하며, 평가 결과에 따라 계통 안정성 확보를 위한 의무 이행이 요구된다. 전력계통에 직접적인 부담을 주는 신규 수요에 대해 한국전력이 전기 공급을 거부할 수 있는 규제도 도입되었다(김다은, 2024). 이와 함께, 분산에너지 활성화를 위한 새로운 거래 제도도 마련되었다. '분산에너지특화지역'으로 지정되면, 해당 지역 내에서는 분산에너지사업자가 전기사용자에게 직접 전기를 공급할 수 있으며, 남거나 부족한 전기는 전기판매사업자를 통해 거래할 수 있다. 나아가, 지역별 차등 전기요금제를 운영할 수 있는 법적 근거도 확보되었다.

이러한 제도 변화는 수도권 내 전력 수요 집중 문제에 직접적인 영향을 미치고 있다. 예를 들어, 2023년 3월 산업통상자원부가 발표한 「데이터센터 수도권 집중 완화 방안」에 따르면, 2029년까지 수도권에 설립을 신청한 데이터센터 601개 중 약 6.7%에 불과한 40개만이 적기에 전력을 공급받을 수 있다. 이에 따라, 향후 다수의 데이터센터는 수도권 외 지역으로의 이전이 불가피할 것으로 전망된다.

이렇게 장거리 송전망 건설을 최소화하기 위한 정부의 분산에너지 활성화 정책과 전기 다소비 시설의 지방 이전을 유도하기 위한 정부 방침과는 대조적으로, 정부는 2023년 3월 15일 개최된 제14차 비상경제민생회의에서 경기도 용인시에 세계 최대 규모의 첨단시스템반도체 국가산업단지를 조성한다고 밝혔다. 이는 전국에 15개 국가산업단지를 조성하는 '국가첨단산업벨트 조성계획'의 일환으로 경기도 용인(기흥), 화성, 평택의 기존 반도체 공장과 더불어 경기 남부 지역에 '반도체 메가 클러스터'를 구축한다는 계획이다. 이보다 앞서 2019년 2월 SK하이닉스는 용인시 처인구 원삼면 일대의 416만㎡의 일반산단에 4개의 팹(fab)을 건설하기로 결정했는데, 용수 및 전력공급 문제가 해결되지 않아 공장 착공이 미루어지다 2025년 1월부터 1호 팹 건설이 시작될 예정이다(소미연, 2024). SK하이닉스 4개 팹에 필요한 전력은 총 6GW이며 2027년부터 필요한 1단계 전력 2.83GW의 공급을 위해 현재 송전망 건설이 진행 중이다. 국가산단으로 지정된 용인시 처인구 남사읍 일대에는 삼성이 728만㎡에 6개의 팹을 건설할 계획이며 필요한 전력량은 총 10GW에 달한다. 정부는 삼성 반도체 공장에 필요한 총 10GW 규모의 전력공급 계획을 마련했다. 이 가운데 1단계로 2030년부터 2036년까지 필요한 3GW는, 노후 석탄발전소를 대체하는 LNG 발전소 6기를 건설하여 공급할 예정이다. 이후 2037년부터 필요한 나머지 7GW는, 동해안과 서남해안에서 수도권으로 이어지는 HVDC를 건설해 확보한다는 계획이다. 이를 통해 동해안의 원자력발전과 서남해안의 태양광, 풍력 전력을 수도권에 공급한다는 구상이다.

이렇게 용인에 대규모 반도체 공장이 들어서면 용인시의 전력 소비량은 어떻게 변할까? 2023년 기준 용인시의 전력 소비량은 한국전력의 전력 판매량을 기준으로 1만 1,008GWh이다. SK하이닉스 반도체 공장의 전력 사용량은 약 2만 1,782GWh이며 2030년경부터 가동되는 삼성 반도체 공장의 전력 사용량은 2만 8,211GWh로 추정된다. 이 전력량은 2040년 이후 삼성의 반도체 공장 가동을 포함하지 않은 것으로 2040년 이후에 전력 수요는 더 증가할 것으로 전망된다(조명래 외. 2024). 결과적으로 반도체 공장이 계획대로 건설되면 2030년대 중반까지 용인시 전력 수요는 2023년 전력량의 5~6배가 될 것으로 추정된다.

우리나라의 반도체 생산 규모는 1997년 20조 원에서 2022년 224조로 10배 이상 성장했으며, 2023년 기준 반도체 세계 시장 점유율은 13.2%로 미국에 이어 2위이고 메모리 반도체는 세계 시장의 61%를 차지한다.[4] 반도체 산업은 2019~2023년 동안 매년 우리나라 전체 수출에서 20% 이상을 차지하고 있다(정형곤, 2024). 한국전력공사(2024)에 따르면, 제조업종별 전기 소비량에서 반도체 산업이 포함된 '전자, 영상, 음향, 컴퓨터, 통신장비'의 비중은 22.3%(2023년 기준)로 가장 높다(<그림 2> 참조). 2018년부터 2022년까지 제조업 전체의 전력 소비량은 26만 2,306GWh에서 26만 6,893GWh로 증가했다. 이 가운데 반도체 산업이 포함된 '전자·영상·음향·컴퓨터·통신장비' 분야의 전력 소비는 같은 기간 5만 1,538GWh에서 6만 192GWh로 크게 늘었다. 이 분야의 전력 소비 증가 기여율은 186.5%로, 제조업 전체 산업군 가운데 가장 높은 수치를 기록했다. 2022년에서 2023년 사이 제조업 전력 소비량은 전체적으로 2.1% 감소했다. 같은 기간 '전자·영상·음향·컴퓨터·통신장비' 분야의 전력 소비량도 약 3% 줄어들었으며, 이로 인한 감소 기여율은 32.3%로 1차 금속 분야(38.2%)에 이어 두 번째로 높았다. 특히 반도체 공장의 80% 이상이 수도권에 집중되어 있다는 점은 지역별 전력 소비 패턴에 큰 영향을 미치고 있다. 반도체 공장이 집중된 경기

---

4   e-나라지표. 반도체 산업 동향
    (https://www.index.go.kr/unity/potal/main/EachDtlPageDetail.do;jsessionid=t447-ZkzzndkiytvMoJEFDyCy2KusiPs-s4NJKg7.node11?idx_cd=A0002. 2024.10.1. 자료접근)

도는 다른 지역에 비해 산업용 전력 소비량이 압도적으로 높은 수준을 보이고 있다(〈그림 3〉 및 〈그림 4〉 참조).

〈그림 2〉 제조업종별 전기 소비량 비중(2023년)

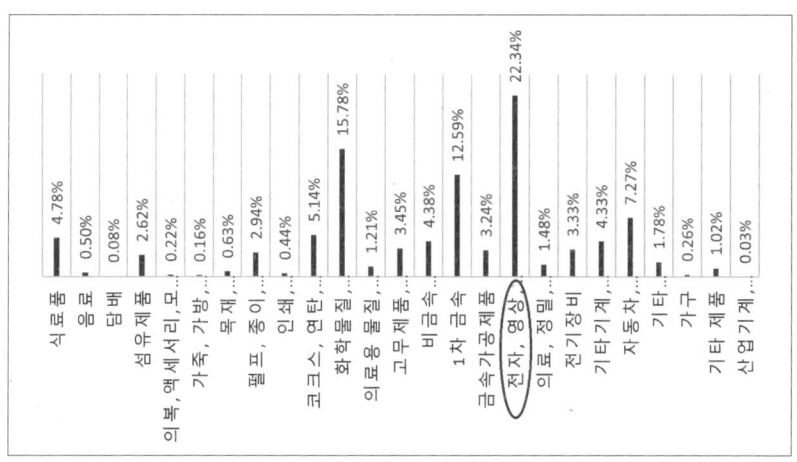

출처: 한국전력공사, 2024

〈그림 3〉 반도체 생산 점유율 및 주요 공장 현황

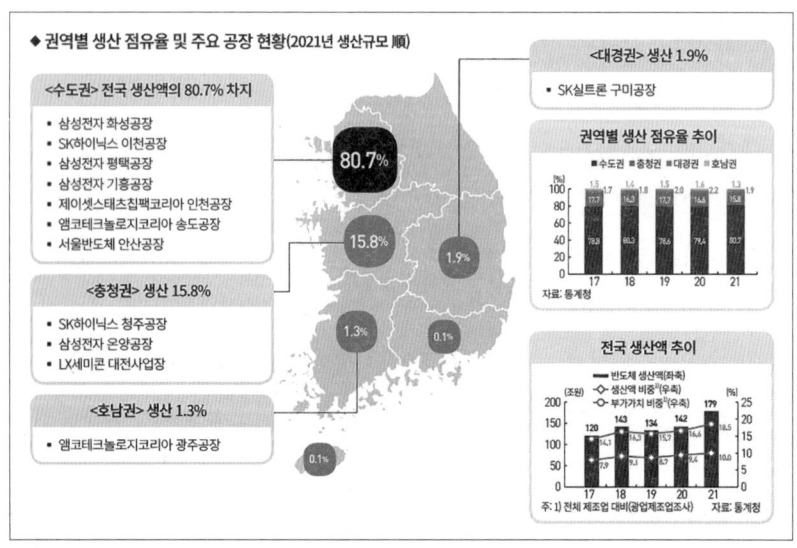

출처: 한국은행, 2023: 1

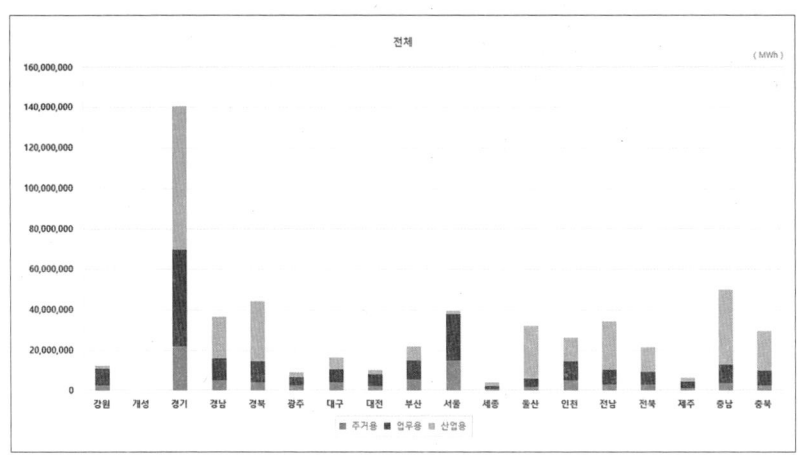

〈그림 4〉 2023년 시도별 용도별 전력판매량

출처: EPSIS 전력통계정보시스템

〈그림 4〉가 지역별 전력 소비량의 격차를 보여준다면, 〈그림 5〉 왼쪽에 제시된 원그래프는 지역별 발전량의 분포를 나타낸다. 이 그래프는 우리나라 전력 생산의 지역적 편중을 명확히 드러낸다. 원자력발전소는 주로 국토의 동남부(경북, 부산)와 서남부(전남)에 위치해 있으며, 석탄화력발전소는 충남, 강원, 경남에 집중되어 있다. 반면 경기도는 전력 소비량이 전국에서 가장 많지만 발전량은 세 번째에 불과하며, 그마저도 90% 이상이 가스발전에 의존하고 있다.

원자력발전소가 위치한 경북, 부산, 전남과 석탄화력발전의 비중이 높은 강원, 충남, 경남은 모두 전력 자급률이 100~200%를 상회한다. 울산은 원자력발전소가 있음에도 자급률이 94%로, 유일하게 100% 미만이다. 수도권에서는 인천이 유일하게 전력 자급률 100%를 달성한다. 2023년 기준, 수도권 전체(서울, 인천, 경기도)의 전력 자급률은 65% 수준이며, 이 중 재생에너지가 차지하는 비중은 약 6%에 불과하다. 나머지 94%는 주로 가스와 석탄화력발전에 의해 공급되고 있다. 수도권은 현재 부족한 전력을 충남, 강원, 경북의 화력 및 원자력발전에 의존하고 있다.

향후 경기 남부 지역에 반도체 공장이 추가로 들어설 경우, 현재 수도권 전력 수요의 약 25%에 해당하는 전력량을 추가로 공급해야 한다. 이는 지역 간 전력 수급 불균형을 더욱 심화시킬 뿐만 아니라, 수도권의 에너지전환을 구조적으로 더욱 어렵게 만들 수 있다. 수도권에서 생산하는 전력의 90% 이상은 이미 화석연료에 의존하고 있다. 따라서 재생에너지로의 전환은 기존 전력 생산의 대체뿐 아니라, 반도체 공장 가동에 필요한 전력까지도 재생에너지로 충당해야 하는 이중 과제를 안고 있다.

이처럼 수도권에 반도체 공장이 집중되는 현상은 단순한 산업 입지의 문제가 아니라, 교육, 주거, 인구 구조 등 다양한 사회경제적 요소들이 얽힌 복합적 결과다. 실제로 최근 한국은행 보고서는 입시경쟁 과열을 수도권 인구집중, 저출산, 서울의 주택가격 상승, 교육 불평등 등 우리 사회의 '나쁜 균형(bad equilibrium)'을 초래하는 핵심 요인으로 지적하며, 이 악순환의 고리를 끊기 위한 방안으로 '지역별 비례선발제' 도입을 제안했다. 이는 수도권 중심 구조의 전환 없이는 교육 문제도, 인구 문제도 해결하기 어렵다는 점을 시사한다(정종우 외, 2024).

수도권 반도체 공장의 입지는 이러한 구조적 맥락 속에서 형성되었다. 1980년대 우리나라 최초의 반도체 공장이 용인시 기흥에 세워진 것이 시초였다. 당시 삼성의 이병철 회장은 반도체 공장의 입지 조건으로 '서울에서 1시간 거리에 공기 맑고 고속도로 진입이 쉬운 곳'을 제시했고, 삼성전자 수원 공장과 신갈저수지 사이의 기흥이 적합한 부지로 선정되었다(허문명, 2022). 이후 평택, 화성 등 경기도 남부 지역에 삼성 반도체 공장이 연이어 들어섰고, 2019년에는 SK하이닉스도 용인에 신규 공장 건설을 결정했다. 나아가 2023년 3월 정부는 경기 남부에 세계 최대 규모의 반도체 메가 클러스터를 구축하겠다는 계획을 발표하면서, 용인을 첨단시스템반도체 국가산단 부지로 지정했다. 오늘날 반도체 공장의 수도권 집중은 이처럼 40여 년에 걸쳐 누적된 선택의 결과다.

하지만 이러한 집적은 에너지 수급 측면에서 심각한 문제를 낳고 있다. 이미 수도권에서는 전력공급을 위한 송전선로 건설이 사회적 갈등을 초래하고 있으며, 향후 반도체 공장 증설로 인한 추가 수요는 이러한 갈등을 더욱 증폭시킬 것이다. 이에 따라 반도체 공장의 지방 이전이 필요하다는 주장도 제기되고 있다(곽정수, 2024). 반면, '우수한 인력과 인프라를 찾아 기업이 수도권으로 모이는 상황에서 송배전망을 최대한 신속하게 구축하는 것이 현실적인 대안'이라는 반론도 제기된다(김다은, 2024; 조재희, 2024b).

한편 반도체 공장이 수도권에 집중되는 동안, 국토의 서남쪽에는 태양광과 풍력 발전 설비가 늘어나고, 동남쪽에는 새울 3,4호기와 신한울 3·4호기 등 신규 원자력발전소가 추가로 건설될 예정이다. 이로 인해 비수도권 지역의 전력 생산 능력은 더욱 확대될 것이며, 그 결과 남는 전기를 수도권으로 보내기 위한 송전망 부담은 더욱 가중될 것이다. 수도권의 전력 수요는 점점 커지는데, 전력 생산은 비수도권에서 이루어지고 있기 때문에 지역 간 전력 불균형과 에너지전환의 구조적 제약이 함께 심화되고 있다.

〈그림 5〉 지역별 전력 수급 현황

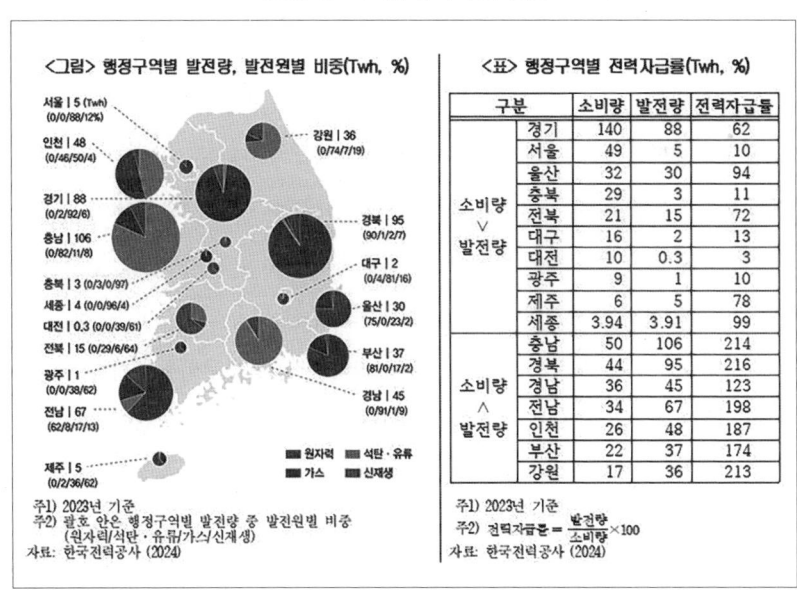

출처: 이현주, 2024

3. 무시된 딜레마

한국의 에너지전환 과정은 기술적, 정치경제적 모순이 중첩되며 일종의 딜레마 상황을 초래하고 있다. 정부는 탄소중립 실현을 위해 무탄소 전원 비중을 2038년까지 70%로 확대하겠다는 목표 아래, 원자력과 재생에너지를 동시에 확대하는 전략을 추진하고 있다. 하지만 변동성 재생에너지와 경직된 발전원인 원자력발전을 병렬적으로 확대한다는 전략은 전력계통 유연성 확보에 있어 물질적 충돌을 야기한다. 디지털 제어시스템과 계통 인프라의 뒷받침 없이는 두 에너지원의 '조화로운' 발전은 기대하기 어렵다. 특히 수도권의 반도체 클러스터와 같은 대규모 전력 수요 산업단지 입지 전략은 정부의 분산에너지활성화 정책과 정면으로 충돌한다. 이는 수도권과 비수도권의 전력 수급 불균형을 더욱 심화시키고 수도권으로 향하는 송전망 확충이라는 기존의 중앙집중형 전력공급체계를 더욱 고착화시킨다는 측면에서 에너지전환 경로에 '결정적 분기점(critical juncture)'을 형성한다.

딜레마 이론에 따르면, 딜레마 상황을 인식하고 조율할 책임은 정책결정자에게 있다(김태은, 2013; 소영진·안성민, 2021). 그러나 정부는 반도체 산업의 전력공급, 재생에너지와 원자력의 동시 확대, 송전망 인프라 구축 사이에서 나타나는 구조적 충돌을 정책 딜레마로 인식하고 있지 않다. 이런 점에서 지금의 딜레마 상황은 일종의 '무시된 딜레마(neglected dilemma)'로 볼 수 있다. 무시된 딜레마는 "정책결정자 자신이 갖고 있는 가치의 우선순위, 의도, 이해관계, 또는 인지상의 오류 때문에 상황 변화를 무시하거나 인식하지 못함으로써 딜레마를 딜레마 아닌 것으로 설정하는 경우 발생한다."(이종범 외, 1992: 16). '무시된 딜레마'는 정책결정자가 딜레마가 아니라고 인식하기 때문에 정책대안의 선택에서는 어려움을 야기하지 않지만, 정책집행 과정에서 딜레마에 봉착하게 만들고 높은 사회적 비용을 초래할 수 있다(김태은, 2013). 소영진·안성민(2021)에 따르면, 의사결정 구조의 특징, 대안의 특성, 정책결정자의 속성 등이 무시된 딜레마의 원인이 될 수 있다. 다음에서는 소영진·안성민(2021)을 참고하여 에너지전환 과정에서 나타나는 무시된 딜레마의 발생 원인을 다음과 같이 4가지로 정리한다.

1) 관료조직의 관성적 의사결정 방식

우선 에너지전환의 지체 또는 왜곡은 관료조직의 의사결정 방식과 연관된다. 조직이론에 따르면, 조직은 제한된 합리성(bounded rationality)을 지닌 개인으로 구성되며 상례화된 문제 대응에 있어서는 표준운영절차(SOP)에 따라 의사결정을 수행한다. 불확실한 장기 전망보다는 단기적 환류에 의존하는 의사결정 방법을 선택하고 문제 징후가 나타나는 근처나 현존 대안의 근처에서 문제해결의 대안을 탐색한다(정정길 외, 2024: 473-484). 전력 정책과 관련된 대표적인 표준운영절차는 전력 수급 계획의 수립이다. 산업통상자원부는 2년 주기로 '전력수급기본계획'을 수립하고 이에 근거하여 한국전력공사는 송배전망 구축 계획을 수립한다. 분산된 재생에너지원에 기초한 에너지전환이라는 시대적 요구에 부합하는 새로운 행동프로그램이 설계되지 않은 채, 기존의 중앙집중적 전력 수급 체계에 적용되었던 대규모 발전설비 확충과 송전망 확대라는 상례적 접근이 반복된다. 결과적으로 원자력과 재생에너지를 동시에 확대하는 정책은 계통 유연성 부족이나 기저부하 과잉[5] 등의 문제를 충분히 고려하지 못한 채 제도적으로 익숙한 경로를 따른 결과로 볼 수 있다.

---

[5] 최근 원자력발전소의 출력제한이 증가하고 있다. "2020년 5월 전력거래소에서 처음으로 원전 출력제어를 요구한 이래 2024년까지 5년에 걸쳐 총 23회에 걸쳐 원전의 출력제한이 이루어졌으며 출력 감소량은 15GW에 이른다. 2025년 봄철에는 5월 초까지 12회에 걸쳐 출력 감소 운전을 했으며 그 규모는 지난 5년간 감소량의 약 절반에 해당하는 7.5GW 규모다."(정세영, 2025).

2) 경제성장 우선주의: 반도체 클러스터의 수도권 입지

소영진·안성민(2021)에 따르면, '특정 대안이 높은 도덕성을 수반하고 있을 때는, 정책 결정 과정에서 이해관계자들이 그에 대한 의사표시나 반대를 자유롭게 표출하기가 쉽지 않아' 무시된 딜레마가 발생할 수 있다. 바론(Baron)은 결과와 무관한 규범화된 절대적 가치의 중요성을 강조하며 '보호된 가치(protected value)'라는 개념을 제시하는데, '보호된 가치'로 인식할수록 정책 딜레마가 형성될 가능성이 높다(김동환, 2002). 반도체 산업은 수출의 약 20%를 차지하는 국가전략산업으로 '산업의 쌀'이라 불릴 만큼 경제적, 정치적 중요성이 크다. 이로 인해 반도체 산업 육성은 경제적 성장주의와 보수적 정치구조가 지배적인 한국 사회에서 주요 정치적 이념성향에 크게 좌우받지 않고 정책 결정 과정에서 그 정당성이 거의 자동적으로 부여되는 '사실상의 보호된 가치'로 기능한다고 볼 수 있다. 그 결과, 반도체 클러스터의 수도권 입지가 전력 수요의 집중을 강화하여 정부가 추진하는 에너지 수요 분산 전략과 충돌한다는 구조적 모순에도 불구하고, 공론장에서 충분히 문제로 제기되지 않거나 정책 대안 비교에서 배제되는 경향이 있다.

수도권의 반도체 공장 입지는 글로벌 기업의 탄소중립 목표와 상충하는 문제도 안고 있다. 반도체를 글로벌 시장에 공급하기 위해 재생에너지 기반의 전력 사용이 요구되는데, 현재 정부가 추진하는 CF100(Carbon-Free 무탄소에너지원 100%)은 글로벌 기업에서 요구하는 RE100(재생에너지 100%)을 대체할 수 없다는 한계를 갖고 있다. 장기적으로 반도체 산업의 경쟁력을 저하하는 역효과를 초래할 가능성이 있다(IEEFA, 2024a, 2024b). 정부는 대규모 반도체 공장 입지에 따른 전력난을 해소하기 위해 노후 석탄화력발전소를 대체한다는 명분으로 용인시에 LNG 발전소 건설을 허가했는데, 이는 탄소중립 목표와도 상충된다.

이렇게 에너지정책이 산업정책에 종속되는 양상은 발전국가(developmental

state) 모델의 연장선상에서 이해될 수 있다. 한국은 강력한 정부 주도의 경제발전 모델로 특정 산업에 집중적 자원을 배분해 경제성장을 견인해 왔다. 주된 수출산업으로서 반도체 산업의 육성을 위해 수도권에 세계 최대 반도체 클러스터를 건설한다는 목표는 이러한 발전국가 모델의 특징을 잘 드러낸다. 에너지 분산 및 지역 자립이라는 에너지전환의 정책목표는 후순위로 밀리면서 에너지전환 정책은 산업정책 중심의 발전모델에 의해 구조적으로 제약되고 있다.

요약하면, 반도체 클러스터의 수도권 입지 결정은 이른바 정치적으로 '보호된 가치', 산업정책 우선순위, 발전국가의 제도적 관성 등이 복합적으로 작용한 결과로서 정책결정자가 정책의 딜레마를 인식하지 않거나 무시하도록 만든다.

3) 원자력과 재생에너지의 물질적 특성

정부는 탄소중립 달성을 위해 무탄소 에너지원인 원자력과 재생에너지를 동시에 확대하는 정책을 추진하고 있다. 그러나 이 두 에너지원은 각각 유연성이 부족하다는 공통된 한계를 지닌다. 원자력은 24시간 안정적으로 전력을 공급하는 기저부하용 발전원으로, 출력 조정이 어려운 경직된 특성을 가지고 있다. 반면, 태양광과 풍력 등 재생에너지는 날씨와 계절에 따라 발전량이 크게 변동하는 간헐적 에너지원이다. 원자력은 재생에너지 비중이 높아질 때 그 변동성을 효과적으로 보완하기 어려운 발전원이다.

변동성이 큰 재생에너지를 안정적으로 전력계통에 통합하기 위해서는 수요, 공급, 전력망(그리드), 저장 등 여러 부문에서 유연성을 확보하는 것이 필수적이다. 이를 가능하게 하려면 디지털 기술에 기반한 고도화된 제어 인프라가 구축되어야 하며, 실시간 예측, 분산 자원 관리, 수요 반응, 섹터커플링 등의 기능을 통해 계통 전체의 안정성과 효율성을 높여야 한다.

소영진·안성민(2021)은 상충하는 두 대안이 공존할 때, 딜레마를 예방하기 위해 상충성을 제거하는 다양한 방법을 제시한다. 의사결정을 지역별로 분해하거나 대상을 분산화하는 '의사결정 분해(decoupling)' 방식, 추가 자원을 투입하는 방법, 그리고 주어진 시간 내에 선택을 강요받는 상황을 피하기 위해 의사결정을 시간적으로 분해하는 방법 등이다. 그러나 원자력발전과 재생에너지 발전설비에 연결된 전력망은 공간적으로 분해할 수 없다는 특성을 지닌다. 또한 예산 제약 속에서 송전망 병목 문제를 해결하는 것이 전력산업의 최우선 과제인 현실을 고려할 때, 단기간 내에 재생에너지 전력망 통합을 위한 디지털 인프라에 추가 자원을 투입하기도 쉽지 않다. 이런 상황에서 원자력발전과 재생에너지가 송전망을 두고 경쟁하는 상충성 문제를 해결하기 위해, 정부는 최근 전라남도 태양광 설비 설치를 일시적으로 차단하는 조치를 취했다. 이는 상충하는 대안 간 선택을 시간적으로 분해하여 문제를 해결하려는 시도로 볼 수 있다.

문재인 정부에서 원자력발전소를 점진적으로 줄여나가는 정책을 취했으나, 그다음 출범한 윤석열 정부는 다시 원자력을 확대하는 정책을 추진했다. 하지만 문재인 정부의 원자력 정책은 예외적 상황에 해당한다고 볼 수 있다. 실제로 신규 원전 건설 금지나 원전 수명연장 금지 등을 입법화하지 않음으로써 정책 의지는 강하지 않았다. 오히려 오랜 기간 원자력 중심의 전력공급 체계는 기술, 제도, 인프라, 이해관계자 집단의 제도적 경로의존성을 강화했으며, 이러한 경로는 새로운 대안에너지 기술 도입이나 분산형 전원 중심의 에너지전환 전략을 구조적으로 제약하는 요인이 되고 있다.

4) 정책결정자의 의지와 확신

정책결정자의 권력과 가치지향은 딜레마 상황의 인식과 대응 방식에 결정적인 영향을 미친다. 특히 최고 정책결정자의 강력한 정치적 의지나 이념적 확신은 딜레마의 존재 여부와 관계없이 일방적인 정책 결정을 이끌어내기 쉽다. 이로 인해 '무시된 딜레마'가 발생할 가능성이 크다. 정책결정자가 특정 가치를 절대적으로 우선시하거나 강한 신념 체계를 유지하는 경우, 그 가치에 반하는 문제제기는 관료조직 내에서 사전에 배제되거나 무시되기 쉽다. 이러한 현상은 특히 대통령이 주도적으로 선포하고 추진하는 정책에서 두드러진다.

윤석열 정부가 추진한 원자력 정책과 수도권 반도체 클러스터 입지 결정 사례에서 이러한 특징이 확인된다. 2023년 3월 9일 국정현안관계장관회의에서는 '데이터센터 수도권 집중 완화 방안'이 논의되었다(산업통상자원부, 2023b). 이 회의에 참석한 산업통상자원부 1차관은 데이터센터가 디지털 경제의 핵심임에도 불구하고, 수도권에 집중되면서 전력 송·배전망 등 인프라 추가 구축의 부담이 증대하고 계통 혼잡 우려도 커지고 있다고 지적했다. 그는 전력 공급이 충분하고 계통 접속이 원활한 지역으로 데이터센터 입지를 분산하기 위해, 관계부처와 지방자치단체의 협력이 필요하다고 강조했다. 이러한 상황에서, 불과 며칠 후인 2023년 3월 15일 비상경제민생회의에서는 수도권 연간 전력 소비의 4분의 1에 해당하는 전력을 필요로 하는 세계 최대 반도체 클러스터를 용인시에 건설한다는 계획이 발표되었다. 3월 9일 회의가 총리 주관이었던 반면, 3월 15일 회의는 대통령이 직접 주재하며 국가첨단산업 육성전략을 발표했다. 윤석열 대통령은 반도체와 같은 첨단산업 육성은 중장기 계획도 중요하지만, 현재 글로벌 경쟁 상황은 생존의 문제인 만큼 서둘러야 한다고 강조했다(대통령실, 2023.3.15.).

이 사례는 정부 관계자가 정책 딜레마를 인지하지 못해서가 아니라, 최고 정책결정자의 의지가 명확했기 때문에 딜레마를 인식했더라도 이를 정책 판단의 주요 변수로 고려하지 않았을 가능성을 보여준다. 권위주의적 의사결정 구조에서는 딜레마 경보가 제대로 작동하지 않을 위험이 크기 때문이다(소영진·안성민, 2021).

4. 에너지전환 딜레마 극복을 위한 물질과 정치의 통합적 접근

 이 글은 에너지전환이 단순히 에너지원을 전환하는 기술적 문제가 아니라, 송전망, 반도체 공장, 디지털 전환 등의 미래 전망과 얽힌 복합적인 물질의 문제라는 인식에서 출발한다. 기존의 사회과학적 담론이나 정부의 원자력발전과 재생에너지의 '조화로운' 발전이라는 정책 방향은 이러한 에너지전환 과정에 내재된 물질적 구성과 그 상호작용의 복잡성을 충분히 포착하지 못하고 있다. 전력 부문의 물질적 요소에 주목한 제인 베넷의 생기적 유물론은 이러한 문제를 사유할 수 있는 이론적 자극을 제공한다.

 제인 베넷의 생기적 유물론은 물질이 단순한 수동적 배경이 아니라 생기(vitality)와 행위성(agency)을 지닌 존재임을 강조하며, 인간과 비인간의 경계를 재구성하고자 한다. 그는 2003년 북미 대규모 정전 사태를 사례로, 이 사건이 단지 인간의 정책 실패나 기술적 오류 때문이 아니라, 전선, 변압기, 나무, 날씨, 센서의 작동 실패 등 다양한 비인간 요소들의 우연적 결합으로 인해 발생했다고 분석한다. 이처럼 베넷의 분석은 '비인간 행위자'의 존재를 인정하고, 우리가 살아가는 세계가 수많은 물질적 요소와의 복합적인 상호작용 속에 있다는 점을 일깨운다. 또한, 그는 이러한 관점을 바탕으로 물질에 대한 새로운 윤리적 감수성, 즉 인간과 비인간의 공존을 고려한 '물질의 윤리'를 제안한다는 점에서 중요한 이론적 기여를 한다. 그러나 이러한 관점은 본질적으로 사건 중심적이며, 미시적 차원의 우연성과 비선형성에 초점을 둔다는 한계를 가진다. 특히 에너지전환과 같은 장기적이고 구조적인 현상을 분석하는 데 있어, 단일 사건에서의 물질 간 상호작용이나 돌발적 배열에 주목하는 방식은 설명력을 갖기 어렵다.

 원자력과 재생에너지의 기술적 특성에서 비롯된 물질적 충돌, 송전망의 제약, 반도체 공장과 발전소 등 인프라의 공간적 배치, 디지털 인프라 구축과 재생에너지 발전설비 확장 간의 시차 등은 모두 에너지전환을 제약하는 구조화된 물질적 조건들이다. 이러한 요인들로 인해 한국의 에너지전환 과정은 단순한 정책

의지나 규범적 담론만으로 추진되기 어렵다. 특히 수도권 중심의 전력 소비 구조와 원자력발전소의 지속적 건설은 물질 인프라의 누적을 통해 강한 경로의존성이 형성된 대표적인 사례다. 물질의 행위성에 주목하는 신유물론적 관점은 정부가 강조하는 '조화로운' 에너지 믹스라는 정책 담론의 물리적 한계를 드러내는 데 기여한다. 생기적 유물론이 제기하는 물질의 행위성 개념은 여전히 유효하다. 하지만 이를 거시적 맥락에서 적용하기 위해서는 물질의 일시적 운동성이 아니라, 그것이 시간 속에서 축적되고 제도화되는 과정, 그리고 그 배치에 개입한 정치적, 제도적 행위자들에 대한 분석이 필수적이다. 다시 말해, 거시적 수준에서 신유물론적 관점을 적용할 때에는 물질과 제도, 기술과 정치의 상호구조화를 분석하는 방향으로 이론적 전환이 필요하다. 이러한 접근은 에너지전환 과정에서 발생하는 구조적 딜레마를 보다 입체적으로 이해하고, 물질성과 정치성의 통합적 분석을 가능하게 한다는 점에서 유의미하다.

이런 문제의식에서 이 글은 한국의 에너지전환 과정에서 드러나는 비인간 물질 간의 상호관계성과 그 역사적으로 누적된 물질의 힘에 주목하고, 최근 일련의 정치적 결정들이 이 복합적 물질 구성의 딜레마를 외면하거나 심화시키고 있는 상황을 '무시된 딜레마'로 개념화하고자 했다. 이는 신유물론적 관점이 지니는 한계를 극복하고 물질의 행위성과 인간의 정치적 책임성을 동시에 포착하려는 시도이다.

에너지전환 과정의 딜레마는 단순히 원자력발전소, 반도체 공장, 수도권 집중, 송전망 제약 등 물질의 누적된 결과만이 아니라, 관료조직의 관성적 의사결정 구조, 경제성장 중심의 발전국가 모델, 그리고 첨단산업 육성이라는 명분 아래 수도권 반도체 클러스터 입지 선정 등 정치적 결정들이 중첩되며 형성된 것이다. 현재 한국 전력산업의 핵심 과제는 동해안에 집중된 원자력발전소와 화력발전소, 그리고 서남권의 해상풍력과 태양광 발전 단지에서 생산된 전력을 초고압직류송전망(HVDC)을 통해 수도권에 공급하는 데 집중하고 있다. 이와 같은 대규모 발전소 및 송전망 중심의 접근은 에너지전환을 단순히 특정 지역에 재생에너지를 대규모로 설치해 온실가스를 감축하는 '양적 문제'로 환원시킨다. 그러나 이는 전력 수급의 공간적 불균형과 계통 병목 문제를 더욱 악화시키고 있다. 데이터센터, 반도체 공장, 전기차 충전 인프라 등으로 인해 급증하는 전력 수요는 중앙집중적 계통 통제와 대형 발전소 체계를 더욱 강화시키며, 이는 다시 지역 단위 분산형 전력 시스템 구축과 충돌하고 있다.

따라서 이러한 딜레마를 극복하기 위한 미래 전력 시스템의 비전은 재생에너지 설비 확대나 송전망 건설을 넘어서는 것이어야 한다. 재생에너지 중심의 사회기술 체계 전환은 태양광과 풍력 설비의 양적 확대의 문제가 아니다. 기술-제도-거버넌스, 또는 물질과 정치를 통합하는 전망과 실천이 필요하다. 변동성 재생에너지의 간헐성을 보완할 수 있는 마이크로그리드, 에너지저장장치(ESS), 수요 반응(DR), 가상발전소(VPP), 전기·열·연료 간 섹터커플링 등의 물리적 기술 기반이 필요하다. 그리고 이러한 물리적 기술 인프라 위에 전력 시스템을 유연하게 운용하려면, 블록체인 기반의 P2P 시스템 등 다양한 방식으로 재생에너지 전력의 유통을 촉진할 수 있는 제도적 틀이 마련되어야 한다. 이와 더불어 중앙정부의 전력 수급 계획의 관성을 벗어나 분산 에너지를 활성화하는 방안에 대해 지방자치단체 수준에서 보다 책임 있는 정책 방안이 마련될 수 있도록 지역 단위의 자립적 에너지 계획과 운영 체계가 필요하다. 이를 위해서는 분산형 에너지 시스템 구축에 적합한 정치적, 행정적 상상력과 제도 설계 역량이 요구된다. 이러한 역량이 뒷받침될 때에야 비로소 에너지전환은 공급 중심의 기술적 변화에 머무르지 않고 지역 기반의 참여와 분권, 제도 혁신이 결합된 사회기술 체계의 전환으로 이어질 수 있을 것이다.

참고문헌

관계부처 합동. 2021. "2030 국가 온실가스 감축목표(NDC) 상향안."

곽정수. 2024. "용인 반도체 전력공급 괜찮을까… 전문가 "일부 지방 분산을." 『한겨레』 (2024.7.22.).

김다은. 2024. "AI는 전기를 먹고 자란다." 『시사IN』 877: 24-29. (2024.7.9.).

김동환. 2002. "보호된 가치와 정책 딜레마." 『한국정책학회보』 11(1): 27-52.

김부미. 2025. "허가판결에도 몽니 부리는 하남시… 동서울변전소 착공 또 지연." 『전기신문』 (2025.4.22.).

김용희. 2024. "호남 7년간 태양광 발전허가계획에 환경단체 "원전 수명연장 목적"." 『한겨레』 (2024.8.19.).

김임정·김종인. 2022. "미국 주요 ISO의 재생에너지 대응전략." 『KEMRI 전력경제 REVIEW 한전경영연구원』 3: 1-20.

김태은. 2013. "무시된 딜레마의 사회적 비용 발생원인 연구." 『한국정책학회보』 22(3): 103-135.

김형민. 2024. "세계 1위는커녕… 반도체 업계에 번지는 '전기대란' 걱정." 『신동아』 (2024.10.10.).

대통령실. 2023. "[제14차 비상경제회의] 세계 최대 '반도체 메가클러스터' 조성!" 대한민국 정책브리핑 (2023.3.15.). https://www.korea.kr/multi/mediaNewsView.do?newsId=148912826

라투르, 브루노(Bruno Latour) 외. 2010. 『인간·사물·동맹. 행위자네트워크이론과 테크노 사이언스』 홍성욱 엮음. 이음.

문규민. 2022. 『신유물론 입문: 새로운 물질성과 횡단성』 두번째테제.

박준영. 2023. 『신유물론, 물질의 존재론과 정치학』 그린비.

박한신. 2023. "삼성전자 평택캠퍼스 전력공급 '숨통'… 10년 걸린 송전선로 준공." 『한경』 (2023.9.12.).

베넷, 제인(Jane Bennett). 2020. 『생동하는 물질. 사물에 대한 정치생태학』 현실문화.

산업통상자원부. 2015. "제7차 전력수급기본계획(2015~2029)." 보도자료.
_____. 2017. "제8차 전력수급기본계획(2017~2031)." 보도자료.
_____. 2020. "제9차 전력수급기본계획(2020~2034)." 보도자료.
_____. 2023a. "제10차 전력수급기본계획(2022~2036)." 보도자료.
_____. 2023b. "데이터센터 수도권 집중 완화를 위한 관계부처 협조 방안 논의." (2023.3.9.).
_____. 2024. "재생에너지 보급 확대 및 공급망 강화 전략." 보도자료.
_____. 2025. "제11차 전력수급기본계획(2024~2038)」." 보도자료.
소미연. 2024. "SK하이닉스, 용인 반도체 클러스터 사업 속도전." 『CWN(Central World News)』 (2024.8.11.).
소영진·안성민. 2021. "딜레마 예방을 위한 제도적 설계." 『정부학연구』 27(1): 53-79.
용석록. 2024. "경기권 환경단체 동서울변전소 증설 반대 기자회견. 하남시장이 인허가 불허, 한전은 경기도청에 행정심판 청구." 『탈핵신문』 (2024.10.1.).
이상복. 2023. "좁은 국토에 비싸고 취약한 HVDC 무턱대고 확장." 『이투뉴스』 (2023.12.5.).
____. 2024. "원전 버티기에 봄철 출력제한 위태위태." 『이투뉴스』 (2024.4.22.).
____. 2025. "345kV 북당진~신탕정 송전선로 착공 21년만에 준공." 『이투뉴스』 (2025.4.2.).
이종범·안문석·이정준·윤견수. 1992. "정책분석에 있어서 딜레마 개념의 유용성." 『한국행정학보』 25(4): 3-22.
이현주. 2024. "전력자급률 서울 10%·경북216%… "분산에너지로 지역활성화"." 『뉴시스』 (2024.4.11.).
전영환. "스페인 대정전의 시사점과 우리의 대응." 『이투뉴스』 (2025.5.7.).
정세영. 2025. "주말마다 출력 낮추기 바빴던 원전, 평일도 수백MW씩 줄인다." 『전기신문』 (2025.9.8.).
정정길·이시원·최종원·정준금·권혁주·김성수·문명재·정광호. 2024. 『정책학원론』 대명출판사.
정종우·이동원·김혜진. 2024. "입시경쟁 과열로 인한 사회문제와 대응방안." 『한국은행 BOK 이슈 노트』 제2024-26호. (2024.8.27.).

정철환. 2025. "이상기후 탓? 재생에너지 탓? 스페인 대정전 미스터리." 『조선일보』 (2025.4.30.).

정형곤. 2024. "한국 반도체 산업의 수출입 구조 및 글로벌 위상 분석." 『KIEP(대외경제정책연구원)』 오늘의 세계경제. 24(2) (2024.2.28.).

조명래·김수진·김지태·우지현·조영심·손하늘. 2024. "용인시 탄소중립 이행을 위한 에너지 전환 연구 보고서." 『용인특례시의회』 단국대학교.

조재희. 2024a. "622조 반도체 클러스터, 전기 없이 못 돌린다." 『조선일보』 (2024.6.5.).

_____. 2024b. "민원에 막혀 송전망 건설 지연… 전기가 태백산맥 못 넘는다." 『조선일보』 (2024.6.3.).

주재형. 2022. "베넷의 생기 유물론에 대한 비판적 고찰." 『철학논집』 70: 151-178.

쿨, 다이애너(Diana Coole)·프로스트, 사만다(Samantha Frost). 2023. 『신유물론 패러다임. 존재론, 행위자 그리고 정치학』 박준영·김종갑 역. 그린비.

한국은행. 2023. "우리나라 주요 제조업 생산 및 공급망 지도."

한국전력공사. 2023. "제10차 전력수급기본계획 관련 장기 송배전설비계(2022~2036)."

_____. 2024. "2023년 한국전력통계(제93호)."

_____. 2025. "제11차 전력수급기본계획 관련 장기 송배전설비계(2024~2038)."

허문명. 2022. "반도체 공장을 6개월 안에 어떻게 짓습니까." 『신동아』 (2022.5.14.).

황형규. 2019. "고덕-서안성 송전선로, 삼성비용 부담 조건 '부분 지중화 합의' 철탑 6개 설치되는 2.5㎞ 구간, 지중화 공사 끝나는 2025년 철거." 『자치안성신문』 (2019.3.12.).

Do, Insu, Siyoung Lee, Gab-Su Seo and Sungsoo Kim. 2023. "An analysis of the effects of renewable energy intermittency on the 2030 Korean Electricity Market." *Energies* 16, 4189.

e-나라지표. 반도체 산업 동향. https://www.index.go.kr/unity/potal/main/EachDtlPageDetail.do;jsessionid=t447-ZkzzndkiytvMoJEFDyCy2KusiPs-s4NJKg7.node11?idx_cd=A0002 (2024.10.1.).

IEA/OECD. 2017. Digitalization & Energy.

IEEFA. 2024a. "South Korea's power trilemma." Institute for Energy Economics and Financial Analysis. March 2024.

_____. 2024b. "South Korea's economy risks missing out on global transition to renewables." Institute for Energy Economics and Financial Analysis. August 2024.

IRENA. 2019. "Innovation landscape for a renewable-powered future: Solutions to integrate variable renewables."

Lovins, Amory B. 1977. Soft energy paths: Toward a durable peace. San Francisco: HarperCollins.

6장과 7장의 대화

비인간은 사회적 행위의 조건이자 매개이다. 또한 비인간의 활동·영향은 인간의 예상과 의도를 벗어나기 십상이다. 다만 물질세계와 얽혀 있는 사회현상을 분석하기 위해서는 물질의 효과나 영향으로서의 (비인간) 행위성과 의도성, 책무성을 포함한 행위성을 구분한 뒤 재결합할 필요가 있다. 이를 바탕으로 적대적 행위, 권력 관계, 딜레마 상황 등을 포착할 때, 정치적 기획으로서 전환을 논의할 수 있는 지평이 넓어진다. 여기까지 6장 홍덕화의 글과 7장 김수진의 글의 시각은 크게 다르지 않을 듯하다.

홍덕화의 글과 김수진의 글이 갈리는 곳은 경로를 창출·유지하는 힘으로서 자본의 권력을 얼마나 강조하느냐가 아닐까 한다. 홍덕화의 글은 신자유주의적 위기 대응과의 접점을 파고들 때, 생태계 인식의 변화, 기후-보전-금융 연계의 부상과 한계를 더 선명하게 이해할 수 있다는 점에 주목한다. 다만 이와 같은 입장이 자본의 힘만을 중시하는 것은 아니다. 기후·생물다양성 위기에 맞설 수 있는 '체제 전환' 수준의 변화를 모색하기 위해서는 비인간과 인간의 관계를 재편하고 기후-보전-금융 연계를 촉진하는 힘으로서 자본의 권력을 이해하는 것이 필수적이라고 판단했을 따름이다. 따라서 유사한 사례를 구체적으로 분석할수록 경로 형성·유지·파괴에 영향을 미치는 제도적, 인식적, 물질적 요인들에 대한 홍덕화의 글과 김수진의 글의 입장이 교차하는 지점은 늘 것으로 예상한다.

홍덕화

6장 홍덕화의 글이 자연, 생태계, 생물종 다양성 등과 같은 비인간 '생명'을 다룬다면, 7장 김수진의 글은 전기를 흘려보내는 송전망, 전기를 생산하는 발전소, 전기를 소비하는 반도체 생산공장, 태양광이나 풍력과 같은 변동성 재생에너지를 전력 시스템에 통합하기 위한 디지털 기반 기술 등 비인간 '물질'을 다룬다. 홍덕화 글의 비인간 생명은 글로벌 차원에서 '위기'에 처해 있고, 김수진 글의 비인간 물질은 한국의 에너지전환 과정에서 '딜레마'에 처해 있다. 홍덕화는 비인간 생명의 위기를 극복하기 위해 등장한 각종 '기후-보전-금융 연계' 상품 또는 규제 조치에 대해 비판적으로 분석하고 '자연의 위기'로 대표되는 '비인간의 위기'를 자본주의 체제 내의 수익성 모델에 기초해 해결하는 것이 어떤 문제와 한계를 내포하는지 설명한다. 이와 비교하여 김수진의 글은 비인간 물질의 행위성을 강조하는 신유물론적 관점이 한국의 에너지전환 과정의 딜레마 상황을 분석하는 데 유용한 통찰을 제공하지만, 동시에 한계를 내포하고 있다고 지적하며 딜레마 상황을 초래한 정치적, 제도적 조건을 설명한다.

두 글이 다루는 비인간 대상은 '생명'과 '물질'이라는 점에서 차이 나지만, 자연의 '회복탄력성'과 물질의 '행위성' 등 비인간 존재는 인간이 완전히 통제할 수 없는 불확실성, 우연성, 비선형성의 특성을 지닌다. 이런 이유로 비인간 생명의 위기와 비인간 물질의 누적된 힘이 초래하는 딜레마는 모두 우리 인간에게 도전적 과제이다.

김수진

8장

인간중심주의를 넘어서는 생태전환은 어떻게 이루어질까?

구도완

이 글은 생태, 기후 위기에 관한 담론들을 인간/비인간 담론의 관점에서 분석하고 이를 바탕으로 인간중심주의를 넘어서는 생태전환을 모색하고자 한다. 먼저 한국의 반공해운동, 시민환경운동, 생명운동, 기후운동을 살펴보고, 다음으로 동물운동, 지구법학, 생태법인 사례를 검토한다. 이 글에서 비인간은 인간 아닌 모든 존재를 지칭하지만 주로 동물, 비인간 생명, 생태계, 그리고 지구 등과 관련된다. 한국 생태전환 운동의 많은 담론들은 인도주의 안에 있거나 인도주의를 확장하고 재구성하려고 한다. 나는 생태, 기후 위기를 극복하기 위해서는 인간중심주의를 넘어서면서 인도주의를 해체/재구성하는 생태전환이 필요하다고 본다. 인간중심주의를 넘어서는 생태전환은 어떻게 이루어질까? 동물의 고통과 즐거움에 대한 인간들 또는 사회의 집합적 공감능력과 커뮤니케이션이 증대하는 과정과 생태, 기후 위기에 대한 커뮤니케이션이 확대하는 과정이 함께 일어나고 있다. 이 과정에 참여하는 사람들은 그들의 다른 존재에 대한 친밀성과 위기의식을 소통하면서 문제를 해결하기 위해 정치체계와 법체계 안에서 행동하거나 그 체계의 프로그램을 바꾸려고 함께 자원을 동원하여 조직적인 사회운동을 벌이고 있다.

1. 인간이 문제다?

생태, 기후 위기의 사회구조적 원인은 무엇일까? 자본주의, 산업주의, 국가주의, 가부장주의 등 지배적인 사회구조가 문제라고 보는 이들이 많다. 그런데 이러한 사회제도를 넘어서 인간이라는 종의 특성이 위기의 구조적인 원인이라고 보는 이들이 있다(유발 하라리, 2015: 108-117). 인간이 지구의 기후시스템을 위협하고 지질시대를 바꾸고 있으므로 인간이 없으면 지구의 생명들은 더 번성할 것이라고 말하는 이들도 있다. 이들 말대로 인간 또는 인류는 자신과 지구 생명들을 절멸시킬 종인가? 아니면 인간은 다른 모든 생명과 달리 이성의 담지자로서 놀라운 과학기술로 지구를 잘 관리할 수 있는 탁월한 종일까?

그런데 이런 질문은 70억이 넘는 인간들을 하나의 생물학적 종이라는 특성으로 환원하는 것은 아닐까? "인간이 문제"라는 말은 다양한 사회의 특성을 유전자로 환원시켜, 자연, 사회, 문화, 국가 등에 대한 진화된 지식과 지혜를 뭉툭하게 만드는 것은 아닐까? 인간과 비인간을 분리하고 그 대립을 바탕으로 문제를 설정하는 것은 적절한가? 이 글은 이와 같은 인간과 비인간을 둘러싼 담론들이 생태전환 운동에서 어떻게 소통되는지 살펴봄으로써 적절한 질문과 해답을 찾아보려고 한다.[1]

1980년대 이후 한국의 생태전환 운동은 공해, 환경, 생명, 기후, 동물, 지구 등의 담론을 소통시키면서 생태, 기후 위기를 극복하기 위해 노력해 왔다. '사람이 사람답게, 인도적으로 살 권리가 있다'는 인권, 민주 담론, '모두를 살려야 한다'는 생명 담론, '기후 위기를 극복해야 모두가 살 수 있다'는 기후 담론, '비인간 동물도 권리가 있다'는 동물권 담론, '지구가 살아야 인간도, 생명도 산다'는

---

[1] 인간과 비인간을 분리해서 그 담론을 분석하는 것은 인간과 비인간의 이분법을 고착할 위험성이 있다. 이 글에서 인간/비인간 담론을 구분하는 것은 분석적인 목적을 위한 것이다. 나는 인간, 비인간, 사회, 생태계의 경계가 지속적으로 변화하며 재구성된다고 본다. 이 글은 커뮤니케이션 속에서 구성되고 변화하는 담론과 그 효과에 주목한다.

지구 담론 등이 소통되고 있다. 이런 담론들은 모두 생태적으로 지탱 가능하도록 시스템을 바꾸어야 한다고 주장하지만, 원인 진단과 해결책 들은 차이가 있다. 무엇이 같고 무엇이 다를까? 이 동일성과 차이 속에서 우리는 좀 더 자유롭고 평화로운 지구를 만들기 위해 무엇을 어떻게 해야 할까? 이 과정에서 인간중심주의, 인도주의와 같은 가치나 담론 들은 어떻게 소통되고 있을까?

이런 질문들에 대한 해답을 찾기 위해 이 글에서는 먼저 공해, 환경, 생명, 그리고 기후운동 담론을 살펴본다. 다음으로 비인간 존재의 관점에서 문제를 보고 해결책을 찾는 동물운동과 지구법학의 담론들을 살펴본 후 생태법인 제도를 통해 인간 중심의 법, 정치, 사회, 의식 체계를 바꾸려는 운동을 분석한다.[2] 이런 분석을 바탕으로 생태, 기후 위기 시대 생태전환의 방향, 방법을 논의한다. 이 글을 위해 동물운동가와 동물전문가, 지구법학과 생태법인 전문가 등을 심층 면접했다(〈표 1〉).[3]

〈표 1〉 연구 참여자

이름	소속	면접 날짜
김도희	동물해방물결 해방정치연구소 소장	2025. 3. 20.
남종영	환경논픽션 작가	2024. 10. 31.
박태현	강원대 교수	2024. 11. 7.
조약골	핫핑크돌핀스 공동대표	2025. 3. 13.
진희종	제주평생교육장학진흥원 원장	2025. 3. 14.
황현진	핫핑크돌핀스 공동대표	2025. 3. 13.

---

2 이 글에서 체계 개념은 니클라스 루만(Niklas Lumann)의 체계이론을 바탕으로, 스스로를 관찰하고 생산하고 기술하며 자신과 환경을 구분하는 커뮤니케이션 체계로서의 사회체계에 초점을 맞추어 사용한다(니클라스 루만, 2014; 박승열, 2021).
3 이 글에 참여해 주신 연구참여자들과 자문해 주신 이태영 제주도의회 연구원께 깊이 감사드린다.

여기에서 인간(인도)주의(humanism), 인간중심주의(anthropocentrism), 종차별주의(speciesism) 등의 개념을 살펴보자. 표준국어대사전에 의하면 인간주의 또는 인도주의는 "인간의 존엄성을 최고의 가치로 여기고 인종, 민족, 국가, 종교 따위의 차이를 초월하여 인류의 안녕과 복지를 꾀하는 것을 이상으로 하는 사상이나 태도"를 말한다. 달리 말하면 인도주의는 모든 인간이 차별을 넘어서서 존엄하게 대우받을 권리의 주체이며 그 자체로 목적이라는 윤리적 담론이다. 그런데 인도주의의 관점에서 보면, 인간(human being) 또는 인류(anthropos 또는 homo sapiens)가 최고의 가치 준거가 되기 때문에 인간 이외의 존재는 배제의 대상이 되거나 수단으로 취급될 가능성도 커진다.[4] 신에게 귀속되거나 지배계급에 의해 억압받던 인간 존재의 해방 담론으로서 인도주의 또는 인간주의가 스스로를 해체하고 성찰하지 않으면 다시 인간 이외의 존재를 수단화할 수 있는 이데올로기가 될 수 있다.

여기에서 인간주의는 인간중심주의와 긴밀한 연관을 갖게 된다. 표준국어대사전에 의하면 인간중심주의는 "인간이 세계의 중심이며, 궁극적인 목적이라고 보는 세계관"으로 정의된다. 다시 말하면 인간만이 내재적인 가치를 갖는 존재이고 다른 존재는 수단으로 간주될 수 있다. 인간주의나 인도주의가 인간 존엄성을 중시하며 인간들 사이의 불평등과 차별을 넘어서서 인간에 대한 잔인함을 줄여나가려는 담론이라면, 인간중심주의는 인간종의 우월성과 특별함을 전제하고 다른 종이나 존재들을 대상과 수단으로 간주하는 담론이라고 할 수 있다. 인도주의 담론의 가치 준거가 인간을 넘어 인간 이외의 종이나 존재로 확장할 가능성이 있는 반면, 인간중심주의 담론은 인간만이 예외적이고 특별한 가

---

4 로지 브라이도티(Braidotti, 2015: 24-74)는 휴머니즘을 '유일무이하고 자기규율적이며 내재적으로 도덕적인 인간 이성의 힘에 대한 믿음'과 연관시킨다. 이것은 제국주의, 남성, 유럽중심주의와 연관되며, 마르크스주의도 이로부터 자유롭지 못하다고 그는 본다. 그는 이성, 남성, 유럽 중심적인 고전적 휴머니즘을 해체하고 생태학과 환경운동, 탈식민주의, 세계시민주의를 아우르는 비판적 포스트휴머니즘의 주체를 재구성하는 담론을 주창한다.

치를 갖는다고 보기 때문에 종차별주의와 접합할 가능성이 크다.[5] 종차별주의(speciesism)는 자신의 종이 아닌 다른 종을 차별하거나 이들에게 부당한 대우를 하는 것을 정당화하는 담론이다. 종차별주의의 관점에서 보면 인간이 다른 종을 인간의 필요나 욕구를 위해 수단으로 대우하거나 착취하는 것은 정당화된다. 그러면 생태전환 운동은 어떤 관점에서 사람들을 설득하려고 할까?

2. 인간과 생태전환: 공해, 환경, 생명, 그리고 기후

1960년대 이후 급속한 공업화 과정에서 다양한 환경문제가 발생했고, 이에 대한 사회적 대응으로 1980년대 이후에는 반공해운동, 환경운동, 생명운동 등 다양한 사회운동이 발전했다. 2000년대 이후에는 동물(권)운동, 기후운동도 활발하게 일어나고 있다. 이런 사회운동들은 생태적 지속가능성을 유지하고 높이거나 '모든 생명이 자유로운 공동체'를 지향하는 생태전환 운동이라 부를 수 있다. 이 운동들은 인간/비인간을 바라보는 관점에서 적지 않은 차이를 보인다. 환경 또는 자연보호라는 목표가 같다 하더라도 인간(현세대와 미래세대)의 관점에 서 있을 수도, 인간을 넘어서 동물 또는 지구의 관점에 서 있을 수도 있다. 이러한 차이는 생태전환 운동의 가치, 주체, 목표, 전략 등을 구분 짓는 중요한 기준이다. 이 절에서는 1980년대에서 1990년대에 등장한 반공해운동, 시민환경운동, 그리고 생명운동을 중심으로 그 담론들을 살펴본 후 2020년대 들어 활발해진 기후운동 담론을 살펴본다.

---

5 브라이도티(Braidotti, 2015: 102-106)는 인도주의 관점에서 종차별주의를 넘어서려는 담론(피터 싱어, 마사 누스바움 등)을 탈인간중심적 네오휴머니즘이라고 부르고 이것이 인간 종의 우월성을 넘어서지 못한다고 비판한다.

1) 반공해운동

1970~80년대 독재 정치의 억압 아래 자유와 민주주의를 위해 저항하던 민주화운동가들 가운데 일부는 억압적 정치체계가 '공해 문제'를 낳았다고 보고 이 문제를 해결하기 위해 1980년대에 반공해운동 또는 공해추방운동을 조직했다. 여성의 눈으로 억압과 공해 문제를 함께 본 시민들도 반공해운동을 새롭게 시작했다.

1982년에 설립된 한국공해문제연구소가 1986년에 발표한 「1986 반공해선언」은 '공해는 독점의 소산, 억압의 소산, 분단의 소산'이고 "다국적기업의 이익을 위해 공해 산업을 무조건 수입하고, 소수 독점자본의 공해 배출 행위를 눈감아주는 반민중적 행위와 체제가 종식되는 것이야말로 이 땅의 공해 문제 해결의 첩경"이며, "공해 문제 해결과 민주화는 불가분의 관계"라고 선언했다(한국공해문제연구소, 1986). 주부들이 중심이 되어 1986년에 설립된 공해반대시민운동협의회(공민협)의 「1986 공해추방선언」에서는 "공해로부터 피해를 받고 있는 민중이 시민운동을 통하여 그 해결책을 찾을 수밖에 없"다고 선언했다. 1988년에 설립한 공해추방운동연합(공추련)은 강령에서 "우리는 이 땅의 민중에게 잠재되어 있는 거대한 변혁적 힘을 바탕으로 당면한 공해와 핵의 위협으로부터 민중의 노동과 생활을 수호하고 나아가 사회적 불평등과 자연으로부터의 소외가 극복된 진정한 민주사회를 건설하기 위하여 (중략) 민족, 민중의 생존권을 수호하고 (중략) 민중이 주인 되는 민주사회를 건설하기 위해 노력한다."고 선언했다. 공민협을 설립하고 공추련 공동의장으로 참여한 서진옥은 "엄마들 마음으로 우리가 내 새끼들을 살리기 위해서 환경문제를" 해결하기 위해 공해반대운동을 벌였다고 말했다(구도완 외, 2023: 94).

이들의 담론에서 1980년대 변혁적 민주화운동이 강한 영향력을 미치던 시기의 반공해 담론의 특징을 살펴볼 수 있다. 독점자본, 반민중적 체제로 인해 생긴 공해로 피해를 보는 민중들의 생존과 생활을 수호하기 위해 이들이 주체가 되는 민주사회를 건설하는 것이 이들의 운동 목표였다. 1980년대 반공해운동에서 주된 관심은 공해로 피해를 입은 피해자들, 민중에 모였다. 공해를 일으킨 가해자는 자본, 독재 정부 등이고, 피해자는 생물학적, 사회적 약자들이라는 담론이 소통되었다. 반공해운동의 주된 행위자는 급진적인 청년, 공해를 인식한 주부, 시민, 그리고 공해 피해의 당사자인 민중이었다. 주부들이 중심이 된 공민협의 경우, 피해자들로서 아이들, 여성 등 생물학적, 사회적 약자들이 부각되었다. 전체적으로 1980년대에서 1990년대 초에 이르는 시기의 반공해운동의 담론에서, 비인간 자연에 대한 담론은 거의 나타나지 않았다.

2) 시민환경운동

1987년 민주화 이후, 한편으로 '자본주의에 바탕을 둔 정치, 경제 체계를 부수고 혁명을 통해 완전히 새로운 정치, 경제, 사회 체계를 건설해야 한다.'는 혁명 담론이 소통되었지만 다른 한편으로 '시민이 주도하여 생활, 삶, 생명, 환경을 살려야 한다.'는 시민운동, 환경운동 담론이 급속히 확산되었다. 1980년대 말 1990년대 초 소련 등 사회주의 국가들이 몰락하면서 시민운동 담론은 혁명 담론을 압도하는 주도적 담론이 되었다. 이런 상황에서 반공해운동의 변혁적 담론의 주창자들은 좀 더 온건하고 현실적이며 '환경'에 초점을 맞춘 시민환경운동 담론을 새롭게 소통하기 시작했다. 1993년에 창립한 환경운동연합은 「창립선언문」에서 조직의 목표를 이렇게 천명했다.

"환경은 우리의 삶이 이루어질 수 있도록 하는 삶의 원천이다. 환경은 이 땅 위에서 살아가고 있는 모든 사람들이 함께 사용하는 공동재산일 뿐만 아니라, 우리의 선조들이 수백만 년의 역사를 발전시켜 올 수 있었던 삶의 바탕이며, 앞으로 우리의 후손들이 영원히 살아갈 삶의 보고이다. (중략) 우리 시민 개개인들 역시 무절제한 소비생활로 환경을 더욱 파괴하고 오염시키는 역할을 하게 되었다. (중략) 우리는 서구문명의 소산인 인간이기주의의 틀을 깨고 인간과 환경이 조화를 이루는 순환의 질서를 되찾고, 자연과 더불어 모든 인류가 자유롭고 평등하게 살아가는 공동체적 삶을 이루기 위해 노력할 것이다.[6]"

1988년에 창립한 공추련과 지역의 반공해운동 단체들이 연합하여 새로 창립한 환경운동연합은 공추련의 주된 담론이었던, '공해, 민중, 변혁' 같은 말을 사용하지 않고 그 대신 '환경, 시민, 환경 의식과 실천' 같은 말을 사용했다. '서구문명의 소산인 인간이기주의의 틀'을 깬다는 말은 인간중심주의를 극복의 대상으로 삼는다고 해석할 수 있다. 인간과 환경, 인류와 자연과 같은 구별 속에서 둘의 조화와 질서를 지향한다는 비전을 천명한다. 다른 한편, 1994년에 창립한 녹색연합은 창립선언문에서 '대안문명운동으로서 녹색생명운동'을 펼친다고 선언했다.

"우리는 새 대동 세상의 건설을 위해 좁은 의미의 환경운동을 넘어 대안문명운동으로서의 녹색 생명운동을 펼치고, 무엇보다 우리 역사와 풍토에 걸맞는 배달민족 자존의 운동 방법을 전개해 이 땅에 녹색 생명을 용틀임치게 한다. (중략) 궁극으로 자연과 인간이 하나 되어 살 수 있는 새로운 패러다임의 정립과 녹색문명의 참된 건설에 적극 앞장선다.[7]"

녹색연합은 창립 당시 단체명이 배달녹색연합이었는데 이는 '배달민족 자존'과 같은 민족 담론으로 표현되었다. 환경운동연합의 핵심어가 '환경'이라면 녹색연합의 핵심어는 '녹색'이라고 볼 수 있다. 녹색연합은 '자연과 인간이 하나 되어 사는 문명'을 지향한다. 인간과 자연을 구별하고 그 둘이 하나 되는 녹색

---

6 환경운동연합 홈페이지(https://kfem.or.kr/about, 2025.7.21. 검색)
7 https://blog.naver.com/seungkookc/90001578836 (2025.7.21. 검색)

문명을 건설한다는 운동의 목표를 이 단체는 제안한다.

　반공해운동이 공해로 인해 피해를 보는 민중에 관심을 집중했다면, 시민환경운동은 시민에 초점을 맞추고 인간이 환경 또는 자연과 조화하거나 하나 되는 세상 또는 문명을 만들기 위해 사회운동을 벌인다고 선언했다. 시민환경운동은 동강댐, 새만금, 천성산 터널 등 정부 주도 대형 개발사업에 대한 반대운동을 조직했는데 여기에서 동강, 비오리, 갯벌, 도롱뇽 등 비인간 존재들이 중요한 보호대상 또는 행위자로 호명되었다. '강은 흘러야 하고, 생명의 보고 갯벌은 보전되어야 하고, 비오리와 도롱뇽은 그 자체로 소중할 뿐만 아니라 후손들을 위해서도 보전해야 한다.'는 담론이 소통되었다. 시민환경운동은 성공과 실패를 거듭하면서, 현세대의 사회경제적, 생물학적 약자들의 권리는 물론 미래세대의 권리, 그리고 야생동식물과 같은 비인간 생명, 마지막으로 강, 갯벌, 백두대간 등 생태계(인간과 비인간 존재의 복합체계)와 지구를 지키고 확장하는 운동을 벌여왔다.

3) 생명운동

　1980년대에는 민주화운동을 넘어서서 '생명'을 살리기 위한 새로운 실천운동으로서 생명운동도 등장했다. 우리나라에서 생명이라는 기호를 중심으로 사회운동을 조직한 대표적인 운동이 한살림운동이다. 한살림운동은 한살림 모임 중심의 생명문화운동과 한살림 생협 중심의 생명협동운동으로 분화했는데 한살림 생협은 한국의 대표적인 생협으로 성장했다(구도완, 2024).

　생명운동의 담론은 「한살림선언」에 잘 나타나 있다. 「한살림선언」은 인류가 이룩한 문명 세계는 물질적 풍요를 가져다주었지만, 인류의 생존 기반이 되는 지구의 생태적 질서를 파괴하고 있다고 진단한다(한살림모임, 1990: 7). "산업문명은 생명 소외의 체제이고 본질적으로 반인간적일 뿐만 아니라 반생태적인 문명"이다(9쪽). "그러나 붕괴되고 파멸하는 것은 기계문명의 낡은 틀일

뿐", "인간은 창조적으로 진화하는 생명"이기 때문에 문명을 전환할 수 있는 힘을 갖고 있다(17쪽). "생명에 대한 공동체적, 생태적, 우주적 각성이 더욱 요청되고 있다. 생명에 대한 새로운 각성만이 인류를 새로운 지평으로 인도할 것이다."(19쪽). 한살림은 인간 안에 모셔진 우주 생명을 각성하고 한울을 길러나가는 운동을 해나가야 한다. "우리는 바로 지금 여기에서 새로운 생명의 이념과 활동인 〈한살림〉을 펼친다."(43쪽).

「한살림선언」에서 핵심어는 생명인데 이 개념은 기계의 반대이면서 우주 생명이라는 기호와 연결되고 동학의 '한울' 개념과도 접합된다. 다시 말하면 생명은 인간, 동물, 식물과 이를 둘러싼 모든 자연을 아우르는 의미로 쓰이면서, 이를 소외시키는 산업문명, 기계문명을 해체하고 새로운 문명을 만들어가는 행위자이자 가치의 준거로 호명된다. 이 담론에서 인간은 비인간 생명보다 우월한 존재는 아니지만 특별한 능력을 갖고 모든 생명을 살리는 주체로 해석된다. 한살림선언은 생명 또는 한울이라는 기호를 통해서 독재/민주, 사회주의/자본주의, 인간/자연 등의 이분법을 넘어서 모두를 살리는 운동을 지향했다. 그런데 이 운동에서 전환의 대상은 산업, 기계 문명이다.[8] 한살림선언은 산업문명, 기계문명에 저항하면서 이를 해체하고 모두를 살리는 보편적 가치를 실현하고자 하는데, 이는 생명을 중심에 놓고 비생명, 반생명을 전환의 대상으로 본다는 점에서 생명중심주의라 부를 수 있다. 생명운동 담론에서 인간과 자연, 인간과 비인간의 이분법은 약화되었지만, 생명이 무엇이고 생명살림의 내용, 실현 방법에 대한 토론은 활발히 이루어지지 않았다.

이러한 담론을 현실 속에서 실천하고자 한 생협 운동은 생명살림이라는 가치를 바탕으로 농업살림, 밥상살림의 운동을 펼쳐왔다. 이 운동은 지배적인 사회 구조에 저항하기보다는 생활 속에서 협동의 대안을 만드는 실천을 하고 있다.

---

8 전범선(2023: 111; 214)은 "생명과 기계를 나누고 생명만 살리려고 했던 한살림선언은 반(半)살림선언"이라고 비판하고 "오히려 기계 살림을 잘 꾸리는 것이 생명 살림의 길"이라고 말한다. 그런데 기계살림의 의미와 방법에 대한 논의는 부족한 것으로 보인다.

한살림선언이 생명이라는 기호에 특별한 가치를 부여하고 비생명, 반생명, 기계를 극복의 대상으로 삼았지만, 한살림 생협은 '모심과 살림'이라는 기호를 중심으로 '우리와 모두'를 살리는 협동운동에 힘을 기울였다. 한살림 생협은 협동조합이라는 형식을 통해 생명, 모심, 살림이라는 가치 또는 의미를 경제와 사회 속에서 작동하게 만들었다. 여기에서 지배체제에 대한 저항운동으로서의 특성은 사라지고 대안적인 경제와 사회 또는 공동체를 만드는 실험을 통해 삶의 양식을 '모두를 살리는 문명'으로 바꾸어나가는 실천이 중심이 된다.

4) 비인간 관점에서 본 공해, 환경, 생명

인간주의(인도주의) 또는 인간중심주의의 관점에서 세 담론을 어떻게 볼 수 있을까? 반공해운동은 억압적 정치체계로부터 사람들의 생명과 삶을 방어하고 살리기 위해 모든 인간이 평등하게 잘 살 수 있는 인도주의의 실현을 지향했다고 볼 수 있다. 민주주의 또는 민주화라는 기호와 공해 추방, 반공해라는 기호가 접합하는 곳에 반공해운동이 있었다. 시민환경운동은 인간이 그 속에서 살아가고 인간이 그 일부인 자연, 생명, 환경, 지구를 새롭게 주목하고 그것을 청지기로서 보호해야 한다는 담론을 소통시켰다. 이는 인간의 특권적 가치와 권리를 정당화하는 인간중심주의를 넘어서서 인도주의의 경계를 확장하는 담론이라고 할 수 있다. 미래세대 권리와 요구 충족에 초점을 맞춘 지속 가능 발전 담론을 바탕으로 하고, 이를 넘어서서 비인간 자연 또는 지구를 보호의 대상으로 호명하는 담론이 1990년대 이후 시민환경운동을 둘러싸고 소통하기 시작했다. 생명 담론은 '우주 생명'과 같은 기호를 통해 인간/비인간의 이분법을 넘어서서 인간(인도)주의를 해체하고 새로운 문명을 재구성하려는 담론이다. 그런데 생명이라는 특권적 기호를 다시 불러옴으로써 생명중심주의, 생명독단주의의 가능성을 열어놓았다. 생명은 비생명과 지속적으로 교류하면서 그 경계와 특성을 재구성하는데, 한살림선언은 생명과 비생명을 분리하고 둘을 대립적인 코드로 환원했다. 〈표 2〉는 1980~1990년대 생태전환 운동 담론의 특성을 열쇠말, 위기의 구조적 원인, 해결 방안, 주요 행위자, 전환전략, 인간/비인간을 기준으로 정리한 것이다.

〈표 2〉 공해, 환경, 생명 담론의 특성

	반공해운동	시민환경운동	생명운동
열쇠말	공해, 피해자	환경오염, 자연 파괴	생명살림
구조적 원인	독재, 자본주의	경제성장, 생산/소비, 제도	산업, 기계 문명
해결 방안	민주화	생태민주주의, 지속 가능 발전	문명 전환, 살림 운동
주요 행위자	민중	시민, 미래세대 강, 산, 갯벌, 야생동물 지구	인간, 농민, 조합원, 생명
전환전략	체제 부수기, 저항하기	저항하기 체제 길들이기	대안 만들기, 체제 해체/재구성하기
인간/비인간	인도주의	인간중심주의를 넘어서는 인도주의	생명중심주의

공해, 환경, 생명 담론은 2000년대 이후 어떻게 진화하고 변화해 갔을까? 2020년대 이후 활발하게 전개된 기후운동을 통해 기후 변화 또는 위기라는 지구의 물리적 현상이 어떤 담론으로 구성되었는지 살펴보자.

5) 기후운동

2020년을 전후하여 기존의 환경운동과 유사하면서도 다른 기후운동이 급속히 발전했다. 지구 대기 시스템의 급격한 변화라는 비인간 존재가 사회적 커뮤니케이션을 통해 다양한 담론을 소통하게 만들었다. 기후운동의 주창자들은 기후 위기를 인류와 지구의 존속을 위협하는 심각한 위기로 인식하고 이를 해결하기 위해 적극적이고 비상한 행동이 필요하다고 주장한다.

한국 기후운동의 특성은 시민환경운동, 생명운동과 같은 1980년대 이후의 사회운동뿐만 아니라 노동운동, 농민운동 등 전통적인 사회운동 그리고 동물운동, 소수자 운동 등 다양한 운동 조직들이 기후정의행진 등을 통해 기후운동에 참여하고 있다는 점이다. 그런데 재미있는 것은 급진적 반공해운동, 시민환경운동, 생명운동, 동물운동 등의 담론이 기후 이슈와 접합되면서 그 특성을 재생산하거나 변형하고 있다는 점이다.

나는 이전의 연구에서 우리나라의 기후 담론을 에너지전환, 기후정의, 문명 전환 담론으로 구분하고 각 담론의 특징을 분석했다(구도완, 2023). 에너지전환 담론은 사회체제나 구조보다 에너지 생산 및 소비 시스템에 초점을 맞춘다. 기후정의 담론은 기후 위기의 책임과 피해의 불평등에 초점을 맞추어 정의 관점에서 문제를 진단하고 해결해야 한다는 담론이다. 이 담론은 지배구조 안에서 제도 개혁을 추구하는 개혁적 기후정의 담론과 체제 또는 체계의 변혁적 전환을 지향하는 변혁적 기후정의 담론으로 나뉜다. 여기에서는 변혁적 기후정의 담론을 체제 전환 담론으로 부르고, 개혁적 기후정의 담론은 에너지전환 담론과 유사하기 때문에 이 글에서는 따로 다루지 않겠다.

에너지전환 담론은 기후 위기의 원인을 화석연료, 지속 불가능한 에너지 시스템으로 진단하고 탈화석연료, 탈핵, 에너지 생산·소비 감축, 재생가능에너지 확대 등을 해결 방안으로 제안한다. 여기에서 주된 행위자는 국가, 기업, 시민, 시장 등이다. 시민환경운동의 주류 환경운동 조직들은 주로 에너지전환 담론을 소통하면서 정부와 거버넌스를 형성하여 기후 위기를 극복하는 운동을 해왔다. 이 담론에서는 인간의 필요와 생존을 위한 에너지전환이 주된 주제이므로 인간중심주의를 넘어서지 못한다.

체제 전환 담론은 자본주의 성장 체제가 기후 위기의 원인이라고 진단하고, 노동자, 민중, 소수자 등 최일선 당사자들이 탈자본, 탈성장의 체제 전환을 실천해야 한다는 담론이다. 이 담론은 급진적 반공해운동 담론과 유사하고 시민

환경운동 담론과는 차이를 보인다. 1990년대 이후 우리 사회에서 거의 사라졌던 탈자본 체제 전환이라는 급진적 담론이 기후 위기라는 지구 차원의 이슈와 결합하게 되었다. 모든 인간들의 존엄과 생존을 위한 평등과 연대라는 인도주의 가치가 체제 전환 담론에 내재되어 있다고 볼 수 있다.

문명 전환 담론에는 다양한 주장들이 포함되는데, 요약하면 인간, 산업, 국가 중심의 문명이 기후 위기의 원인이므로 인간중심주의를 넘어서서 지구, 행성, 비인간 관점에서 새로운 문명으로 전환해야 한다는 담론들이다. 한살림 등 생협, 동물운동 단체 등은 기후 위기를 에너지 문제로 환원하지 않고, 생명의 위기로 보고 종차별주의 철폐, 생활양식 전환, 시민 주도의 에너지 생산 등을 주창한다. 여기서는 지구, 비인간 존재, 동물, 협동조합, 마을, 지역 등이 주된 행위자로 호명된다(구도완, 2023).[9] 〈표 3〉은 기후운동 담론들의 특성을 정리한 것이다.

기후운동 담론은 지구, 대기, 기후라는 비인간 행위자의 행위성에 대한 집합적 커뮤니케이션이다. 에너지전환 담론은 기후 위기는 지구 차원의 위기이지만, 국민국가의 관점에서 국가와 자본이 연합하여 생태적 현대화 전략을 통해 인간 중심의 기후 위기 극복이 가능할 뿐만 아니라 이것은 경제성장을 위해서도 좋은 기회라는 긍정의 미래 비전을 주창한다. 이러한 담론은 기존의 정치·경제 체계의 작동 방식을 그대로 둔 채 약간의 프로그램을 바꾸어 기후 위기를 극복하려는 현실주의 담론이다.[10] 생태, 기후 위기의 극복이 에너지전환만으로 가

---

9 기후 문제에 대해서도 비인간 동물과 자연을 고려한 전환이 필요하다고 황현진은 말한다. 그는 "농경지가 파괴되고 산을 깎고 바다를 메워도 에너지원만 전환하면 그게 정말 우리에게 필요한 전환인가?"라고 말한다. 그는 기후정의행진 행사에서 민주주의의 적을 비인간 동물에 비유하여 "개 돼지 멧돼지 잡아 죽여야 한다"와 같은 구호나 동물에 대한 혐오, 비하 발언이 나오는 것은 문제라고 말한다. 기후정의행진에서 '인간중심주의를 탈피해서 비인간 동물들과 공존해야 된다고 주장하는 사람들은 동물들의 행진이라는 그룹을 만들어서 별도의 모임을 갖기도 했다.

10 기후 위기라는 지구 차원의 문제는 개인, 기업, 국가 등의 전통적인 행위자들이 풀기 어렵다. 국제주의의 바탕 위에 있는 유엔도 국가들 간의 합의를 통해 기존의 사회 패러다임 안에서 이 문제를 해결하기 때문에 뚜렷한 한계를 보인다. 이렇게 볼 때 지구라는 행성과 이에 대한 코스모폴리탄 관점에서 기후 위기를 진단하고 해결책을 찾는 것이 필요하다.

능할까? 이런 의문 때문에 변혁적 기후정의 또는 체제 전환이라는 급진적 담론이 힘을 얻게 되었다.

<표 3> 기후운동 담론의 특성

	에너지전환	체제 전환	문명 전환
열쇳말	에너지	기후정의, 체제 전환	지구, 동물, 살림
구조적 원인	화석연료, 핵, 지속 불가능한 에너지 시스템	자본주의 성장 체제	산업, 인간 중심 문명
해결 방안	탈화석연료, 탈핵, 재생가능에너지, 에너지 생산/소비 감축	탈자본, 탈성장 체제 전환	탈인간중심, 탈산업, 지구, 행성 관점 생태 문명
주요 행위자	국가, 기업, 시민, 시장	최일선 당사자, 노동자, 민중, 장애인, 소수자	비인간 존재, 동물, 시민, 협동조합, 마을, 지역
전환전략	체제 길들이기	체제 부수기, 해체/재구성하기	대안 만들기, 체제 해체/재구성하기
인간/비인간	인도주의	정의/평등 중심 인도주의	탈인간중심주의, 인도주의 해체/재구성

그런데 체제 전환 담론은 기후 위기라는 지구 차원의 새로운 문제 틀의 원인을 자본주의 성장 체제로 환원한다. "기후 위기를 낳은 주범은 자본주의, 그리고 경제성장이다. 우리 모두 연대하여 자본주의와 성장주의 체제를 부수고 모든 인간이 평등한 세상을 만들자."는 혁명적 주장이 소통되고 있다. 그런데 디페시 차크라바티는 기후변화가 자본의 역사와 관련되어 있지만, 자본에 대한 비판만 한다면 이는 기후 위기와 인류세 시대의 문제를 다루는 데는 불충분하다고 말한다(차크라바티, 2023: 63). 그는 행성의 환경 위기는 우리에게 정치와 정의의 관념을 생명체와 비생명체 모두를 포함한 비인간으로 확대할 것을 요구한다고 말한다(위의 책, 28). 자본주의가 기후 위기의 중요한 구조적 원인임은

분명해 보이지만, 자본주의 또는 사회주의 정치·경제 체계를 넘어서 성장 중심의 산업주의 그리고 이와 결합된 국가주의 등 여러 사회구조, 그리고 인간중심주의와 같은 가치와 문화를 복합적으로 성찰해야 생태, 기후 위기를 극복할 수 있을 것이다.

나는 에너지시스템, 자본주의 성장 체제, 또는 단일한 인간 종으로 문제의 원인을 환원하지 않고 기후 위기를 재구성하는 담론의 씨앗은 문명 전환 담론에서 찾아볼 수 있다고 본다. 형성 중인 이 담론은 기후 위기의 원인과 결과를 단일한 종, 사회구조로 환원하지 않고 인간 중심의 이성, 인도주의에 결박된 민주주의를 넘어서서 지구에서 살아가는 모든 생명을 행위자로 호명하며 지구를 새롭게 구성해 나가는 담론이라고 할 수 있다.

3. 인간 너머의 생태전환: 동물운동, 지구법학 그리고 생태법인

2000년대 이후 동물운동과 기후운동이 활발해졌고, 다른 한편으로 지구법학 논의가 발전하고 있을 뿐만 아니라 생태법인 제도를 도입하려는 움직임도 일어나고 있다. 이런 움직임들은 인간을 넘어선 동물, 지구, 기후 등의 비인간 존재를 중심에 놓고 기존의 지배적인 구조를 재구성하려는 실천들이다. 이 장에서는 동물운동, 지구법학 그리고 생태법인 사례를 인간/비인간의 관점에서 살펴본다.

1) 동물운동

2000년대 이후, 우리나라에서 동물의 고통을 줄이고 동물의 복지와 권리를 높이기 위한 동물운동이 급속히 발전하기 시작했다. 앞에서 본 반공해운동, 시민환경운동, 생명운동 등이 공해, 환경, 생명과 같은 오염 현상, 생태계, 지구와 같은 거시적 체계 또는 사태를 인간 또는 생명의 관점에서 본다면, 동물운동은 (개별) 동물의 고통, 감각, 자유, 복지, 권리 등을 동물의 관점에서 본다. 동물의 관점에서 본다는 것이 인간의 관점을 배제한다는 것을 의미하는 것은 아니다. 많은 동물운동 단체들은 동물의 고통과 즐거움을 인간 관점에서 보고 인간들의 즐거움을 위해 자원을 동원한다. 그럼 여기에서 우리나라 동물운동 단체 가운데 주목할만한 몇 단체들의 담론을 살펴보자.

(1) 동물자유연대

2001년에 창립한 동물자유연대는 동물의 복지를 위한 정책 전환을 주창하는 대표적인 단체이다. 이 단체는 "인간에 의해 관리되는 모든 동물들이 인도적인 대우를 받게 하고자 하며, 더 나아가 인간에 의해 이용되거나, 삶의 터전을 잃어가는 동물의 수(數)와 종(種)을 줄여나감으로써, 인간과 동물이 생태적·윤리적 조화를 이루며 살아가는 것을 목표"로 한다고 말한다.[11]

동물과 동물운동을 오랫동안 연구하고 이에 대한 책과 기사를 써 온 남종영은 "많은 동물운동 단체들이 개나 고양이의 구조 활동에 집중하고 이를 통해 모금을 늘리려고 하는 반면, 동물자유연대는 반려동물은 물론 농장 동물 등의 복지와 권리를 위한 정책 개선 운동에 집중하고 있다."고 말한다(남종영 심층면접). 이 단체는 '동물에 대한 인도적 대우'와 '인간과 동물의 생태적, 윤리적 조화'를 목표로 한다는 점이 주목된다. 즉, 인도주의의 경계를 인간을 넘어 동물로 확장함으로써 인간과 비인간 동물의 조화를 지향하고 있다.

(2) 핫핑크돌핀스

2011년에 창립한 핫핑크돌핀스는 "돌고래를 통해 생명과 평화의 가치를 알려가는 해양환경 단체"이다. 이 단체는 수족관 돌고래 해방운동을 최초로 시

---

11 https://www.animals.or.kr/home/mission (2025.6.10. 검색)

작했고, 멸종위기 해양생물 보호와 해양생태계 보전운동을 벌이고 있다. 이들은 "예술과 시위 그리고 교육을 통해 바다와 그곳에서 살아가는 존재들을 '먹거리', '이용할 자원'으로만 바라보는 인간중심주의에 균열"을 내고 있다고 스스로 이야기하면서 돌고래 보호구역 지정 등 돌고래와 해양 보호를 위한 정책을 주창하고 있다.[12] 이 단체는 돌고래를 통해서 해양환경을 보전하는 운동을 벌이고 있는데, 이는 동물운동과 환경운동을 접합하는 운동으로서 중요한 의미를 갖는다.

핫핑크돌핀스 황현진 공동대표는 2011년에 제주 퍼시픽랜드 수족관에 갇힌 제주 남방큰돌고래를 보고 '이 고래를 바다로 꼭 보내야겠다.'는 책임감이 들어서 돌고래를 살리는 운동에 뛰어들게 되었다. 조약골 공동대표는 제주 강정에서 해군기지 반대 운동 등 평화운동을 하다가 제주 남방큰돌고래의 매력에 빠져들어 황현진과 함께 일하고 있다. 황현진은 처음 운동을 할 때는 "인간도 먹고살기 힘든데 무슨 돌고래 타령이야."라고 하는 사람들도 있었지만 자신들이 비인간 존재에 대한 차별 문제를 제기하고 이들과 공존해야 한다고 꾸준히 주장한 덕분에 사람들의 인식이 지난 10여 년간 많이 변했다고 말한다. 제도적으로도 제주 남방큰돌고래가 보호종으로 지정되어 불법 포획이 완전히 근절되었다고 조약골 공동대표는 말한다. 그는 '수족관 감금 돌고래 해방운동'을 통해서 인간의 이윤이나 쾌락을 위해서 비인간 존재를 볼거리, 오락거리, 먹거리로 소비하는 것에 대해 문제제기를 계속해 왔다고 말한다. 황현진은 '돌고래를 너무 사랑한다'는 의미에서 이 운동을 하는 것이 아니라 돌고래라는 상징을 통해서 노동자, 여성, 장애인, 그리고 다른 비인간 동물들이 겪는 고통, 착취, 차별, 즉 위계에 의한 차별 문제를 알리기 위해 운동을 하고 있다고 말한다. 그들은 "돌고래 해방은 모두의 해방"이라고 외친다.

핫핑크돌핀스는 제주도 대정 지역 연안에 해상풍력발전 단지를 건설할 경우

12　http://hotpinkdolphins.org/?p=16650 (2025.6.10. 검색)

제주 연안에 사는 100여 마리(명)밖에 되지 않는 제주 남방큰돌고래들에게 심각한 생존의 위협이 될 것을 우려해서 이 사업에 반대하고 있다. 황현진은 "지역주민들이 바다의 실소유주가 아니고 실제 소유를 따지자면 남방큰돌고래를 비롯한 수중에 살아가는 비인간 존재들이 바다의 주인"이라고 말한다. "남방큰돌고래들이 본다면 인간 주민들은 외부 세력"이라는 것이다. 그들이 보기에 '비인간 주민'이 진짜 주인이다. 그런데 황현진은 큰 규모의 동물운동 단체들은 '인간 회원들'의 관심을 따라서, 대부분 개, 고양이 중심으로 운동을 하면서 탈인간중심주의의 필요성을 잘 못 느끼는 것 같다고 말한다.

(3) 동물해방물결(동해물)

또 하나 중요한 단체는 "종차별 철폐와 동물해방"을 목표로 2017년에 창립한 동물해방물결이다. 동물해방물결은 종차별주의를 철폐한다는 명시적인 목표를 주장하면서 비거니즘(veganism)을 주창하고, 마을과 지역을 변화시키는 실험까지 하고 있어서 개체 생명을 넘어서는 생태전환을 지향하는 단체라고 볼 수 있다. 이 단체는 스스로를 이렇게 소개한다.

> "느끼는 모두에게 자유를. 동물해방물결은 동물을 고통으로부터 해방하기 위해 공감하고 행동합니다. 우리는 종이 다르다는 이유로 차별하지 않는 '종평등'한 세상을 지향합니다. 동물과 함께 더 정의롭고, 관대하며, 지속 가능한 세상은 가능합니다. 종차별주의를 타파하고 인도주의의 경계를 넓히는 길, 동물해방물결이 함께합니다.[13]"

이 단체는 후쿠시마 원전 오염수 방류에 대한 헌법소원에 고래를 원고에 포함해 소송을 제기하고, 생태법인 제도를 도입하는 일에 참여할 뿐만 아니라, 소

---

13 https://donghaemul.com/about (2025.6.10. 검색)

의 보금자리(생츄어리: santuary)를 통해 마을을 살리는 운동을 하고 있다. 이 단체는 동물과 인간의 조화가 아니라 종평등을 지향한다는 담론을 내세운다는 점이 주목된다.

동물해방물결(동해물)의 해방정치연구소 김도희 소장은 정신장애인, 홈리스 등 소수자 인권운동을 하다가 2017년에 "고양이 선생님들을 모시게 되면서 동물권 활동을 시작했다." 그는 동물과의 소통에 대해 이렇게 이야기한다. 그는 주로 조현병이나 발달장애가 있는 분들의 인권과 관련된 일을 했는데, 이들과의 소통 문제는 "내가 얼마나 그 사람들 혹은 그 존재들의 말을 들을 준비가 돼 있는지, 의지가 있는지가 중요"한 것처럼 동물들과의 소통도 준비가 되어 있고 의지가 있으면 "모르기가 힘들다."고 말한다.

동해물은 인제군 남면 신월리에 소들의 보금자리를 마련하고 지역주민과 소통하며 협력하는 실험을 하고 있다. 이들은 불법 개농장에 있는 개들을 구출하다가 그 농장에 있던 '남성 소들'을 구조하게 되었는데 우여곡절 끝에 강원도 인제군 남면 신월리에 '달뜨는 보금자리'를 마련하여 지금 '다섯 명'을 돌보고 있다. 이 소들과 동해물 그리고 신월리 사람들이 만나 소와 마을이 함께 살아나는 이야기가 널리 퍼져나가고 있다. 김도희는 "축산업 속의 하나의 행위자로 알려진 소들이 자유롭게 뛰어다니는 모습을 사람들에게 알리는 일이 고통을 알리는 캠페인만큼이나 중요하다."고 말한다. 1970년대 소양강댐이 건설될 때 수몰민들이 이주하여 새로 마을을 이룬 신월리 사람들은 인구가 줄어드는 상황에서 비건 마을을 만들어보자는 동해물 활동가들과 협력하고 있다. 그리고 정부와 지자체도 이들을 적극 지원하고 있다.[14]

동해물은 기후 위기와 같은 전지구적인 위기 상황에서 '동물 권리 운동만으로는 한계가 있고 체제 전환을 넘어서 문명 전환, 즉 죽임의 문명에서 살림의

---

14 동해물 대표 이지연은 마을 청년회장을 맡고 있고, 소들을 돌보는 활동가 가족들이 신월리 주민으로 살아가고 있다.

문명으로 전환하는 운동으로 확장해야 한다.'는 논의를 하고 있다. 동물권 단체로서 캠페인이나 입법 활동을 하는 것은 '내셔널' 차원에서 하는 일인데, 기후 생태 문제를 접하면서 '탈내셔널', '탈중앙'의 시도와 실험이 필요하다고 그와 그의 동료들은 생각하고 있다. 자기/마음 살림, 지역/마을 살림, 나라 살림, 지구 살림으로 활동을 나누고 지구상에 있는 모든 존재들을 살리는 운동을 해나가는 것을 동해물은 모색하고 있다. 김도희는 "해방은 인간과 동물, 남성과 여성, 국가, 인종을 나누는 실선들을 흐리게 하거나 점선으로 바꾸거나 없애는, 그러니까 고정된 경계를 최대한 흐릿하게 하는 것"이라고 말한다. 그에 의하면 해방 정치는 차이를 드러내면서 동맹을 맺어 해방이라는 목적지를 향해가는 것이다.

(4) 개체 생명과 그 너머

위의 세 단체는 모두 동물의 관점에서 그들의 편에 서서 인간중심주의 또는 종차별주의를 넘어서고자 한다. 그런데 재미있는 것은 동물자유연대는 '인간에 의해 관리되는 모든 동물들이 인도적인 대우'를 받게 하려고 하고, 동물해방물결은 '종차별주의를 타파하고 인도주의의 경계를 넓히'려고 한다는 점이다. 동물의 자유와 해방을 추구하는 동물권 담론에서 인도주의가 중요한 가치의 준거로 호명되고 있는 것을 볼 때, 인도주의 또는 휴머니즘이 여전히 지배적인 영향을 미치고 있다고 볼 수 있다. 이들은 인도주의를 새로운 담론으로 재구성함으로써 인간중심주의와 종차별주의 담론을 해체하려고 한다고 해석할 수 있다.

남종영은 환경운동이나 생명운동이 자연을 관리하고 돌봐야 할 대상으로 보지만 동물운동은 동물을 구성원이자 권리의 주체로 생각하는 관점을 갖는다고 말한다. 인간과 동물 또는 자연을 분리된 것으로 보는 관점에서 둘을 하나로 보는 관점이 동물운동에서 생기게 되었다는 것이다. 그런데 동물운동은 인간이 동물, 즉 당사자가 될 수 없기 때문에 그들의 신호를 잘 해석하고 이해하는 것이 중요한 문제가 된다. 이를 위해서는 과학, 인문·사회 과학, 경험 세 가지가 필요한데 어느 한 가지만 가지고 판단하는 것은 위험하다고 그는 본다. 인간의 지식은 불완전하다는 전제 아래 이 세 가지를 함께 고려하면서 동물의 신호를 해석하려고 노력해야 한다는 것이다. 그는 동물 되기(becoming)의 어려움 또는 불가능성을 인정하면서 그들을 주체 또는 주된 행위자로 초대해야 한다고 보는 것 같다.

그는 전통적인 동물운동은 동물 한 명의 생명이 무엇보다 중요하다는 입장, 즉 개체주의에 입각해 있다고 본다. 정책 개혁보다 동물 구조를 더 중시하는 단체들이 이런 입장에 서 있다는 것이다. 그런데 인류세에 실제로 멸종이 일어나고 있기 때문에 개체 동물을 구조하는 일보다 멸종당하는 동물들을 더 우선하는 것이 필요하다고 그는 본다. 또 그는 동물운동이 개체에 집중하는 '고통 기반 운동'이었지만 이런 경향을 넘어서야 한다고 말한다. 기후 위기와 코로나를 경험한 후, 이제 동물운동은 종차별주의를 비판하고 채식을 주장하는 것을 넘어서서 비인간 동물도 기후 위기의 피해자라는 관점에서 정책 전환을 주창해야 한다는 것이다. 종의 관점에서 정의로운 전환을 보면 폭염으로 죽는 닭을 줄이기 위해 동물복지 예산을 늘리는 것도 필요하다고 그는 말한다. 기후 위기에 대응하기 위해서는 인간이 해야 할 것, 예를 들면 주차장 태양광, 전력 사용량 감축 같은 것들을 다 하고 그런 다음에 해상풍력도 비인간동물의 피해를 최소화하면서 해야 할 것이라고 그는 말한다.

동물운동 담론은 인간이 아닌 동물의 관점에서 동물을 주체 또는 주된 행위자로 호명하는 담론이다. 돌고래나 소와 같은 동물의 수를 '마리'가 아니라 '명'이라고 부르는 담론 전략도 수행된다. 그런데 대부분의 동물운동 단체들은 개별 동물의 고통과 즐거움에 관심을 집중하고 이를 바탕으로 자원을 동원하는 전략을 수행한다. 내가 사랑하는 동물, 내 눈앞에 나타난 동물의 고통에 대한 감각적인 공감은 동물운동의 강력한 동인이지만 이것이 한계가 될 수도 있다. 그러한 감정을 공유하지 못하는 이들과 소통하며, 개별 개체를 넘어서는 다른 사회체계들과 접속하여 이를 전환하는 일도 매우 중요하다.

앞에서 보았듯이, 비인간 존재 그 가운데에서 비인간 동물의 복지, 권리, 자유를 위해 운동하는 동물 단체들 사이에도 차이가 적지 않다. 앞에서 본 핫핑크돌핀스나 동해물은 기후, 생태 위기를 극복하고 종차별주의를 넘어서서 새로운 문명을 지향하는 비전을 자신들의 운동과 연결시키고 있다. 이들의 담론에서 동물-생명-살림-지구는 모두 살아있고 살려야 하는 존재로 연결된다.

그렇지만 동물을 사랑하면서 인간을 혐오하거나 인간들 사이의 차별과 불평등을 당연시하는 사람들도 적지 않다. 동물권을 외치면서 기후, 생태 위기에 무관심한 동물 단체들도 있고, 개나 고양이같이 인간과 친밀성을 갖는 반려동물을 중심으로 이들의 구조나 복지를 위해 직접 행동하는 단체들이 주류를 이루고 있다. 동물운동에도 인간의 관점과 욕구가 강력하게 작동하는 경향이 있다. 남종영은 동물운동을 하는 사람들은 보통 '왼쪽'에 있지만 '오른쪽'에 있는 사람들도 있는데, 그 사람들은 주로 '극성 엄마'처럼 반려견만 좋아한다고 말한다.

동물권과 인권은 행복하게 만날 수도 있고 어긋날 수도 있다. 동물운동이 가족주의, 인종주의 같은 배제의 담론과 결합할 가능성은 언제나 열려있다. 개체주의에 빠져 다른 종, 인간, 사회적 약자와의 복잡한 관계를 개체의 고통과 윤리 문제로 환원할 수도 있다. 인간중심주의를 넘어서는 것을 넘어서 비인간 동물, 인간, 생명, 지구가 함께 살아가는 세상에 대한 더 깊은 담론, 전환의 기획을 토론하는 것이 필요해 보인다.

2) 지구법학

핫핑크돌핀스와 동해물은 살아 있는 동물의 고통과 즐거움에 대한 공감에서 시작해서 마을, 해양, 지구를 살리는 운동으로 연결하고, 확장하는 운동을 벌이고 있다. 그런데 인간 중심의 법학, 사회과학, 인문학을 넘어서서 그런 학문의 틀을 해체하고 지구의 관점에서 이런 학문과 담론을 새롭게 재구성하는 움직임이 있다. 그 가운데 하나가 지구법학이다. 지구법학은 인간과 비인간의 행위를 강제할 수 있는 법체계를 지구 관점에서 재구성하고자 한다. 우리나라에서는 '지구와사람'이 지구법학을 연구하고 소통하는 일을 적극적으로 하고 있다.

지구법학은, 인간은 우주나 지구와 같은 더 큰 존재 공동체의 한 부분이고 인간 공동체 성원의 안녕은 전체로서의 지구의 안녕에 의존하고 있다는 사고다. 이 관점에 의하면 "인간의 법과 거버넌스는 전체로서의 지구의 모든 성원의 안녕을 보호하도록 해야 한다."(박태현, 2020: 41). 지구법학 사상의 기초를 닦은 토마스 베리(Berry)에 의하면, 우주는 객체의 집합이 아니라 주체들의 친교(communion)이다. 그는 우주는 물리적이면서 영적인 실재라고 본다. 태양계 안에서 지구는 스스로 창발하고, 스스로 번성하며, 스스로 키우며, 스스로 통치하며, 스스로 치유하며, 스스로 충만하게 하는 공동체라는 것이다.[15]

김왕배는 지구법학의 핵심 전제는 지구 행성을 구성하는 모든 생명이 그 자체로 존엄성과 권리를 갖는다는 것이라고 말한다. 강, 산, 나무, 모든 동식물은 나름의 권리를 갖는다는 것이다. "지구법학은 인간 너머 존재자들의 권리를 법과 거버넌스 체제로 정착하기 위한 사회철학으로서 이를 실현하기 위한 다양한 법적 장치와 정치 제도, 소유권, 시민사회운동 등을 포괄하는 복합적인 다학문의 회집체"라고 김왕배(2023: 18)는 말한다.

이러한 관점은 인간 관점에서 환경의 지속가능성을 평가하는 것과는 전혀 다르다고 박태현은 말한다. 예를 들면 강이 정상 기능을 수행하려면 하천 환경 유량이 있어야 된다는 개념이 하천법에 도입되어 있는데, 이는 인간 중심의 관점에 서있는 것이다. 그런데 강 자체가 건강해야만 그 강에 기대어 살아가는 인간과 비인간 존재들이 살아갈 수 있기 때문에 전체 강의 이익이 그 구성 요소들의 이익보다 상위에 있고, 그 전제 아래에서 인간과 비인간 존재들의 이익을 형량

---

15 https://thomasberry.org/the-twelve-principles/, 여기서 우주와 지구는 기독교의 신 개념과 매우 유사함을 알 수 있다.

해야 한다는 것이 지구법학의 관점이라고 박태현은 말한다. 인간 중심의 관점에서 보면 인간은 강을 청지기로서 보호해야 하지만 지구법학의 관점에서 보면 강은 스스로 권리의 주체로서 흐를 권리를 갖는다. 여기에서 인간의 지위는 청지기가 아니라 후견인이다(박태현 심층면접).

지구법학의 관점을 어떻게 현실에서 실현할 수 있을까? 박태현은 자유주의 국가와 복지국가, 사회국가를 넘어서 생태 국가로 전환하는 것이 필요한데, 이를 위한 새로운 규범 질서로서 생태 헌법이 필요하다고 본다. 만약 '모든 생명체는 자체의 가치와 이익을 가진다.'는 한 줄이 법에 들어가게 되면 새롭게 할 수 있는 일이 매우 많다고 그는 말한다. 만약에 법인격을 동물, 식물, 생태계에 부여할 수 있게 된다면 그 생태법인의 인간 후견인들이 권한을 부여받고 강, 동물, 식물 등의 이익이 무엇인지 조사, 연구하고 이를 공공의 토론회에서 논의할 수 있을 것이다. 이렇게 되면 인간 중심의 법체계, 정치체계가 조금씩 균열을 일으킬 것이라고 그는 생각한다. 그는 법이 바뀌어야지 판사들도 새로운 관점에서 판단을 할 수 있게 되기 때문에 입법이 중요하다고 말한다(박태현 심층면접).

동물운동이 개별 동물의 고통, 느낌, 자유에 관심을 집중하는 반면, 지구법학은 지구 또는 생태계 전체를 하나로 보고 그것의 안녕에 초점을 맞춘다. 오늘날의 개별 생명과 생태계가 위기에 처한 것은 인간 중심의 법체계가 사회를 지배하기 때문이다. 이 문제를 해결하기 위해서는 인간 중심의 법체계를 해체하고 지구 중심으로 완전히 재구성해야 한다. 여기에서 지구는 전체로서 중요한 행위성을 가진 존재로 인식되고 그 신호를 해석하는 동물운동 단체, 생태전문가, 법률가는 중요한 행위자로 등장한다.

그런데 지구법학에서는 지구라는 전체는 그 자체가 하나의 유기체 또는 공동체로 해석된다. 이런 담론은 기독교 신학과 매우 유사한 형식을 갖고 있다. 태초의 창조 질서는 조화와 균형을 이루고 있었고, 자연은 그 자체로 신과 유사하거나 신의 자기실현이라고 볼 수 있다. 인간이 그 질서를 황폐화하고 있으므로 지구 중심의 새로운 윤리와 법, 거버넌스 체계를 재구성해야 한다는 것이다. 인간

중심주의가 사라진 자리에 주체들의 친교이면서 영적이며 스스로 충만하게 하는 공동체인 지구가 등장한다. 지구, 강, 산이 모두 이익을 갖고 권리의 주체라면 그 존재들의 통일성, 정체성은 어떻게 구성되고 그것은 누가 어떻게 판단하고 그 판단에 대해 어떻게 소통할 수 있을까? 전체, 하나로서의 지구 담론은 여기에서 다시 인간, 사회의 커뮤니케이션, 숙의 등에 대해 토론해야 할 것이다.

개체 동물 또는 동물 종의 고통에서 시작해서 인간을 포함한 모두를 살리려는 동물운동 담론과 지구라는 행성을 유기적으로 살아 있는 전체적인 존재로 보고 그것의 우선적 가치를 전제로 인간과 비인간 존재의 균형을 추구하는 지구법학 담론은 어떻게 어디에서 만날 수 있을까? 생태법인 논의에서 이를 살펴보자.

3) 생태법인

비인간 존재가 인간의 도구 또는 보호대상이 아니라 행위자 또는 주체라면 그 비인간 존재가 인류라는 종이 지배적으로 영향력을 행사하고 있는 지구에서 어떻게 인간 사회에 신호를 보내고 언어적 또는 비언어적 소통을 할 수 있을까? 주로 언어로 소통하고 법체계 안에서 인간들의 행위를 규제하는 인간 사회에서 비인간 존재의 신호를 번역하여 소통할 수 있게 만드는 하나의 방법으로 제안된 것이 생태법인 제도이다.

우리나라에서 생태법인 제도를 도입하자고 처음으로 주장한 진희종(2020: 113)은 생태민주주의를 실현하는 방안의 하나로 이 제도를 제안하면서 이를 "미래세대는 물론 인간 이외의 존재들 가운데 생태적 가치가 중요한 대상에 대하여 법적 권리를 갖게 하는 제도"라고 정의했다. 그는 인간 중심의 민주주의를 극복하지 않으면 인류의 기후 위기도, 제주도의 환경 생태 파괴도 제어할 수 없다고 생각하고 비인간 생태계와 미래세대에게 권리를 부여하는 방안으로 생태법인 제도를 제안했다(진희종 심층면접). 제주도에서 나고 자란 그는 생태법인 제도를 잘 설명할 수 있는 사례를 찾던 가운데, 제주 남방큰돌고래를 만나게 되었다. 제주 연안에서 살고 있는 제주 남방큰돌고래는 멸종위기종이고 역동성이 있으며 미학적 감수성이 크다고 그는 보았다. 이들이 상어를 막아줘서 해녀 문화가 유지될 수 있었다고 그는 말한다. 생태법인 제도를 도입하면 인간 중심적인 세계관에 익숙한 사람들의 관점을 바꿀 수 있을 것이고, 또한 제주 남방큰돌고래를 첫 번째 생태법인으로 지정하게 되면 제주도 해역을 보호할 수 있는 중요한 장치를 마련할 수 있을 것이라고 그는 본다. 만약에 해상풍력발전과 돌고래의 생존권이 충돌하게 된다면 생태법인 제도 아래에서 돌고래를 우선하고, 바다도 지킬 수 있을 것이라고 그는 생각한다.

진희종의 적극적인 노력과 국내외 전문가들의 도움으로 생태법인은 실제 법제도화 과정에 들어가게 되었다. 현재 제주도지사인 오영훈은 국회의원이었던 2022년 2월 9일에 '제주 남방큰돌고래 보호를 위한 생태법인 입법정책토론회'를 주최했고, 그해 7월 제주도지사로 취임한 후, 10월 6일에 생태법인 도입 계획을 공개적으로 선언했다(남종영, 2022) 제주도의 국회의원 위성곤은 2024년 12월 31일에 생태적 가치를 보전·보호해야 하는 특정 생물종·생태계·자연환경 등을 생태법인으로 지정하고, 이들에게 권리와 의무를 부여하는 내용을 담은 제주특별법 일부 개정안을 대표 발의했다(김지숙, 2024).

제주도의회에서도 생태법인 제도를 조례로 제정하거나, 제주도특별법이 개정되면 제1호 생태법인으로 남방큰돌고래로 지정하려는 움직임이 활발하다. 양영식 도의원은 "재산에도 법인격을 부여하고 있는데 생태적인 가치가 큰 자연물에 인격을 부여 못 할 이유가 없다."고 주장하고 제주도가 세계 환경 수도, 생태도시, 생태 섬으로 거듭나는데 생태법인 제도가 중요한 계기가 될 것이라고 말한다(제주도의회 본회의, 2022.11.18.). 그는 제주 남방큰돌고래가 '제주의 판다' 같은 '글로벌 캐릭터'로 성장할 수 있다고도 발언했다(문화관광체육위원회 회의, 2024.2.26.). 고태민 도의원은 돌고래를 보호하기 위해서는 관리구역 지정 등을 하고, 해상풍력 계획을 해상운송, 경관, 조업 어장 축소, 생태계 훼손 등을 고려해서 종합적으로 판단해야 한다고 발언했다. 그는 바다를 어민들과 수산 관련 사업자들, 도민들의 이익 관점에서 봐야 하고, '바다를 지켜 수산인들을 위한 바다'가 되도록 해야 한다고 덧붙였다(농수축경제위원회 회의, 2024.2.21.).[16]

핫핑크돌핀스의 조약골 공동대표는 생태법인이라는 제도가 도입되어서 남방큰돌고래가 먼저 수혜를 받고 오름, 곶자왈, 지하수같이 "인간의 무분별한 이용과 착취에 의해 고통 받아온 비인간 존재들의 법적인 틀이 마련이 되는 것은 좋겠지만 권력자들이 권력을 유지하는 데 이를 이용할" 우려도 있다고 말한다. 그렇기 때문에 이 제도가 실제 비인간 존재들의 권리를 보장하는 방향으로 나아가도록 하는 것이 중요하다는 것이다.

박태현은 제주도특별법을 개정해서 생태법인 제도를 도입하게 된다면 "돌고래에게 권리와 이익이 있기 때문에 환경영향평가 과정에서 돌고래의 권리와 이익에 관련된 목소리가 후견인을 통해 반영될 수 있을" 것이라고 말한다. 2025년 상반기에 돌고래 서식처 보호구역이 지정될 것으로 보이는데 이것도 생태법인 논의가 본격적으로 이루어지면서 생긴 일이라고 그는 본다. 김도희는 돌고래의 주요 서식처 가운데 하나인 대정 지역에 추진 중이던 '대정해상풍력발전 시범지구 지정 동의안'이 제주도의회에서 부결되었는데, 이것은 생태법인 제도가 공론화되고 있는 상황과 관련이 있는 것 같다고 평가한다(김도희, 2023: 126). 남종영은 해상풍력과 돌고래의 경합 문제에 대해 기후 위기를 해결하기 위해서는 해상풍력의 불가피성에 대해서만 주장하는 것도, 돌고래 등 야생동물의 피해에 대해서만 이야기하는 것도 부족한 주장이라고 말한다. 동물들도 기후 위기의 피해자인 이상, 비인간 동물의 피해를 최소화하면서 인간의 책임을 다하는 것이 인간이 기후 위기를 해결하기 위해 해야 할 일이라고 그는 말한다(남종영 심층면접).

---

16 제주도의회의 자료를 접할 수 있게 해준 이태영 제주도의회 전문위원에게 감사드린다.

제주에서 시작된 생태법인 논의는 인간/비인간 담론이 여러 담론들과 교차하면서 인간중심주의를 넘어설 수 있는 가능성을 보여준다. 처음 이 논의를 시작한 진희종은 광주 민주화운동에 직접 참여하여 몸에 새긴 민주주의의 경험을 바탕으로 인간 중심의 민주주의의 한계를 넘어서기 위해 생태민주주의에 관심을 기울이게 되었다. 그는 약자들의 민주주의가 말 못 하는 미래세대와 비인간 존재를 배제하거나 억압하는 정치가 된다면 기후 위기도 생태 위기도 해결할 수 없다고 생각하고 생태법인 제도를 도입하여 민주주의를 재구성하는 일을 시작했다. 그는 법이 사람들의 생각과 행동을 바꾸는 규범이자 강제라고 판단하고 그가 동원할 수 있는 정치적, 사회적 자원을 이용해서 정치체계의 행위자들을 설득했다.

세계 환경 수도, 생태 섬, 돌고래의 보호자, 제주의 푸바오 같은 상징은 정치적 정당성을 높여 정치인의 지지를 높일 수 있을 뿐만 아니라 관광과 연결되어 경제적 자원으로 전환될 수 있다(최명애, 2020). 생태법인을 추진하는 정치체계의 행위자들은 생태법인과 돌고래를 정치적 자원으로 이용하여 이것과 충돌하는 정책들을 뒤로 미루거나 약화시키면서 권력을 유지, 재생산하기 위해 노력하고 있다고 볼 수 있다. 많은 정치인들은 자신들에게 표를 주는 어민, 수산업자, 도민들 그리고 자신들의 권력 관점에서 생태법인과 돌고래를 바라본다.

핫핑크돌핀스는 인간 중심의 지배적 패러다임 밖에서 비인간 생명 또는 돌고래가 되려고 노력하면서 그들의 고통과 즐거움에 공감하며 그들이 '주민'인 바다를 지키려고 한다. 그들에게 생태법인은 돌고래가 지구에 거주하게 만들 수 있는 수많은 제도 가운데 하나이다. 박태현은 인간 중심의 법학 또는 법체계를 생태법인을 통해 균열을 내고 이를 해체하여 재구성하는 것을 기대하는 것으로 보인다. 인간 중심의 환경법 체계 안에서 환경을 보호하기 위해 연구하고 실천하다가 뉴질랜드에서 황거누이강에 법인격을 부여한 사례를 보고 인간/비인간의 관점을 바꾸는 것이 필요하다고 깨닫게 되었다고 그는 말한다.

생태법인 담론 안에는 (생태)민주주의, 인간/비인간, 경제, 고통/쾌락 등의 이슈들이 교차하고 있다. 한편에는 인간 중심의 정치, 법, 경제, 의식 체계를 해체하고 재구성하려는 흐름이 있고 다른 한편에는 그 체계 안에서 생태법인이나 돌고래를 전유하려는 흐름이 있다. 이런 실천들 속에서 생태전환은 느리게 또는 빠르게 진화해 나간다.

4) 인간중심주의를 넘어서기의 어려움

동물운동, 지구법학, 생태법인은 모두 인간중심주의를 넘어서는 담론들이다. 동물운동가들은 인간이 동물이 되기 어렵다는 것을 알면서도 동물 되기를 실험하며 동물 되기에 대한 소통과 투쟁을 이어가고 있다. 이들은 사람들이 받아들이기 쉬운 인도주의에 바탕을 두고 의인화를 하면서 인도주의의 범위를 비인간 동물로 확장하기도 한다. 그런데 이 담론은 동물에 초점을 맞추기 때문에 식물, 물질, 강, 산, 지구 같은 동물 아닌 생명과 물질 그리고 그들의 결합에 대해서는 맹목일 수 있다. 나와 내 가족 같은 동물을 넘어서 모두를 살리는 생태전환을 실천하는 일은 동물운동 담론을 넘어선다.

지구법학에서 주된 행위자는 우주와 지구이다. 인간은 우주와 지구를 구성하는 하나의 종이다. 이러한 관점은 이성을 가지고 세상을 다스릴 권리가 있다는 인간중심주의를 비판할 수 있는 담론임에 틀림없다. 그러나 스스로 창발하고, 스스로 다스리는 지구 공동체라는 담론은 지구에 살아가는 수많은 생명과 비생명을 하나의 자연 또는 신으로 환원하는 새로운 지구 신학은 아닐까? 인간중심주의를 넘어서기 위해 조화롭고 목가적인 유럽 중세의 신 또는 자연을 다시 불러오는 것은 아닐까? 그런 자연 또는 신은 구성되고 만들어진 상징일 것이다. 지구법학 담론은 생태 신학으로 환원할 수 없는 윤리, 권리, 법과 거버넌스에 대한 성찰을 담고 있지만, 나는 규범적 근거로서 지구를 전제하는 담론은 비판적으로 검토할 필요가 있다고 본다.

생태법인 담론은 주식회사, 사단법인, 재단법인 같은 인간의 필요를 위해 인위적으로 만든 법인격을 자연물에 부여함으로써 인간들이 비인간 존재가 되거나 그 이익을 대변하고 후원할 수 있다는 주장을 담고 있다. 이는 인간중심주의를 넘어서기 위해 인간(인도)주의를 확장하는 담론이라고 볼 수 있다. 인간이 인간의 필요(생태적으로 중요하다고 인간이 판단하는 자연물)에 의해 선택적으로 비인간 존재에게 법인격을 부여하여 법체계 안에 불러오자는 것이다. 이것은 인간의 필요를 위해 보호대상을 지정하는 기존의 자연보호 정책이나 법보다 진전된 것은 분명하지만, 크게 보면 인도주의나 현세대 인간중심주의의 작동을 지속시킬 가능성도 적지 않다. 〈표 4〉에서 인간중심주의를 넘어서려는 세 담론들을 비교해 보았다.

〈표 4〉 동물운동, 지구법학, 생태법인 담론의 특성

	동물운동	지구법학	생태법인
열쇳말	동물의 고통, 느낌, 자유	지구의 안녕	생태민주주의, 인간 중심 법
구조적 원인	인간중심주의, 종차별주의	인간 중심 법/거버넌스 체계	인간 중심 법체계
해결 방안	동물복지, 동물권, 채식, (공장식) 축산 폐지	지구 중심법, 거버넌스, 윤리, 문화	생태법인 제도 도입
주요 행위자	동물, 동물 단체, 전문가	지구, 생태계, 전문가	정치인, 시민운동가, 동물 단체, 전문가, 돌고래
전환전략	저항하기, 체제 길들이기, 해체/재구성하기, 대안 만들기	체제 해체/재구성하기	체제 길들이기, 해체/재구성하기
인간/비인간	인간중심주의/종차별주의 철폐, 인도주의 확장/재구성	인간중심주의 극복, 인도주의 해체/재구성	인도주의 확장을 통한 인간중심주의 해체

4. 경계를 넘어서고 재구성하는 생태전환

1) 생태전환 운동의 담론들

　1970~80년대와 지금을 비교하면 인간/비인간 담론의 지형은 크게 바뀌었다. 사람들이 기본적인 생존과 자유를 누리기 힘들고, 장시간 노동, 빈곤에 노출된 채 독재에 저항해야 했던 시기에 인도주의와 민주주의는 기본적인 가치의 준거로 소통되었다. 그러나 민주화 이후 시민들은 자연을 보호하며 공존해야 할 대상으로 인식하기 시작했고, 동물과 자연을 권리의 주체이며 주된 행위자로 인식하게 되었다. 기후 위기는 회복력 있는 시스템으로 여겨지던 대기와 지구의 순환계가 모든 것을 바꿀 수 있다는 인식을 불러일으켰고, 이 때문에 지구라는 행성을 하나의 행위자로 보는 관점도 힘을 얻게 되었다. 이제 비인간 동물, 생명, 지구는 더 이상 보호해야 할 대상이나 저기 멀리 있는 물질과 유기체의 집합이 아니라 다양한 인간들, 사회들과 함께 진화하는 그 무엇으로 보는 관점이 설득력을 얻게 되었다.

　생태전환 운동의 담론들은 다양한 문제 설정 속에서 생태, 기후 위기의 특성, 원인, 해결 방안 등을 구성하고 소통시켰다. 반공해운동, 시민환경운동, 생명운동에서는 자본주의, 국가주의, 경제성장, 생산과 소비, 산업주의 등 지배적인 사회구조가 주된 문제로 설정되었다. 기후운동에서는 이런 담론들이 서로 경합하며 에너지 시스템, 자본주의, 산업/인간 중심 문명 등이 주된 문제로 논의되었다.

　인간중심주의를 주된 전환의 대상으로 삼은 담론은 동물운동과 지구법학이다. 동물운동은 인간중심주의와 종차별주의를 철폐해야 할 대상으로 삼고 적극적인 직접행동을 조직해왔다. 그런데 이 담론 속에서도 인도주의가 규범적 근거가 되거나 변형되고 확장될 가치 준거로 논의되고 있다. 동물운동가들은 종으로서의 인간을 비판하기보다는 인간의 규범과 제도를 형성하는 문화와 문명을 바꾸는 데 관심을 집중하고 있다.

지구법학은 모든 존재의 근거로서 지구를 구성함으로써 규범과 행동의 기준이 지구라고 주장한다. 이 담론은 전지전능한 신이 사라진 시대에 새로운 자연/신을 불러올 수도 있을 것이다. 그러나 다른 한편으로 지구법학은 인간을 넘어선 규범의 근거를 설정함으로써 생태, 기후 위기 시대의 새로운 법, 거버넌스를 구성할 수 있는 공론장을 열어가고 있다. 어떤 조직이나 담론이 진리, 규범, 아름다움의 근거를 독점하지 않으면서 스스로를 변화시킬 수 있는 전환의 가능성을 열어놓는다면 그 조직이나 담론은 변화하는 시대에 생태전환을 개방적으로 지속할 수 있을 것이다.

생태법인 사례는 지구법학, 생태민주주의, 동물권 담론 등이 접합한 흥미로운 사례이다. 이 사례에서 동물-비인간-생명-지구-민주주의는 모두 매끄럽게 연결되고 민주적이면서 생태적인 사회를 만드는 비전이 제시된다. 시민운동가, 동물운동가, 정치인, 지구법학자, 전문가 등은 모두 자신들의 관심을 이 제도와 접합시켜 인간중심주의를 넘어서면서 인도주의를 해체하거나 재구성하는 실천을 하고 있다.

2) 인간중심주의를 넘어서는 생태전환

이제 인간이 문제냐 아니냐 하는 질문을 버리고 새로운 질문을 던져보자. 인간이라는 종이 발전시킨 다양한 문화, 문명, 제도가 심각한 위기에 처한 지금 우리는 어떤 전환을 어떻게 해나갈 것인가? 자본, 국가, 산업, 젠더가 차별과 불평등뿐만 아니라 거주 가능성을 위협한다면 '생태적 지속가능성 또는/그리고 모든 생명이 자유로운 공동체'를 만들어가기 위해 더 많고 더 깊은 생태전환을 해나가야 할 것이다. 인간이 문제가 아니라 인간을 고립된 최고로 구성한 인간중심주의, 그리고 인간의 가치, 이성만을 중시하는 인도주의를 넘어서서 새로운 인도주의 또는 이성, 구 유럽, 제국 중심의 인도주의를 넘어서는 포스트휴먼의 문화와 문명을 구성해 나가야 할 것이다. 민주주의를 생태적으로 재구성하고, 성장을 넘어 발전을 생태적으로 재구성하며, 국가주의를 넘어 모든 생명의 평화 만들기를 지금 여기에서 시작해야 할 것이다. 경계는 미리 그어져 있는 것이 아니라 인간과 비인간이 서로 구성하며 새롭게 변화시켜 나가는 것이다.

인간중심주의를 넘어선다는 것은 인간만이 목적으로 대우받을 수 있다는 윤리, 가치 체계를 해체한다는 것을 의미한다. 이는 외재하는 신을 통해 인간들 사이의 차별과 불평등을 정당화했던 유럽의 지배체제를 해체했던 인도주의 담론을 다시 해체/재구성하는 기획이다. 또한 경제성장, 자본주의, 산업주의, 국가주의, 가부장주의 담론 안에서 사람들 사이, 그리고 종들 사이의 불평등을 정당화하는 체제를 해체하는 기획이다.

인도(인간)주의 또는 휴머니즘은 인종, 계급, 종교, 젠더를 가로질러 사람들의 존엄성과 권리를 확대하는 데 중요한 기여를 했다. 그런데 인간의 자유와 권리가 깊이 의존하고 있는 비인간 존재가 심각한 위험에 처해 있어서 휴머니즘의 근거가 흔들린다면 휴머니즘은 해체/재구성되어야 하지 않을까? 그래서 나는 인간중심주의를 넘어서면서 휴머니즘을 해체/재구성하여 생태전환을 이루어나가는 것이 필요하다고 본다.

인간중심주의를 넘어서는 생태전환은 어떻게 이루어질까? 나, 가족, 민족, 국가, 인류로 확장되는 공감의 영역이 다른 개인, 가족, 민족, 국가, 종, 사물, 생태계, 지구로 확장되는 심리와 의식의 커뮤니케이션이 21세기 지구 그리고 한국에서 일어나고 있다. 반려동물의 고통과 즐거움에 대한 집합적 공감능력과 커뮤니케이션이 증대하는 과정과 생태, 기후 위기에 대한 커뮤니케이션이 확대하는 과정이 함께 일어나고 있다. 이 과정에 참여하는 사람들은 그들의 다른 존재에 대한 친밀성과 위기의식을 소통하면서 문제를 해결하기 위해 정치체계와 법체계 안에서 행동하거나 그 체계의 프로그램을 바꾸려고 함께 자원을 동원하여 조직적인 사회운동을 벌이고 있다.

이러한 전환이 이루어질 수 있는 힘은 어디서 나올까? 반공해운동가들은 독재정부의 치하에서 공해로 고통받는 아이들, 피해자들에 대한 사랑과 공감으로 저항운동을 조직했다. 시민환경운동가들은 오염된 강, 산, 바다를 보며 체제에 저항하며 국가를 길들이는 운동을 조직했다.[17] 생명운동가들은 농약으로 고통받는 농민들을 보면서 땅과 밥상과 생명을 살리기 위해 유기농 직거래 운동을 벌이며 대안을 만드는 일을 했다. 동물운동가들은 고통받는 동물들을 보면서 이들을 살리기 위해 구조하고, 정책을 개선하고, 의식을 바꾸는 일을 했다. 기후운동가들은 기후 위기로 고통받는 인간, 동식물, 지구를 위해 전환을 주창하고 있다.

이들을 움직이는 것은 다른 존재의 고통에 대한 공감과 그들에 대한 사랑과 친밀성이라고 볼 수 있다. 좀 더 넓게 본다면 나의 존재가 나 이외의 존재로 확장되어 공감의 시공간이 확대되는 경험이 생태전환 운동가들에게 중요할 것이다. 이러한 경험을 바탕으로 이들은 사회운동을 통해 사랑, 고통, 즐거움을 공유하면서 연대하고 저항하고, 대안을 만들면서, 사회를 전환하려고 한다. 이들은 사회운동을 통해 사람들의 의식과 행위를 변화시키고, 이를 바탕으로 정치체계가 탈인간중심의 법과 정책을 실행하도록 정치적 압력을 조직하고 소송을 통해 법체계가 탈인간중심의 프로그램을 확산하도록 노력한다. 이런 실천들 속에서 사회는 유전자나 문화 또는 사회제도에 의해 결정되지 않는, 좀 더 개방적이면서 인간과 인간 이외의 존재들이 함께 살아갈 수 있는 사회로 전환해나갈 수 있을 것이다.

---

17   시민환경운동은 인간중심주의를 넘어서서 사회경제적, 생물학자는 물론 모든 인류와 미래세대와 비인간 존재가 함께 잘 사는 세상을 지향한다. 강은 흘러야 하고 백두대간, 새만금 갯벌, 도롱뇽은 존재할 권리가 있다. 이들은 새만금갯벌을 살리기 위해 미래세대를, 천성산을 살리기 위해 도롱뇽을 원고로 소송을 제기했으나 법원은 이들을 당사자로 인정하지 않았다. 현세대 인간 중심의 법체계 안에서 인간중심주의를 넘어서는 전환 프로그램은 실행될 수 없었다.

참고문헌

구도완. 2011. "생태민주주의 관점에서 본 환경운동 사례연구." 『기억과 전망』 25: 8-33. 민주화운동기념사업회 한국민주주의연구소.

_____. 2018. 『생태민주주의』 한티재.

_____. 2023. "한국 기후운동은 어떤 담론으로 어떤 전환전략을 실천하는가?" 『기후위기, 전환의 길목에서』 75-111. 홍덕화 외 지음. 도서출판 풀씨.

_____. 2024. "커먼즈의 눈으로 보는 한살림운동." 『커먼즈 다시 그리기』 정영신 외 지음. 도서출판 풀씨.

구도완 외. 2023. 『생태전환 운동을 꿈꾸는 사람들』 도서출판 한살림.

김도희. 2023. 『정상동물』 은행나무.

김왕배. 2023. "'인간 너머' 자연의 권리와 지구법학." 『지구 법학: 자연의 권리 선언과 정치 참여』 지구법학회 지음. 김왕배 엮음. 문학과지성사.

김지숙. 2024. "제주 돌고래에게도 드디어 권리와 의무가? '생태법인 법안' 발의." 『한겨레』 (2024.12.31.).

남종영. 2022. "'생태법인'을 아시나요?… 제주 남방큰돌고래, 법적 권리 논의 시동." 『한겨레』 (2022.10.6.).

루만, 니클라스(Niklas Luhman). 2014. 『생태적 커뮤니케이션』 에코리브르.

박순열. 2021. "사회는 코로나19에 어떻게 대처할 수 있는가?" 『전환의 질문, 질문의 전환』 구도완 외 지음. 도서출판 풀씨.

박태현. 2020. "지구법학의 사상적 기원: 토마스 베리의 지구법학론." 『지구를 위한 법학』 강금실 외 지음. 서울대학교 출판문화원.

브라이도티, 로지(Rosi Braidotti). 2015. 『포스트휴먼』 이경란 역. 아카넷.

전범선. 2023. 『기계 살림: 사이보그로 살아남는 법』 다른백년.

진희종. 2020. "생태민주주의를 위한 '생태법인' 제도 도입의 필요성." 『대동철학』 90: 111-127.

차크라바티, 디페시(Dipesh Chakrabarty). 2023. 『행성시대 역사의 기후』 에코리브르.

최명애. 2020. "비인간 행위성과 제주 돌고래 생태관광의 정치경제." 『문화역사지리』 32(1): 126-145.

하라리, 유발(Yuval Noah Harari). 2015. 『사피엔스』 김영사.

한국공해문제연구소. 1986. "86반공해선언."

한살림모임. 1989. "한살림선언."

9장

플루리버스 관점은 칠레 아마카마 소금 사막의 주류적 기후 위기 대응의 대안이 될 수 있을까?

서지현

이 글에서 비인간 논의 혹은 인간 너머의 논의는 인간 중심의 근대적 사고관이 비가시화한 관계적 얽힘을 회복하고, 회복된 관계적 얽힘을 통해 근대 자본주의 발전의 위기를 극복하는 방안을 모색하는 전환적 노력을 의미한다. 특히 발전 인류학자 아르투로 에스코바르(Arturo Escobar)의 플루리버스 관점이 등장한 배경과 의미를 살펴봄으로써, 주류적 기후변화 대응책의 한계점을 밝혀낼 수 있었다. 주류적 기후변화 대응책의 하나로 전 세계적 리튬에 대한 수요가 높아지면서, 칠레 아타카마 소금 사막은 기후변화 대응의 중요한 대안 지역으로 부상했다. 하지만 오히려 소금 사막 지역은 유례없는 물 위기를 경험하고 있다. '물 추출 광산'이라 알려진 리튬 개발이 친환경적이라고 인식되는 이유는 주류적 과학, 지식, 자본이 지배하는 칠레의 법 제도적 틀에서 비가시화된 인간과 인간 너머 존재들의 관계성에 기인한다. 플루리버스 관점은 인간 중심의 근대적 사고관에서 포착할 수 없는 인간과 비인간 너머의 얽힘의 관계에 대해 고찰할 기회를 제공한다. 이를 통해 근대 자본주의 발전의 위기에 대한 해결 방식을 인간 중심의 기술이나 법 제도 너머에서 고찰해 볼 기회를 제공한다는 점에서 전환적 사고에 기여한다.

1. 주류적 기후변화 대응과
   칠레 아타카마 소금 사막 지역에서의 리튬 개발

기후 위기는 현재 지구가 직면한 중대한 위기 중 하나로, 이제는 IPCC(Intergovernmental Panel on Climate Change, 기후변화에 관한 정부 간 협의체), 유엔 기후변화협약(UNFCCC)과 같은 국제기구, 기후 과학자와 같은 전문가 집단뿐만 아니라 기후 위기를 일상에서 경험하고 있는 일반 시민들의 걱정거리 중 하나가 되었다. 기후를 다루는 기사에서 빈번하게 등장하는 '이례적인', '유례없는', '예측할 수 없는', '역대 최장기간' 등의 수식어는 기후 과학에 대한 대중의 신뢰성을 떨어뜨리며, 기후가 일상 대화를 지배하는 기후의 일상화 혹은 기후의 정치화 현상을 만들어냈다고 해도 과언이 아니다. 더욱이 2015년 교토의정서의 후속인 파리협정이 채택되고 신기후 체제가 형성되면서, 모든 국가가 어떤 형태로든 온실가스 배출을 줄이고, 에너지 매트릭스[1] 전환을 적극적으로 추진해야 하는 상황에 놓이게 되었다.

신기후 체제 형성 이후 에너지 매트릭스 전환 논의에서 가장 주목을 받은 것 중 하나가 그린 에너지원(green energy)을 이용한 교통 체제로의 전환이다(서지현, 2024: 84). 그중에서도 리튬-이온 배터리를 장착한 전기자동차는 기후 위기 대응을 위한 녹색 전환에서 핵심적인 기술로 평가받아 왔다. 전기차에 장착되는 리튬-이온 배터리의 주원료인 리튬의 약 70%가 남미의 안데스 리튬 삼각지대(Lithium Triangle)라고 불리는 칠레, 아르헨티나, 볼리비아의 안데스 고산지대 소금 사막(Salar) 지역에 매장되어 있는 것으로 알려져 있다. 특히 전 세계 리튬 생산량의 38%가 칠레에서 이뤄지는데, 칠레의 주요 리튬 생산지는 세계에서 가장 건조한 지역 중 한 곳인 칠레 북부의 아타카마 소금 사막(Salar de

---

[1] 에너지 매트릭스(energy matrix)란 한 지역 혹은 국가의 에너지 수요 충족을 위해 사용되는 다양한 에너지원의 구성을 의미하며, 석유, 천연가스, 석탄, 원자력, 재생에너지원 등이 있다.

Atacama) 지역이다. 남미 리튬 삼각지대의 리튬이 주목받는 이유는 풍부한 매장량뿐만 아니라 리튬을 추출하기 위한 생산 비용이 다른 지역에 비해 낮다고 알려져 있기 때문이다. 호주, 중국 등지에서 생산되는 광석 추출 리튬과 달리, 남미 리튬 삼각지대에서 추출되는 리튬은 '브린(brine)'이라고 불리는 소금물에 함유되어 있다. 따라서 리튬 추출 과정에서 광석 폐기물이 덜 발생하거나 화석연료를 적게 사용하기 때문에, 경제·환경적인 측면에서 추출 비용이 낮은 것으로 알려져 있다(Barandiarán, 2019: 382). 칠레 아타카마 소금 사막의 브린은 0.15%의 리튬을 함유한 것으로 알려진다(Liu et al., 2019: 145). 브린에 함유된 리튬을 추출하는 과정을 구체적으로 살펴보면, 먼저 리튬 추출을 위해 소금 사막 아래 지하에서 브린을 펌프로 끌어올려 태양열과 바람을 통해 물 증발 과정을 거친 다음, 화학 첨가물을 통해 최종적으로 정화된 리튬을 추출한다(Liu et al., 2019: 145-146; Busto-Gallardo et al., 2021: 182-183). 남미 소금 사막에서의 브린을 통한 리튬 생산은 일반적인 광산 추출 활동과 비교할 때, 친환경적이라고 알려져 있지만 이미 많은 학자, 환경활동가, 지역주민들이 조사와 시위 등을 통해 지역 생태계와 지역사회에 미치는 부정적 영향에 관해 증언하고 있다. 또한 학자들을 이를 추출주의의 새로운 형태인 '녹색 추출주의(green extractivism)' 혹은 '녹색 식민주의(Green Colonialism)'로 비판하고 있기도 하다(Jerez et al., 2021; Dorn, 2022; Dorn et al., 2022; Blair et al., 2023; Mejía-Muñoz, 2023; Janubová, 2023).

특히 리튬 삼각지대의 브린을 통한 리튬 생산이 비판받는 이유는 이 지역이 세계에서 가장 건조한 지역 중 한 곳인데, 브린을 통한 리튬 추출 과정이 "물 추출 광산(water mining)"이라고 불릴 정도로 지역의 물 순환에 중대한 영향을 미치기 때문이다(Garcés and Alvarez, 2020; Busto-Gallardo et al., 2021: 184; Vera et al., 2023). 이처럼 2010년대 중반 이후 리튬 생산 과정에서 발생하는 생태 사회적 영향이나 리튬 생산에 따른 재원 분배 과정에서 많은 분쟁이 발생하게 되면서 정의로운 전환(Just Transition)을 위한 법 제도상의 개혁이 제안되고 실현되고 있다. 가령, 기업과 지역 공동체 간의 이해 및 갈등 조정 제도, 원주민 보상 및 참여 제도, 환경영향평가 등의 제도적 개선이 이뤄지고 있다. 이러한 제도적 조율과 지역주민 및 환경활동가들의 비판에 대한 수용은 그동안에 이 지역에서 자원 개발을 둘러싸고 존재해 온 구조적 불평등과 권력관계에 대한 위계를 비판하고 개선하기 위한 노력의 일환이라 볼 수 있지만, 또 다른 측면에서는 리튬을 비롯한 자원 개발을 지속하기 위한 기업이나 국가 전략의 일환이라고 비판받기도 한다. 이러한 비판은 이해 및 갈등 조정 제도나, 원주민 보상 및 참여 제도, 환경영향평가 등의 제도적 개선이 이 지역이 안고 있는 위기 국면에 대한 근본적 해결책을 제시하고 있지 않기 때문이다. 이 지역은 앞서 언급한 바와 같이 지구상에서 가장 건조한 지역 중 한 곳이기 때문에 물이 귀한 곳이지만, 기후 위기와 기후 위기 대응 과정에서의 물 부족 문제는 더욱 심각해지고 있어, 일부 지역에선 이미 물 위기가 선언된 상황이다.

그렇다면 주류적 기후 위기 대응은 무엇이 문제일까? 근대 이후 인류가 처한 문제를 해결하는 데 가장 확실한 해결책이라고 믿어 의심치 않았던 과학과 기술이 덜 발전해서 생긴 문제일까? 아니면 정치경제학자들이 비판하듯 과학과 기술을 기반으로 끝없이 축적 체제를 확장하는 자본주의의 문제일까? 아니면, 정치생태학자들이 비판하듯 법과 제도적 개혁의 성과를 제한하는 생태 문제에 내재된 가치, 권력, 지식의 격차의 문제일까? 최근 전환 논의를 이끄는 학자들이 주목하는 비인간 논의 혹은 인간 너머의 논의들이 공통으로 가지는 문제의식은 환경정의론, 정치생태학, 정의로운 전환 논의가 생태적 문제에 내재한 권력관계의 위계를 설명하고 비판할 수 있다는 측면에서 장점이 있지만, 현실적으로 어떻게 구조적 권력관계와 주류 담론을 극복하고 새로운 비전을 제시할 수 있는가에 대해서는 설명력의 한계를 가진다는 것이다. 이 글은 이와 같은 문제의식에서 비인간 논의 혹은 인간 너머의 논의가 기후 위기와 같은 위기 국면에 어떠한 시사점과 비전을 제시할 수 있는지를 논의하고자 한다. 보다 구체적으로 라틴아메리카 사례를 오랜 기간 연구해 온 발전 인류학자 아르투로 에스코바르(Arturo Escobar)가 제시하고 있는 플루리버스(Pluriverse) 관점을 소개하고, 그가 제시하는 관계적 존재론의 관점이 주류적 기후 위기 대응 방식의 한계와 대안적 비전에 어떤 시사점을 줄 수 있는지 살펴보고자 한다. 특히 이 글은 플루리버스적 관점을 통해 칠레 아타카마 소금 사막을 둘러싼 주류적 기후 위기 대응 방식의 한계점을 들추어내고 플루리버스 관점이 가지는 가능성을 살펴보고자 한다.

2. 에스코바르의 플루리버스 관점 등장 배경과 의미

플루리버스는 "서구(의 근대)를 유일한 가치로 상정하고 다른 세계를 주변화하는 우주관에 반대하는 멕시코 사파티스타(Zapatista)[2]들의 세계 인식과 자치운동에서 유래한 용어"이다(에스코바르, 2022: 449). 에스코바르는 플루리버스를 "'오직 하나의 세계로 구성된 세계(One World World, 이하 OWW)'에 반대하며 '다른' 세계의 존재를 확인하는 이론적 토대"이자, "존재론적 전환과 실천의 방향성"을 제시한다고 보았다(에스코바르, 2022: 449-450).

플루리버스 논의가 등장하게 된 배경을 이해하기 위해 포르투갈 출신의 사회학자 보아벤투라 드 소우사 산투스(Boaventura de Sousa Santos)가 논의한 글로벌 남반구의 인식론적 체계에 대해 언급하지 않을 수 없다. 그는 현대사회의 근대성을 지배해 온 "유럽 중심의 학문과 지식으로는 더 이상 읽어낼 수 없는 경험을 가진 이들의" 지식과 공간에 대해 논의했다(에스코바르, 2022: 132). 이러한 인식론은 기후 위기와 같이 근대 자본주의 사회가 만들어낸 문제가 더 이상 근대적 해결책만으로 해결할 수 없는 문제라는 인식과 더불어, 이를 해결하기

---

[2] 멕시코 사파티스타는 1994년 1월 1일 멕시코 남부의 치아파스(Chiapas)주에서 무장봉기를 시작한 후 반세계화, 반신자유주의 운동을 이끌며, 자치, 영토성(territoriality), 상호문화주의의 실험을 주도해 온 라틴아메리카의 대표적인 사회운동 집단이다.

위해 서구 중심 지식 너머의 지식에 관심을 기울일 필요가 있음을 강조했다. 유사한 맥락에서 에스코바르를 비롯한 월터 미뇰로(Water Mignolo), 엔리케 두셀(Enrique Dussel), 아니발 키하노(Anibal Quijano) 등 라틴아메리카 근대성/식민성 연구 그룹이 제기하고 있는 문제의식 또한 주목할 만하다. 이 그룹은 15세기 말 유럽의 정복자들이 시작한 라틴아메리카의 식민화 과정은 존재론적 이원론에 기초해 유럽과 라틴아메리카, 문명과 야만/자연, 백인과 원주민/흑인을 이분법적으로 구분하고, 후자에 대한 전자의 우위와 통제를 통해 식민화를 진행하고, 후자를 착취, 배제, 비가시화해 왔음을 비판했다. 따라서 라틴아메리카에서의 식민성을 유럽의 근대성(과 근대 자본주의)을 구성하는 동전의 양면으로서 이해한다. 이와 더불어 이러한 존재론적 이원론에 기초한 식민화의 논리는 유럽의 라틴아메리카에 대한 식민 지배가 끝난 이후에도 식민 권력과 지식 헤게모니를 통해 지속되었다고 본다.

근대성/식민성 연구 그룹이 지적한 식민 권력의 헤게모니가 가장 잘 적용된 사례가 라틴아메리카의 추출 산업과 연관된 '자연의 식민성(coloniality)'이다. 라틴아메리카는 유럽 정복 이후 국제 노동 분업에서 원자재 공급 지역으로 세계 체제에 포섭되었다(Jerez et al., 2021: 1). 정복 이후 라틴아메리카에서 자연은 유물론적 관점에서 과학과 기술을 통해 인간이 통제할 수 있는 대상으로 자리 잡았고, 이후 라틴아메리카에서 천연자원 개발을 통한 경제적 성공은 라틴아메리카를 식민 지배한 유럽의 근대 자본주의 발전, 독립 이후 근대화 발전을 추진한 국가의 경제적 성공의 핵심적인 산업으로 자리 잡게 되었다(Alimonda, 2019). 하지만 이 과정에서 자연은 인간이 통제하고 이용하고 정복할 수 있는 천연자원으로 대상화되었으며, 식민 지배 시기 식민 정복자들이 사탕수수, 커피, 면화와 같은 수출용 외래 작물을 대규모로 단일 경작화하는 과정에서 카리브해 지역과 브라질 북부 지역 등의 토착 식물들과 숲은 파괴되었다. 뿐만 아니라 이러한 자연의 식민화 과정은 대규모 원주민 노동의 착취, 아프리카로부터의 흑인 디아스포라(diaspora)를 '문명화'라는 이름으로 정당화하기도 했다. 독립 이후 라틴아메리카의 경제성장에서 천연자원 추출에 기반한 추출 산업은 '근대화 발전'이라는 이름으로, '세계화'라는 이름으로 정당화되었으며, 이 과정에서 기아 탈피와 농업 근대화 발전을 위한 녹색혁명, 지속 가능한 발전, 기후위기 대응을 위한 과학기술 발전은 라틴아메리카에서의 자연의 식민성을 지속해서 정당화의 기반으로 활용하였다. 동시에 전통적인 영농, 자연과 인간 사회 간의 조화 및 관계적 얽힘은 전통적인, 비문명화된, 저발전된 지식이자 전통으로 비가시화되었다.

요약하자면 자연의 식민성이란, 인식론적 차원에서 근대성의 과학적 질서가 전통적 지식의 우위에 자리하며 이 과정에서 나타나는 생태적 혹은 사회적 삶의 다른 방식을 배제하는 정치적 프로젝트이며, 존재론적 이원론에 기반하여 인간 활동과 인간의 조건을 이분법적 위계의 우위에 두는 것을 일컫는다(Cubillos et al., 2023: 103). 이러한 지점에서 근대성/식민성 연구 그룹은 유럽중심주의라고 명명한 지리적 상상과 지정학적 인식론을 넘어 유럽 중심의 근대성에 대해 질문하고, 유럽중심주의적 근대성에 내재한 식민성을 밝히며, 대안적 경로에 대해 논의할 수 있는 '경계적 사고(border thinking)'의 필요성을 강조한다(Alimonda, 2019: 107).

이처럼 보아벤투라 드 소우사가 제안한 글로벌 남반구의 인식론적 체계와 근대성/식민성 연구 그룹이 제안한 경계적 사고 혹은 트랜스모더니티(transmodernity)[3]와 같은 탈식민적 전환 논의는 인식론적 다양성과 근대성을 넘나드는 저항의 '장소'들의 경험에서 살펴볼 수 있다. 특히 추출 산업이 다양한 형태로 진화[4]하면서 자연의 식민성을 심화시키는 맥락에서, 2000년대 이후 라

---

3 근대성/식민성 연구 그룹을 대표하는 학자 중 한 명인 엔리케 두셀(Enrique Dussel)은 유럽 근대성의 비판이 근대성을 부정하는 것이 아닌 근대성과의 거리두기, 근대성에 내재한 식민성의 성격을 드러내며, 근대성과 비판적 거리두기를 하는 것을 트랜스모더니티(transmodernity)라고 명명했다(Dussel, 2000).
4 추출 산업에 기반한 자본축적의 형태를 추출주의(extractivism)이라고 부르는데, 추출주의를 주도하는 주체, 축적 방식의 변화에 따라 전통적 추출주의(classic extractivism), 신추출주의

틴아메리카 전역에서 생태 사회운동, 환경정의 운동, 특정 장소에서의 자치와 상호문화성을 요구하는 영토적 분쟁(territorial struggles)에서 탈식민적 전환의 경험을 살펴볼 수 있다. 이러한 투쟁에서 제기되는 문제는 단순히 자원에 대한 접근성과 통제를 위한 권리에만 국한되지 않고 생태적으로 적합하지 않은 자연의 식민성이 내재한 발전모델에 대한 문제제기와 연계된다(Jerez et al., 2021: 2). 라틴아메리카에서의 추출주의는 그 형태를 달리해서 지속해서 등장하며 라틴아메리카가 국제 노동 분업에서 차지해 온 지위를 영속화한 반면, 자본주의의 확장 및 축적 과정에 큰 변화를 가져오지는 못했다. 뿐만 아니라 근대화의 이름으로 지속되는 추출주의는 라틴아메리카 내부에서의 내부 식민지화를 심화해, 원주민 공동체 및 농촌 공동체, 생태계는 지속적인 수탈과 탈취의 대상이 되어 왔다. 이는 정복 이후 자연에 대한 존재론적, 인식론적 식민화 이후 라틴아메리카의 경제, 정치, 사회, 문화적 측면에서 지배적인 영향을 미쳤다. 따라서 탈식민적 전환 운동은 라틴아메리카에서 추출 산업과 연계된 자연의 개발 방식이 남북 간의 개발 격차뿐 아니라 국가 내에서의 원주민과 생태계에 대한 위계를 만드는 방식에 주목하며, 사회정의, 환경정의, 해방, 자치를 위한 반식민적 혹은 탈식민적 저항의 성격을 가진다(Jerez et al., 2021: 2). 특히 이러한 탈식민적 전환 논의는 그동안 비가시화된 존재와 이러한 비가시성을 정당화하는 지식 권력과 인식론에 대한 존재론적 전환 논의를 이끌고 있다는 측면에서 에스코바르가 플루리버스를 논의하는 데 결정적인 배경을 제공했다고 볼 수 있다.

콜롬비아 태평양 지역의 흑인 공동체 연구를 오랜 기간 진행해 온 에스코바르는 그동안 라틴아메리카의 추출주의와 관련된 정치생태학적 논의에서 출발한 대안적 논의를 종합하면서, 영토적 투쟁, 관계적 존재론에 기반한 정치 투쟁

(neoextractivism), 녹색 추출주의(green extractivism) 등으로 부른다. 축적 방식과 주체가 달라지더라도 자연에 대한 존재론적 이원론에 기반하고 라틴아메리카 자본주의 심화와 국제 노동 분업에서의 라틴아메리카의 위상을 유지한다는 측면에서 추출주의는 라틴아메리카에서 자연의 식민성을 심화하는 결정적 요소라고 할 수 있다.

에서 플루리버스 관점을 착안하였다. 이러한 투쟁들은 글로벌 남반구의 인식론적 체계를 비롯한 페미니즘, 후기구조주의, 정치생태학, 근대성/식민성 연구 그룹의 논의 등을 포괄하고 있다. 플루리버스 관점의 핵심적인 특징으로 '영토성(territoriality)'과 '관계적 존재론의 정치(relational ontological politics)'를 들 수 있다. 에스코바르는 현재의 위기는 "존재하고 행동하고 아는 방식과 깊게 연관되어 나타난 결과"라고 보고, "존재하는 모든 것의 깊은 관계와 상호연결성을 강조하는 다른 형태의 합리성과 존재 방식을 타진한다"(에스코바르, 2022: 53). 이는 존재론적 이원론을 넘어 "서구 사상을 탈식민화"하는 것과 관계를 가진다(에스코바르, 2022: 53). 따라서 에스코바르가 주장하는 관계적 존재론의 정치는 존재론적 이원론을 넘어 평평한 존재론, 즉 존재들 사이의 위계가 없고, "다양한 세계가 거주하는 하나의 세계(A World where Many Worlds Fit)"라는 플루리버스의 잠재력을 위한 정치를 의미한다(에스코바르, 2022: 121). 다시 말해, 오로지 하나의 세계에서 하나의 지식 권력과 인간 존재의 우위만 존재하는 근대성의 "보편적 존재론"에 문제를 제기하며, "세계화된 세상과 부분적으로 연결되어 있지만 동시에 세계화에 (완벽하게) 점령되지 않은 삶의 필요성과 그 삶 속에서 사고하는 것의 중요성을 강조"하였다(에스코바르, 2022: 119). 에스코바르는 이러한 존재론적 투쟁의 장소로서의 영토성(territoriality)을 강조했다. 에스코바르의 영토성은 근대적 인식론에 기반한 '공간(space)'에 대한 이항으로서의 '장소(place)'가 아니다. 다시 말해, 영토성은 유동적인 공간에 대한 이항으로서 고정되고, 전통적이며, 변화하지 않는 장소라기보다는 관계성에 기반하고 유동적으로 변화하는 삶의 급진적 실천 공간으로서 이해할 수 있다.

에스코바르는 영토에 기반한 관계적 삶의 방식에 주목한다. 에스코바르는 콜롬비아 태평양의 항구도시인 투마코(Tumaco)의 사례를 들어 대규모 야자 농업과 상업적 새우 양식으로 1980년대 이후 파괴되어 온 맹그로브의 관계적 존재론에 대해 논의했다. OWW의 관점에서 보면 맹그로브는 경제적 생산성이 높은 야자 농업과 새우 양식으로 파괴의 대상이 될 수밖에 없는 존재이며, 맹그로브의 존재는 부정된다. 하지만 에스코바르는 관계적 존재론의 관점에서 맹그로브의 세계는 "매 순간 다양한 생명체와 삶의 형태가 형성되고 활성화되는 실천의 무한한 집합"이라고 보았다(에스코바르, 2022: 122). 즉, 관계적 존재론의 관점에서 보면 맹그로브의 세계는 "물, 미네랄, 염분 정도, (태양, 조수, 달과 같은) 에너지 형태, 인간 활동, 영적 존재 등 유기, 무기적 물질이 전체를 이루는 복잡한 네트워크"인 것이다(에스코바, 2022: 122). 이러한 맹그로브의 세계는 다른 형태의 존재와 생성 방식을 보여주며, 영토적 투쟁은 "현재 OWW와 부분적으로 연결되고 종속된 맹그로브의 세계들이 어느 정도 대칭성을 재/확립하기 위해 벌이는 시도"로 이해할 수 있다(에스코바르, 2022: 122-123). 다시 말해, 관계적 존재론의 정치는 OWW 이외의 다른 세계들, 즉 플루리버스를 위해 관계성을 활성화하는 것으로 이해할 수 있다(Cubillos et al., 2023: 98). 플루리버스 관점은 OWW 관점에서 비가시화되었던 관계적 얽힘을 가시화하고, "비존재의 세계"를 들추어내어, "투쟁을 통한 관계적 세계의 출현"을 도모하는 데 기여할 수 있다(에스코바르, 2022: 133). 에스코바르는 영토성을 기반으로 하는 관계적 존재론의 정치를 통해 "근대가 낳은 문제에 대한 불충분한 근대적 해결책으로 인해 제기된 질문에 대한 설득력 있는 답"을 찾을 가능성을 모색하고자 한다(에스코바르, 2022: 134).

3. 플루리버스적 관점에서의 칠레 리튬 개발의 한계

칠레는 남미 남서쪽의 태평양 연안에 길게 자리 잡은 국가로, 총 남북 국토 길이가 약 4,300km에 이르러 매우 다양한 기후와 생태조건을 가지고 있다. 칠레는 총 16개의 지역(región)으로 나뉘는데, 아타카마 소금 사막은 칠레에서 두 번째로 큰 안토파가스타(Antofagasta) 지역[5]에 위치한다. 한편, 아타카마 소금 사막이 위치한 아타카마 푸나(puna) 생태지역은 칠레 북부, 아르헨티나 북서부, 볼리비아 남서부에 걸쳐져 있는 건조한 고원 지역이다. 이 지역에는 구리 및 리튬과 같은 광물이 풍부하게 매장되어 있고, 습지 및 소금 사막들이 자리하고 있다. 1879~1883년 사이 칠레, 볼리비아, 페루 삼국 간에 벌어진 태평양전쟁에서 칠레가 승리하면서, 볼리비아는 이 지역에 대한 주권을 칠레에게 빼앗겼다. 이 지역은 칠레 경제의 중추인 구리 광산 활동이 활발하게 이뤄지는 지역으로, 주요 구리 광산인 라 에스콘디다(La Escondida)와 추키카마타(Chuquicamata) 광산이 위치해 있다. 안토파가스타 지역에서 칠레 구리 광산 활동의 절반 이상이 이뤄지고 있다(Babidge and Bolados, 2018: 170). 이 지역은 세계에서 가장 건조한 지역 중 한 곳으로, 사람들이 살기 어려운 척박한 생태환경인 반면, 광물 매장량이 풍부해, "광산 지역" 혹은 "칠레 경제의 중추" 지역으로 자리 잡았다. 또한 이 지역에 위치하고 있는 염도 높은 호수들에는 전 세계에 존재하는 6종류의 플라밍고(Flamenco, 홍학) 중 3종이 서식하고 있다(Blair et al., 2023). 1990년대 초 이 지역의 4개의 플라밍고 서식지가 국립 플라밍고 보존 지역으로 지정되었고, 이들 대부분은 람사르 습지 보호구역에 속하기도 한다(Gundermann and Göbel, 2018: 477). 칠레 산림청이 이들 보존 지역을 관리하며, 보존 지역에서는 광산 활동을 금지하지는 않지만, 보존을 위한 환경 규율을 권장하고 있다(Gundermann and Göbel, 2018: 477).

한편, 구리 광산과 더불어 칠레에서 새로운 전략 자원으로 주목받는 리튬 광산은 아타카마 소금 사막 지역에 집중되어 있다. 1979년 법령 2886에 따라 리튬은 칠레에서 국익을 위한 전략 자원으로 규정되었다(Jerez et al., 2021: 5). 냉전 기간 리튬을 핵융합의 자원으로 이용할 가능성으로 인해 칠레 정부가 리튬

---

[5] 여기서 안토파가스타 지역의 지역은 행정구역상의 구분에 따르고, 푸나 생태지역의 지역은 생태적 구분에 따른 지역을 의미한다. 푸나 생태지역은 칠레, 볼리비아 등 안데스산맥 고지대에 위치한 고원지대를 일컫는다.

을 국익을 위한 전략적 자원으로 규정한 것이다(Cifti and Lemaire, 2023: 2). 한편, 칠레에서는 1980년 신헌법의 제정과 함께 민간 재산권을 보장하고 자유 시장경제를 활성화하기 위한 법제도가 속속들이 형성되었다(Carrasco, 2016: 137). 특히 1983년의 광산법은 국가가 광물자원에 대한 탐사와 개발을 주관하며, 민관 파트너십을 통해 개발권을 민간기업에게 부여할 것을 규정하고 있다(Jerez et al., 2021: 5). 현재 아타카마 소금 사막에서의 리튬 개발은 여러 차례 주관 기업이 바뀐 끝에 앨버말(Albemarle)과 SQM(Sociedad Química y Minera, 칠레 화학 및 광물자원 회사)이 주도하고 있다.

한편, 구리와 리튬과 같은 광물자원을 개발하기 위해서는 풍부한 수자원을 확보하는 것이 중요하다. 1981년 제정된 칠레 수자원법(Ley No. 20,304)은 세계에서 가장 민영화된 수자원법으로 알려져 있는데, 수자원법은 광산 활동이 활발한 칠레 북부 지역에서의 물 사용이 증가하는 데 영향을 미쳤다(Prieto, 2016: 31). 수자원법은 물 권리에 기반해서 물 권리를 거래할 수 있는 물 시장을 형성하는 것을 기본 원칙으로 삼고 있다(Jerez et al., 2021: 3). 칠레에서는 신자유주의 논리에 따라 물에 대한 권리를 토지 소유권과 분리하고, 물 이용자들이 물에 대한 권리를 시장에서 자유롭게 거래할 수 있도록 하며, 이를 국가가 제한적으로만 개입하고 강력한 민간 자본 규율로 작동할 수 있도록 하는 수자원법을 제정하였다(Prieto, 2016: 31). 이러한 1981년 수자원법의 핵심 논리는 물을 경제적 가치에 방점을 두고 시장이 경제적 가치와 이윤을 극대화할 수 있도록 분배하면, 결과적으로 물 이용의 효율성을 극대화될 것이라는 것이다(Prieto, 2016: 31). 결과적으로 수자원법 제정 이후 물에 대한 권리는 국내외 기업, 특히 광산, 수력 발전, 임업, 농산업 기업들에게 집중적으로 분배되었고, 이들 기업은 주로 수출을 위한 천연자원 추출을 확대하기 위해 물에 대한 권리를 집중적으로 확보하게 되었다(Jerez et al., 2021: 3). 수자원법은 물에 대해 과학 중립적이고 기술적 용어를 사용하고 있으나, 결과적으로는 시장 메커니즘에 따른 물에 대한 사적 소유권의 강화, 물 시장의 도입, 자본 및 기업 권력의 강화를 가져왔다(Carrasco, 2016: 138).

더욱이 아타카마 지역과 같은 건조한 지역에서 수자원법은 물에 대한 권리가 전통적인 농업과 같이 경제적 가치가 낮은 활동에서 광산 개발과 같은 경제적 가치가 높은 활동으로 이전되는 결과를 가져왔다(Carrasco, 2016: 138). 특히 리튬 개발이 주로 이뤄지는 아타카마 소금 사막의 남부 지역의 경우, 건조한 기후로 인해 강우량이 매우 낮기 때문에 지하 대수층의 지하수가 광산 개발에서 매우 중요한 수자원이다(Babidge et al., 2019: 740). 특히 1980년대 중반 이후 이 지역에서 광산 활동이 집중적으로 이뤄지면서 지하수에 대한 권리 집중화가 이뤄졌지만, 수자원, 생태에 대한 독립적인 환경영향평가나 사회적 영향평가는 거의 이뤄지지 않았다(Babidge et al., 2019: 740). 2015년경 이 지역의 지역 및 원주민 공동체, 환경 NGO, 지역 정부, 심지어 광산 기업들이 지역의 대수층과 지표수를 보존할 필요가 있음을 선언하였고, 물 위기가 공식적으로 명백해졌다(Babidge and Bolados, 2018: 171). 특히 기후 변화와 더불어 지표면의 물이 더욱 잘 증발하고 강우량이 더 적어지면서, 지역의 물 위기는 한층 가시적으로 드러났다(Morales and Azócar, 2019: 46). 그 결과 2017년 정부는 이 지역을 수자원 고갈 지역으로 선언했으며, 2018년 국가 수자원청(General Water Directorate, DGA)은 기술보고서를 발간해 아타카마 소금 사막 아래의 대수층으로부터 지하수를 추출하는 것을 금지할 것을 선언했다(Blair et al., 2023). 같은 맥락에서 칠레 정부는 2022년 리튬 기업 앨버말과 주변의 구리 기업들을 과도한 대수층 물 추출로 고소하기도 했다(Blair et al., 2023).

이처럼 아타카마 소금 사막이 위치한 안토파가스타 지역은 세계에서 가장 건조한 지역 중 한 곳으로 사람이 살기에 어려운 생태환경을 가지고 있어, 이 지역 주민들은 주로 소규모의 목축 활동에 종사한다. 하지만 이 지역에 매장된 구리, 리튬과 같은 풍부한 천연자원은 이 지역이 칠레 경제에서 중추적인 역할을 담당하는 데 주된 요인이 되었다. 특히 1980년대 이후의 법 제도적 환경은 자연을 광물자원, 수자원으로 규정하고 경제적 이익을 최대화하는 데 유리한 환경을 조성했다. 이러한 지점에서 자연은 경제적 가치를 위해 효율적으로 이용, 관리할 수 있는 대상으로 규정되었다. 예외적으로 1990년대 초 습지 보호구역과 플라밍고 보호구역이 지정되었지만, 이 역시도 자연은 인간이 관리, 보존, 활용할 수 있는 대상으로, 대상화될 수 있는 객체로 규정되었다. 따라서 칠레의 법 제도상 자연은 존재론적 이원론에 근거해 인간과 분리되고 대상화된 객체로 과학, 기술, 사유 재산권을 통해 분획화되고, 통제, 추출, 보존, 관리되는 대상이 되었다. 하지만 이 과정에서 특히 이 지역주민과 생태계는 물론이고 광산 활동과 같은 경제활동과 긴밀한 관계가 있는 물이 점차 고갈되는 물 위기를 발생시켰으며, 이러한 물 위기는 기후 위기로 한층 심화되었다. 이러한 배경에서 국제사회의 기후 위기 대응 방안으로 리튬 생산이 주목받게 되면서, 아타카마 소금 사막은 세계적인 리튬 생산지로 자리 잡았다.

아타카마 소금 사막 지역은 녹색 전환을 위한 에너지 매트릭스 전환 정책의 일환인 전기차 산업에서 리튬이 전략 자원으로 주목을 받으면서, 앨버말과 SQM이 리튬 광산 프로젝트를 주도하고 있다. 앞서 언급한 바와 같이 이 지역의 리튬 개발은 브린에 함유된 리튬을 추출함으로써 이뤄진다. 브린은 소금 사막 아래 지하에 매장된 리튬을 함유한 소금물로, 칠레의 법 제도적 환경에서는 광물로 분류된다(Jerez et al., 2021: 6). 브린 기반 리튬 추출은 '물 추출 광산'이라고 불릴 만큼 브린을 증발시키는 과정에서 물 소비가 많은 것으로 알려져 있지만, 정작 브린은 칠레의 법 제도적 환경 내에서 수자원법의 적용 대상으로 분류되지 않고 광산법의 적용 대상인 광물로 분류된다. 따라서 리튬 추출 과정에서 브린이 얼마나 추출되었는지, 이 과정에서 지역의 물 생태계에 어떤 영향을 주었는지를 증명하거나 문제 삼기가 어렵다. 리튬 기업이 추출 과정에서 사용한 물의 양은 지표수, 담수인 지하수, 바닷물 이용량으로 측정될 뿐 브린은 물이 아닌 광물로 다뤄진다(Jerez et al., 2021: 9; Blair et al., 2023). 따라서 환경영향평가에서도 브린 추출은 물 생태계에 영향을 미치는 것으로 평가받지 않는다(Blair et al., 2023). 결과적으로 리튬 추출 과정에서 증발하게 되는 수백만

리터의 브린은 비가시화되며, 물 생태계에 미치는 영향도 파악하기 어렵게 된다(Jerez et al., 2021: 6).

이러한 배경에서 리튬 기업들은 브린을 추출하는 데 있어 물에 대한 권리를 확보할 필요가 없으며, 이러한 법제적 틀에 기반해 기업들은 브린 추출이 주변의 물 생태계에 영향을 미치지 않는다고 주장한다(Busto-Gallardo et al., 2021: 186). 다시 말해, 칠레의 법 제도하에서 물은 지표수, 지하수, 소금물로 분류되고, 담수인 지표수와 지하수는 수자원법이 관장하고, 소금 사막 아래 리튬을 함유한 소금물인 브린은 광물로서 광물법에 의해 관장된다(Babidge and Bolados, 2018: 172). 결과적으로 칠레의 법 제도 환경은 소금 사막 지하에서 추출되는 브린을 주변의 습지와 대수층과는 분리된 광물로서만 인정하고 있다(Blair et al., 2023). 이는 소금물이 인간이나 동물이 음용할 수 없어 광물로만 가치가 있다고 판단하기 때문이다. 이와 같은 법 제도적 환경은 자연을 경제적 필요 혹은 가치라는 기준으로 분획화하여, 인간이 이용, 통제, 관리할 수 있는 대상으로 법 제도에 규정한 것이다. 그 결과 자연은 상품화의 대상으로 더욱 쉽게 이용할 수 있게 된다. 또한 이 과정에서 브린 내의 미생물, 브린과 주변 동식물과의 복잡한 관계성, 지역 원주민과 소금 사막 간의 문화적 생태적 관계는 비가시화되고, 법제적으로도 배제하는 결과를 가져오게 된다. 이는 에스코바르가 설명하듯, "OWW를 만들어내는 메커니즘을 통해" 복잡한 실재를 지워버리는 결과를 가져오게 된다(에스코바르, 2022: 151).

이처럼 아타카마 소금 사막에서 추출한 리튬을 생산, 수출함으로써 기후 위기에 대응하는 주류적 방식은 대기 중의 온실가스량의 감축이라는 과학적으로 '증명' 가능한 결과를 위해 리튬이 매장된 소금 사막 아래의 브린, 브린 내의 미생물을 비롯한 비인간 생명체, 미생물을 먹고사는 플라밍고는 물론, 브린과 연계된 지역 생태계와 지역 원주민 공동체들과 같은 관계적 얽힘을 비가시화하였다. 이러한 리튬 추출 과정에서 비가시화된 인간과 인간 너머 존재들의 관계성은 주류적 과학, 지식, 자본이 지배하는 법제도적 틀에서 그 연결고리를 잃게 되고, 분획화되어 독립적이고 '과학적'으로 관리, 이용, 통제된다. 그 결과 기후 위기에 대한 대응이라는 이름으로 리튬 개발이 심화될수록 이 지역의 항상적 위기로 강조되었던 물 문제가 심화되는 결과를 가져오며, 이에 대한 지역주민들의 문제제기는 기업의 사회적 책임이라는 이름의 협상 대상으로 축소된다. 또한 환경영향평가 제도는 애초에 광물로 규정된 브린의 추출량과 주변 물 순환 체계에 대한 영향을 평가할 수 없기 때문에, 물 문제와 관련된 예방 혹은 보상의 대상조차도 될 수 없게 되고, 오히려 기업의 친환경적 추출이라는 담론에 힘을 부여하는 아이러니한 상황을 만들어내게 된다. 때문에, 환경영향평가 제도와 같은 환경 규율이 강화되고, 리튬 개발에 따른 이윤을 지역주민들에게 분배하고, 지역주민의 참여를 늘리기 위한 제도 개선이 이뤄지더라도 기후변화와 추출 행위로 인해 날로 심각해지는 물 위기는 해결할 수 없게 되는 위기에 봉착하게 되는 것이다. 다음에서는 아타카마 소금 사막 지역에서 행해지는 물 의례에 대해 살펴보면서, 플루리버스 관점으로의 전환이 위기 상황에 가질 수 있는 가능성에 대해 생각해 보기로 한다.

4. 플루리버스 관점의 가능성: 아타카마 소금 사막 지역에서의 관계적 얽힘과 물 의례

이상에서 살펴보았듯, 기후 위기에 대한 주류적 해결 방식은 아타카마 소금 사막 지역과 같이 리튬 매장량이 풍부한 지역에서 리튬 추출에 유리한 법 제도적 환경에 힘입어 리튬 개발의 붐을 이끌었다. 브린에 함유된 리튬 추출은 소금 사막 아래 지하에서 브린을 추출하여 증발시키는 과정과 불순물을 제거하는 과정을 거치게 되는데, 이 과정에 발생하는 경제적, 사회적, 생태적 비용이 적고, 기후 위기에 대응할 수 있는 저탄소 에너지원인 리튬을 생산할 수 있으며, 리튬 수출로 인해 칠레와 기업이 이윤을 극대화할 수 있다는 측면에서 많은 주목을 받았다. 이러한 OWW적 관점에서는 브린 내부의 비인간 생물 간, 브린과 주변 생태계 간, 브린과 물 순환 체계와 지역주민 간의 관계적 얽힘이 파괴되고, 분획되고, 비가시화되면서 리튬 추출 과정은 경제적이고, 생태 친화적인 것으로 정당화되었다. 칠레 법제적 환경에서 리튬 개발 과정에서의 브린 추출은 물 순환 생태계와는 독립적인 광산법 내에서 다뤄지는 문제이기 때문에, 물 순환 생태계는 물론, 주변 지역주민들에의 영향은 현재의 법제적 틀 내에서는 환경영향평가를 통해 예방할 수도, 막을 수도 없는 일이다. 왜냐하면, 브린이 광물로 분류되는 한 브린 추출과 브린의 증발로 인한 주변 물 순환 체제, 주변 생물 및 지역주민에 대한 영향은 과학적으로 '증명'될 수 없는 일이 되기 때문이다. 다만, 광산 개발에 반대하는 주민들에게 혹은 광산 개발을 심화하기 위한 물에 대한 권리를 확보하기 위한 협상만 있을 뿐이다. 이처럼 존재론적 이원론과 과학적 합리성에 기반한 OWW 관점에서는 소금 사막은 리튬 개발을 위한 최적의 생산지이며, 생태 사회적 영향은 환경영향평가제도나 지역주민에 대한 보상을 통해 조율 혹은 협상 가능한 부차적인 일일 뿐이다. 이러한 관점에서 최근 이 지역에서 날로 심각해지고 있는 물 위기는 리튬 개발과 수출을 통해 전 세계적 차원의 기후 위기 대응에 참여하는 것과는 별개의 문제인 것이다.

하지만 아타카마 소금 사막 지역에서는 광산 활동과 기후 위기로 인해 날로 물 위기가 심각해지고 생태·사회·환경 분쟁이 늘어나면서 그동안 OWW 관점에서 비가시화되고 비존재화되었던 관계적 얽힘에 대한 인류학적 조사가 증가하고 있다. 이러한 연구자들로부터 가장 주목받은 주제가 지역 원주민들의 물 의례와 관련된 논의였다. 지역주민들이 오랜 기간 전통으로 유지해 온 물 의례는 플루리버스 관점에서 강조하는 관계적 존재론에 기반하고 있다. 아타카마 소금 사막 지역은 인간이 생존하기에 적합한 생태환경이 아니기에, 역설적으로 이 지역에서 살아온 지역주민들은 생태환경과 오랜 기간 얽힘의 관계를 형성해 왔다고 볼 수 있다. 현재의 물 위기 상황이 오히려 이 지역주민에는 일상적인 문제였을지도 모르겠다. 그럼에도 불구하고 이 지역주민들은 열악한 생태환경 속에서 농·목축업에 종사하면서 옥수수, 퀴노아 등의 작물을 기르고, 야마(llama)와 같은 가축을 길러왔다(Blair et al., 2023). 이들이 유지해 온 전통적인 방식의 농·목축업은 건조한 기후의 소금 사막 지역에서 식량주권을 지켜오는 방법이었다(Blair et al., 2023). 팀 잉골드(Timothy Ingold)가 말했듯, 인간은 비인간 존재와 마찬가지로 "그물 세공 안에 겹쳐져" 있고, 모든 존재는 "계속적인 상호작용을 통해 다른 존재가 가능하도록 한다."(에스코바르, 2022: 153). 이런 맥락에서 물 의례는 지역주민 공동체, 물을 포함한 주변 생태계 그리고 작물이 그물망 속에 얽혀 있음을 인정하고 위기에 대응한 방식 중 하나라고 볼 수 있다(Prieto, 2016: 32).

아타카마 소금 사막의 남부에서 수로를 청소하는 물 의례를 탈라투르(Talatur)라고 부르는데, 전통적으로는 물이 발원하는 장소들과 신성한 산에 대한 감사를 표현하는 의례로 시작되었다고 한다(Babidge and Bolados, 2018: 178). 가령, 소금 사막 지역의 라사나 아타카메뇨 공동체(Lasana Atacameño Community)는 매년 수로 청소(canal cleaning) 의례를 치른다. 공동체 주민들은 매년 씨를 뿌리기 전 이 의례를 치르는데, 공동체 주민들이 모여 수로를 청소하고 농사와 목축을 할 수 있게 허락해 준 신성한 물과 물의 발원지인 주변의 신성한 산 그리고 조상들에게 감사의 의미로 와인, 코카 등을 바친다(Carrasco, 2016: 135; Prieto, 2016: 28). 의례에 참석한 공동체 주민들은 수로 청소 의례가 공동체의 물과 작물, 공동체 스스로의 풍요를 기원하고, 공동체 구성원들 간의 연대, 공동체와 물과의 연대를 강화할 수 있게 해준다고 증언한다(Prieto, 2016: 28). 이러한 물 의례는 라사나 아타카메뇨 공동체에만 제한된 의례는 아니며, 아타카마사막 지역의 여러 곳에서 이뤄진다.[6] 지역주민들은 물을 공급해 주는 신성한

---

6 물론 수로 청소 의례가 이 지역 모든 공동체에서 계속 이어져 온 것은 아니지만, 이 지역 공동체들은 물 의례를 결코 등한시하지 않았다. 아타카마 소금 사막 지역의 페이네(Peine) 공동체와 카마르(Camar) 공동체에서도 수로 청소 의례는 보다 활발하게 지켜지고 있다(Babidge and Bolados, 2018: 178).

산과 어머니 지구에 대한 감사의 의례를 지내며, 이는 곧 마을의 경제적 풍요와 연계된다고 본다(Carrasco, 2016: 135). 또한 수로 청소에 참여한 공동체 구성원이 얼마나 의례에 적극적으로 참여했는가에 따라 구성원이 자신의 밭에 물을 댈 수 있는 기회와 권리를 얻게 된다(Carrasco, 2016: 136). 수로 청소라는 공동의 작업에 참여함으로써, 공동체 구성원으로서의 소속감, 물에 대한 권리, 자신들의 영토를 돌보아야 할 책임감을 느끼게 된다(Babidge and Bolados, 2018: 181). 즉, 의례는 아타카메뇨 공동체가 물을 공동으로 관리하고 물과 관계를 맺는 방식 중 하나이다. 따라서 연례 수로 청소는 공동체 구성원, 물, 작물 간의 관계적 존재의 얽힘을 확인하는 의례이다. 아타카메뇨 공동체 주민들은 물 의례를 통해 물과의 관계적 존재의 얽힘을 상징적으로 확인할 뿐 아니라, 기업과 국가 등을 대상으로 물에 대한 공동의 권리를 협상하는 근거로 활용하기도 한다(Babidge and Bolados, 2018: 181). 가령 2013년의 카마르(Camar) 공동체의 수로 청소 의례는 리튬 기업인 SQM이 재정 지원을 했다. 공동체 구성원들은 광산 기업을 의례에 초대하여 공동체와 물이 어떻게 상호의존적인가를 보여주고자 했다(Babidge and Bolados, 2018: 181).

같은 맥락에서 지역주민들은 소금 사막 아래 브린은 OWW 관점에서 이해하듯 인간이나 주변 생태계와 분리된 광물로 취급되지 않는다. 브린은 지역의 비인간 혹은 인간 생명체와 연결된 복합적 대수층 체계에 연결되어 있다(Jerez et al., 2021: 6). 브린에는 리튬뿐 아니라 다른 광물과 미생물이 포함되어 있으며, 브린 속에 사는 미생물을 먹으며 플라밍고와 같은 다른 생물이 살아간다(Jerez et al., 2021: 9). 또한 플라밍고 서식지가 보호구역으로 지정되고 관광객들이 몰려오면서 지역주민들의 생계에 보탬이 되기도 한다. 따라서 플루리버스 관점에서 보면 브린 자체가 인간 음용이나 농사에 적합하지 않더라도, 브린 내외부의 인간 및 비인간 삶과 긴밀하게 연결되어 있으며, 브린 기반 리튬 추출 과정은 아타카마 소금 사막 지역과 같이 건조한 지역에서 물 순환 체제와 생태계 및 주민들의 삶에 부정적인 영향을 미칠 수 있다(Liu et al., 2019: 146).

5. 전환적 사고로서 플루리버스 관점의 시사점

　이 글에서는 지구가 마주한 가장 심각한 위기 중 하나인 기후 위기에 대한 주류적 대응 중 하나인 에너지 매트릭스 전환이 가지는 OWW 관점에 대한 전환적 사고로서 플루리버스 관점이 가지는 가능성을 칠레의 아타카마 지역의 사례를 통해 살펴보았다. 서구 근대성에 기반하고 있는 OWW 관점은 인간 너머의 존재들에 대한 인간의 위계적 우위를 가정하는 존재론적 이원론에 기반하고 있고, 인간의 과학적 합리성을 통해 자본주의 발전과 진보를 이룰 수 있다는 것을 믿어 의심치 않았다. 기후 위기는 어쩌면 이러한 서구 근대성의 확신에 성찰의 기회를 제공하는 현상임에도 불구하고 주류적 기후 위기 대응은 OWW 관점 내에서의 문제해결 방식에서 벗어나지 못하고 있다. 칠레 아타카마사막의 사례는 OWW 관점 내에서의 주류적 기후 위기 대응 방식이 기후 위기를 해결하기는커녕 지역 내의 위기를 더욱 심화시키는 데 기여하고 있음을 보여주고 있다. 리튬은 에너지 매트릭스 전환에서 빼놓을 수 없는 주요 전략 자원이며, 리튬을 개발하고 수출하는 칠레의 지속 가능한 녹색 성장에서 필수적인 자원이다. 따라서 칠레에서 리튬 생산 과정에서 대규모로 추출되는 소금 사막 아래 브린은 전지구적 녹색 에너지전환과 칠레의 녹색 성장을 주도하는 중요 광물자원이다. 때문에, 수자원법이 아닌 광산법에서 관할하는 광물로 규정된 브린은 아무리 많이 추출되더라도 주변의 물 순환 체계나 생태계에 대한 영향을 전혀 주지 않는 친환경적 광물자원이다. 아이러니하게도 OWW 관점에서의 브린 추출은 지역의 물 순환 생태계에 영향을 주지 않는 것으로 주장되고, 환경영향평가로도 그 추출과 영향 정도를 파악할 수 없지만, 이 지역의 물 위기는 날이 갈수록 심화되고 있다.

　이러한 경험은 플루리버스 관점에 제안하는 특정 영토 내의 관계적 존재론을 통해 살펴볼 때, 위기 국면에서 전환할 수 있는 가능성을 만나게 된다. OWW 관점에서 비가시화되고 비존재화된 인간 및 비인간 존재들의 관계적 얽힘을 플루리버스 관점을 통해 가시화할 수 있다. 이 글에서 살펴본 아타카마 소금 사막 지역의 공동체들이 행하고 있는 수로 청소 의례는 소금 사막, 브린, 브린 속 미생물, 플라밍고, 지역 공동체 등의 존재들이 관계적 얽힘으로 서로의 존재를 상호의존하고 있음을 상징적으로 보여주고 있다. 공동체 주민들은 수로 청소라는 공동의 작업에 참여함으로써, 공동체 구성원으로서의 소속감, 물에 대한 권리, 자신들의 영토를 돌보아야 할 책임감을 느끼게 된다(Babidge and Bolados, 2018: 181). 즉, 아타카마 소금 사막 지역에서 수로 청소와 같은 물 의례는 아타카메뇨 공동체가 물을 공동으로 관리하고 물과 관계를 맺는 방식 중 하나이다. 이러한 관계적 얽힘을 가시화하고 활성화하는 것은 플루리버스를 위한 정치적 행위이며, 에스코바르는 이미 환경 행동주의, 식량주권 운동 등의 영토적 경험에서 이러한 관계적 존재론의 정치가 발현되고 있다고 본다(Cubillos et al., 2023: 98). 이러한 관계적 존재론의 정치 사례를 통해 플루리버스 관점이 가지는 전환적 사고로서의 가능성을 가늠해 볼 수 있다.

참고문헌

서지현. 2024. "아르헨티나의 대두 기반 바이오 디젤과 글로벌 정의로운 전환의 딜레마." 『스페인라틴아메리카연구』 17(1): 81-101.

아르투로 에스코바르. 2022. 『플루리버스: 자치와 공동성의 세계 디자인하기』 박정원·엄경용 역. 알렙.

Alimonda, Héctor. 2019. "The Coloniality of Nature: An Approach to Latin American Politcal Ecology." *Alternautas* 6(1): 102-142.

Babidge, Sally and Bolados, Paola. 2018. "Neoextractivism and Indigenous Water Ritual in Salar de Atacama, Chile." *Latin American Perspectives* 45(5): 170-185.

Babidge, Sally et al. 2019. "'That's the problem with that lake; it changes sides': mapping extraction and ecological exhaustion in the Atacama." *Journal of Political Ecology* 26(1): 738-760.

Barandiarán, Javiera. 2019. "Lithium and development imaginaries in Chile, Argentina and Bolivia." *World development* 113: 381-391.

Blair, James et al. 2023. "The 'Alterlives' of Green Extractivism: Lithium Mining and Exhausted Ecologies in the Atacama Desert." International development Policy/ Revue internationale de politique de développement [Online], 16. retrieved from https://journals.openedition.org/poldev/5284#quotation

Busto-Gallardo, Beatriz et al. 2021. "Harvesting Lithium: water, brine and the industrial dynamics of production in the Salar de Atacama." *Geoforum* 119: 177-189.

Carrasco, Anita. 2016. "A Biography of Water in Atacama, Chile: Two Indigenous Community Responses to the Extractive Encroachments of Mining." *The Journal of Latin American and Caribbean Anthropology* 21(1): 130-150.

Cifti, Mehmet and Lamaire, Xavier. 2023. "Deciphering the impacts of 'green' energy transition on socio-environmental lithium conflicts: Evidence from Argentina and Chile." *The Extractive Industries and Society* 16: 101373.

Cubillos, Jhon. et al. 2023. "Extractive Logic of the Coloniality of Nature: Feeling-Thinking Through Agroecology as a Decolonial Project." *Capitalism Nature Socialism* 34(1): 88-106.

Dorn, Felix Malte. 2022. "Green Colonialism in Latin America? Towards a New Research Agenda for the Global Energy Transition." *European Review of Latin American and Caribbean Studies* 114: 137-146.

Dorn, Felix Malte et al. 2022. "Towards a Climate Change Consensus: How Mining and Agriculture Legitimize Green Extractivism in Argentina." *The Extractive Industries and Society* 11: 101130.

Dussel. Enrique. 2000. "Europe, Modernity and Eurocentrism." *Nepantla: Views from South* 1(3): 465-478.

Garcés, Ingrid and Alvarez, Gabriel. 2020. "Water Mining and Extractivism of the Salar de Atacama, Chile." *WIT Transactions on Ecology and the Environment* 245: 189-199.

Gundermann, Hans and Göbel, Barbara. 2018. "Comunidades Indígenas, Empresas del Litioy Sus Relaciones en el Salar de Atacama." *Chungara Revista de Antropología Chilena* 50(3): 471-486.

Janubová, Barbora. 2023. "Green Extractivism in Lithium Triangle." *Slovak Journal of International Relations* 21(2): 109-134.

Jerez, Bárbara et al. 2021. "Lithium extractivism and water injustices in the Salar de Atacama, Chile: the colonial shadow of green electromobility." *Political Geography* 87: 102382.

Liu, Wenjuan et al. 2019. "Spatiotemporal patterns of lithium mining and environmental degradation in the Atacama Salt Flat, Chile." *International Journal of Applied Earth Observation Geoinformation* 80: 145-156.

Mejía-Muñoz, Sara. 2023."Lithium extractivism: perpetuating historical asymmetries in the 'Green Economy'." *Third World Quarterly* 44(6): 1119-1136.

Morales, Héctor and Azócar, Rodrigo. 2019. "Crónica analítica de un triunfo etnoambiental en el Salar Atacama: Pampa Colorada." *Revista Chilena de Antropología* 39: 38-57.

Prieto, Manuel. 2016. "Praticing costumbres and the decommodification of nature: The Chilean water markets and the Atacameño people." *Geoforum* 77: 28-39.

Vera, María et al. 2023. "Environmental impact of direct lithium extraction from brines." *Nature Reviews Earth & Environment* 4: 149-165.

8장과 9장의 대화

9장 서지현의 글은 서구 근대를 유일한 가치로 상정하는 하나의 세계로 구성된 세계(One World World)를 비판하는 플루리버스(pluriverse) 관점에서 칠레 리튬 개발에 저항하는 공동체 사람들의 수로 청소 의례를 분석한다. 이 의례는 리튬과 물을 자원의 관점에서만 보는 관점을 비판하면서 물, 광물, 미생물 그리고 공동체의 관계적 얽힘을 드러낸다. 이러한 사례는 8장 구도완 글의 동물해방물결의 '달뜨는 보금자리'에서 소와 동물운동 단체와 지역 주민이 함께 얽혀서 새로운 관계와 의미를 만드는 사례와 비교할 수 있다.

구도완

8장 구도완의 글은 기후 위기에 관한 인간/비인간 담론 분석을 통해 탈인간중심적인 생태전환은 다른 전환 담론과 접합하고, 경합하고, 적대하면서 진화해 갈 것임을 잘 보여주고 있다. 이러한 지점에서 9장 서지현의 글은 칠레 아타카마사막의 사례 분석을 통해 탈인간중심적인 생태전환 과정에서 플루리버스 관점이 줄 수 있는 가능성을 보여줌과 동시에 그 전환 과정에서 험로를 보여주고 있다.

서지현

부록

포럼 프로그램
저자 소개

포럼 생명자유공동체 2024년 첫 번째 대화 마당
비인간과 인간의 얽힘을 묻다

- 일시: 2024년 7월 10일(수) 13:00~16:30
- 장소: (재)숲과나눔 강당

 (재)숲과나눔의 '포럼 생명자유공동체'는 2024년 비인간을 주제로 공개 포럼을 진행합니다.

 최근 한국 사회에서 반려동물을 키우는 인구는 1,500만 명을 넘어섰습니다. 세 명 중 한 명이 반려동물을 키우고, 동네 아파트와 뒷산에서 새를 찾는 사람들이 늘고 있으며, 동물복지와 동물권에 대한 논의도 어느 때보다 뜨겁습니다. 한국 사회에서 존재감을 갖게 된 비인간은 동물만이 아닙니다. 신체의 미생물, 쓰레기, 사물, 나아가 기후와 같은 하이퍼오브젝트에 이르기까지 비인간에 대한 관심이 여느 때보다 뜨겁습니다. 우리는 어떻게 비인간과 함께 전환을 모색할 수 있을까요? 포럼 생명자유공동체는 비인간과 인간의 세계짓기에 대한 고민들을 모아 4회의 연속적인 대화 마당을 준비했습니다.

 첫 번째 대화 마당에서는 다양한 비인간 존재를 드러내고 비인간과 인간의 얽힘의 방식들을 모색해 보고자 합니다. 안새롬 박사는 반딧불이에 주목하고 산림보전, 지역축제를 가능케 하는 반딧불이의 카리스마에 대해 검토합니다. 김지혜 박사는 최근의 포스트휴먼 논의를 가져와 해양쓰레기라는 이름으로 얽힌 다양한 사물과 생명 들을 따라갑니다. 박순열 박사는 비인간과 얽힌 세계에 대한 관찰과 그런 세계에서 함께 살아가는 것의 의미를 루만의 사회이론에 기대어 살펴봅니다. 동료 시민들과 함께 다종의 세계를 짓고자 하는 대화의 장에 함께해 주시길 부탁드립니다.

일정	발표 및 토론
13:00~13:10	• 사회: 최명애(연세대학교 문화인류학과)
13:10~14:00	• 발제: 안새롬(서울대학교 지속가능발전연구소) 　　　한국 반딧불이 카리스마의 구성과 실천: 　　　산림보전 운동과 엔터테인먼트, 지역축제 사이에서 • 토론: 김준수(독일 마르틴루터대학교 지리학과)
14:00~14:50	• 발제: 김지혜(이화여자대학교 이화인문과학원) 　　　버려진 사물과 함께 이동하는 생명들: 　　　포스트휴먼 매체생태론을 통해 본 해양쓰레기 지식 생산 • 토론: 백승한(부산대학교 건축학과)
14:50~15:10	휴식
15:10~16:00	• 발제: 박순열(이너시티 도시-사회 연구소) 　　　비인간과 얽힌 세계, 무엇과 어떻게 살아갈 것인가? • 토론: 차은정(원광대학교 원불교사상연구원)
16:00~16:30	• 종합토론

* 문의: 김지혜(jhkim15@snu.ac.kr) / 주최: 재단법인 숲과나눔 / 주관: 포럼 생명자유공동체

포럼 생명자유공동체 2024년 두 번째 대화 마당
인류세와 다종적 생존

- 일시: 2024년 8월 29일(목) 15:00~17:40
- 장소: (재)숲과나눔 강당

　올여름도 유난히 뜨겁습니다. 지난 7월 21일 전 지구의 평균 기온은 기상 관측 이래 가장 뜨거운 17.09도를 기록했습니다. 앞으로 5년 이내 산업화 이후 1.5도라는 지구 기온 상승 마지노선을 넘어설 것이라는 예측도 나옵니다. 지구가 직면한 위기 속에서 우리는 어떻게 새로운 세계를 모색할 수 있을까요.

　(재)숲과나눔의 '포럼 생명자유공동체'는 2024년 비인간을 주제로 공개 포럼을 열고 있습니다. 두 번째 대화 마당에서는 인류세의 위기 속에서 인간과 비인간의 협력을 통한 생존의 가능성을 찾아봅니다. 최명애 교수는 쌀에 의탁해 삶을 꾸려온 강원도 철원의 쌀 농부와 두루미를 찾아갑니다. 존재의 존속이 우려되는 위기 속에서 다종의 협력을 통해 희망을 만들어가는 이야기를 들려줍니다. 서지현 교수는 칠레 아타카마 소금 사막으로 우리를 데려갑니다. 소금 사막의 인간과 비인간들은 어떻게 복수의 우주를 만들어낼 수 있을까요. 동료 시민들과 함께 다종의 세계를 짓고자 하는 대화의 장에 함께해 주시길 부탁드립니다.

일정	발표 및 토론
15:00~15:10	• 사회: 김수진(단국대학교 행정법무대학원)
15:10~16:00	• 발제: 최명애(연세대학교 문화인류학과) 　　　농부와 두루미: 인류세의 협력적 생존 • 토론: 박소영(서울대학교 조경학과)
16:00~16:50	• 발제: 서지현(부경대학교 국제지역학부) 　　　플루리버스(Pluriverse) 관점에서 본 칠레 아타카마 소금 사막을 둘러싼 기후 변화 대응 • 토론: 오인혜(전북대학교 스페인·중남미학과)
16:50~17:00	휴식
17:00-17:40	• 종합토론

* 문의: 김지혜(jhkim15@snu.ac.kr) / 주최: 재단법인 숲과나눔 / 주관: 포럼 생명자유공동체

포럼 생명자유공동체 2024년 세 번째 대화 마당

비인간 자연과 전환의 정치

- 일시: 2024년 10월 17일(목) 15:00~17:50
- 장소: (재)숲과나눔 강당

  (재)숲과나눔의 '포럼 생명자유공동체'는 2024년 비인간을 주제로 공개 포럼을 열고 있습니다. 세 번째 대화 마당에서는 비인간 자연과 전환 정치의 접점을 탐색합니다. 가속화되는 기후 위기 속에서 체제 전환은 우리 모두가 함께 달성해야 할 새로운 목표로 떠오르고 있습니다. 전환의 주체, 방식, 원칙에 대한 논의 속에서 비인간 자연의 위치는 어디일까요. 김수진 박사는 에너지라는 비인간을, 홍덕화 교수는 자연이라는 비인간을 살펴봅니다. 김수진 박사는 에너지 전환 논의 속에서 에너지의 물질성과 행위성이 가져오는 효과를 주목합니다. 홍덕화 교수는 최근 부상하는 자연기반해법을 자연의 금융화라는 관점에서 살펴봅니다. 동료 시민들과 함께 체제 전환과 비인간의 위치를 고민하는 대화의 장에 함께해 주시길 부탁드립니다.

일정	발표 및 토론
15:00~15:10	• 사회: 구도완(환경사회연구소)
15:10~16:00	• 발제: 김수진(단국대학교 행정법무대학원) 　에너지전환 어디로 가는가? 에너지전환의 물질성과 배치의 행위성 • 토론: 유예지(서강대학교 동아연구소)
16:00~16:50	• 발제: 홍덕화(충북대학교 사회학과) 　기후·생물다양성 위기 극복을 위해 자연자본에 투자하세요: 　자연기반해법의 부상과 (녹색)금융 주도 전환의 쟁점 • 토론: 노건우(하인리히빌재단 동아시아사무소)
16:50~17:00	휴식
17:00-17:50	• 종합토론

* 문의: 김지혜(jhkim15@snu.ac.kr) / 주최: 재단법인 숲과나눔 / 주관: 포럼 생명자유공동체

제6회 숲과나눔 환경학술포럼
[기획 세션⑧] 포럼 생명자유공동체

전환의 키워드: 비인간과 커먼즈

1. 소개

포럼 생명자유공동체는 '모든 생명이 자유로운 공동체'를 위한 대안 담론을 모색하기 위해 (재)숲과나눔이 형성한 연구 공동체입니다. 포럼은 2019년부터 기후 위기, 녹색전환, 탈성장, 커먼즈, 비인간, 에코페미니즘 등을 주제로 정기적인 포럼을 개최하면서 대안 담론의 새로운 장을 만들어가고 있습니다.

2. 프로그램

1부 공개포럼: 인간 너머의 공존과 전환

포럼 생명자유공동체는 매년 다른 주제로 공개포럼을 열고 있습니다. 2024년에는 비인간이 주제입니다. 11월 네 번째 대화 마당은 인간 너머의 공존과 전환을 논의합니다. 장우주 박사는 인간의 공간으로 여겨온 도시에서 살아가는 야생동물에 주목합니다. 전환을 연구해 온 구도완 박사는 인간뿐 아니라 비인간의 관점에서 생태전환을 어떻게 볼 것인가라는 질문을 던집니다. 정영신 교수는 지난해 우리를 들뜨게 했던 푸바오를 통해 동물 정치를 살펴봅니다. 우리는 어떻게 비인간 존재와 함께 공존을 꿈꾸고 전환을 논의할 수 있을까요. 애정과 착취, 돌봄과 위해의 이분법을 넘어 다종의 결합체가 그려내는 공존의 방식을 탐색하는 대화의 장에 함께해 주시길 부탁드립니다.

• 사회: 박순열 이너시티 도시-사회연구소 소장

시간	프로그램	세부내용
13:30~15:00	발제	• 인간/비인간 담론으로 보는 생태전환 　구도완 환경사회연구소 소장 • (야생)동물과 인간이 공존 서식하는 도시-생태계로의 재구성 　장우주 삼성꿈장학재단 팀장 • 푸바오의 동물정치 　정영신 가톨릭대 사회학과 교수
15:00~15:10	토론	• 발표자 및 청중

2부 북토크: 커먼즈 다시 그리기

　포럼 생명자유공동체는 공동 연구를 통해 매년 생명자유공동체 총서를 펴내고 있고, 올해의 주제는 최근 학계와 시민사회에서 주목하고 있는 커먼즈의 이론과 현장입니다. '커먼즈 다시 그리기'라는 제목에서 알 수 있듯이, 이번 총서는 기존의 커먼즈 논의를 다시 들여다봄으로써 커먼즈론이 한국사회 전환의 실마리가 될 수 있을지, 논쟁적이며 흥미로운 논의를 전개하고 있습니다. 북토크는 여러 분야의 시민, 활동가, 학생들을 초청하여 책의 의미와 논쟁거리에 대해 이야기를 나누는 시간입니다. 커먼즈와 사회전환에 관심있는 많은 독자들의 참여로 풍성한 이야기 마당이 될 것으로 기대합니다.

• 사회: 최명애 연세대학교 인류학과 교수

시간	프로그램	세부내용
15:30~16:00	소개	• 총서 5 「커먼즈 다시 그리기」 소개 정영신 가톨릭대 사회학과 교수
16:00~17:10	토론	• 토론 주제: 숲과나눔 풀씨연구회 커먼센스 인 커먼즈 토론자 1 이태영 제주대학교 사회학과 박사과정 토론자 2 최희진 서울대학교 환경계획학과 박사과정 토론자 3 현우식 제주대학교 사회학과 박사과정 토론자 4 홍지은 충북대학교 사회학과 박사과정

저자 소개

최명애 (편집위원장)   myungae.choi@gmail.com

환경문제를 연구하는 인문지리학자. 인간 너머 지리학과 정치생태학의 접근법을 이용해 야생동물 보전, 생태관광, DMZ 보전, 환경 인공지능 등을 연구하고 있다. 비인간 동물과 기술의 행위성과 정동적 상호작용이 자연보전의 정치적, 문화적, 기술적 측면에 미치는 영향에 관심을 갖고 있다. 서울대, 런던정경대, 카이스트 인류세연구센터 등에서 박사후 연구를 수행했고, 현재는 연세대 문화인류학과에 조교수로 재직 중이다.

구도완   dwku2@hanmail.net

한국환경연구원 연구위원, 한국환경사회학회 회장, 한국환경사회학회지 ECO 편집위원장 등을 지냈고 지금은 환경사회연구소 소장, (재)숲과나눔 포럼생명자유공동체 운영위원장으로 일하고 있다. 환경운동, 생태민주주의, 생태전환 등을 연구해 왔고, 주요저서로는 『생태민주주의: 모두의 평화를 위한 정치적 상상력』, 『한국 환경운동의 사회학: 정의롭고 지속가능한 사회를 위하여』, 『생태전환을 꿈꾸는 사람들』(공저) 등이 있다.

김수진   e2sjkim@gmail.com

독일 베를린자유대 정치학과에서 한국과 독일의 원자력 정책 비교연구로 박사학위를 받았다. 고려대 연구교수를 역임하고 고려대, 고려사이버대, 동국대 등에서 기후변화의 경제학, 지속가능한 발전, 에너지기술 정책 등을 강의했다. 현재 단국대 행정법무대학원 탄소중립학과에서 탄소중립에너지론, 전환정치론, 탄소중립사회론 등을 강의하고 있다. 주된 관심 분야는 기후 위기, 원자력, 정당정치의 공적 기능 등이다. 소설 읽기, 수영, 걷기 등을 즐긴다.

김지혜　jyejyekim15@gmail.com

환경학이라는 너른 주제로 연구하는 연구자. 환경사회학, 생태인류학, 정치생태학, 과학기술학 등을 참조하고 있다. 카이스트 인류세연구센터 박사후연구원으로 재직 중이며 주요 관심 분야는 생태와 기술, 인간과 비인간의 얽힘과 실천이다. '해양쓰레기와 함께 만드는 세계'를 주제로 학위논문(2022)을 썼으며, 논문으로는 "한국의 양식 산업 속 적조와 인간의 관계: 작은 것들의 카리스마, 적조", "다종 연구에 인프라스트럭처를 엮기" 등을 썼다.

박순열　ecosoon@gmail.com

(주)이너시티 도시-사회연구소 소장. 서울대, 호주국립대(ANU), 빅토리아대학(VUW) 등에서 생태민주주의, 지역발전 등을 연구하였다. 최근에는 '커뮤니케이션 체계로서의 사회'를 이론적 출발점으로 삼아 사회와 도시의 지속가능성에 대해서 연구하고 있다. 주요 논문으로는 "'까다로운(wicked) 문제'가 된 인프라-Infra에서 parallel structure로", "현대사회에서 커먼즈 논의의 정합성에 대한 검토: 경의선공유지를 사례로"(공저), "'기후변화가 아닌 체계변화'의 가능성: 모자이크 탐험대의 북극탐험을 사례로" 등이 있다.

서지현　jihyunseo@pknu.ac.kr

글로벌 남반구의 대안적 발전을 고민하는 연구자. 영국 리버풀 대학교에서 중남미지역학으로 박사학위를 받고 현재는 국립 부경대학교 국제지역학부 부교수로 일하고 있다. 주요 연구 분야는 라틴아메리카 대안적 발전론, 정치생태학, 글로벌 남반구 어바니즘, 상호문화주의 등이다. 주요 논문으로는 "글로벌 남반구 대도시 대중교통 문제의 정치 구조적 요인: 페루 리마의 사례", "한국 내 라틴아메리카 이주 여성의 결혼 경험과 다문화가족의 재구성", "페루 신광산 개발과 중소도시의 공간 사회적 변동: 카하마르카의 사례", "'만들어진' 잉카의 문화유산: 인티라이미와 마추픽추의 사례" 등이 있다.

안새롬   sr.ahn34@gmail.com

생태전환과 정치, 커먼즈, 환경 교육을 주제로 연구하고 있다. 박사과정 재학 중에 (재)숲과나눔 특정 주제 연구자로 일했고, 현재는 박사후연구원으로 재직 중이다. 주요 논문으로는 "전환 담론으로서 커먼즈", "한국의 대기·기후 운동으로 본 대기 커먼즈 정치"(공저), 『커먼즈의 도전』(공저), "생태시민성 기반 환경교육 교재 개발을 위한 시론"(공저), "기후 커먼즈 정치에서 청년 및 미래 세대론이 갖는 함의", "현대사회에서 커먼즈 논의의 정합성에 대한 검토"(공저) 등이 있다.

장우주   woojoochang@hotmail.com

에코페미니스트 철학자. 영국 랭커스터 대학교에서 여성학으로 박사학위를 받았으며, 여성과 자연의 관계성, 비인간 존재를 위한 콜렉티브 돌봄에 관한 철학적, 실천적 작업을 하고 있다. 또한 가난과 배움의 관계를 연구하고 관련된 일을 하면서 살고 있다. 에코페미니즘연구센터 달과나무 연구위원으로도 참여하고 있다. 『덜 소비하고 더 존재하라』, 『우리는 지구를 떠나지 않는다』 등의 책에 공동저자로 글을 실었다.

홍덕화   deokhwa.hong@gmail.com

충북대학교 사회학과에 재직 중이며, 최근 관심 분야는 기후정의, 정의로운 전환, 탈성장이다. 주요 연구로 "기후위기 시대, 갈림길에 선 한국 환경운동", "'태양과 바람은 우리 모두의 것': 커먼즈와 불로소득주의 사이에 서있는 탄소중립·에너지전환", "기후위기와 '한계' 너머의 사회학: 탈성장과 탈인간중심주의의 쟁점들", "저렴한 인프라와 분절적 녹색성장: 수출주의 성장 체제의 생태적 재조명을 향하여" 등이 있다.